山东省图书馆馆员著述提要

1949—2019

王玉梅　主编

王文刚　吕俊平　王玲环　李洪梅　编著

国家图书馆出版社

图书在版编目（CIP）数据

山东省图书馆馆员著述提要 ：1949—2019 / 王玉梅主编. — 北京 ：国家图书馆出版社，2021.5
ISBN 978-7-5013-5321-7

Ⅰ.①山… Ⅱ.①王… Ⅲ.①省级图书馆－著作－内容提要－山东 Ⅳ.①G259.275.2

中国版本图书馆 CIP 数据核字（2021）第 069062 号

书　　名　**山东省图书馆馆员著述提要：1949—2019**
著　　者　王玉梅　主编
责任编辑　张　颀　王炳乾
封面设计　项梦怡

出版发行　国家图书馆出版社（北京市西城区文津街 7 号　100034）
（原书目文献出版社　北京图书馆出版社）
010-66114536　63802249　nlcpress@nlc.cn（邮购）
网　　址　http://www.nlcpress.com
排　　版　北京旅教文化传播有限公司
印　　装　北京天颖印刷
版次印次　2021 年 5 月第 1 版　2021 年 5 月第 1 次印刷

开　　本　787mm×1092mm　1/16
印　　张　33
字　　数　606 千字
书　　号　ISBN 978-7-5013-5321-7
定　　价　280.00 元

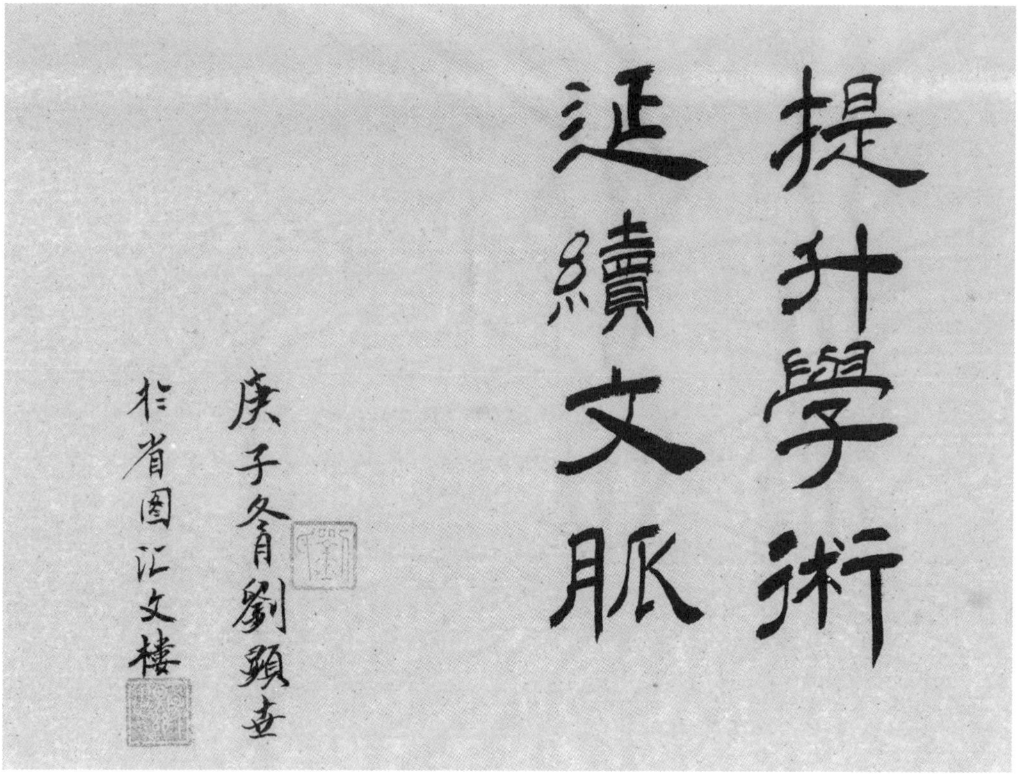

“提升学术　延续文脉”

——山东省图书馆党委书记、馆长刘显世题词

前　言

《山东省图书馆馆员著述提要：1949—2019》（以下简称《提要》）一书付梓在即。2019年恰逢祖国70华诞，亦是山东省图书馆建馆110周年。《提要》汇集了新中国成立以来山东省图书馆同人的述作，展示了同人对图书馆工作和学术研究的思考，有着鲜明的时代印迹。既是国庆周年的献礼，也为馆庆增添华彩。

巍巍鲁图，人文荟萃，百年来形成了优良的学术研究传统，馆员著述颇丰。自建馆以来，同人多以目录、版本、校勘等文献学术风格立于业界。民国时期，王献唐、牟祥农、李毓麟等都曾著书立说，开图书馆学研究先河。1932年，时任馆长王献唐主持编撰了《山东省图书馆图书分类法》。1949年7月，在《山东省图书馆图书分类法》基础上，副馆长刘惠吾主持编制《山东省立图书馆图书分类新法》，成为解放后我国最早的自编图书分类法之一，在图书馆界产生了较大的影响，引起全国图书馆界的关注。

1931年，王献唐馆长创办了《山东省图书馆季刊》，这是山东省内最早创办的图书馆学刊物，在全国也属先进。该刊在战乱时期一度停刊，直至1981年才恢复，2009年更名为《山东图书馆学刊》。该刊的创办不仅促进了山东省图书馆的学术研究活动，更推动了山东地区图书馆学研究的开展。改革开放以来，随着新晋同人人数的增加及学历水平的提高，山东省图书馆在图书馆学研究方面取得了显著成果。但令人遗憾的是，一直以来对馆员著述的成果没有进行过完整的梳理，不能给出较为具体的数据，只能语焉不详以“著述近千种（篇）”应对垂询。现编撰《提要》以详情尽查，旨在传承，启示后人。

2002年编撰的《山东省图书馆志》（中华书局2004年出版）中曾以表格统计的形式对山东省图书馆馆员著述加以简要体现，没有详细罗列，只选录正式出版和在公开出版物上发表的著述，同时限定每人至多 5 种（篇），使得统计数据并不完整，仍有大量的同人著述散落于文献的海洋中，无从查考。

在一个多世纪的历史时期内，山东省图书馆也曾对某一时期或某一个人的著述进行整理研究。如对民国时期山东省图书馆馆长王献唐的著述整理出版及研究工作已具一定深度和规模，形成了比较丰厚的学术成果。但对于山东省图书馆这一学术共同体其成员著述的整体系统梳理，在馆史上尚属空白。编写详尽全面的馆员著述提要填补了这一空白，其意义不言而喻。《提要》作为记录山东省图书馆学术研究历史与现状的第一手资料，既是对山东省图书馆学术研究成果的总体揭示和完整记录，也是对这一学术研究成果的系统梳理和全面总结，更是传承前辈优良学术传统、保存馆员学术记忆的传世之举。本书的编撰是对一个公共文化服务机构成员学术成果的系统梳理与整体揭示，在业内尚属首次。

图书馆学术研究是图书馆工作者在图书馆业务研究基础上，对工作实践的总结和思考，不仅是图书馆自身发展的需要，也是图书馆从业人员提高业务素质和服务水平的重要手段。通过编写著述目录，能详细了解山东省图书馆馆员的著述情况及脉络，反映各时期学术研究特点和不足。《提要》以 1949—2019 年山东省图书馆同人著述为基础，从写作年代、出版来源、内容等方面详细梳理著作和论文。全书共收录山东省图书馆同人个人信息 271 条、著作 92 部、论文 1476 篇。

本书的主要特点有四。一是按时间编排体现了以馆员为中心的编辑思想。按馆员入馆顺序编排，同年同月入馆的馆员再按姓氏的汉语拼音音序排列，著述排序先著作再论文；著作、论文按发表时间先后排列，时间相同的再按题名的汉语拼音音序排。二是正文内容信息揭示全面立体。全书内容依次为前言、目录、综述、凡例、正文和索引等。正文内容包括馆员基本信息、著作特征、论文特征等。馆员基本信息主要包括出生年、籍贯、入馆时间（在馆时间）、职称、职务等；三是著作类型特征全面丰富。著作特征包括书名、作者、出版社、出版时间、页数和内容提要等；论文特征包括篇名、作者、期刊名称、期刊中的位置（起止页码）、发表时间和内容提要等。收录论文的来源除正式刊物外，还涵盖《中国图书馆学会年度论文集》《山东省图书馆学会科学讨论会年度论文集》《山东省图书馆馆员论坛论文集》等结集出版的文集。四是责任方式选取多样化。责任方式主要有：著、主编、编著、编写、撰写、译、编译、点校等，位次选取第一位，其余位次均作参见。本书内容为力求收集齐全，除整理各位同人在馆时期的著述外，还收录了在职同人入馆前的著述，以体现个人学术研究轨迹。

目前，正值“山东省图书馆学术提升计划”施行,《提要》的出版，一方面，有助于馆员个人了解全馆同人的学术成果与水平，找出自身不足，根据自身专长选择研究方向，激励馆员多出成果；另一方面，有助于图书馆决策者和管理者全面了解、掌握馆员学术水平和研究能力，引导馆员学术研究方向，为政策制定、顶层设计、制度建设和馆员队伍建设等提供参考。

《提要》的编撰凝聚了多人的智慧，参与编写的人员多次开会研讨，对全书的结构、框架内容进行讨论，并在此基础上对书稿内容不断进行补充、修改。本书的编撰工作经馆长办公会研究通过，由王玉梅策划立项，制定撰写体例，并负责统稿工作。书中将所收录馆员著述按时间划分为三个时期，分别由专人负责搜集整理。1949—1979年间的馆员简介及著述提要由李洪梅整理撰写；1980—2000年间的馆员简介及著述提要由王文刚整理撰写；2001—2019年间的馆员简介及著述提要由王玲环、吕俊平整理撰写；综述由吕俊平执笔。《提要》的编写得到了馆领导与同人的热切关心和全力帮助，党委书记、馆长刘显世为本书题字。书中所涉述作成文时间跨度较长，有一些信息需要与其本人或其后人核实，在此对于那些帮助过我们的同志一并致谢！由于笔者能力所限，书中难免挂一漏万，恳请各位同人及专家谅解。

图书馆员的著述是图书馆宝贵的精神财富。全面搜集、整理馆员著述，既发挥了图书馆人的专业优势，展示了图书馆人的专业水平，又体现了我辈所具有的长远眼光和历史担当，可以说是功在当下，利在未来。

王玉梅

2020年10月

目　录

综　述

自1909年建馆以来，山东省图书馆馆员多以对目录、版本、校勘等的学术研究方向立于业界，民国时期王献唐、牟祥农、李毓麟等都曾著书立说，开图书馆研究之先河。1931年王献唐馆长为进一步开展图书馆界的学术交流创办了《山东省图书馆季刊》，这是山东省最早的图书馆学刊物，在全国也属少见[1]。该刊战乱时期停刊，直至1981年恢复（2009年更名《山东图书馆学刊》），复刊后在学术界影响力日益提升，入选国家新闻出版广电总局第一批认定学术期刊名单，注重刊发文献学论文是该刊的学术传统与特色。1932年，王献唐馆长主持编撰了《山东省图书馆图书分类法》，该分类法对解放后《山东省立图书馆图书分类新法》（以下简称《山东法》）的编制有重大影响，《山东法》是我国最早的图书分类法之一[2]。改革开放以来，随着新晋馆员人数增加和学历水平的提高，山东省图书馆在图书馆学研究方面也取得了显著成果。笔者对1949年以来入馆馆员在学术研究方面的成果进行系统梳理，数据来源不仅包含知网、维普、万方三大数据库，还包括中国图书馆学会年会论文集、山东省图书馆学会科学讨论会论文集、山东省图书馆馆员论坛论文集等，部分成果还向作者或其后人核实，力求收集齐全，同时为体现个人学术研究轨迹，还收录了在职馆员入馆前的著述。本书所收文献资料的发表或出版时间截至2019年12月31日。

一、1949—2019年入馆馆员著述情况概述

本书共收集整理馆员个人信息271条，出版著作92部，发表论文1476篇。

所收录的男、女馆员人数和著述情况如图1所示，其中男性馆员127人、女性馆

员 144 人，人数基本持平；女性馆员出版著作 36 部，男性馆员 75 部；女性馆员发表论文 867 篇，男性馆员 779 篇（为方便统计，合著作品按著作人数计数）。

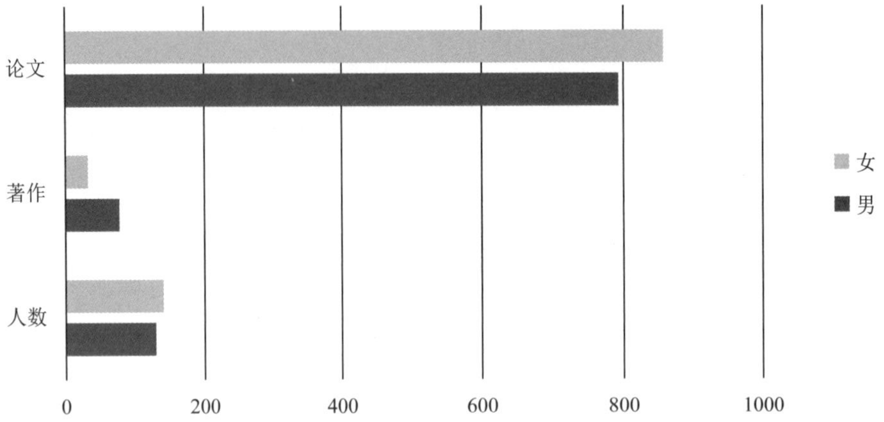

图 1　山东省图书馆馆员人数及著述情况

图书馆职称评定工作始于 20 世纪 80 年代初期，1949—1978 年间入馆的馆员现均已离退休。有些前辈由于离退休时间较早，没有评定职称，故这段时间入馆的馆员职称与著述关系未在图 2 中体现，1979—2019 年间入馆馆员职称和著述情况则见图 2。

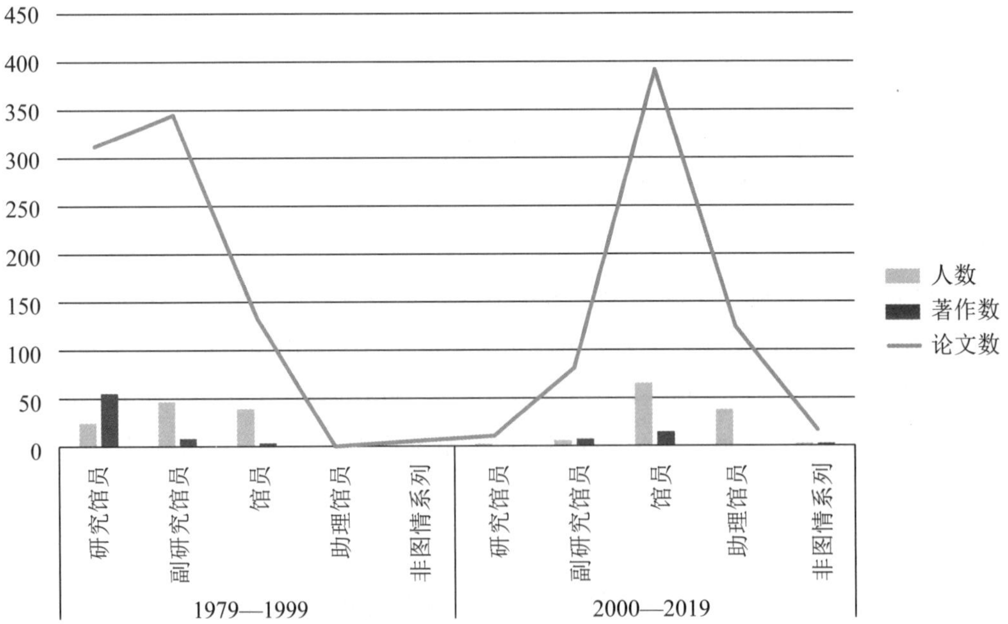

图 2　1979—2019 年间入馆馆员职称与著述情况

1979—1999 年间入馆馆员 113 人中，具有研究馆员职称的有 25 人，出版著作 56

部，发表论文313篇，发表论文超过30篇的有4人，其中3人具有博士学位；具有副研究馆员职称的有46人，出版著作9部，发表论文345篇（白兴勇博士以发文33篇居首）；具有馆员职称的有40人，出版著作4部，发表论文134篇；非图书情报系列2人，发表论文4篇。

2000—2019年间入馆馆员116人，具有研究馆员职称的有2人，发表论文10篇；具有副研究馆员职称的有6人，出版著作8部（其中金晓东博士5部，李关勇博士3部），发表论文82篇（李关勇博士发文量最多，28篇）；具有馆员职称的有66人，出版著作15部，发表论文394篇，论文超过15篇的有3人，其中硕士1人，博士1人；具有助理馆员职称的有39人，发表论文122篇；非图书情报系列3人，出版著作2部，发表论文17篇，其中博士1人，出版著作2部，发表论文8篇。

在这两个时间段内馆员的著述情况都说明馆员学历、职称与著述数量的关系成正相关，即随着学历和职称的晋升，著述数量随之增长。

二、1949—2019年间在馆馆员著作出版情况分析

这一时期共有47人出版著作92部（含合著，下同），出版时间跨度从1954年到2019年。其中，非图书馆学专业著作16部，占比14.3%；出版3部及以上著作的共有12人，个人出版著作最多的为13部。

按责任方式划分，有编著11部、古籍点校与整理12部、主编32部、著（撰）图书29部、翻译或编译等其他责任方式8部。

92部著作中，个人独立完成63部，合作完成29部。合著以馆内同人合作为主（含部分馆内馆外兼有），共计13部；馆外合作图书16部。馆内的合著多为同一部门同人，如《民族呐喊：山东抗战漫画集》（林卫东、姜璐主编，中国文史出版社），著者同为中文报刊部同人；或为相同研究方向的同人，如《李开先研究资料汇编》（徐泳、陶嘉今辑，山东文艺出版社）等。馆外的合著者则多为各领域内的大家，有跨界合作，如《中国烹饪文献提要》（陶振纲、张廉明编著，中国商业出版社），作者之一张廉明先生为山东饮食文化大家，中国烹饪理论研究的“八大金刚”之一。有与高校研究人员的合作，如《订补海源阁书目五种》（王绍曾、崔国光、杜泽逊、刘心明整理订补，齐鲁书社），作者中王绍曾先生是我国著名古文献学家，以其目录版本之学驰名海内外，杜泽逊教授是王绍曾先生弟子，山东大学儒学高等研究院教授，亦是山东省图书馆多位博士研究生的导师，主要从事古籍目录学、版本学、校勘学、四库学

和山东文献研究；刘心明先生亦为山东大学儒学高等研究院教授，主要从事文献学理论、古代石刻文献等方面的研究。还有与其他图书馆同人的合作，如《图书馆经典阅读推广》（李西宁、张岩主编，朝华出版社），作者之一张岩为中国图书馆学会阅读推广委员会副主任、深圳图书馆馆长。

（一）出版数量年代特征明显

92 部图书按图书馆发展的历史时代划分，如图 3 所示，2010—2019 年间出版数量最多。其中图书出版数量最多的是 2019 年，共出版 18 部，包括“山东省图书馆馆员文库丛书”6 部和“山东抗战史料丛书”4 部。究其原因，2019 年为纪念建馆 110 周年，山东省图书馆首次创立面向馆员个人的著作出版项目，面向全体在职员工征集作品，设立专项资金并成立专家评审委员会，对符合要求的馆员著作由图书馆资助出版，此举旨在鼓励馆员学术创作的积极性，以提高学术水平及业内知名度。

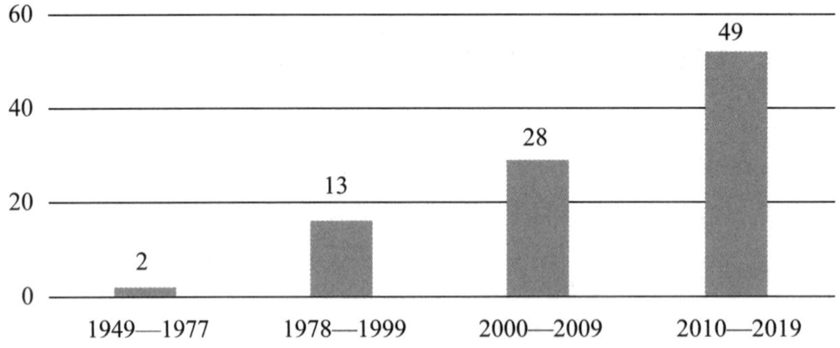

图 3 山东省图书馆馆员著作年度分布

（二）出版社分布范围广

92 部图书由 39 家出版社出版，其中 46 部图书由 13 家山东省内出版社出版，山东大学出版社出版 12 部，齐鲁书社出版 9 部。省外出版社中国家图书馆出版社（原北京图书馆出版社）以 5 部居首。

古籍点校类图书主要由齐鲁书社、北京大学出版社、上海古籍出版社、四川大学出版社等出版；山东地方文献类图书主要由国家图书馆出版社、山东大学出版社、天津古籍出版社、中国文史出版社等出版；其他图书馆学研究类图书则多由中华书局、上海科技文献出版社、朝华出版社、吉林文史出版社等出版。

（三）著作内容丰富多彩

92 部图书按著作内容，大致可分为以下四类。

1. 山东地方文献类

山东地方文献图书分为两类，一是山东省图书馆馆史馆志资料及馆藏文献的整理揭示，二是反映山东地方特色的人文历史文献。

《山东省图书馆馆藏缩微文献目录》收录了山东省图书馆自拍和采购的缩微文献，共分三编，包含报纸 137 种、期刊 232 种、古籍 898 种，是读者了解、利用山东省图书馆馆藏缩微文献的指南，也是馆藏珍品和山东地方文献的浓缩和精华。《山东省图书馆藏古籍缩微文献举要》记录了馆藏古籍缩微文献的题名、卷数、作者、版刻、题跋等信息。《山东省图书馆馆史资料选编》以事业发展、资源建设、服务读者、科学管理、学术研究为序详列细目，是系统反映山东省图书馆百年历史的原始资料汇编。《山东省图书馆志》从机构、馆舍、设备、藏书、现代技术和管理等方面详细记述了 1909—2002 年山东省图书馆的历史与现状。

《蒲松龄集》收集了除《聊斋志异》外的全部蒲氏作品，如诗、词、赋、骈文、散文、俚曲、杂文以及由蒲松龄亲手编纂的非文学性杂著等，为研究蒲松龄及其著作提供了珍贵的文献资料。《李开先研究资料汇编》分别从齐鲁名士李开先（李开先，1502—1568，山东济南人，明代文学家、戏曲作家）的生平、交游、著述等方面辑录有关历史文献与论著，对研究李开先具有参考价值。《一代传人王献唐》《王献唐著述考》《王献唐年谱长编：1896—1960》全面细致地展现王献唐的生平事迹与著述活动，对王献唐的生平和贡献考评与梳理，填补了研究的空白，对研究王献唐的生平与贡献具有重要的参考价值，其中《一代传人王献唐》获第 28 届山东省社会科学优秀成果奖一等奖。

《山东通志》完整系统地记载了自上古至清末山东一省的地理、历史概况，是非常重要的史地文献。《山东通志索引》则根据《山东通志》初印原本，重新编制了人名和书名两种索引，并依今人的检索习惯按音序排列，更加实用。《山东通志艺文志订补》以清末民初的《山东通志·艺文志》为底本，全面介绍了山东历代先贤的著作及其存佚情况，除订正讹误、添加标点外，还拾遗补阙，根据文献著录及作者亲眼所见，对其内容加以增补；文后列有“人名所引”和“地名索引”，正文中对存世之书还标注其版本和收藏单位，方便读者的检索和利用。该书不仅是版本目录学的重要成果，也是研究山东古代学术不可或缺的工具书。《山东通志艺文志订补》的编撰厘清了山东文献的家底，为山东省古籍整理工作的长远规划提供了依据，极大地促进了齐鲁文化的开发和利用，在发掘地域文化资源，特别是在方志的整理和研究上做出的有益尝试，也为其他地方整理地方文献提供参考。该书获得山东省第32届社会科学优秀成果奖一等奖，第31届华东地区优秀哲学、社会科学图书奖一等奖。《民国时期山东报刊目录提要》是国家图书馆民国时期文献保护中心资助的“民国时期文献整理出版项目”之一，收录了山东省图书馆和青岛市图书馆馆藏民国时期山东出版的中文期刊、报纸400余种，是研究民国时期山东报刊出版的重要资料。《近现代山东报刊知见录》收录了1894—1949年中华人民共和国成立以前，山东省印行的报纸和期刊900余种，简要介绍了每一种报刊的基本信息，包括创办人、创办地点、起止日期等。《山东报刊发展史略》全面总结了山东地区发行的报刊从清朝末年至今的产生、发展概况，除对每一种报刊的思想内容和编辑特色进行描述外，还着重对编印者、刊期、载体形态、出版地、主要负责人、主要编辑人员和撰稿人，以及创刊、停刊、复刊、终刊、改名、改版时间等具体事项进行完整介绍。该书既展示了山东报刊在社会发展中的巨大作用，也为读者了解山东社会发展概况提供了重要参考资料。《清代山东刻书史》以清代山东刻书为研究对象，同时上溯宋、元、明，下及民国，是第一步全面梳理山东刻书史的专著。书中以时间为序，逐府逐县考察，以官刻、家刻、坊刻三大刻书系统为主，旁及宗教机构、民间组织刻书，准确记录每部书的版本信息、行款版式、序跋等，归纳重要刻书者的刻书特点并对其贡献做总结，展示了山东刻书史的全貌。本书获得了2016年度全国优秀古籍图书奖二等奖。《山东书局研究》通过考察山东书局的历史，调研山东书局雕版印刷、石印、铅印的各种书籍，总结山东书局的出版特点，探讨山东书局对山东文化发展的作用及对全国文化的影响，全面揭示清末山东印刷业的盛况。《齐鲁阅读文化探析：以宋元为中心》通过个案研究，分析古代齐鲁人民的阅读活动情况及特点，开拓了地方阅读史研究领域。《清代历城人物著述研究》选取了山东济南历城地区有代表性且家族人物著述最多的三个家族，运用家谱、所研究人物及交游者的著述，展现人物在特定历史背景下的生活、交往等。

2. 古籍点校与古籍书目整理类

四川大学出版社出版的《续学统》《景行录》点校本，《续学统》底本为山东省图书馆藏民国二十年（1931）山东于陵养正堂刊本;《景行录》在张英《文庙贤儒功德录》基础上辑补而成。这两部书均收录于《儒藏·史部·儒林史传》中，由王艳丽、赖大邃、李关勇等同人点校。

上海古籍出版社出版的《礼记》点校本，以清武英殿10卷本为底本，以乾隆初怡府刻《礼记集说》巾箱本、元代天历元年（1328）郑明德宅刻16卷本为参考本，是目前《礼记集说》整理质量最好的本子。北京大学出版社出版的《国语正义》，共21卷，是清代第一部刊世《国语》韦注新疏，本书是第一次整理点校本。北京大学出版社出版的《经学通论》点校本，依照《儒藏（精华编）编纂条例》，选择善化皮氏师伏堂丛书本为工作底本，是首次以正规方法标点、校勘之本。以上三部图书均由金晓东博士点校。《礼书通故》（北京大学出版社出版），整理本以中华书局本为基础，几乎涵盖礼学的所有重要问题，体现了清代礼学的高水准，本书由马清源博士点校。

《群碧楼善本书录・寒瘦山房鬻存善本书目》（上海古籍出版社出版），其中《群碧楼善本书录》六卷，为民国十六年（1927）邓邦述（邓邦述，1868—1939，江宁人，近代诗人、藏书家）向中央研究院历史语言研究所售让藏书时所编。其中《寒瘦山房鬻存善本书目》七卷，为邓邦述鬻书后，根据寓中遗存之书编成，本书由金晓东博士整理出版。

另有《二十五别史：契丹国志》《二十五别史：大金国志》（齐鲁书社）由李西宁校点；《订补海源阁书目五种》（齐鲁书社）由崔国光等同人整理订补。

3. 图书馆学研究类

《图书馆经典阅读推广》介绍了经典阅读的意义、经典的选择以及经典阅读推广的方法与实践等。《书眉集：图书馆的传承与变革》探讨了公共图书馆在开拓创新发展先进文化中的责任与担当、公共数字化文化建设的成就及问题等。《美国图书馆志愿者研究》是国内第一部研究美国图书馆志愿者的专著，在梳理美国图书馆志愿者研究成果的基础上，调查了美国图书馆志愿者的现状，对其工作和管理情况进行了分析和总结。《古籍修复概述及案例》详述了古籍修复的基本原则和流程等，并介绍了线装、毛装、经折装、拓片（本）等不同装帧形式古籍的具体修复案例。

4. 其他类主题图书

《中国烹饪文献提要》介绍了新中国成立以前馆藏饮馔、食疗等方面的烹饪文献，包括西餐进入中国后所编写的一些著作，为研究中国烹饪及饮食文化提供了检索线索。《日文儒家文献提要萃编》精选50种日本昭和时期出版的儒学书目，为每种图书撰写内容提要，并翻译了每种书的序言，有助于读者了解和研究近代尤其是明治维新后日本学界对儒学的研究情况和思想态度。《隋书经籍志研究》从目录学、学术史角度对《隋志》进行研究探讨。

三、1949—2019 年间在馆馆员论文发表情况分析

1949—2019 年间在馆馆员有 270 人发表论文 1476 篇（含合著）。其中，非图书馆学专业论文 74 篇，占比 5%。在发表论文数量方面，个体差异较大，发文量最多的有 36 篇，但也有 44 人发文数量在 1—3 篇。1476 篇论文中，个人独立完成 1236 篇，合作完成 240 篇，其中馆内馆员合作完成 134 篇，与馆外人士合作完成 106 篇。馆内合著多为非固定组合，也缺少专一的研究方向。馆外合作者中业内专家学者较少，比较典型的如：赵炳武、李国新著《我国图书馆法治建设与研究》，柯平、李西宁等著《基于扎根理论的馆员对公共图书馆组织文化感知研究》；其他多为馆员攻读在职硕士研究生期间在导师带领下所发表的论文，如《面向数字图书馆的公共图书馆评估》《省级公共图书馆评估标准解读》《国家级贫困县基本公共文化服务均等化发展策略研究——基于图书馆和文化馆评估结果的分析》《公共图书馆事业管理的"三驾马车"——政策法律、发展规划与评估定级》等。

（一）发文量阶段上升兼具年代特色

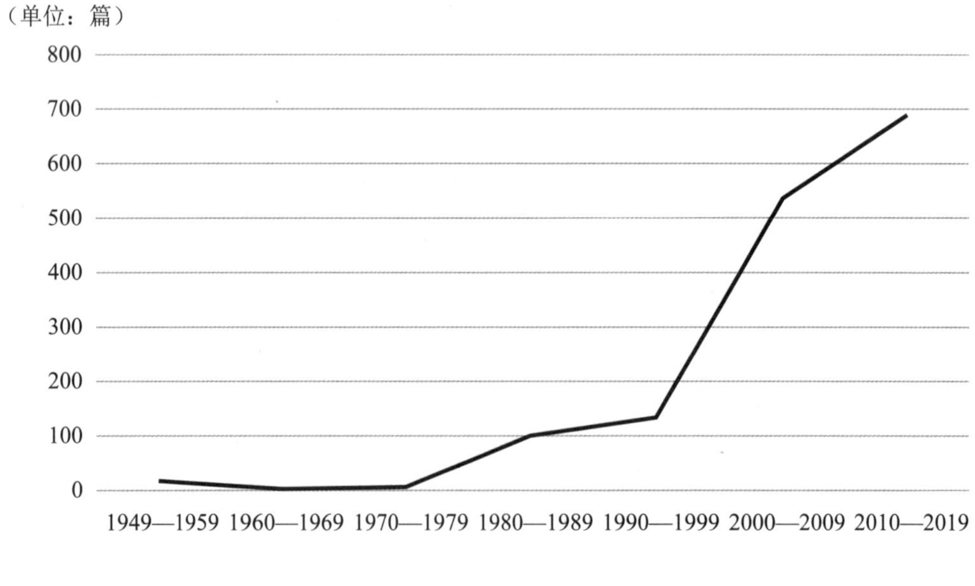

图 4　1949—2019 年山东省图书馆馆员论文发表情况

1949—1959 年间共发表论文 17 篇，论文多以译作为主，且苏联的文章尤多，如

庄上峰在《山东教育》发表的《苏联学校课外教育的地位与意义》、万培悌在《图书馆》发表的《苏维埃目录学的几个问题》等。1960—1969年间共发表2篇，是路大荒在20世纪60年代初期发表的《谈谈济南朱氏本〈聊斋志异〉》和《蒲松龄辑录〈观象玩占〉手稿与其所编著的农书简介》。1966—1976年间山东省图书馆的正常工作开展陷入停顿，学术研究停滞不前，直到1979年山东省图书馆学会组织第一次科学讨论会。此次会议论文集收录馆内同人论文5篇，《明确新时期期刊图书馆的方针任务　促进图书馆事业的新发展》《我馆是怎样用汉语拼音检字法组织日文书名目录的》《关于省、市图书馆地方文献工作的几个问题》等论文反映出山东省图书馆内工作开始有序恢复。1980—1989年间共发表论文99篇，论文内容涵盖了图书馆业务工作的方方面面，既有藏书建设，又有读者工作、文献研究等。1990—1999年间共发表论文130篇，在前面的基础上又增加了缩微技术、自动化、数据库、图书馆管理等内容，体现了学术研究的与时俱进；2000—2009年间共发表论文533篇，论文内容多为日常工作中遇到的问题或个人自主研究方向的内容，如马兰芳在《山东省图书馆季刊》发表的《标引工作中一个容易混淆的加“0”问题》、王妮在《古典文献研究》发表的《〈宋史〉列传辨误》、唐桂艳在《文献》发表的《〈说文释例〉校改本的文献学价值》等。

2010—2019年间共发表论文690篇，占1949—2019年发文总量的46.7%，但这十年间的发展也很不均衡。如图5所示，2010—2012年三年发文量均在40篇左右，低于上个十年的平均水平，2014年出现一个高峰，2016年又出现低谷，之后才开始稳步增长。这是因为2007—2012年间山东省图书馆职称评审工作一度停止，六年内未开展职称评聘工作，极大影响了馆员学术研究的积极性，导致这一时间段内馆员发表论文数量减少。直至2013年职称评审工作恢复，学术研究工作才重新步入正轨[3]。2018年后论文数量的攀升则得益于“山东省图书馆学术提升计划”的实施。此项计划是为进一步提升山东省图书馆的学科水平和学术实力，依据山东省文化厅印发的《“十三五”时期山东省文化科技发展规划》以及《山东省图书馆“十三五”发展规划》而制定。馆员论坛是落实该计划的重要方式，从2018年开始实施，2019年举办第二届，获奖论文结集出版，馆内同人参与热情较高。

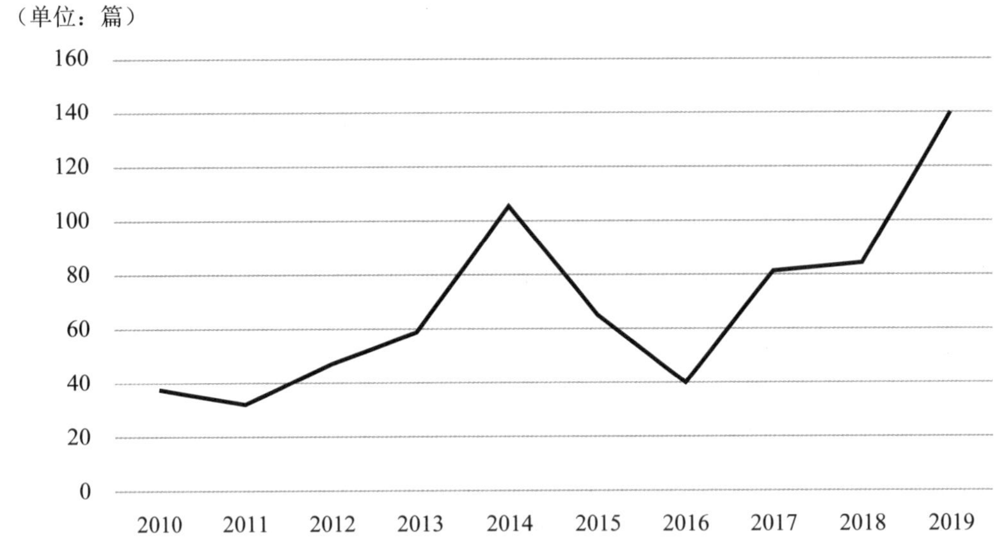

图 5　2010—2019 年山东省图书馆馆员论文发表情况

（二）所发刊物相对集中

1476 篇论文分布于 238 家刊物、6 家报纸、23 家学报，还有山东省图书馆学会科学讨论会论文集、中国图书馆学会年会论文集以及其他研讨会论文集等。详见图 6：

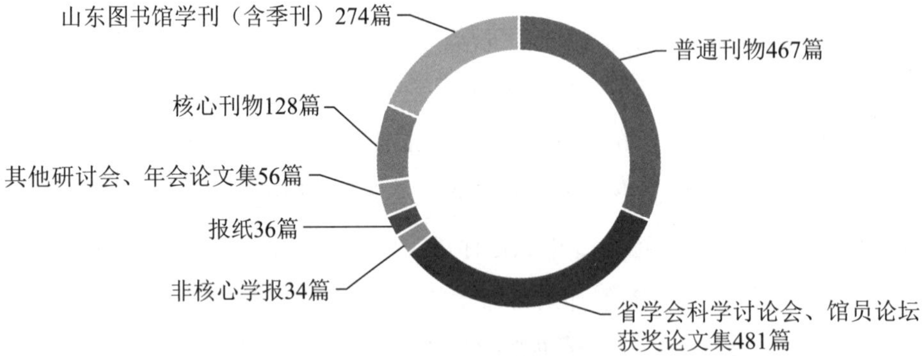

图 6　1949—2019 年山东省图书馆馆员论文发表刊物分布

参照《中文核心期刊要目总览》和《中文社会科学引文索引收录来源期刊目录》统计，发表于核心期刊的论文共有 128 篇，占论文总量的 8.67%，集中发表于 32 家刊物和 2 家学报，其中《文献》发表数量最多，共 13 篇，也从另一方面证明山东省图书馆文献学研究的传统。

发表于山东省图书馆学会科学讨论会论文集和山东省图书馆馆员论坛论文集的论

文共 481 篇，占论文总量的 32.6%；发表于《山东图书馆学刊》（含山东图书馆季刊）的论文共 274 篇，占论文总量的 18.6%；两项合计超过 50%。同时，有 467 篇论文发表于 224 家普通刊物，只发表过 1 篇论文的刊物有 149 家，发表过 10 篇及以上论文的刊物仅有 8 家，其中《河南图书馆学刊》发文 20 篇，《人文天下》（原《戏剧丛刊》）发文 55 篇。

以上情况，一方面说明《山东图书馆学刊》是诸多馆员发文的首选刊物，以及大家参加山东省图书馆学会科学讨论会和馆员论坛的积极性比较高，也因为在相当长的一段时间内，在山东省图书馆学会科学讨论会论文集发表的论文被山东省文化艺术专业技术职务资格评审委员会所认可，政策导向使得此类论文占比较高；另一个方面，《河南图书馆学刊》和《人文天下》这两种刊物成为馆内同人向外投稿的首选，也反映出馆内同人还需要走出去开阔视野，突破研究领域和工作地域的局限，提升学术水平和学术能力，增强学术自信，主动了解并勇于向全国性专业学术期刊，尤其是核心期刊投稿。

（三）论文内容特征明显

1476 篇论文包含众多主题，大致呈现以下几个特点。

1. 早期的翻译作品和实证研究

早期论文许多都是翻译自苏联的专业文章，这反映了馆内同人具有开阔的国际视野和较高的外语水平，并与当时中苏友好的时代背景相契合。如庄上峰 1955 年发表于《图书馆工作》的论文《反对图书馆工作中的形式主义》，原文刊载于苏联《图书馆员》1954 年第 6 期；万培悌 1958 年发表于《图书馆工作》的论文《儿童图书馆目录中传记内容的文艺作品的分类》，译自苏联《图书馆员》杂志 1957 年第 2 期等。除俄文文章的翻译外，还有日文文章的翻译，如陶振纲发表于《蒲松龄研究》的论文《论旧传蒲松龄著〈青云集〉〈知命集〉的真伪》《清・蒲松龄〈农桑经〉考》《蒲松龄与李贺》等均为日文译作。

此外，早期论文对于实务性、实证性研究多于理论研究，体现出当时的馆员关注业务工作相关问题、解决实际问题的能力极强。如万培悌《怎样避免图书分类时的不一致》《我馆是怎样用汉语拼音检字法组织日文书名目录的》等。

2. 学术传统的传承与发扬

文献学研究是民国时期山东省图书馆馆员研究的特色，新中国成立后文献学的研究相对集中在以下两个方面。

一是关于王献唐的研究。王献唐，我国现代著名考古历史学家、金石文字学家、版本目录学家和图书馆学家，1929 年出任山东省立图书馆馆长，在主政山东省立图书馆的二十年间，为文献的收藏、研究与传播苦心擘画，厚重根基，使山东省立图书馆一时闻名遐迩，成为中国北方最著名的图书馆。关于这一主题共有 14 人发表 31 篇相关的研究文章，最早一篇是庄红雨 1989 年发表于《山东图书馆季刊》的《王献唐先生与山东省图书馆》，文章从王献唐危难时受任、战乱与财困之时搜罗典籍、载书避战于川、借鉴西学类分图书等多个方面对王献唐先生的事业与学术做了详细论述。其后李勇慧开始对王献唐先生的生平以及其对海源阁藏书的抢救工作等进行了深入研究，在 1994—2015 年间陆续发表《王献唐先生年谱》《王献唐校勘〈庄子〉的文献学价值》《王献唐与临淄封泥收藏及研究》《从王献唐研究谈清代山东学术的地位与变迁》等文章 11 篇。李关勇发表论文 3 篇，研究王献唐与柳堂藏书，以及与友人丁菊甦、黄炎培往来信札等。王献唐先生以搜集整理乡邦文献为职业志向，大量珍贵的山东先贤遗著得以留传至今，徐泳的论文研究有关王献唐搜集整理许瀚遗书，胡兵的论文研究王献唐与潍县高氏上陶室的砖瓦收藏，唐桂艳的论文研究王献唐与山东刻书，等等。

二是海源阁藏书研究。海源阁是我国清代四大藏书楼之一，宋元珍本逾万卷，众多学界泰斗给予高度评价。同人著述中对海源阁藏书的研究始于 1981 年骆伟的两篇论文《晚清山左藏书楼——海源阁》《海源阁的今昔》，对海源阁的创建、藏书、著述、刻书、藏印及其现状进行了详细的论述。李勇慧在 1995—2011 年间先后发表了《王献唐与海源阁藏书之抢救》《台湾中央图书馆所见海源阁原藏秘籍经眼记》《“海源阁”藏书的散佚、抢救与归属》，分别介绍了 1929 年 11 月王献唐亲赴聊城调查海源阁破坏状况及藏书情况、台湾“中央图书馆”考证的《订补海源阁书目五种》之外的七种海源阁秘藏以及海源阁藏书的散佚与抢救过程，考证了海源阁珍藏典籍的去向和归属。崔国光于 2001—2002 年先后发表论文《王献唐与海源残阁散世珍籍》《海源阁藏书精品述略》，先是对海源阁珍本被售卖日本之事进行考证，后对海源阁所藏“四经四史”做了详细介绍。2009 年方钦玲论文《海源阁研究论文索引》收集整理了近 80 年来有关海源阁的报道和研究文献计 100 余篇，是详尽的海源阁研究史资料。

3. 业内动态的密切关注

图书馆立法是图书馆界人士一直极力推动的工作。2001 年 1 月至 2011 年 12 月是《中华人民共和国公共图书馆法》正式立法工作的启动阶段[4]，山东省图书馆同人积极参与其中。韩淑举于2002—2006年先后发表《少数民族地区图书馆立法的基础和原则》《中国图书馆法治建设的国际经验借鉴——〈日本图书馆法律体系研究〉评介》《社会环境与我国图书馆立法》《谈图书馆立法的时机》等文章，探讨在图书馆法制定工作启动形势下加强民族地区图书馆立法研究、借鉴国际经验、图书馆设置和经费保障、对已有图书馆法规条例进行总结助力公共图书馆法的制定等问题。

2018年1月1日《中华人民共和国公共图书馆法》正式实施，张海梅论文《我国公共图书馆立法历程述略》按照时间脉络对该法的立法历程进行梳理，孙慧云论文《〈公共图书馆法〉专家解读综述》把在立法过程中做出重要贡献的专家的观点和对该法的解读梳理出来，分主题对他们的观点进行综述。

4. 极具特色的个人研究

白兴勇关于美国图书馆志愿者的研究。其先后在2015—2017年间发表《美国图书馆志愿者研究述略》《美国"婴儿潮"图书馆志愿者探析》《美国图书馆志愿者项目管理探究——以伊利诺伊州图书馆知识素养项目为例》《美国公共图书馆志愿者现状调查与分析》《试析美国图书馆志愿者的历史分期》《美国虚拟图书馆志愿者探析》等文章，对美国图书馆的志愿者进行了综合研究，这些文章的内容对我国图书馆志愿者工作也有一定的启发和借鉴。

李关勇关于历城名士的研究。其先后在2012—2017年间发表《历城李廷芳著述考》《历城名士李廷芳及李氏家族》《历城名士周乐及著述考论》《历城名士范坰及著述考》《历城名士花寿山及著述考》《历城王德容及著述考》等文章，这些研究内容对研究清代历城地区人物与历史具有重要价值。

唐桂艳关于山东刻书史的研究。其先后在2009—2018年间发表《太湖张承燮山东刻书考》《明清时期山东文化世家刻书述略》《利津李佐贤刻书考》《王懿荣刻书事迹钩沉》《明清山东的刻书在全国的地位》《泰安赵国麟刻书考》《山阴陈锦山东刻书考》《丰润赵国华山东刻书考述及其意义探析》《山东益都李文藻广东刻书述略及其意义探析》等文章，研究内容既包括山东人在山东所刻书，也包括外地人在山东所刻书和山东人在外地的刻书。

梳理1949—2019年间山东省图书馆馆员的著述，对山东省图书馆的学术研究进行一个全面总结，从中既可看到图书馆前辈们厚重丰富的积淀，也可在孜孜努力的后辈们身上看到优良学术传统的传承与发扬。当然在资料的收集整理过程中，我们也发现了这一学术团体存在的很多不足，如缺乏学术领军人物和高水平学术团队、整体学术影响力不强、学术研究方向分散，等等。近年来，山东省图书馆多措并举，成立了以研究馆员为主体的研究院和山东省图书馆学术委员会，实施了《山东省图书馆学术提升计划》，加强了顶层设计，在人才培养计划、学术方向选择等方面进行长远规划，通过学术成果奖励制度、学术绩效考核评价等机制保障，以期提高山东省图书馆在业界的影响力。近几年的学术论文发文量也证明了这些措施的行之有效。尽管馆员个体之间差异还很明显，但我们期待更多的馆内同人在学术研究方面发愤努力，清晰明确自身的学术研究方向，在未来取得更加辉煌的学术研究成果。

参考文献：

[1][2] 鲁图史略 [EB/OL]. [2020-08-01] . http：//www.sdlib.com/articles/ch00152/201706/e24257b3-72b2-4cec-9332-0812316d5d3c.shtml.

[3] 胡兵，白兴勇 . 近十年山东省图书馆职工发表论文统计分析 [J]. 山东图书馆学刊，2019（S1）：40-45.

[4] 李京胤，张海梅，白庆珉 . 我国公共图书馆立法历程述略 [J]. 图书情报研究，2019（1）：24-32.

凡　例

一、本书收录山东省图书馆1949年至2019年在馆馆员正式出版的著作和公开发表的论文，包括其入馆前著述。

二、本书按馆员入馆时间顺序编排，同年同月入馆者按姓氏的汉语拼音音序排列。馆员入馆时间只有年份信息没有月份信息者，排在同年入馆的所有馆员的最后，并按姓氏的汉语拼音音序排列。

三、每位馆员款目下包括馆员基本信息、著作特征、学术论文特征等三部分内容。

（一）每位馆员的款目题名以著述题名为准。

（二）馆员基本信息，主要包括性别、字号、出生年、籍贯、在馆时间、职称、职务等内容。

（三）著作特征的著录内容包括书名、责任者、责任方式、出版地、出版社、出版时间、页码、尺寸和内容提要。

（四）学术论文特征的著录内容包括题名、责任者、来源期刊、发表时间、期刊（卷）期数、起止页码和内容提要。

四、馆员著述排序为先著作再论文；序号分列，按出版时间先后为序；同一出版年的作品先排有卷期号的，后排无卷期号的；同一出版年的无卷期号作品按题名的汉语拼音音序排；同一作品多次发表的，按最先刊行的报刊选录，余者不取。合著著作在第一责任者款目下详细著录，其他责任者款目下作“参见”，合作论文同样处理。

五、款目格式

（一）著作格式

序号　著作题名 / 责任者及责任方式 .-- 出版地：出版社，出版年 .-- 页码；尺寸

1. 独立著作

例：01　美国图书馆志愿者研究 / 白兴勇著 . -- 济南：山东大学出版社，2017. -- 234 页；24cm

2. 合著

例：吴金敦款目下

01　像名人那样读书 / 吴金敦，刘新勇编著 . -- 济南：山东画报出版社，2013. -- 337 页；24cm

刘新勇款目下

01　像名人那样读书

参见吴金敦著作 01

（二）论文格式

1. 期刊中析出的论文：

（1）普通期刊：单一责任方式

序号　论文题名 / 责任者 // 期刊名 . -- 发表时间，卷数，期数，起止页码

例 1：08　山东省“海疆数字文化长廊”暨“海疆书香”工程建设探索 / 刘显世 // 山东图书馆学刊 . -- 2019，no.3，43–48 页

例 2：04　近十年我国阅读推广研究热点可视化研究 / 刘阳，朱男 // 图书情报导刊 . -- 2018，no.12，63–69 页

（2）普通期刊：两种及两种以上责任方式

序号　论文题名 / 责任者及责任方式 1；责任者及责任方式 2// 期刊名 . -- 发表时间，卷数，期数，起止页码

例：01　苏联学校课外教育的地位与意义 /（苏）阿而帕托夫著；金诗伯，庄上峰译 // 山东教育 . -- 1950，no.10，40–44 页

（3）期刊增刊

序号　论文题名 / 责任者 // 期刊名：增刊名 . -- 发表时间，起止页码

例：03　特色地方文献的编目整理——以“山东省社会科学优秀成果奖”获奖作品为例 / 赵巧云 // 山东图书馆学刊：2019 年“变革创新开放融通——法治背景下图书馆发展新路”专辑 . -- 2019，206–208 页

2. 专著中析出的论文（论文集或图书形式出版的期刊）

序号　论文题目 / 责任者 // 所在图书题名 / 责任者及责任方式 . -- 出版地：出版社，出版社时间 . -- 论文起止页码

例 1：01　试论网络环境下少儿读者的需求与满足 / 郎秀丽 // 全国少年儿童图书馆研讨会获奖论文集 / 刘健主编 . -- 上海：上海科学技术出版社，2008. -- 320–324 页

例 2：16　“真知版本者”赵录绩 / 唐桂艳 // 藏书家 . 第 16 辑 / 宫晓卫主编 . -- 济南：齐鲁书社，2009. -- 30–36 页

3. 报纸中析出的论文

序号　论文题目 / 责任者 // 报纸名 . -- 发表日期，版面

例：05　图书馆阅读推广方式探讨 / 王妮 // 图书馆报 . -- 2014–11–21，第 A27–31 版面

六、款目著录项目、著录项目内容顺序及标识符参考《中国文献编目规则》和《GB/T 7714–2015　信息与文献　参考文献著录规则》。

几种著录项目用标识符的书写格式说明：

（1）分段计页用“+”，如 31+561 页；

（2）起止页码用“–”，如 24–26 页；

（3）期刊的年卷期用“,”“v.”和“no.”，如 2014，v.5，no.3；

（4）报纸的年月日和版面用“–”和“,”，如 2017–12–29，第 3 版面；

（5）析出符号用“//”。

以上几种项目标识符前后不加空格。

七、本书选取的责任方式主要有著、主编、编著、编写、撰写、译、编译、点校等，位次选取第一位，其余位次均作参见。

八、书末附《题名索引》和《著者索引》，均按音序排列，标点符号不参与排序。

路大荒

1895—1972年，名鸿藻，字丽生，亦作笠生，号大荒山人、大荒堂主人等，曾用名路爱范，山东淄川县（今淄博市淄川区）菜园村人。1945年9月至1949年10月、1959年至1972年在馆，曾任副馆长、副研究馆员。

著作

01　蒲松龄集 /（清）蒲松龄著；路大荒整理；中华书局上海编辑所编 . -- 北京：中华书局，1962. -- 1818页；21cm

本书为上下两集，内容分为诗、词、赋、骈文、散文、俚曲、杂文以及由蒲松龄亲手编纂的非文学性杂著，全书共120多万字。收集除《聊斋志异》外的蒲氏作品，为研究蒲松龄及其著作提供了珍贵的文献资料。

论文

01　济南市齐城峪九顶塔年代的商榷 / 路大荒，李既陶 // 文物 . -- 1959，no.12，69页

1956年《文物参考资料》第10期发表了《神通寺史迹初步调查记略》一文，文中提到有关柳埠东南九塔寺遗址中九顶塔的时代问题，认为不会早过元代。文章根据塔身不同时代的划文题字，认为九顶塔建于宋建隆四年（963）以前，早于元代。同时，又提到有人发现在塔内清康熙年间残壁画下层露出与敦煌壁画风格极相似的残画一段，可肯定是唐代手笔，因之九顶塔的建造年代，亦当属于唐代。

02　谈谈济南朱氏本《聊斋志异》/ 路大荒 // 光明日报 · 文学遗产 . -- 1961-07-30，第4版面

《聊斋志异》书成后，因作者蒲松龄家里贫困，没有力量刊刻印行。乾隆三十一年（1766）天都（歙县）鲍廷博刊刻行世的《聊斋志异》即是十六卷四百三十一篇的通行本。作者通过对济南朱氏所藏《聊斋志异》与其他不同版本、刻本和抄本的对比，以及对朱氏的家世、交友及借阅图书情况的研究，知朱氏藏本应为直接抄录自原稿的版本，且之后的段氏刻本及铸雪斋张希杰的抄藏本都应源于朱氏藏本。

03　蒲松龄辑录《观象玩占》手稿与其所编著的农书简介 / 路大荒 // 山东省志资料．-- 1962，no.3，77–81 页

蒲松龄辑录《观象玩占》手稿共计四册，一册为量晴课雨，其余三册为日月北斗风云雷雨，内容以备旱涝之秋，为瞻云望岁之助。手稿为白竹纸，订高七寸，宽三寸七分，后至作者手中时仅余二册。文中还详细罗列了蒲松龄编写的《农桑经》（分农、蚕和桑三部分）和《齐民要术》（共计四十一条）的简目。

庄上峰

1909—1985 年，名垲泰，字爽峰，山东莒南县大店村人。1950 年至 1962 年在馆。

著作

01　农村图书馆农业书籍的宣传 / 庄上峰译．-- 北京：中华书局，1954. -- 40 页；21cm

本书主要从“农业书籍的宣传——农村图书馆的重要任务”“怎样向读者推荐借书处的农业书籍”“农业书籍的群众宣传工作”和“图书馆对于集体农庄三年制农业技术训练班的协助”四个方面，详细介绍了农村图书馆农业书籍的宣传工作。书后附“介绍苏联农业书籍的专题目录一览表”。

论文

01　苏联学校课外教育的地位与意义 /（苏）阿而帕托夫著；金诗伯，庄上峰译 // 山东教育．-- 1950，no.10，40–44 页

课外教育工作指学生在课外时间所进行的全部团体活动与一切有目的性的工作，是整个学校教育过程中不可缺少的部分。本文详述了苏联学校在学生课外教育方面所做的工作及对这一工作的认识。

02　苏联学校课外工作的实际情况 /（苏）阿而帕托夫著；金诗伯，庄上峰译 // 山东教育．-- 1950，no.11，45–50 页

文章选自苏联阿而帕托夫著《中等学校课外工作》一书之第二章。1919 年之前，苏联学校的学生课外工作安排还较为随意，之后根据政府发布的《学生可以参加全部农业劳作》《乡村学校夏季工作指示》《关于先锋运动的决议》等文件，先后组建了儿童技术工作站、少先宫、少先家庭、少年自然站等，使学生的课外活动开展有了更多的组织性，并产生了积极的效果。

03　反对图书馆工作中的形式主义 / 庄上峰译 // 图书馆工作（北图）. -- 1955，no.1，50 页

文章在列举图书馆的宣传图书、借阅图书、阅读指导、空间布局、读者服务等管理工作和业务工作中存在形式主义的同时，指出批评与自我批评是反对形式主义的有效方法，是根除图书馆工作中存在问题与缺点的有力武器。文中还强调要了解每一个图书馆的一切优点和缺点，提高工作人员的责任感，只有这样图书馆工作才能得到改善。（原文载苏联《图书馆员》1954 年第 6 期）

04　用书目为工程技术人员个别服务的方法

参见　万培悌论文 06

王　杰

1928 年生，山东益都（今青州市）人。1951 年毕业于山东行政学院教育系，同年入馆，曾任《山东图书馆季刊》美术编辑。

论文

01　谈主题性图书宣传 / 王杰 // 山东图书馆季刊 . -- 1984，no.4，91–93 页

做好图书宣传，指导读者阅读，是各类型图书馆的重要工作内容。文章认为组织主题性强的直观形象化宣传是行之有效的一种宣传方式，并分析归纳出主题性图书宣传的特点：鲜明的主题思想、图文并茂的形象、不限场地、及时配合时事宣传。提出工作步骤和做法：确定宣传主题、拟定标题、组织力量、选择材料、编写前言、编排材料。文章最后强调从事这项工作的同志必须抱有认真的态度，发挥能动性，才能达到宣传的最佳效果。

02　谈图书馆的图片宣传和订购 / 王杰 // 山东图书馆季刊 . -- 1985，no.2，35–37 页

为了进一步增强图书馆对图片、图画的征订、采购、补充工作的重视，文章首先说明订购新闻展览照片的目的和意义，其次就摄影艺术的发展、新闻展览照片的特点、新闻展览照片的现状、新闻展览照片的保管做了详细论述。

03　图书宣传工作 / 王杰 // 山东图书馆季刊 . -- 1989，no.4，66-69 页

文章介绍了山东省图书馆在各个不同的历史时期，根据形势的发展需要，采取的图书宣传形式。主要的宣传形式有读者咨询辅导工作、编制新书通报、编制馆藏书目、举办知识讲座和图书报告会、图书宣传栏、图书展览和图书陈列工作等。指出编制带有内容提要的专题书目、组织纪念性、专题性图书、图片展览是比较好的形式，值得今后继续采用。

04　碑龛 · 罗泉楼 / 王杰 // 山东图书馆季刊 . -- 2000，no.4，48-49 页

在山东省图书馆初创时期建造遐园时，同“海岳楼”“宏雅阁”等一起建成一处三间砖瓦木结构平房，名曰“碑龛”。1910 年创建博物馆时建造的一座中式楼，曰“湖天一角楼”，上、下两层，上层曰“罗泉楼”，下层曰“汉画堂”。文中同时文中还对汉画堂内收藏的汉画像的来源、收藏、价值等作了详细描述。

陶振纲

1925 年生，江苏徐州人。1952 年 7 月入馆，曾任山东省图书馆书目参考部主任，兼任山东省图书馆学会常务理事、山东省郭沫若研究会理事、济南市烹饪协会理事，1989 年被山东省人民政府授予“有突出贡献的文化工作者”称号。

著作

01　中国烹饪文献提要 / 陶振纲，张廉明编著 . -- 北京：中国商业出版社，1986. -- 172 页；21cm

该书介绍了中华人民共和国成立以前出版的饮馔、食疗等方面的烹饪文献，包括西餐进入中国后的一些著作，其中除北魏《卢氏食经》散佚外，都是流传至今的文献。该提要为研究中国烹饪的历史提供了检索线索。

论文

01　山东省图书馆怎样辅导读者制订阅读计划 / 陶振纲 // 文物参考资料 . -- 1954，no.4，61-65 页

1953 年冬，山东省图书馆重点制订了辅导读者制订阅读计划的工作。工作按实施步骤、具体辅导、计划的检查和修改、组织经验交流四步进行，希望通过辅导使读者实现有目的、有中心、有系统的计划阅读，克服借阅中的盲目性。

02　介绍列宁图书馆的“帮助读者”——关于阅读计划和推荐书目 / 陶振纲 // 文物参考资料 . -- 1954，no.8，117-121 页

苏联列宁图书馆从 1950 年起分期出刊了《帮助读者》小册子，其中有阅读计划与推广图书简目。文章就《帮助读者》的收录题材、简目数量、收录主题、收录范围、编制顺序等做了详细的说明。为了易于读者了解，附有阅读计划一例及其目次卡片。

03　淄博市图书馆组织厂矿图书馆工作者座谈会 / 陶振纲 // 文物参考资料 . -- 1954，no.9，127 页

淄博市图书馆根据中央人民政府文化部发出的《关于加强厂矿、工地、企业中文化艺术工作的指导》，组织召开厂矿图书馆工作者座谈会，到会有 20 多个厂矿图书馆的图书馆工作人员，并做了交流发言，山东省图书馆副馆长林凤五在会上讲话，从图书馆事业的发展前途、图书馆员的作用和修养等方面解答了若干问题。

04　明确新时期图书馆的方针任务　促进图书馆事业的新发展

参见　张玉柱论文 01

05　抗癌物质的制造法 / 张翊，陶振纲，陆森如译 // 中国生化药物杂志 . -- 1980，no.2，48-52 页

文章就抗癌物质的制造法做了详细的说明。这一发明主要讲解了如何以动物体内含有的角蛋白物质为原料，提制大量还原性 -SH 的可溶性高分子蛋白质作为抗癌物质。

06　芥川龙之介与鲁迅——谈《朱莉亚诺 · 吉助》与《药》中的虚构之花 /（日）坂井东洋男著；陶振纲译 // 山东师范大学学报（人文社会科学版）. -- 1981，no.1，59-64 页

芥川龙之介在日本近代文学史上被评为“艺术至上主义作家”。文章将芥川龙之介作品《朱莉亚诺 · 吉助》与鲁迅的小说《药》比较分析，试图论述鲁迅和芥川以及两国文学风格上的异同。

07 **日本公共图书馆简介 / 陶振纲 // 图书馆理论与实践 . -- 1981，no.1，34-39 页**

文章对日本公共图书馆的发展做了详细介绍。历经“进口西洋经验”、军国主义时期等历史阶段，在 20 世纪 70 年代，日本公共图书馆进入了成熟阶段，在法律层面上确定了公共图书馆的发展基础，并确立了建立任何时候、任何人、任何资料都能利用的图书馆体制的发展目标。

08 **设计小水电站时应注意的事项 /（日）铃木谦司著；陶振纲，张向民编译 // 电工技术杂志 . -- 1982，no.10，41-45 页**

文章首先就选定小水电站地点时应注意的如水文条件要适宜、施工费要少、基岩床要牢靠等七个问题进行说明；其次详细说明了设计小水电站时应注意的问题：水能转换的效率要高、采用标准机器、设备要简化、设计要紧凑；最后阐述开发小水电站需要解决的问题及国家在政策上应采取的措施。

09 **利用养鱼池发电的小型水力发电装置 /（日）前野悦二郎著；陶振纲，张向民编译；李华文校 // 电工技术杂志 . -- 1982，no.12，25-27 页**

文章从实际出发，对各种水轮机及发电机的作用，如双击式水轮机、螺旋型轴向辐流式水轮机、斜击式水轮机等做详细介绍。作者认为如完全符合小型发电条件，选择何种水轮机最好，主要看哪种水轮机的回收投资期最短。

10 **高纯度激肽释放酶的制造法 /（日）宫崎浩著；张天民，陶振纲译 // 中国生物药物杂志 . -- 1984，no.4，64-66 页**

文章介绍了高纯度激肽释放酶的制造法，即将由哺乳动物脏器得到的自溶液、人尿或低纯度激肽释放酶含有液，与以叔胺为交换基的高交联度大孔型离子交换树脂接触，使激肽释放酶被吸附到树脂上，然后用 0.3M 以下的有机酸或无机酸的铵盐水溶液，将该树脂洗涤以后，再用 0.6M 以上的前述铵盐水溶液洗出高纯度激肽释放酶。

11 **激肽释放酶的精制方法 /（日）佐佐木征治著；张天民，陶振纲译 // 中国生物药物杂志 . -- 1984，no.4，67-71 页**

激肽释放酶精制方法：将胰脏性激肽释放酶水溶液，调整到激肽释放酶等电点附近的 pH 4.0—5.0，最好是在 pH 4.5，然后与以伯胺、仲胺或叔胺为交换基的大孔型弱碱性阴离子交换树脂接触，在使激肽释放酶吸附到该树脂上以后，用含 0.5M 以上盐浓度的电解质溶液从该吸附体上洗脱激肽释放酶。

12　书目参考工作为科研服务的方法与体会 / 陶振纲 // 山东图书馆季刊 . -- 1984，no.4，53–55 页

党的十一届三中会后，图书馆的书目参考工作明确树立了“为科研服务”总基调。文章介绍了山东省图书馆为科研服务的主要方法有藏书补充、加强文献检索、开展解答咨询、复制文献、翻译服务、重点定题服务等六个方面；强调为更好地为科研服务，需要加强思想领导、定题服务带动全馆业务、选好重点服务对象、加强学习、熟悉检索工具、推广新技术应用等。

13　日本水产业的节能研究 / 陶振纲译；吕通校 // 电工技术杂志 . -- 1984，no.12，46–47 页

日本中部电力公司的综合技术研究室与当地的营业所协作，对渔业养殖中心等单位的电力有效利用方面进行了研究，文章主要从两个方面做了介绍：一是鱼贝类种苗生产设备中有关加热、动力及照明方面的节能研究；二是绿紫菜人工采苗的节能研究。

14《社会主义精神文明文献索引》编辑协作第二次会议札记 / 陶振纲 // 山东图书馆季刊 . -- 1986，no.2，50–53 页

文章中作者提出如下观点：克服单纯任务观点，选题适应读者需要、克服重编轻用现象，重视书目使用效果、健全组织巩固协作，改进编辑发行办法、专业队伍素质优良，发展科研大有希望等。

15　论旧传蒲松龄著《青云集》《知命集》的真伪 /（日）藤田佑贤著；陶振纲译 // 蒲松龄研究 . -- 1989，no.1，119–135 页

为了辨《青云集》《知命集》的真伪，笔者从体裁、伪印章、作品题名、文前序、作品中的著者等方面一一进行比对、辨别。

16 书目书影觅残阁：聊城杨氏旧藏散后新考 / 陶振纲 // 山东图书馆季刊 . -- 1989，no.2，40–48 页

“海源残阁”是海源阁第四代阁主杨敬夫所用的藏书印。随岁月的流逝，海源残阁所藏书籍逐渐散佚。文章对旧藏散后从“售书总单”是真还是讹传、从《中国版刻图录（增订本）》看“售书总单”、从《北京图书馆善本书目》看“售书总单”、傅增湘记在杨氏津寓所见珍秘本及其下落、《中国版刻图录》中海源阁珍本的书影及藏书印、海源残阁旧藏散归新主等六个方面进行了考证。书中通过分析大致可得“售书总单”的传闻概属讹言，杨氏未曾直接售书于日本人。进一步说明如要了解书籍的归藏，可循现有书目、书影的线索，访问已知藏书单位，阅其所藏版本，始能获得可靠的结论。

17 怀念路大荒老先生 / 陶振纲 // 山东图书馆季刊 . -- 1989，no.4，20–24 页

文章对路大荒先生在山东省图书馆工作期间所做工作进行了总结回顾。路大荒先生在济南解放后到山东省图书馆工作，1950 年调去山东省文物管理委员会，1959 年秋又调回山东省图书馆，专职整理古籍善本及版本鉴定，同时制定古籍整理、典藏等规章制度，为山东省图书馆古籍藏书建设做出了突出贡献。路大荒先生非常重视地方文献的收藏和研究，其代表性成果是对蒲松龄著作的收集与研究，收藏不仅限国内，连国外蒲松龄研究者的来信及论著也一并收藏。1962 年出版了《蒲松龄集》，后有十二篇相关的论文在《东岳论丛》上发表；同时注重收藏山东地方名人著作。在山东省图书馆工作期间，路老先生积极地参加各项政治、学术活动，在蒲松龄研究、对外文化交流等方面留下了不可磨灭的业绩。

18 书目参考工作八十年 / 陶振纲 // 山东图书馆季刊 . -- 1989，no.4，54–59 页

文章总结梳理山东省图书馆从建馆至 1989 年间书目参考工作的概况。山东省图书馆的书目参考工作在建馆后的四十年中因机构常变，未设书目参考部，工作由编藏与流通部门分别承担馆藏编目与参考书阅览工作；1949—1958 年仍未设书目参考部，读者咨询解答则由编译部与阅览部共同承担；1958 年首次建立书目参考部，中间一度停设，六届三中全会后筹备恢复，以开展定题服务为工作重心，还配合政治活动、教育与文化学习等编印馆藏、专题和联合目录。

19 **清·蒲松龄《农桑经》考 / (日)天野元之助著；陶振纲译 // 蒲松龄研究 . -- 1993，no.2，155–178 页**

文章在对蒲松龄及其著作介绍的基础上，对《农桑经》的刊行、著作方式 、著者的立场做了详尽考证论述。在考评各个版本时，不仅考证异同讹误，还论述有关农村生产关系的内容。文章还列举了三个抄本与《蒲松龄集》本的文字差异，介绍了天山阁抄本《农经续集·蝗虫要法》的主要内容。

20 **蒲松龄与李贺 / (日)八木章好著；陶振纲译 // 蒲松龄研究 . -- 1996，no.3，5–16 页**

李贺是中唐杰出的诗人，被称作“鬼才”，而蒲松龄则以清初志怪小说集《聊斋志异》的作者而知名。二者在文学创作上，却超越时间、体裁，似有一脉相通之点。文章力图证明蒲松龄所受李贺的影响，并探索两者在性情、思想、文学上的不同点及蒲松龄受李贺影响的关联性和必然性。

王佩玲

女，1933 年生，山东济宁人。1966 年毕业于北京大学图书馆系函授班，1952 年至 1988 年在馆。

论文

01 **一切为了读者——记近十年来馆藏历史文献资源的开发 / 王佩玲 // 山东图书馆季刊 . -- 1989，no.4，85–87 页**

为提高读者服务工作的效率和质量，更好地揭示馆藏，指导读者查阅检索，山东省图书馆特藏部制订了阅览规则，建制了各种藏书目录，服务方式由过去单一的馆内查阅，实现了多样化。为专家、学者、大专院校的古籍整理人员和国外学者提供古籍查阅服务，是历史文献部资源开发利用工作的一大亮点。

02 **谈《汉语拼音检字表》的编制与作用 / 王佩玲 // 山东图书馆学刊 . -- 2009，no.5，86 页**

《汉语拼音检字表》于 1977 年开始编制，1981 年完成，历时四年。该检字表共收录单字 12825 字，其中包括第一批简化字、偏旁类推字、繁体、古旧体、异体字等。汉字按汉语拼音字母、音节和汉字声调阴、阳、上、去四声次序排列。编有汉语拼音音节、笔画和四角号码 3 种索引，以利辅助查找。书末附有《简表》，收入 8369 字，专供方便排检中文新书卡片目录所用。

03　耄耋之年奉献钞本纪实 / 王佩玲 // 山东图书馆学刊 . -- 2013，no.3，124 页

“莫道桑榆晚，为霞尚满天”，作者在八十高龄，历时一年以工笔小楷完成三个钞本的书写，以线装订，书名定为《古今诗词三种》(收录《历代诗词撷英》67 首)、《毛泽东诗词选钞》50 首、《王佩玲诗词选》30 首，总计 14229 字。

万培悌

女，1931 年生，河南罗山人。1953 年毕业于武昌文华图书馆学专科学校图书科，1953 年至 1980 年在馆。

论文

01　科学宣传与公共图书馆专门阅览室 / 万培悌，赵连生译；庄上峰校 // 图书馆如何为科学研究服务 . 下册 / 北京图书馆编译 . -- 北京：中华书局，1957. -- 3-37 页

文章译自德·德·伊万诺夫著《直传科学与公共图书馆专门阅览室》第 3—5 章。公共图书馆专门阅览室担负宣传工作的三项任务：科学教育、科学情报、科学专题，合起来就组成了图书馆实施科学宣传工作的制度。节选部分主要介绍主动工作中必须担负的具体工作，以及挑选图书的方式及目的。

02　改组技术书籍分类目录的经验 / 万培悌译 // 图书馆目录 . 下册 / 北京图书馆编译 . -- 北京：中华书局，1957. -- 17-25 页

文章译自《苏联目录学》1954 年第 37 期。原文是根据萨尔蒂珂夫 - 谢德林公共图书馆对“农业机器制造”和“金属的焊接、切割”两个类目进行实验研究的工作计划写成的。文章包括上述两个类目在分类目录结构中的两个方案的部分结论，两个类目中的第一个结构方案是符合该馆所采用的原则的；第二个试验性的结构方案，经过修改，可适合上述更高要求的任务。

03　怎样避免图书分类时的不一致 / 万培悌译 // 图书馆工作 . -- 1957，no.8-9，20-23 页

组织分类目录时保持同种同内容的书在图书分类中的一致性是非常重要的。实际工作中可能会因为分类人员对本馆藏书范围和读者需求不了解，图书排架用的分类号与分类目录中的分类号不一致，而破坏分类的一致性。为了保持图书分类和分类目录结构中的一致性，必须记载图书馆采用的方法和规定，包括：本馆所采用的分类表的详细说明；本馆对某一特定内容的图书分类方法索引。工作中还必须考虑到图书馆以前分类的经验，避免前后不一致。

04　儿童图书馆目录中传记内容的文艺作品的分类 / 万培悌译 // 图书馆工作（北图）. -- 1958，no.3，41-42 页

文章译自苏联《图书馆员》1957 年第 2 期，作者安巴祖勉。对于学龄前儿童和低年级学生用的书籍，建议编制主题目录，用彩色的卡片代替一般的目录卡；对于中年级和高年级儿童文艺作品，须编制按知识门类分组的分类目录；对于小学生则在应儿童图书馆分类目录，适当编制能够容纳历史性与传记性的长篇、中篇小说或故事的辅助卡片。

05　苏维埃目录学的几个问题 / 万培悌译 // 图书馆学通讯 . -- 1958，no.3，19-22 页

文章译自《图书馆员》杂志 1957 年第 10 期。党性是苏维埃目录学的主要原则，内容“群尽无遗的书目”是违反党性原则的，根据此原则编制的目录是不全面的。苏维埃目录学认为书目工作的真正主要的对象不是书而是读者以及读者的要求，这一观点也失之偏颇。目录学的任务是研究读者阅读书籍，将图书和读者对立起来是不允许的。总之，书目主题及其内容的规定应当建立在科学、文化发展的实际需要的基础上。

06　用书目为工程技术人员个别服务的方法 / 万培悌译；庄上峰校 // 书目资料的利用与宣传　第五辑 / 北京图书馆编 . -- 北京：中华书局，1958. -- 16-23 页

文章译自《苏维埃目录学》第 44 期。苏联中央综合技术图书馆的普通阅览室为工程技术工作者进行技术书籍的普通宣传推介的同进，还进行个别的、有区别的书目通报服务，并把入藏到普通阅览室的书籍编成书目寄到读者手中。这种服务形式是复杂和困难的，首先在于挑选读者，其次要为读者编制特定的书目。文章通过实例详细介绍了为工程技术人员个别书目服务的方法。作者认为这一工作可以在任何一个公共图书馆得以实现。

07　**我馆是怎样用汉语拼音检字法组织日文书名目录的 / 万培悌 // 山东省图馆学会第一次科学讨论会论文集 / 山东省图书馆学会 . -- [济南]，1979. -- 161–165 页**

文章介绍日文图书目录的排序是以假名开头的书名按五十音图逐字排，以拉丁字母、数字开头的书名分别按字母、数字顺序排，并着重对汉字部分采取何种排序方法、遇到的困难、解决办法及其优越性做了探讨。山东省图书馆最终决定试用汉语拼音检字法组织日文图书书名目录中的汉字，为了便于查找，不仅为每个汉语音节做了导卡，还为每个有卡片的汉字做了导卡。

08　**图书馆的新职能? / (美) R.D. Stueart 著；万培悌译 // 山东图书馆季刊 . -- 1985，no.2，82–84 页**

技术的发展改变了图书馆提供情报的方法，增强了图书馆作为教育机构的职能。图书馆员完成的是与以前不同、更重要、更有意义的口头或联机咨询工作，这意味着将会更多地向用户提供电子数据库检索、电视原文、电脑输出的百科全书、索引电脑编排的文稿等。图书馆员将成为学者、科学家和其他用户检索机读资料时的教育者。

刘玉廷

1929 年生，河南省台前人。1960 年毕业于北京大学图书馆学函授专修科，1954 年至 1990 年在馆，曾任副馆长。

论文

01　**密切配合扫盲，开展图书阅读 / 刘玉廷 // 图书馆工作 . -- 1956，no.6，17–19 页**

要搞好图书室工作，必须密切配合扫盲。而为了提高社员文化，培养社员的阅读能力，图书室管理员与民校教师需在认识和工作上保持高度一致。

02　**山东省图书馆简介 / 刘玉廷 // 山东图书馆季刊 . -- 1987，no.2，50–53 页**

山东省图书馆创建于清宣统元年（1909），地处济南大明湖畔。建馆之初定名为山东图书馆，民国四年（1915）改为山东公立图书馆，民国十八年（1929）再改为山东省立图书馆，1952 年改为山东省图书馆并沿用至今。文中对山东省图书馆的机构、人员、经费、馆舍、藏书、读者服务等做了详细的记述，并对近几年的藏书、科研生产服务、人员培训、图书馆事业等做了汇总。

03　山东省图书馆馆史述略 / 刘玉廷，刘晓博 // 山东图书馆季刊 . -- 2004，no.4，10–15 页

文章回顾和总结山东省图书馆发展历史，按时间顺序，分七个部分叙述山东省图书馆各个历史阶段的办馆思想、工作对象和工作方式等内容。本篇主要叙述了前四个时期，即 1909—1928 年（建馆至“五三惨案”）、1929—1937 年（“五三惨案”结束至日军侵占济南）、1938—1945 年（日伪统治时期）、1945—1948 年（日本投降至济南解放）。

04　山东省图书馆馆史述略（续）/ 刘玉廷，刘晓博 // 山东图书馆季刊 . -- 2005，no.1，5–10 页

文章回顾和总结山东省图书馆发展历史，按时间顺序，分七个部分叙述山东省图书馆各个历史阶段的办馆思想、工作对象和工作方式等内容。本篇承上篇，主要叙述了后三个时期，即 1948—1966 年（济南解放至“文化大革命”时期）、1966—1976 年（“文化大革命”时期）、1976—1985 年（改革开放初期）。

左秀珍

女，1935 年 7 月生，山东莘县人，1954 年至 1990 年在馆，副研究馆员。

论文

01　怎样做好阅览工作——我做阅览工作的几点体会 / 左秀珍 // 山东图书馆季刊 . -- 1983，no.1，55–57 页

阅览室是图书馆服务部门的一个组成部分，作者在文中提出了自己做阅览工作时的几点体会：第一做好阅览工作必须懂得图书阅览在社会主义建设中的重要意义；第二做好阅览工作必须有坚定的事业心；第三必须了解、熟悉读者；第四必须熟悉馆藏，了解馆藏；第五能够辅导读者使用目录和各种工具书；第六工作人员要有高度的责任心。总之，要具有为人民服务的思想，文明服务，才能做好阅览服务工作。

02 读者工作四十年 / 赵炳武，王桂兰，左秀珍 // 山东图书馆季刊 . -- 1989，no.4，62-66 页

参见　赵炳武论文 03

牟　钧

女，1926 年生，山东日照人，1950 年加入中国共产党，1955 年至 1988 年在馆。

论文

01 山东最早的汉文报纸——胶州报 / 牟钧，纪镇西 // 山东图书馆季刊 . -- 1981，no.1，36 页

山东最早的报纸是英国沙泰公司（H. Sietas）于 1894 年在烟台创刊的英文报《芝罘差报》（Chefoo Express），而中国人在山东办的最早的汉文报纸就是《胶州报》。该报创刊于 1900 年，由广东籍人士朱湛创办，馆址设在当时德国统治下的青岛飞芝喜街瑞记洋行北边，每周四出版，铅印四开八版，设有上谕、电报、新闻、京津新闻、各国新闻、本省新闻、本阜新闻等栏目。1903 年该报被清政府收购，由当时的山东巡抚周馥派朱钟琪接办。

02 王尽美同志与泺源新刊 / 牟钧，纪镇西 // 山东图书馆季刊 . -- 1982，no.4，52-54 页

王尽美同志不仅是中国共产党建党初期山东党的杰出创建者和领导者，也是一个卓越的宣传家和革命报刊的编撰者。《泺源新刊》创刊于 1920 年 10 月 1 日，王尽美同志以王俊瑞为署名，在此刊上发表了两篇论文，基本内容归纳为三点：揭露了旧教育特别是旧师范教育和乡村教育的腐败状况、阐述了师范教育目的和宗旨、提出改革旧师范教育的“务博而荒”的具体意见。王尽美同志这些教育观点和见解，不但是我国教育史上的宝贵遗产，而且在党史研究上，特别是对于王尽美同志早期马克思世界观形成的研究上，也是非常宝贵的资料。

陈景唐

1939 年 12 月生，河南长坦人，1956 年至 1999 年在馆，副馆长，研究馆员。

论文

01　**关于“当代中国图书馆事业发展研究”及有关问题的探讨 / 陈景唐，杨文祥 // 图书馆建设 . -- 1993，no.5，3-6+25 页**

图书馆应用理论的研究，特别是针对当代中国图书馆事业发展实践的研究是本文讨论的内容。文章详细论述了“当代中国图书馆事业发展研究”的概念、性质、对象、目的、内容以及其在图书馆体系结构中的地位、工作组织、研究的现实意义和在学科发展史上的历史地位等。

02　**试论省馆文献资源的活力目标管理 / 陈景唐，周玉山 // 北京图书馆馆刊 . -- 1997，no.4，16-19 页**

文献资源的活力，概括地讲是指馆藏文献作为一个整体在服务层面上表现出来的生命力和适应力。文献资源活力目标管理，就是围绕着提高文献资源的流通活力这个中心目标而建立的文献资源管理体制。活力分为内在活力和外在活力，内在活力是在长期文献资源建设的基础上形成的一个不可改变的固定值。文章主要论述了文献外在活力：文献资源的布局配置、开放程度、剔存和更新、文献揭示的广度和深度、计算机智能化管理尤其是网络通信技术和机读型网络数据库的完善与否。

03　**《图书馆学专业证书》制度是成人高等教育的一项重要改革 / 陈景唐，杨文祥 // 山东图书馆季刊 . -- 1998，no.4，37-39 页**

根据《国家教育委员会关于改革和发展成人教育的决定》的精神，山东省相关主管部门相继颁发了试行《专业证书》制度的实施意见。《图书馆学专业证书》在图书馆学成人高等教育历史上具有重大的意义：完善了成人在职教育体系；适应了专业队伍建设的需要；适应了当前业务工作的实际需要；适应了当前专业干部管理制度改革的需要；适应了图书馆学理论研究和发展的需要。

万小华

女，1938 年 11 月生，河北景县人，1956 年至 1993 年在馆，阅览部副主任，副研究馆员。

论文

01　大型工具书《中国分类主题词表》简介 / 万小华，刘海燕 // 山东图书馆季刊 . -- 1993，no.4，55–57 页

《中国分类主题词表》是文献分类标引和主题标引兼容为一体的文献标引工具书。文章对该词表的收录词条、内容、编制特点等做了详细介绍，同时论述了词表编制的重大现实意义：有利于实现分类标引和主题标引工作的一体化；有利于对已分类的文献补编主题目录；有利于分类检索与主题检索系统之间的联系等。

赵连生

1929 年 5 月 14 日生，江苏镇江人，1956 年至 1990 年在馆，外文部主任。

论文

01　科学宣传与公共图书馆专门阅览室

参见　万培悌论文 01

02　日本科学技术情报中心分类表修订要点 / 赵连生译；庄毅校 // 山东图书馆季刊 . -- 1982，no.1，82–86 页

日本科学技术情报中心在 1975 后开始使用“理工学统一分类表”的修订表，该分类表除对理工学文档《公共试验研究机关指南》的研究课题进行分类外，同时也是《科学技术文献速报》编辑用来做编目分类的根据。此外，日本科学技术情报中心在交流服务、分类研究课题方面也使用该表。修改后的新分类表将类分 1981 后的文档。文章最后介绍了《科技文献速报》类目的修订。

03 《化学文摘》的新变化 / 赵连生 // 山东图书馆季刊 . -- 1983，no.1，65–58 页

《化学文摘》是世界著名检索刊物之一，它收录文献广泛全面，报道速度快，辅助索引最多。从 1982 年开始，《化学文摘》不少类目发生了变化，文章对文摘类目的新设、更名、合并、分立等调整变化做了详细的论述分析。

04　日本图书馆职员的任用与资格 / 赵连生编译 // 山东图书馆季刊 . -- 1985，no.4，66–68 页

文章编译自日本 1984 年出版的《新图书馆学手册》。日本国立国会图书馆的职员是一种特殊职务的公务员，他们的任用是根据《国会职员法》单独进行的。公共图书馆职员的录用除年龄限制外，没有学历和资历的限制；学校图书馆的专业人员必须取得“司书教谕”资格才可任职；专业图书馆员要成为中央省厅、地方公共团体所属图书室、资料室职员，首先要先作为一般职员任用。文后附有司书、司书补、司书教谕学习课程表。

05　国外科普书刊动向和我国的趋势 / 赵连生 // 图书馆建设 . -- 1986，no.1，50+62 页

文章通过列举美国、英国、西德、日本等出版的科普刊物，可以看出这些国家的科普刊物正向多层次发展，青少年发展，还有为中学生出版的课外辅导、科学实验等杂志，以及技术科学领域的科普杂志。苏联的百科全书类科普著作不如上述国家多，但正由自然科学领域向社会科学各学科领域渗透，这些动态都值得我国科普作者关注和借鉴。

06　日本山口县立图书馆简介 / 赵连生 // 山东图书馆季刊 . -- 1987，no.1，73–75 页

1986 年，山口县立图书馆副馆长时甫恭三先生来华访问，到山东省图书馆参观交流，并表达了双方加强友好交往的良好愿望。文章中作者对山口县立图书馆的历史沿革、业务发展、在日本图书馆界的地位、馆舍建设及内部设置做了详细介绍，以帮助大家更好地了解山口县立图书馆。

07　收集文献利用效果　切实改进外文部工作 / 赵连生 // 山东图书馆季刊 . -- 1987，no.3，80+70 页

为了研究公共图书馆读者利用文献在科研、生产上取得的效果，山东省图书馆外文部采取零星和集中相结合的办法，集中向借阅专业书刊较多的读者发出征集阅读效果实物函件，并收到读者送来的著译书刊、文章、专利证书等共七十九种，通过上述资料服务的成果来看，图书资料服务很多能直接产生社会效益和经济效益。

08 苏联社会主义自治共和国国立、边区、州立儿童图书馆标准条例 / 滕义勇译；赵连生校 // 山东图书馆季刊 . -- 1987，no.4，81-84 页

文章翻译自《苏联社会主义自治共和国国立、边区、州立儿童图书馆标准条例》，内容包括总则、儿童图书馆的基本任务和职能、管理权利责任。

09 图书馆的工作效率 / 赵连生编译 // 黑龙江图书馆 . -- 1988，no.2，65-66 页

文章译自苏联《图书馆员手册》有关章节。图书馆工作效率的要求和指标主要表现在图书馆的藏书方面、目录工作、读者工作、参考目录与情报工作、方法辅导工作、图书馆劳动组织与管理等方面。

10 澳大利亚图书馆 / 赵连生，赵蕾译 // 山东图书馆季刊 . -- 1988，no.2，79-81 页

文章对澳大利亚国立图书馆、高校图书馆、公共图书馆、专门图书馆从其组成、创建历史、藏书、组织、服务等方面做了详细介绍。

11 图书馆的工作效率 / 赵连生 // 图书馆建设 . -- 1988，no.2，65-66 页

图书馆的工作效率与能否利用图书馆文献资源满足社会需求有密切关系。利用图书馆的文献资源使读者获得社会效益和经济效益，就是图书馆工作的目的。文章就图书馆藏书建设、目录工作、读者工作、参考目录与情报工作、方法辅导工作、图书馆劳动组织与管理等六个方面，提出了对有关工作的要求和指标。

12 苏联图书馆员的聘用、任职与劳动手册 / 赵连生译 // 新世纪图书馆 . -- 1988，no.3，65-66 页

文章节译自苏联《图书馆员手册》1985 年版“劳动与工资”。内容包括图书馆员的任职、解聘等的相关规定及有关劳动手册的详细记述。

13 记省图书馆第三届优秀读者会 / 赵连生，于希令，陈勇 // 山东图书馆季刊 . -- 1989，no.4，88-89 页

1989 年 12 月 14 日山东省图书馆召开第三届优秀读者会议。会议首先播放了介绍山东省图书馆的《海右书城》录像片以及山东省副省长宋法棠的讲话录音，任宝祯副馆长代表图书馆发言。山东工业大学李承欧、济南制药厂高级工程师房振东、山东医科大学吴葆杰教授、山东机械学校赵元吉副教授代表读者发言。通过这一活动，使我们看到通过馆员的辛勤努力，知识变为生产力，知识宝库变为知识喷泉。

14　山东省图书馆外文工作简述 / 赵连生，冯殿举 // 山东图书馆季刊 . -- 1989，no.4，50–53 页

山东省图书馆的外文书刊收集与服务被正式列入经常性工作是在 1956 年。至 1988 年底，山东省图书馆的外文藏书约为 20 万册，期刊总数为 5929 种，主要文种为英文、俄文、日文、德文、法文等，文献类型除书刊外还收藏有专利、技术标准、会议录及科技报告等。工作采、编、阅一条龙，编目工作日趋标准化，排架按语种—年度—字顺自成系统排列法，积极开展借阅服务，采用多种手段与措施为读者提供借阅。

15　外文期刊分布调查与社科文献的协调 / 赵连生，赵晓康 // 图书馆的管理和利用 / 陈誉主编 . -- 上海：华东师范大学出版社，1991. -- 350–357 页

文章通过对 1989 年的山东省、广东省、济南市等省、市图书馆外文原版期刊收藏、利用情况进行分析，得出外文期刊订购重复率大、利用率比较低的结论。为此山东省图书馆召集参加资源共享的山东大学图书馆、山东社会科学院图书馆、山东师范大学图书馆等七个图书馆进行了资源共享协调，经初步协调，减份保留品种的期刊 8 种，增加新刊 5 种。

16　中专图书馆发展概况 / 赵连生 // 山东图书馆季刊 . -- 1995，no.4，40–41 页

中专图书馆虽然出现的时间相对较晚，但亦有采购加工书刊的任务、明确的服务对象、阅览和整理书刊的日常事务，所以中专图书馆迫切要求开展业务学习、学术研究和经验交流以提高业务技能。文章针对以上内容做了细致的阐述。

17　图书分类出现差错的原因与防止 / 赵连生 // 山东图书馆季刊 . -- 1996，no.2，32–34 页

文章中总结图书分类出现错误的主要原因有：对《中图法》分类表类目理解不够细致，没有认真理解掌握《中图法》的相关规定，对图书中有关信息、内容、写作目的和读者对象没有认真阅读综合思考，分类的连续性做得不够，笔误，等等。提出提高分类质量，预防分类差错的办法有：全面、系统、深入理解《中图法》，类分图书要尽可能与相关类别进行横向比较，增加校对工序，自排公务目录，提高业务水平，多开展实践等。

18　1986～1995年国内外离子轰击表面化学热处理文献分布分析 / 刘如伟，赵连生 // 表面技术 . -- 1996，no.5，1–4 页

在查阅《机械制造文摘材料及热处理分册》《全国报刊索引·科技版》，《Metals Abstracts》等检索刊物的基础上，按照年度、语种，同时从工艺、理论、性能、设备、应用、综合论述和管理等方面，对1986—1995年间刊登的国内外有关离子轰击表面化学热处理文献加以分析，指出了离子轰击化学金属处理文献的分布特点，从而系统介绍该领域的研究现状及发展方向。

19　《学习的革命》大家谈

参见　庄红雨论文07

20　图书馆是终身学习的良好场所：访美国芝加哥市公共图书馆 / 赵连生 // 山东图书馆季刊 . -- 2001，no.1，32–35 页

1731年美国最早创建公共图书馆，并颁布有相关的公共图书馆法。芝加哥市公共图书馆新馆大楼于1988年6月设计完成，1991年建成，又名哈罗德·华盛顿图书馆中心。文章详细介绍了芝加哥市公共图书馆的建筑、规划、摆放、收藏、读者服务等。作者认为随着形势的发展和需要，国内图书馆也应设立新的服务部门；大型公共图书馆除组织传统文献媒体的借阅外，也可通过多种媒体（电影音乐会、舞蹈派对和传真展览会等）组织教育群众，鼓励读书，以实现图书馆的信息教育功能。

21　美国小城市的公共图书馆 / 赵连生 // 山东图书馆季刊 . -- 2001，no.2，51–52 页

文章详细介绍了埃姆斯市图书馆和布洛菲乐德市图书馆。埃姆斯市图书馆的预约借书、汽车送书车、年度报表、图书馆学资料专架、中文书专架，以及用超期罚款提高图书流通利用率、书标上再加一层透明胶带纸及图书馆消毒等工作方式都是国内图书馆可以借鉴的。这两个小型图书馆都以服务大众为主，特别注重青少年服务。

22　美国的大学图书馆 / 赵连生 // 山东图书馆季刊 . -- 2001，no.4，48–50 页

文章以艾奥瓦州立大学图书馆为例介绍美国的大学图书馆。艾奥瓦州立大学图书馆，又名派克图书馆，始建于1869年，为四层楼建筑。一楼为借阅部，二楼有馆际

互借部、卡片目录室、连续出版物信息窗，三楼有六个集体学习室，四楼是特藏部。图书馆工作人员213人，教授44人，办事员111人，助教58人。

23　蒲松龄故居与路大荒先生 / 赵连生 // 山东图书馆学刊 . -- 2012，no.3，99–100 页

蒲松龄先生是山东省具有世界影响的短篇小说家，其故居至今已成山东旅游必去景点之一。路大荒先生毕生致力于收集蒲松龄文献，并于1962年出版了《蒲松龄集》，约120万字，共491篇。1936年出版的《聊斋全集》，收录了蒲松龄诗文650余篇，俚曲10种，并附有《柳泉先生年谱》。

蔡　放

1958年入职本馆。

论文

01　我们与上海图书馆向全国老大哥图书馆提出友谊竞赛 / 蔡放 // 中国图书馆学报 . -- 1958，no.2，17–18 页

文章主要列出了与上海图书馆等开展竞赛时一些项目，如扩大图书阅览人次、延长图书馆开放时间、加强读者辅导工作、大力宣传图书、整理积压图书、编印书目、编制联合书目、专题书目及资料索引、加强对市县馆的辅导和工作人员业务水平等。希望通过竞赛提高图书馆服务能力和水平。

02　全国图书馆工作跃进大会后我们是怎样贯彻执行的 / 蔡放 // 中国图书馆学报 . -- 1958，no.4，10–12 页

图书馆工作在鼓足干劲、力争上游、多快好省地建设社会主义的总路线照耀下，紧密结合全党当前中心任务，充分发挥图书馆的作用，坚持工农兵方向，开门办馆，勤俭办馆；加强图书补充满足读者需要，为社会主义建设服务。

陈光年

1958年入职本馆。

论文

01　山东省图书馆是怎样完成图书流通跃进指标的？/ 陈光年 // 中国图书馆学报 . -- 1958，no.5，37–38 页

山东省图书馆全体干部，经过了“整风”“反右”和“双反”的胜利，图书流通工作取得了骄人的成果。这些成绩的取得主要是由于工作人员认真贯彻了中央所提出的方针，做到政治挂帅、领导亲自出马，树立了敢想、敢做、敢独创的精神，改变了各种工作制度，做到了开门办馆，送书上山下乡。

骆　伟

1936 年生，广东人，1951 年参加工作，1955 年考入武汉大学图书馆学系，1958 毕业分配到山东省图书馆工作，1985 年调入中山大学任教。

论文

01　晚清山左藏书楼——海源阁 / 骆伟 // 山东图书馆季刊 . -- 1981，no.1，67–72 页

聊城杨氏海源阁，是我国晚清著名的四大藏书楼之一。文章对海源阁的创建、藏书、著述、刻书、藏印及其现状进行了详细的论述。通过其发展和兴衰的历史，我们深刻地认识到：对于历代私人藏书楼而言，只有在社会主义制度和正确的路线、政策指导下，才能使古代文化遗产，得到深入发掘、妥善保管和充分利用。

02　海源阁的今昔 / 骆伟 // 图书情报工作 . -- 1981，no.4，43–44 页

山东聊城海源阁是我国晚清著名的四大私人藏书楼之一。它始建于道光二十年（1840），创始于杨以增，盛于杨绍和，守于杨保彝，而败于杨敬夫。杨氏一家四代藏书聚散，历时百余年，在我国近代藏书史上具有较深远的影响。海源阁藏书以数量多、内容丰富、版本珍贵为其特点。后经多年战乱，特别是遭受国民党反动派的摧残与破坏，几近消亡。解放前后，我党为了挽救这一文化宝库，曾给予极大的关怀与重视，采取多种措施，对其藏书进行搜集和整理，统一保管。

03　谈谈《聊斋》稿本及其佚篇 / 骆伟 // 文献 . -- 1981，no.4，66–78 页

山东省图书馆藏《聊斋文集》主要收录蒲松龄撰写的祭文、挽联之类文章。作者在细读之后，发现内有部分祭文和挽联未曾披露过，深感该书是研究蒲松龄文学艺术成就不可缺少的部分，也是研究淄川地区文人的珍贵资料。原书中收有祭文四十二篇、挽联十余首，虽大部已收入路大荒先生的《蒲松龄集》，尚有祭文七篇和挽联十余篇，未被辑录。本文即把它们从原稿中辑录出来，加以标点，供研究工作者参考。

04　谈谈现存聊斋手稿种种 / 骆伟，徐瑛 // 图书馆论坛 . -- 1981，no.4，33–37 页

蒲松龄是我国清代著名的文学家，其留给后人的财富，主要是他的几十部著作手稿，但因“藏书之屋，坏于阴雨，先生手泽什损八九，后又转遭火焚，并所存者复荡为灰烬”。蒲松龄的手稿，到清末民初时能幸存的，已经是吉光片羽、稀世之珍了。文章就《聊斋志异》半部、《聊斋文集》一册、《聊斋表文》二册、《聊斋词集》一卷、《鹤轩笔札》二册、《聊斋文集》三册、《现象玩占》二册、《聊斋杂著》二册，这八种珍贵的稿本，分别简述其流传及特点。

05　林则徐致杨以增书札（上）/ 骆伟，徐瑛辑注 // 文献 . -- 1981，no.7，101–112 页

山东省图书馆珍藏的《林则徐致杨以增书札》，是道光二十六年（1846）林则徐在陕西巡抚任内和道光二十七年（1847）在云贵总督任内，写给他的挚友杨以增的亲笔书信。全部书札共六十一页，经考订，分为十八通，多数完整，个别缺头少尾。本文对一至十通书札进行了分段、标点，并对信中涉及的人和事择要加以注释，以供研究中国近代史和林则徐生平参考之用。

06　林则徐致杨以增书札（下）/ 骆伟，徐瑛辑注 // 文献 . -- 1981，no.8，123–124 页

山东省图书馆珍藏的《林则徐致杨以增书札》，是道光二十六年（1846）林则徐在陕西巡抚任内和道光二十七年（1847）在云贵总督任内，写给他的挚友杨以增的亲笔书信。全部书札共六十一页，经考订，分为十八通，多数完整，个别缺头少尾。本文对十一至十八通书札进行了分段、标点，并对信中涉及的人和事择要加以注释，以供研究中国近代史和林则徐生平参考之用。

07　李文藻与《恩平程记》/ 骆伟 // 图书馆论坛 . -- 1983，no.2，40–41+58 页

李文藻字素伯，一字首畹，晚号南涧，山东益都人。乾隆二十六年（1761）进士，乾隆三十四年（1769）选授广东恩平知县，到任后奉檄署新安县庚寅、辛卯两科，又分校广东省试，随调潮阳县，后拜广西桂林府同知，未几卒于任所，终年四十九岁。李文藻性好聚书，尤嗜金石，是我国著名的金石学家和藏书家。《恩平程记》是李文藻赴任恩平旅途日记，记载时间自乾隆三十四年十一月初七日，至三十五年（1770）三月十九日，其旅程由北京出发，沿途经河北、山东、江苏、浙江、江西、广东等六省，行程八千余里，历时四个多月。日记中除记载旅途时间、行程、天气以及访友会客外，主要记载沿途所游寺观、庙宇、崖壁以及名胜古迹，尤其是寺观，所过必登门拜访。

08 山东省立图书馆善本书目叙 / 王献唐遗作；骆伟辑录 // 文献 . -- 1983，no.3，222-229 页

王献唐先生书《山东省立图书馆善本书目叙》，对山东馆史、书目编纂经过均有记述；对历代典章、简策制度、版刻源流、著名藏书家等，亦有精辟的论述；尤其是对善本的含义、渊源、标准的论述最为卓见，识者自能辨之。因该文对我国目录学、版本学有一定参考价值，也是王献唐先生重要遗文之一，故作者予以辑录校点，以飨读者。

09 谈谈李清照的里籍问题 / 骆伟 // 柳泉 . -- 1983，no.4，187-189 页

李清照的里籍，在历史上曾有多种说法：章丘、莱芜、历城、济南等。作者首先对其父李格非的祖籍通过列举了一系列详细的论据进行考证，其次通过考证“康先生序”和《章丘县志》，通过前人的考据确认李清照的里籍应为章丘。

10 《齐记》、《齐地记》、《三齐记》、《三齐略记》、《齐记补》辑佚 / 骆伟，徐瑛 // 中国地方志 . -- 1984，no.2，20-28 页

《齐记》《齐地记》《三齐记》《三齐略记》《齐记补》等山东古代方志，在流传过程中多已散佚。作者在查阅整理古籍中，发现其多散于各种志乘和类书中，经数年不断积累，已初具规模，现把《齐记》《齐地记》《三齐记》《三齐略记》《齐记补》整理出来，供史志研究工作者参考。

11 试论《聊斋志异》在史学上的价值 / 骆伟，徐瑛 // 蒲松龄研究集刊 . 第四辑 / 山东大学蒲松龄研究室编 . -- 济南：齐鲁书社，1984. -- 261-271 页

《聊斋志异》作为“以纪见闻”为主的笔记小说集，在某种意义上来说，是具有一定史学价值的。考查其史学性，不仅为研究清初社会政治经济情况，以及社会习俗等方面提供宝贵的史料，而且也将推动对《聊斋志异》的更深入认识和研究。

庄红雨

1929年生，山东潍坊人。1960年至1990年在馆，研究辅导部主任，曾任山东省图书馆学会第一、二届理事、常务理事,《山东图书馆季刊》副主编。

论文

01　全社会都来关心儿童图书馆事业——我省儿童阅览工作述 / 庄红雨 // 山东图书馆季刊 . -- 1981，no.1，34–36 页

《图书馆工作汇报提纲》要求“中等以上城市和大城市区都要建立少年儿童图书馆，县、市、区图书馆要设立少年儿童阅览室”。在这一背景下，山东儿童阅览工作取得了较好的成绩，作者对莱阳、平度、益都、滕县等先进典范在儿童阅览工作的筹建、开展、作法、成效等做了详细论述，并提出了加强学习、提高认识；主管部门制定有效措施；放眼周围、学习先进；加强领导等四点建议。

02　我省评定业务职称试点单位考试图书类分试题辨析 / 庄红雨 // 山东图书馆季刊 . -- 1982，no.3，83–85 页

文章在对职称考试中图书类分试题中出现的错误统计分析的前提下，提出了具体的辨析：对马列主义、毛泽东思想著作缺乏学习和了解；对图书的分类规则在实践中不能掌握；没有学会《中图法》中标记符号的使用方法；没能掌握各类辞典的归类原则；不能区分哲理、道德观念与修养，政治教育，文化教育三者的关系；粗枝大叶；不熟悉仿分规则；不能熟练使用世界地区表等10种图书分类的错误。

03　马克思与图书馆 / 庄红雨 // 山东图书馆季刊 . -- 1983，no.1，7–9 页

马克思的一生与图书馆结下了不解之缘，图书馆是他学习和搜集文献资料，进行科学研究、从事经典著述的重要场所。文章按时间顺序详细介绍了马克思与图书馆发生的关系，与图书馆建立的非凡感情。在纪念全世界无产阶级的伟大导师和领袖马克思逝世一百周年的时候，希望能够鼓舞广大读者充分利用图书馆进行学习和科学研究。

04 “决议”鼓舞，赛场竞能——省首届市（地）县图书馆业务竞赛侧记 / 庄红雨 // 山东图书馆季刊 . -- 1986，no.4，4–7 页

文章论述了举办业务竞赛的意义，是为了提高图书馆专业干部的图书馆学基础理论和业务管理水平，推动专业人员钻研业务技能的积极性和创造性，更好地发挥图书馆在“四化”建设中的作用，为两个文明建设做出更大的贡献。文中详细介绍了山东省图书馆首届市（地）县公共图书馆业务竞赛的过程。作者按始发、响应、练兵、序幕、角逐、荣誉、跋语的顺序，对比赛做了详细的记录。

05 两个不同历史时期的《山东图书馆季刊》考录——为庆祝山东省图书馆建馆八十周年而作 / 庄红雨 // 山东图书馆季刊 . -- 1989，no.3，1–7 页

齐鲁名人重文化，文化名人荟于斯。山东省图书馆在八十年的发展历程中，为齐鲁近代图书馆事业史上留下了几代图书馆人的印迹。《山东图书馆季刊》的出版，宣传了图书馆学，记录了图书馆前进的脚步，是山东文化史上的一朵灿烂的奇葩。为了纪念和弘扬图书馆业绩，文章基于 1931 年 3 月和 1981 年 9 月出版的《山东图书馆季刊》，结合时代背景，对其创刊、指导思想、主编其人、刊登内容、排印特色等方面作了考录。

06 王献唐先生与山东省图书馆 / 庄红雨 // 山东图书馆季刊 . -- 1989，no.4，15–19 页

王献唐先生在山东省图书馆任职期间，兢兢业业，建树卓著，成绩斐然。文章从王献唐受任于危难之间、搜罗典籍于战乱与财困之时、载书避战于川、抢救海源阁藏书、借鉴西学类分图书、齐鲁目录学大家、营造“奎虚楼”七个方面对王献唐先生的事业与学术研究做了详细论述。

07 《学习的革命》大家谈 / 庄红雨，赵连生，张书学等 // 山东图书馆季刊 . -- 1999，no.1，62–63 页

在介绍《学习的革命》出版、加印情况下，细述其观点：对未来社会做出了科学而又大胆的推测，归纳了未来社会发展的 15 种趋势，提出了建立世界上最好的教育体制的步骤和方法。提出现代教育中最重要的是把趣味归还给学习，还列举了许多例证，并对其进行了分析。

赵　楠

1928年1月生，四川犍为人，1962年至1990年在馆，副研究馆员。

论文

01　省图书馆藏书建设 / 赵楠 // 山东图书馆季刊 . -- 1989，no.4，39–40 页

山东省图书馆的藏书，经过八十年的长期积累与经营，现已有了相当的规模。自1909年到1948年9月济南解放时，山东省图书馆在这一四十年内积累藏书114650册。自1948年末到1989年的四十年中，山东省图书馆的藏书已达64万种、338万余册。后四十年的藏书总量是前四十年的29.7倍。

毕　健

女，1917年生，山东文登汶口村，1940年加入中国共产党，1964年至1983年在馆，曾任副馆长。

论文

01　口碑载道　谁识蹉跎 / 毕健 // 山东图书馆季刊 . -- 1989，no.4，25–26 页

文章写在山东省图书馆建馆八十周年。八十年大庆，新旧两个四十年对照。前四十年，山东省图书馆伴随着战乱、屈辱而诞生、维持；后四十年，伴随着国家的繁荣、富强而扩大、发展。当前山东省图书馆已有业务机构13个，藏书330万余册，缩微、声像、计算机设备已初具规模，正在向自动化管理的目标迈进，成为全国十大图书馆之一。

甘　英

女，曾用名甘英英。1946年5月生，辽宁建昌人，1965年考入北大俄语系，1971年12月至1987年在馆，曾任副馆长。

论文

01　函授学习两年 / 甘英，周雪平，刘芳秀，宫占凤 // 山东图书馆季刊 . -- 1981，no.2，47–49 页

作者通过回顾武汉大学图书馆学函授学习经历，对图书馆工作的认识更加深刻，同时也感受到许多工作还有待于深入研究、解决。文中详谈了作者参加函授学习的几点思考和启发：学习方式的认识、学习中遇到的一些矛盾问题、学习方法。

02　《苏联大百科全书》(第三版) 及其使用 / 甘英编译 // 山东图书馆季刊 . -- 1982，no.4，57–60 页

苏联大百科全书是世界上最有影响的大型百科全书之一。它内容丰富、图文并茂，具有较高的参考价值。第三版与前两版相比无论在内容、编排或者印刷版面上，都有新的特点：社会科学词条比重增大、反映了当代科学技术的新发展、篇幅大大缩减、参考书目和地图插图都有增加。

03　苏联对马克思文献的收集与整理 / 甘英 // 世界图书 .A 辑 . -- 1983，no.12，16–18 页

马克思文献是研究马克思生平事业的重要资料，是革命文献中的瑰宝。马克思文献主要包括马克思著作、文件、信函、手稿等。早在苏维埃政权建立初期，列宁就明确提出了搜集、整理马克思文献的任务，苏联有关人员因此在世界各地开展了积极的资料搜集与整理工作，中央档案馆共存有 7000 余件马克思、恩格斯撰写的文献，还发现一些个人物品。同时，苏联出版了一系列的有关马克思和恩格斯的出版物。

04　苏联的图书馆工作标准 / (苏) 克连柯娃；甘英译 // 山东图书馆季刊 . -- 1984，no.1，85–88 页

文章详细介绍苏联图书馆工作的一系列标准，主要有：统一的国家馆际互借系统、文摘与提要、图书馆和科技情报组织指南、情报刊物总则、国家标准化系统等。文后附有苏联情报及图书馆、出版事业标准系统国家标准目录，可为我国图书馆的标准化工作提供参考。

05　**山东省图书馆图书分类法述略 / 甘英 // 山东图书馆季刊 . -- 1984，no.4，15-20 页**

我国的图书分类法，从汉代刘歆的《七略》起，到晋“四部法”产生，直至近代引进了美国的杜威十进分类法，解放后又做了种种自编分类法的尝试。从《人大法》《中小型法》《科图法》的采用，直至目前《中图法》的普遍使用，我国的图书分类法经过了漫长的演变道路。文章在此背景下对山东省图书馆图书分类工作进行了详细介绍，重点论述了《山东省立图书馆分类法》及《山东省立图书馆图书分类新法》编制特点、类目体系和使用说明。

刘爱德

1940 年 6 月生，山东青州人，1971 年至 2000 年在馆，办公室主任。

论文

01　**省图书馆馆舍建筑述略 / 刘爱德 // 山东图书馆季刊 . -- 1989，no.4，89-92 页**

从山东省图书馆的发展历程上看，可以以中华人民共和国的成立为分界，分为前、后两个时期。而从图书馆建筑上讲，在这两个时期中又各有四次相对集中的建筑活动，且由于所处时代的不同又各自具有其独特的时代风格。山东省图书馆建筑历史分为：清末的奠基、王献唐时期的发展、抗日战争时期和解放战争时期的衰败、新中国成立后稳步而又缓慢的发展等几个阶段。

王佑臣

1941 年生，山东平度人，1969 年山东大学毕业，1971 年至 1989 年在馆，1977 至 1984 年任副馆长，1984 至 1989 年任馆长。

论文

01　**美国圣约瑟夫市公共图书馆工作人员手册（一九七九年三月修订）/ 王佑臣译 // 山东图书馆季刊 . -- 1982，no.2，64-69 页**

文章主要介绍了美国圣约瑟夫市公共图书馆的一些工作制度，可供我国图书馆管理工作者参考。内容主要包括图书馆的组织机构、人员雇用办法、工作人员条例、工资制度、工作要求、缺勤请假规定等内容。

02 **在山东省图书馆学会第三次会员代表大会暨第四次科学讨论会闭幕式上的讲话 / 王佑臣 // 山东图书馆季刊 . -- 1986，no.3，11–13 页**

文章对山东省图书馆学会第三次会员代表大会中提出的几个问题做了概括，主要是关于第二次代表大会的工作报告、第三届理事会、第四次科学讨论会等方面的内容；并从进一步完善工作机制、继续做好组织发展工作、搞好人才开发、加强学术交流、论文出版等方面对学会下一步的工作提出了要求。

03 **访问英国图书馆情况汇报 / 王佑臣 // 山东图书馆季刊 . -- 1987，no.4，26–33 页**

作者在 1987 年 9 月访问了伦敦及英格兰的东南部，主要对不列颠图书馆书目部、考文垂市中心图书馆、伯明翰市公共图书馆、大伦敦威斯敏斯特市图书馆、白金汉郡立图书馆及其两个分馆等共 11 个图书馆进行了考察。文中选择介绍了其中的几个图书馆的基本情况、地位和作用、计算机管理、普及情况等，并就建立儿童图书馆、资源共享、有偿服务、开架问题提出了自己的想法和建议。

李宝玉

女，1953 年 12 月生，山东济南人，1972 年至 2008 年 12 月在馆，副研究馆员。

论文

01 **试论培养和造就图书馆跨世纪人才 / 李宝玉 // 山东图书馆季刊 . -- 1998，no.3，8–11 页**

世纪之交，在迎接新世纪对图书馆挑战的关键时刻，图书馆人才的培养与造就已成为图书馆同人共同关注的热门话题。文章从四个方面对其进行详细论述：图书馆跨世纪人才具有大规模、高层次、新技术、多功能的时代特征；图书馆跨世纪人才的基本含义应当包括年龄和素质两个方面；图书馆培养和造就跨世纪人才，应明确培养对象、培养重点、培养目标和建立良好的运作机制；培养和造就图书馆跨世纪人才，必须要破除片面的人生观，树立“用人当以素质为先”的正确观念。

02 **略论图书馆专业队伍的整体素质与继续教育 / 李宝玉，程国华 // 江苏图书馆学刊 . -- 1998，no.6，58–59 页**

新中国成立以后，特别是改革开放以来的二十年间，党和政府以前所未有的魄力重视和支持图书馆事业的建设与发展，为图书馆培养和造就了一大批专业人才，图书馆专业队伍无论从年龄结构、知识结构、专业结构以及整体素质方面都有了很大的改变。“百年大计，教育为本”，图书馆当前和今后的一个时期，加强继续教育至关重要，应大力发展成人教育事业，加强各类专业技术人员的培训，注意培养和吸收不同层次的专业人才，造就一大批图书馆学科和专业领域的学科带头人。

李　贞

女，1955 年生，山东泰安人，1972 年至 2010 年在馆，高级会计师。

论文

01　浅谈市场经济条件下图书馆财务工作 / 李贞 // 山东图书馆季刊：山东省图书馆学会第六次科学讨论会获奖论文专集 . -- 1999，204–205 页

目前公共图书馆最需要解决的问题是提高办馆效益。谈到办馆效益，主要是要合理使用经费，低投入，高产出，发挥人、财、物的最大能量，满足读者日益提高的物质文化需求。作者根据自己在图书馆从事财务工作二十多年的体会，结合多年来的工作实践，对如何搞好新体制下的图书馆财务工作提出自己的看法。

韩孝坤

1949 年 7 月生，山东枣庄人，1973 年至 2009 年 7 月在馆，副研究馆员。

论文

01　谈谈期刊服务 / 韩孝坤 // 山东图书馆季刊 . -- 2000，no.4，94 页

期刊与图书相比，可以称为是阅读中的“快餐”，期刊服务一定要做到“心中有读者，读者第一”的服务理念。在期刊的管理工作中一定要加强责任心，做到及时发现问题、解决问题。

02　区别对待不同读者群体 / 韩孝坤 // 山东图书馆季刊 . -- 2002，no.2，69–70 页

按不同年龄段分，公共图书馆服务的对象主要包括：少年儿童读者、青年读者、中年读者、老年读者。在为读者服务和与读者交往过程中，应区别对待不同读者群体，了解其各自的阅读需要，提供满意的服务。

03　社科信息工作的现代化建设 / 韩孝坤 // 图书馆管理与信息服务 / 王运堂主编 . -- 北京：北京图书馆出版社，2004. -- 194–197 页

文章在介绍社科信息需求新特征的基础上，从提高社科情报服务的现代化水平、转变观念、加强协调规划、提高从业人员素质等方面，提出社科信息现代化建设的途径。

张玉柱

1949 年 10 月生，山东省曲阜人，1974 年至 1984 年在馆，曾任办公室副主任。

论文

01　明确新时期图书馆的方针任务　促进图书馆事业的新发展 / 张玉柱，陶振纲 // 山东省图书馆学会第一次科学讨论会论文集 / 山东省图书馆学会 . -- [济南]，1979. -- 1–15 页

党的十一届三中全会决定将党工作的重点转移到社会主义现代化建设上来，在这个重要的新的历史转折时期，图书馆也应制定和提出新时期图书馆的方针任务。这一方针任务的基本内容包括：发展各种类型的图书馆，是图书馆事业建设的前提；为科学研究服务是方针任务的中心内容；为广大群众服务是服务对象；组成图书馆网是图书馆事业发展的高级阶段。

02　图书馆学基本知识问答（图书馆学基本部分）/ 张玉柱 // 山东图书馆季刊 . -- 1981，no.1，60–66+72 页

为了适应青年图书馆工作者学习业务的需要，作者参考有关资料，编写了图书馆学基本知识问答。文章内容包括：什么是图书馆学、图书馆学的对象是什么、图书馆学的研究任务是什么、现代图书馆学的研究内容包括哪些方面、什么是图书馆工作、图书馆工作的基本内容是哪些等，共计 25 个方面的图书馆学知识。

03　怎样学习《图书馆学基础》/ 张玉柱 // 山东图书馆季刊 . -- 1982，no.1，80–81 页

《图书馆学基础》一书重点阐述图书馆学的基本理论和基础知识，揭示图书馆工作和图书馆事业发展的基本规律，指导图书馆工作实践，是从事图书馆专业工作的一门必修课。文章结合实际，从重点掌握基本理论和基本观点、注重理论联系实际和调查研究、善于分析和联想、善于学习和钻研、善于比较鉴别、结合教材内容广泛阅读参考文献等方面谈了学习体会，并强调各方面都不是孤立存在的，学习中应兼而有之。

04 满怀信心　奋发努力　开创图书馆事业建设的新局面 / 张玉柱 // 山东图书馆季刊 . -- 1982，no.4，1–4 页

社会主义物质文明和精神文明的高度发展，要求我们的社会主义图书馆事业也必须有相应的发展。在十二大方针、路线指引下，图书馆人满怀信心，奋发努力，努力开创图书馆事业建设的新局面。从现在起，要打好基础，积蓄力量，创造条件，以迎接新的经济振兴对图书馆工作的更高要求。

任宝祯

1938 年生，山东济南人。1962 年毕业于中国人民大学历史档案系，1974 年至 1998 年在馆，曾任副馆长、馆长。

著作

01 工具书辞典 / 任宝祯主编 . -- 济南：山东教育出版社，1990. -- 930 页；20cm

该书收录历代有重要价值的各类型主要工具书近 2300 种，包括字典、词典、百科全书、类书、政书、年鉴、手册、书目、索引、图表等，每种工具书的重要附录均悉数列出，并介绍古代工具书的编者生平传略。

02 中国辞书大全 / 任宝祯主编 . -- 济南：黄河出版社，1995. -- 908 页；26cm

本书汇集先秦至 1990 年间中国（包括港、澳、台地区）出版的各类型辞书 1.2 万余种，著录书名、著（译）者、出版地、出版者、出版年月等项，大多数条目附有内容提要。

论文

01 关于省、市图书馆地方文献工作的几个问题 / 任宝祯 // 山东省图书馆学会第一次科学讨论会论文集 . -- [济南]，1979. -- 20–28 页

在对文献和地方文献概念做了详细阐述的基础上，提出作者对地方文献的理解：举凡有关本地区政治、经济、文化、教育、地理、历史、物产、风俗等方面的有收藏和利用价值的一切中外文资料，表现于各种记载形式（如文字、图像、声音等）的均可称作地方文献。同时总结回顾了山东省地方文献工作，最后点明省市图书馆在新的形势下收藏地方文献的任务。

02 《古今图书集成》编排体例简析 / 任宝祯，徐瑛 // 高校图书馆工作 . -- 1983，no.2，75–78 页

《古今图书集成》的编排体例严谨、条理、完备，较其他类书有许多独到的特点，查找资料也比其他类书方便。首先独创了以内容主次编次、事文间出的新体例；其次编排周详谨严，因类制宜；再次图、表和列传的运用；最后目录完备。在体例上虽有因袭成分，但创新之处亦很多。

03 《中图法》若干类目偶识 / 任宝祯 // 山东图书馆季刊 . -- 1983，no.4，53–55 页

《中图法》第二版于 1980 年 3 月问世，即使几经修订，仍难免有千虑一失。作者在工作中偶尔发现一些类目的设置值得商榷，文章中一一列举，如，H、H3、H16、H17、Z22、Z6 等有存疑的类目，同时对上述类目提出自己的意见和建议。

04 国外图书馆学、情报学重要期刊题录

参见 赵彬论文 02

05 《古今图书集成》的分类体系

参见 徐瑛论文 09

06 图书馆职业学：各种现实问题和新看法 / 任宝祯，滕义勇节译 // 山东图书馆季刊 . -- 1989，no.2，62–64+59 页

文章节译自《苏联科技图书馆》1987 年第 12 期。图书馆职业学是一门综合性的理论应用科学学科和教育学科，其研究对象是研究图书馆学、目录学、图书学、情报学、心理学、教育学、生理学、医学的图书馆职业；研究目标是图书馆职业同社会、同图书馆集体和专业人员的相互关系。图书馆职业的本质和作用是通过科学的组织读者阅览、报道和宣传图书，并借助于其他手段组织社会利用图书来促进读者社会主义化。富有思想性地选择和评介图书、专题书目检索、图书和书目著录的编码和译码、正文的分析综合加工等是图书馆职业中最具复杂性和重要性的工作职能。

07　**山东省图书馆现代技术发展现状 / 任宝祯，赵炳武，张洁如 // 山东图书馆季刊 . -- 1989，no.4，37–39 页**

现代科学技术的迅猛发展，为图书馆实现现代化创造了有利的条件和必要的物质基础。近些年来人们不断地把先进技术引入图书馆，使图书馆在技术方法与服务手段诸方面发生了深刻的变革，面貌为之一新。文章介绍了山东省图书馆现代化技术应用的现状，指出山东省图书馆现代化技术的应用起步较晚，重点介绍了电子计算机技术、文献缩微技术、声像技术等三个方面的技术应用情况。

08　**山东省文献资源调查分析报告 / 任宝祯，郭其新，李福贵 // 山东图书馆季刊 . -- 1990，no.1，10–14 页**

山东省于 1998 年成立了全省文献资源调查领导小组，并于同年 11 月在济南召开了工作会议。调查工作中，将 41 个研究级学科所在馆的文献资源按书目核查、引文分析和学科历史发展条件划分三类，并对山东省文献资源利用情况进行了详细的，总结分析出文献资源缺乏、不平衡、经费短缺、建设不合理等四个方面的问题，提出解决问题的切实可行的办法就是做好本省、本地乃至全国的文献资源协调工作。

09　**评《山东藏书家史略》/ 任宝祯，韩淑举 // 山东图书馆季刊 . -- 1994，no.4，52–56 页**

山东自古为文物之邦，齐鲁藏书大家辈出，代不乏人，私家庋藏，蔚然成风。但由于诸多原因，一直以来对山东藏书家的事迹缺乏全面系统的著述。山东大学王绍曾教授和沙嘉孙副研究员，在对史料钩沉、考订与梳理的同时，对山东历代藏书家进行了系统的、全方位的探索，编写了这部《山东藏书家史略》，为研究山东文化教育史、学术史和图书馆史，提供了重要依据。文章对其编纂意义、学术价值等方面做了详细的解读。

10　**文献资源建设理论的新成果——《文献资源建设概要》评价 / 任宝祯，马雪梅 // 山东图书馆季刊 . -- 1998，no.2，63 页**

张玉礼编著的《文献资源建设概要》(北京图书馆出版社，1997 年 7 月版)，是一部有关文献资源建设的专著，作者就其新颖性和现实性做了详细的论述，简述其结构严谨、逻辑性强、概念使用准确、语言简洁等特点。

王桂兰

女，1948 年 1 月生，黑龙江哈尔滨人，1974 年 6 月至 2003 年 1 月在馆，副研究馆员。

论文

01　**读者工作四十年**

参见　赵炳武论文 03

徐　瑛

女，1945 年 6 月生，山东青岛人，1975 年至 2000 在馆，外文部副主任，副研究馆员。

论文

01　**试论我国图书馆事业与“四化”关系——学习列宁图书馆工作札记 / 徐瑛 // 山东省图书馆学会第一次科学讨论会论文集 / 山东省图书馆学会 . -- [济南]，1979. -- 58-64 页**

列宁关于社会主义图书馆事业必须同国家经济建设密切结合的一系列论述，对于指导我国社会主义图书馆事业在实现“四化”中，充分发挥重要的作用，具有伟大的现实意义和深远的历史意义。文章从三个方面分别论述我国图书馆事业与“四化”的关系：我国社会主义图书馆事业与提高整个中华民族的科学文化水平的关系；我国图书馆工作重点转移；目前我国实现图书馆工作现代化的现实意义。

02 谈工科院校图书馆调整使用《中图法》/ 徐瑛 // 山东省图书馆学会第一次科学讨论会论文集 / 山东省图书馆学会 . -- [济南]，1979. -- 85–88 页

对于 1973 年出版的《中图法》，工科院校图书馆应根据本专业的特点对其调整使用。文章对类目的从简处理、局部扩充、局部集中、对原有类目进行修改调整、对于各种标准的调整使用等几个方面进行了详细的论述。

03 林则徐致杨以增书札（上）

参见 骆伟论文 05

04 林则徐致杨以增书札（下）

参见 骆伟论文 06

05 谈谈现存聊斋手稿种种

参见 骆伟论文 04

06 《古今图书集成》编排体例简析

参见 任宝祯论文 02

07 试论《聊斋志异》在史学上的价值

参见 骆伟论文 11

08 《齐记》、《齐地记》、《三齐记》、《三齐略记》、《齐记补》辑佚

参见 骆伟论文 10

09 《古今图书集成》的分类体系 / 徐瑛，任宝祯 // 四川图书馆学报 . -- 1985，no.4，47–51 页

我国古代典籍浩如烟海，类书是一种独具特色的工具书。在现存类书中，最大的一部当首推清代陈梦雷等初编、蒋廷锡等续编的《古今图书集成》，它以卷帙浩大、内容广博、用途宏富而著称于世。《古今图书集成》标志着我国古代类书的编纂达到了最高峰。它“上下古今，类列部分，有纲有纪，勒成一书”，是古今图书之集大成者，也是古代类书的集大成者。文章详细论述了《古今图书集成》的分类体系。

10 **日本《科学技术文献速报》的十大特长 / 徐瑛编译 // 山东图书馆季刊 . -- 1987，no.4，57-58 页**

文章对《科学技术文献速报》的文种收录范围、提供检索情报、传递信息的速度、准确的译录和分类系统、更加完善的关键词、关键词索引、完备的年度索引、完备的文献复制及翻译原文的补充系统等十个方面的特点进行了论述。

11 **省图书馆的国际交流活动概述 / 徐瑛 // 山东图书馆季刊 . -- 1989，no.4，81-84 页**

1949 年以来，山东省图书馆就开始与苏联科学院社会科学总图书馆、苏联国立列宁图书馆建立了书刊交换关系，后又陆续与美国、朝鲜、日本等国的图书馆建立了交换关系。文章详细记述了 1949—1989 年山东省图书馆在国际书刊交换、人员互访和学术交流等方面的工作概况及相关业务统计。

12 **阿拉伯联盟文献情报中心简介 / 徐瑛编译 // 山东图书馆季刊 . -- 1990，no.2，85-86 页**

阿拉伯联盟文献情报中于 1980 年成立，该中心被认为是收藏阿拉伯文献资料最丰富的专门性图书馆。文章对该文中心的藏书、工作人员、电子计算机系统、采购、书刊整理、目录编制、索引编制等做了全面的介绍。

白玉霞

女，1957 年 1 月生，山东单县人，1976 年至 2012 年 1 月在馆。

论文

01 **图书馆信息服务加盟电子商务之探讨 / 白玉霞，常雅红 // 山东图书馆季刊 . -- 2006，no.2，75-77 页**

随着电子商务的启动与发展，图书馆的信息服务性质也将发生变化。文章从电子商务信息资源的特点、图书馆信息服务加盟电子商务的必然性、应注意的问题及加盟电子商务的对策与建议四方面探讨了图书馆信息服务加盟电子商务的相关问题。

02 **浅谈档案信息资源的整合趋势 / 白玉霞 // 山东档案 . -- 2008，no.4，9-10 页**

互联网技术的发展使得当代信息资源的组织呈现出明显的标准化、智能化、集成化的发展趋势。现代信息组织的模式开始以用户为中心，遵循实用性和服务化的原则，在充分利用软件技术的基础上，开辟出了许多个性化的网络服务方式和栏目。在此大环境下，档案资源的开发与利用也向着数字化、网络化、集成化的方向不断发展。

03　**图书档案管理人员如何提高自身素质 / 白玉霞，李青 // 山东国土资源 . -- 2008，no.7，18–19 页**

图书档案管理人员是图书档案事业可持续发展的原动力，是图书档案工作发展的最重要的资源。这就要求从事档案管理的人员要不断提高自身的素质、创新能力，成为知识时代需要的档案专业人才。文章从加强政治思想素质、业务素质、服务意识、责任心和保密意识、创新意识、能力素质等六个方面对这一问题进行了详细的论述。

崔国光

1950 年 2 月生，山东莱阳人，1976 年至 2010 年 2 月在馆，研究馆员。

著作

01　**续聊斋志异选 / 孙言诚，崔国光注译 . -- 济南：山东大学出版社，1987. -- 633 页；20cm**

本书从二十种书中，选取了一百四十篇文言短篇小说。所选图书，都是受《聊斋志异》影响或者模仿《聊斋志异》写成的。作品原文尽量依据较早的刻本校录，除个别错字经校勘改正外，不做其他任何改动。《续聊斋》选自多种小说集子，在艺术风格、语言特色等方面，呈现出丰富多彩的趋向。

02　**枭鬼雄魂记 / 崔国光等校点 . -- 沈阳：辽沈书社，1992. -- 503 页；19cm**

本书共收《妆钿铲》《飞跎全传》《精神降鬼传》《明月台》《宪之魂》《卢梭魂》《革命鬼现形记》七部小说，都是仅见于少数图书馆的稀见本。其中，《妆钿铲》和《明月台》是海内外孤本。

03　**订补海源阁书目五种 / 王绍曾，崔国光，杜泽逊，刘心明整理订补 . -- 济南：齐鲁书社，2002. -- 2 册（1432，147 页）；21cm**

本书将原海源阁书目四种补充为海源阁书目五种，其中《宋存书室书目》及《海源阁书目》均赖抄本，订补以《山东省图书馆馆藏海源阁书目》著录为准。

论文

01 储石室之秘籍 荟乡献之琅函—省图书馆馆藏地方历史文献之特色

参见 周玉山论文 01

02 张笃庆及其《昆仑山房诗集》/ 崔国光 // 山东图书馆季刊 . -- 1991，no.2，59-63 页

张笃庆，字历友，号厚斋，世居山东淄川昆仑山麓，自号昆仑山人。文章详细记述了其生卒、名号、官职、家境、学习经历及其著作《昆仑山房诗集》《八代诗选》《班范肪截》《五代史肪截》《两汉高士先赞》等，其中对《昆仑山房诗集》做了深入研究。

03 一部鲜为人知的奇书——谈馆藏《说文解字义证》的学术与版本价值 / 崔国光 // 山东图书馆季刊：山东省图书馆学会第六次科学讨论会获奖论文专集 . -- 1999，135-137 页

山东省图书馆藏有一部貌似普通，实则极具学术和版本价值的奇书。表面上看，此书是一部清道光二十八年（1848）灵石杨氏刻印的《说文解字义证》，和其他的杨刻《义证》并无多少不同，但仔细检阅便会发现，它并非正式刷印的《说文解字义证》。本书是《说文解字义证》刊刻过程中许瀚批阅的清样，不仅保留着原刻《义证》所缺少的第 40 卷第 43 页的内容，而且保留着许瀚的重要批语，讲述了该书的学术价值和版本价值。

04 王献唐与海源残阁散世珍籍 / 崔国光 // 齐鲁文史 . -- 2001，no.2，34-34 页

1927 年，为保护藏书，杨敬夫将海源阁藏部分精善珍本运存天津，并命名为“海源残阁”。在天津期间传出曾有杨氏将部分珍品售于日本人。为了考证解疑，文章先将“售书总单”与《中国版刻图录》相对照，再与《北京图书馆善本书目》比对，发现售书总单所列 23 种宋元珍籍，有 17 种已入藏北京图书馆，其余 5 种有待查考。足证杨氏未售书于日本人，所传“售书总单”一事盖属讹传。

05 清初诗人张笃庆及其诗歌创作 / 崔国光 // 东岳论丛 . -- 2001，no.3，124-126 页

张笃庆是清初山东诗坛上的一位重要诗人，其诗歌创作见解精辟，别具特色，在清代享有较高的诗名，诗歌还有着无可替代的文献价值。他与蒲松龄交往很密切，从他同蒲松龄的赠答诗里，可以考知《聊斋志异》创作时的一些罕为人知的细节。

06 《遂初堂书目》的目录学价值 / 崔国光 // 山东图书馆季刊 . -- 2001，no.3，52–55 页

尤袤编《遂初堂书目》是宋代目录学的优秀代表作之一，其在图书分类学和版本目录学方面均有所发明创新，在宋代私家藏书目录中独树一帜，自成一家之言。其所创一书兼载各种版本的做法，对后世版本目录学家影响甚大，并为版本目录学家所遵循。

07 谈《说文解字义证》许瀚校样本的学术价值 / 崔国光 // 文献 . -- 2001，no.4，195–201 页

山东省图书馆藏《说文解字义证》，经考证为许瀚手校清样本。许瀚字印林，山东日照人，其博通经史，精于训诂，且通金石文字。编写《说文解字义证》最有价值的工作是纠正桂馥的讹误，在订正时非常慎重，大到部首、笔画，小到线框、鱼尾，无不一一批改，务求准确，充分展现了一代学人严肃认真、一丝不苟的治学精神和风范。

08 晁公武《郡斋读书志》的版本源流和解题特点 / 崔国光 // 山东社会科学 . -- 2001，no.4，66–68 页

自西汉刘向、刘歆父子奠定中国目录学的基础之后，公私目录代有所出，但各书之下均无解题。晁公武的《郡斋读书志》是我国第一部传世的私家藏书解题目录。《郡斋读书志》流行于世的版本有衢本和袁本。长期以来，学术界素有衢、袁两种版本的优劣之争。作者认为，两本各有所长，不能以优劣论之。披阅晁《志》，当取两本之长，不宜执一而论，有所偏废。

09 厚斋自著年谱 / 崔国光，贾秀丽 // 蒲松龄研究 . -- 2001，no.4，118–128 页

此谱的作者，系清初著名小说家蒲松龄的同邑挚友张笃庆。张笃庆，字历友，号厚斋，世居山东淄川昆仑山麓，自号昆仑山人。《厚斋自著年谱》为山东省图书馆所藏，系张笃庆之手稿。谱中自记其家世、行迹、交游，不独为研究其本人之第一手资料，且于了解蒲松龄之生平，亦多参考价值。此篇为崇祯十五年（1642）壬午春正月二十日至康熙十七年（1678）戊午，即张笃庆出生至三十七岁。

10　厚斋自著年谱（续）/ 崔国光，贾秀丽 // 蒲松龄研究 . -- 2002，no.1，114–125 页

此谱的作者，系清初著名小说家蒲松龄的同邑挚友张笃庆。张笃庆，字历友，号厚斋，世居山东淄川昆仑山麓，自号昆仑山人。《厚斋自著年谱》为山东省图书馆所藏，系张笃庆之手稿。谱中自记其家世、行迹、交游，不独为研究其本人之第一手资料，且于了解蒲松龄之生平，亦多参考价值。此篇为康熙十八年（1679）己未至康熙二十六年（1687），即张笃庆三十八岁至四十六岁之间所著。

11　海源阁藏书精品述略 / 崔国光 // 烟台师范学院学报（社会科学版）. -- 2002，no.1，101–103 页

山东聊城杨氏海源阁，是我国晚清著名的私家藏书楼，以藏书宏富而驰名中外。在海源阁藏书中，杨氏视宋版“四经四史”为镇阁之宝，别辟书室以珍藏，额其室名为“四经四史之斋”。文章中对海源阁所藏“四经四史”做了详细介绍。

12　山左学者许瀚与《说文解字义证》/ 崔国光 // 齐鲁文史 . -- 2002，no.2，20–22 页

山东省图书馆藏《说文解字义证》经考证与一般的连筠簃丛书本是不同的本子，不仅保留着原刻所缺少的第 40 卷第 43 页的内容，而且保留着许瀚许多重要批语，其学术价值和版本价值绝非一般可比。许瀚对《说文解字义证》进行了三次校勘，在订正时非常慎重，不妄下批论，务求准确，可以说大到字的总部首、笔画，小到线框、鱼尾，都一一批改。许瀚对《说文解字义证》的校勘展现了一代学人严肃认真、一丝不苟的治学精神和崇高风范。

王春红

女，1959 年 5 月生，山东青州人，1976 年至 2014 年 5 月在馆，副研究馆员。

论文

01　如何进行文献的前期整理编辑工作

参见　张洁如论文 02

02 **谈谈优质缩微品的制作 / 王春红 // 山东图书馆季刊 . -- 2000，no.3，128 + F003 页**

文章从缩微摄影技术的整理、拍照、冲洗、质量检查及人员素质诸方面入手，阐述了提高缩微品质量的重要性，同时对重点环节中容易出现的问题及注意事项进行了讨论，认为只有在保证质量的基础上，才能使缩微品得以永久保存和传递。

03 **谈图书馆缩微工作人员的素质 / 王春红，宋双双 // 书海泛舟——山东图书馆事业建设理论与实践 / 王运堂主编 . -- 海口：南海出版公司，2002. -- 603-608 页**

缩微工作人员的素质则是影响图书馆缩微工作状况及发展的决定因素。缩微工作人员不仅要有敬业和团结协作的精神，还必须具备一定的文化知识素质和专业知识素质。应从重视专业人员的选拔以及提高在职人员综合素质等方面对缩微工作人员进行培养。

04 **谈缩微胶片保管中的问题及处理方法 / 王春红 // 网络时代图书馆工作与研究 / 王运堂主编 . -- 海口：南海出版公司，2003. -- 675-678 页**

缩微摄影技术是文献管理的一种有效手段，它采用专门的设备、材料和工艺，把经过编排和整理的原始文献缩小拍摄在感光胶片上，然后再经显影加工、拷贝制成各种缩微品。缩微品在保存期间容易出现霉变微斑、静电斑、乳剂起皱等现象。文章在分析这些现象产生原因的基础上，提出严格控制冲洗条件、胶片库房温湿度、制药液与水洗的温度差等防护措施。

05 **浅析网络环境下图书馆的藏书与信息服务 / 王春红 // 图书馆用户服务研究 / 赵炳武主编 . -- 济南：山东省地图出版社，2007. -- 307-310 页**

网络环境给图书馆信息资源结构、馆藏资源获取方式及质量评介标准、信息资源的保障方式及信息服务手段等方面带来了深刻的影响，同时也使图书馆面临着前所未有的严峻挑战。文章论述了网络环境对图书馆藏书的影响，网络环境下图书馆信息服务方式、方法的演变。

06 **传统图书馆如何面对信息技术的挑战 / 王春红 // 网络导报 · 在线教育 . -- 2012，no.32，121 页**

技术的发展给图书馆带来一定的便利，但与此同时又给传统图书馆带来巨大生存挑战。怎样在日常生活中合理地融入现代信息技术，促使传统图书馆运作模式向知识导航和服务理念方向发展，是当前传统图书馆所要解决的重要课题。

07　数字图书馆——信息资源共享的平台 / 王春红 // 软件（教育现代化）. -- 电子版 . -- 2013，no.5，424–425 页

数字图书馆进行信息互动时结合计算机技术和多媒体技术等，并利用网络的渠道将信息呈现在大的信息平台上，实现了更加数字化的信息传播。在分析数字图书馆所处的信息化社会环境、知识型经济环境、数字化信息资源环境和现代化技术环境的基础上，进一步提出信息交流的四大模式：申农模式、拉斯韦尔模式、施拉姆互动模式、守门人模式。

王明秀

女，1958 年 4 月生，山东淄博人，1976 年至 2013 年 4 月在馆，副研究馆员。

论文

01　储石室之秘籍　荟乡献之琅函——省图书馆馆藏地方历史文献之特色

参见　周玉山论文 01

02　古籍著录古今谈 / 王明秀，王少华 // 山东图书馆季刊 . -- 1993，no.3，51–55 页

文章简单概括了古籍著录的历史，指出我国古籍著录源远流长，西汉刘向、刘歆父子编写《别录》《七略》，开创了古籍著录之先例。纵观两千年的古籍著录史，是一个从内容到形式都不断发展变化，最后趋于完善的过程。

贾秀丽

女，1955 年 11 月生，山东乳山人，1977 年至 2010 年 11 月在馆，少儿部主任，研究馆员。

论文

01　齐鲁藏书名家李文藻 / 贾秀丽 // 山东图书馆季刊 . -- 1981，no.2，58 页

“压装石墨倾南国，庋架琅书艳东城。曾是人天摇落日，伶俜吞泪拜先生。”这是版本学家、目录学家王献唐先生对藏书名家李文藻的高度评价。文章着重从李文藻的生平以及其对齐鲁文献的收集和整理、金石碑刻的研究、所著所刻书籍等方面，做了较为全面的介绍和考证。

02　宋元书院刻书与藏书 / 贾秀丽 // 图书馆论坛 . -- 1991，no.2，81-86 页

宋元书院刻书历史长、藏书数量多，并形成了自己显著的特点，对我国封建社会的刻书事业和藏书事业都产生过较大影响，对当时书院教学活动的开展和学术文化的发展也起过一定的推动作用。文章详细列举了宋元书院所刻书之目录，阐述其内容丰富、精于校勘、刻印考究之特点，介绍书院藏书概况、来源、特色、管理和利用及其特定的历史作用。

03　我馆书目数据库建设的实践与思考

参见　赵炳武论文 06

04　试论我国编目工作现状及其发展趋势 / 贾秀丽 // 山东图书馆季刊 . -- 1999，no.1，38-40 页

编目工作的社会化发展之路，能够促进文献工作的标准化进程，使编目资源共享成为现实，这一观点在现阶段已经被越来越多的图书馆工作者所接受。文章通过对我国图书馆界采用的几种编目方式及编目工作现状进行分析比较，指出传统的分散编目工作模式，已经远远不能适应信息化社会的发展需要，必将被集中编目和联机合作编目这种社会化的编目形式所取代；文中同时对书目数据共享的途径作了简要介绍。

05　山东省图书馆：少儿工作 / 贾秀丽 // 山东图书馆季刊 . -- 1999，no.4，62-63 页

山东省少儿图书馆筹建于 1999 年 3 月，馆址位于美丽的大明湖畔，馆舍面积 240 平方米，藏书近 60000 册，各类报刊 70 余种，设有连环画借阅室和中小学生综合借阅室。文章就山东省少儿图书馆的筹建开放、服务功能、读书环境、阅读宣传、社会影响等做了简要介绍。

06　论图书馆员的继续教育 / 贾秀丽 // 山东图书馆季刊：山东省图书馆学会第六次科学讨论会获奖论文专集 . -- 1999，167-169 页

继续教育是成人教育的一个重要内容，是对在职人员不断进行知识、技能的更新、补充、拓展、提高，以完善其知识结构的追加教育。文章通过分析图书馆人员现状及未来图书馆对人才的要求，探讨了图书馆员继续教育的形式、内容及措施。

07 **21 世纪少儿图书馆发展趋势 / 贾秀丽 // 中国图书馆学报 . -- 2000，no.5，63-65 页**

新世纪少儿图书馆的发展，应在加强立法、争取社会力量支持、积极参与素质教育、培养青少年的图书馆意识和获取信息的能力、加快自动化建设、提高工作人员素质等方面加大工作力度，为培养新人做出应有的贡献。

08 **厚斋自著年谱**

参见　崔国光论文 09

09 **厚斋自著年谱（续）**

参见　崔国光论文 10

10 **论新世纪少年儿童图书馆意识培养 / 贾秀丽 //21 世纪中国图书馆建设与发展 / 中国图书馆学会，中国图书馆学报编 . -- 北京：北京图书馆出版社，2002. -- 1342-1344 页**

文章简要论述了图书馆对终身教育、图书馆对素质教育、图书馆对培养良好读书习惯方面具有的重要作用。文中指出在图书馆意识的培养上，应从儿童抓起；要通过加大宣传力度，争取社会支持，在中小学设置图书馆知识教育课程及加强少儿图书馆自身建设等，有计划、有目的地进行儿童图书馆意识的教育培养。

11 **发挥少儿馆优势为培养合格小公民做贡献 / 贾秀丽，李长江 // 山东图书馆季刊 . -- 2004，no.3，49-50+53 页**

儿童道德建设重在养成，贵在坚持。实施“中国小公民道德建设计划”是当前一项重要工作，又是一项长期任务。山东省少儿图书馆围绕这一计划开展了一系列卓有成效的活动，如小公民道德建设知识讲座、雷锋精神长存——与少年朋友谈人生报告会、地球未来与我——环保知识讲座、读书讨论会、外国文学名著欣赏讲座等。山东省少儿图书馆还积极参加社会公益活动，为特殊读者和弱势群体服务，在山东省少年管教所建立分馆，定期送书上门。山东省少儿图书馆充分发挥图书馆的教育职能，引导青少年读好书的同时加强思想道德建设，增强社会责任感。

12　**少儿图书馆读者服务工作探索与发展 / 贾秀丽 // 山东图书馆季刊 . -- 2009，no.1，29–31 页**

山东省少儿图书馆成立于 1999 年，十年来，在为青年少年服务方面开展了一系列卓有成效的工作和活动，取得明显的社会效果。文章强调在发挥馆藏优势，做好阵地服务的同时，还在积极探索服务范围、内容、职能、对象的延伸服务等方面做了深入探讨。

辛玉美

女，1956 年 3 月生，山东齐河人，1977 年至 2011 年 3 月在馆，中文外借部副主任，副研究馆员。

论文

01　**浅议网络环境下的读者服务**

参见　张云论文 06

02　**当前读者阅读心理研究 / 辛玉美 // 书海泛舟——山东图书馆事业建设理论与实践 / 王运堂主编 . -- 海口：南海出版公司，2002. -- 209–216 页**

知识经济时代，在信息革命的冲击下，图书馆已不再是人们获取知识的主要途径。研究读者心理，特别是阅读心理成为工作的必然要求。掌握读者需求心理可为图书馆藏书建设和文献资源开发提供可靠的依据，洞察读者心理，可以改善图书馆员与读者的关系，充分发挥图书馆的社会功能。

03　**我馆建立地方文献专库刍议**

参见　徐伟论文 02

赵炳武

1950 年 3 月生，山东青州人，1977 年至 2010 年 3 月在馆，曾任副馆长、馆长，研究馆员。

著作

01　小型图书馆实用手册 / 赵炳武编 . -- 海口：南海出版公司，2002. -- 293 页；21cm

本书共分八章，从图书馆管理、文献资源建设、图书分类、图书编目、报刊管理、读者工作、信息服务、图书馆自动化建设等方面系统描述了小型图书馆工作的基本理论、基本知识和基本操作技能；搜集并借鉴了有关图书馆学、图书馆管理和图书馆自动化建设方面的最新研究成果，力求囊括图书馆的全部业务工作环节，适应并满足基层图书馆工作的需要。全书内容通俗易懂，注重实用，便于小型图书馆工作人员理解掌握。

02　山东省公共图书馆发展简史 / 赵炳武主编 . -- 北京：中国文联出版社，2005. -- 292 页；23cm

本书依照山东省行政区划进行编排，共收录各市、县（区）公共图书馆 144 个。书中详细撰述了各馆从其建馆初期至 2004 年底的基础设施、业务建设、服务方式、学术研究等方面的发展状况及取得的成绩。本书编写坚持实事求是、有据可查的原则，所收各类数据力求准确、可靠，是了解山东省公共图书馆事业发展的重要史料，亦可供学术研究和领导决策时参考。

03　山东省图书馆馆藏缩微文献目录 / 赵炳武，李西宁主编 . -- 北京：中国文联出版社，2005. -- 195 页；24cm

本目录著录了山东省图书馆缩微部拍摄的所有文献和部分购入的缩微胶卷。目录共分三编，第一编为报纸（137 种）；第二编为期刊（232 种）；第三编为古籍（898 种）。该书所收文献具有两个显著特点：一是多为稀见文献珍品，近千种古籍底本皆为善本，其中多为名家精校钞稿本和稀见地方文献；二是具有鲜明的地方特色，所收古籍善本大半为山东先哲著述，报刊则为新中国成立前山东地区发行的具有史料价值的文献。这部目录是读者了解、利用山东省图书馆馆藏缩微文献的一个指南，也是馆藏珍品和山东地方文献的浓缩和精华。

04　图书馆基础知识实用手册 / 赵炳武主编 . -- 济南：山东省地图出版社，2007. -- 220 页；24cm

本手册系统描述小型图书馆工作的基本理论、基本知识和基本操作技能，言简意赅，通俗易懂，注重实用，便于小型图书馆的工作人员掌握与接受。在某些章节后附可资参考的例证，如馆长工作职责、图书馆采购工作细则、借阅制度、分编工作细则等，增加了本手册的实用性。手册涵盖图书馆的全部业务工作环节，适应基层图书馆工作的需要，可以使基层图书馆工作者通过阅读此书达到无师自通。本手册由山东省图书馆组织编写。全书共分八章，分别是图书馆管理、文献资源建设、图书分类、图书编目、报刊管理、读者工作、信息服务、图书馆自动化建设。

05 **图书馆用户服务研究 / 赵炳武主编 . -- 济南：山东省地图出版社，2007. -- 566 页；24cm**

本书是山东省图书馆学会第 14 次科学讨论会论文集。本书以“用户为中心的图书馆”为主题，共收入论文 140 余篇，涉及图书馆工作的各个方面，针对实际工作中带有普遍性的问题，深入探讨，提出许多新观念、新方法；对图书馆用户服务的理论和实践进行了研究，结合新形势下用户的文化层次和阅读特点，提出了更好地为用户服务的工作理念，对提高服务质量具有很大帮助，同时更好地推动了山东省图书馆事业的发展。

06 **文献信息的组织、管理和利用 / 赵炳武主编 . -- 济南：山东省地图出版社，2008. -- 447 页；24cm**

本书对图书馆管理中的文献信息组织方法进行了深入研究，对其管理的步骤、程序等进行了探讨，提高文献信息的利用价值，该书具有较高的学术价值。

07 **数字图书馆工作论坛 / 赵炳武主编 . -- 济南：山东省地图出版社，2009. -- 200 页；26cm**

本文是山东省图书馆学会第 16 次科学讨论会论文集。本书以“数字图书馆建设与应用”为主题收入 98 篇具有一定学术水平的论文，从多角度、多层次对数字图书馆进行阐述，探讨数字图书馆在实际工作中的应用，并对数字图书馆在建设与发展中遇到的各类问题提出见解，以期广大图书馆工作者能够相互借鉴、学习。

08 **草书集字千家诗 / 赵炳武主编 . -- 济南：齐鲁书社，2010. -- 188 页；26cm**

本书为集历代草书法帖之字完成的长篇书法作品，共收录千家诗中的七绝近百首。《千家诗》流传广达，影响至大，在诗学启蒙教育中曾起过重要的作用，现将书法传授和古诗教育结合起来，使之相辅相成，在练习时会有“创业”的感觉，加上诗句熟悉，记忆亦自然容易，达到事半功倍之效。这是本书的特别之处，也是编者设计课题的用心所在。

论文

01　国外图书馆学、情报学重要期刊题录

参见　赵彬论文 02

02　山东省图书馆现代技术发展现状

参见　任宝祯论文 07

03　读者工作四十年 / 赵炳武，王桂兰，左秀珍 // 山东图书馆季刊 . -- 1989，no.4，62–66 页

新中国成立四十年来，山东省图书馆读者服务发展较快，服务工作的内容有了新的开拓，服务方式更加多样化，服务质量在很多方面有所提高，服务手段逐渐向现代化迈进。作者对省图书馆读者工作和服务内容进行了分段总结论述，指出山东省图书馆读者工作经历了初始发展阶段、编制专题书目有针对性的定向服务阶段、十年浩劫的停顿阶段、十一届三中全会之后的稳步发展等四个历史时期。

04　更上一层楼　再上新台阶——《山东图书馆季刊》读评 / 赵炳武，张太龙 // 山东图书馆季刊 . -- 1993，no.3，60–63 页

文章总结了《山东图书馆季刊》学术定位和特点，认为《山东图书馆季刊》是学术性和知识性相结合的专业刊物。该刊于 1981 年创刊，1992 年入选核心期刊，具有注重学术性、坚持理论联系实际、浓郁的地方色彩、培养新人支持新作等特色。

05　饮食防癌 / 赵炳武，张太龙 // 医学科普 . -- 1995，no.2，34–38 页

饮食被认为是防癌的主要手段之一，能预防某些最常见的癌症，例如乳腺癌、肺癌和结肠癌以及很难医治的胰腺癌等。蔬菜和水果中的萝卜素、叶酸和叶黄素等生化物质，都是抑制癌症的重要化合物。为此要养成健康饮食，多食豆制品、蔬菜和牛奶而少食肉类，控制饮酒。

06　我馆书目数据库建设的实践与思考 / 赵炳武，贾秀丽 // 山东图书馆季刊 . -- 1998，no.1，66–69 页

文章简单介绍了山东省图书馆中文图书实现计算机管理的过程。山东省图书馆自动化管理始于 1987 年，1995 年购置了深圳图书馆的 ILAS 软件，实现了中文图书编目、报刊管理及中文畅销新书的计算机管理。作者认为文献书目的回溯建库是实现图书馆自动化管理、提高图书馆管理水平与质量的基础，同时亦是一项复杂的工程，制定合理的建库计划是非常必要的。文中提出开展图书馆书目数据库建设工作首先要分析馆藏，有区别、有计划、有针对性地制定科学合理的先后次序；其次分析回溯建库的方法、依据及工作流程；最后，结合工作实践强调，领导重视、抓好人员培训、充分利用外来标准数据及数据的标准化等是开展工作的重要条件。

07　跟上时代发展　拓宽服务领域——试论现代图书馆课题信息服务 / 赵炳武，杨向明，刘晓博，徐宏伟 // 山东图书馆季刊 . -- 1999，no.1，20–23 页

文章在总结课题服务和计算机信息检索服务的实践经验基础上，提出了图书馆信息服务工作的开展思路，分析了信息市场需求的特点，并进一步指出更新观念、提高信息服务质量、扩大服务领域是图书馆信息服务工作发展的根本出路。

08　山东新修方志的分期及特色 / 赵炳武，李西宁 // 江苏图书馆学报 . -- 1999，no.4，51–53 页

新修方志是指新中国成立以后编修的方志。文章分三个阶段对山东省新修方志的发展脉络进行了总结梳理。到目前为止共出版省志 71 部、市（地）志 9 部、县（区）志 115 部。文中认为新观点、新内容、新方法是新修方志的三个基本特点，同时指出由于各地修志工作的开展情况不一造成的地域性差异，是新修方志的另一特点。

09　十年业务工作综述 / 赵炳武，李西宁 // 山东图书馆季刊 . -- 1999，no.4，38–41 页

文章从优化馆藏结构提高藏书质量、开展优质服务全面推进自动化建设、建立健全规章制度实现规范化管理、营造学术氛围培养新世纪人才等方面，对山东省图书馆近十年的业务工作进行了总结论述。

10 毛泽东与图书馆：纪念毛泽东同志诞辰 106 周年 / 赵炳武，韩淑举 // 图书馆 . -- 1999，no.6，48–51 页

文章介绍了毛泽东一生与图书馆的关系及利用图书馆的经历，指出充分利用图书馆是毛泽东读书生活的一个重要特点。毛泽东在学生时代就在图书馆勤奋读书；毕业后在北京大学图书馆工作实践；20 世纪 20 年代曾先后建立湖南自修大学图书馆及湖南青年图书馆；20 世纪 30、40 年代在戎马倥偬的岁月仍不断搜集图书，组建根据地图书馆，充分利用图书馆文献资料撰写完成了大量光辉篇章；新中国成立后利用各地图书馆博览群书，从 1949 年至 1966 年借阅各类书籍达 2000 余种 5000 余册。

11 评《网络环境下图书馆信息资源的整合开发》/ 赵炳武 // 中共青岛市委党校青岛行政学院学报 . -- 2007，no.5，96 页

网络的出现为信息资源建设提供了新的路径，不断改变着图书馆的运作模式，同时也对图书馆的信息资源建设提出了新的要求。文章从多元化、创新性、客观性、前瞻性四个方面对《网络环境下图书馆信息资源的整合开发》这本书进行了全面的评价。

12 突出省中心龙头作用构建全省图书馆服务网络 / 赵炳武 // 山东图书馆季刊 . -- 2008，no.1，7–11 页

2002 年 4 月，文化部、财政部共同实施了全国文化信息资源共享工程。2006 年山东省被文化部确定为全国共享工程建设试点省，2007 年成为全国第一个共享工程建设示范省。几年来的实践证明，共享工程的实施充分发挥了省中心的龙头作用，使公共图书馆服务延伸至农村，解决了多年来服务覆盖面窄的“瓶颈”问题。文章从政策和制度保障、坚实的技术支持、数字资源优势、山东特色服务体系、效益明显的公共图书馆服务网络等方面进行了全面总结，对巩固完善全省公共图书馆服务体系具有深远现实意义。

13 我国的图书馆法治建设与研究 / 赵炳武，李国新 // 山东图书馆季刊 . -- 2008，no.1，2–6+11 页

文章是中国图书馆学会 2008 年济南新年峰会时，山东省图书馆馆长、《山东图书馆季刊》主编赵炳武对北京大学教授李国新就图书馆法治建设与研究做的专题访谈。李国新首先从党和政府的方针政策、图书馆专门法和相关法的建设进展以及我国图书馆行业自律规范建设三个方面对图书馆法治建设取得的主要成果做了概括性总结；其次，对图书馆员职业资格认证、公共图书馆建设标准和图书馆行业自律规范进行了具体介绍；再次，图书馆法治建设既要与国际惯例接轨，又要符合中国国情，需要通过学术影响大众，通过学术研究影响和支撑政府决策，通过促进政府决策的法律制度化来促进事业的持续发展；最后，今后图书馆法治研究的重点之一就是服务于图书馆事业国家立法的研究。

14　抓住“试点省”机遇，促进图书馆事业发展 / 赵炳武 // 图书馆建设．-- 2008，no.2，89–92 页

2002 年 4 月，文化部、财政部共同实施了全国文化信息资源共享工程，同年 6 月，山东省开始实施文化信息资源共享工程计划，2006 年与现代党员远程教育中心实现共建共享，基本达到了全省覆盖、村村通，被文化部确定为试点省。在一年多的时间里，建设了省、市、县、乡镇和村五级计算机网络，实现了以互联网和卫星传播资源为主渠道，硬盘、光盘为辅助的数字资源传输网络，为基层培训计算机操作人员 19000 余人，直接服务基层群众 1 亿多人次，受到基层群众的欢迎，实现了图书馆最广泛深入的延伸服务。

15　我国公共图书馆服务体系建设 / 赵炳武，于良芝 // 山东图书馆季刊．-- 2008，no.3，1–4 页

文章是中国图书馆学会 2008 年“志愿者行动”山东省基层图书馆馆长培训班期间，山东省图书馆馆长、《山东图书馆季刊》主编赵炳武对南开大学信息资源管理系于良芝教授的专题访谈。于良芝教授首先对“公共文化服务”和“公共文化服务体系”概念进行阐释，指出公共图书馆是公共文化服务体系中最重要的基础设施之一。其次，详细描述了我国政府启动的与公共图书馆相关的公共文化建设项目和措施。最后，归纳出公共图书馆服务体系建设模式是基层图书馆建设、总分馆建设和区域性服务网络建设。在这三个层面同时建设公共图书馆服务体系，在我国公共图书馆发展史上可谓史无前例。

16　山东省图书馆工作汇报 / 赵炳武 // 山东图书馆季刊．-- 2009，no.4，4 页

文章是时任馆长赵炳武在山东省图书馆成立一百周年纪念大会上的讲话。回顾了山东省图书馆百年历史成就与辉煌，曲折与坎坷。山东省图书馆一直秉承“开民智，保国粹”和“以人为本，读者第一”的理念，在百年的奋斗历程中完成了诸多重大工程，取得了许多表彰和奖励等。百年馆庆是里程碑，更是新起点。

周雪平

山东定陶人，1977 年入职本馆，曾任办公室主任。

论文

01　函授学习两年

参见　甘英论文 01

02　山东省图书馆学会改革研讨会述评 / 周雪平 // 山东图书馆季刊 . -- 1985，no.1，8–10 页

山东省图书馆学会于 1985 年 1 月 26 日至 30 日在青岛召开了图书馆工作改革研讨会。本次会议围绕工作改革，从面对现实顺应时代潮流、有益的探索、收获与展望等方面进行了座谈讨论。

03　公共图书馆与职工教育 / 周雪平 // 山东图书馆季刊 . -- 1987，no.1，37–41 页

职工教育离不开图书馆，尤其是公共图书馆。文章论述了公共图书馆在开展职工教育中的作用，指出公共图书馆成为职工教育的教学场所，其原因一方面是由于开展职工教育所在机构的物质条件不能满足需要，另一方面则是图书馆本身具有社会教育的功能。图书馆优越的学习环境、丰富的藏书、便于开展丰富多样学习活动；同时图书馆具有职工教育向更高层次发展的良好的基础，成为职工教育辅助场所。

04　一卷在手　天下尽知——介绍《图书馆学文摘》/ 周雪平 // 山东图书馆季刊 . -- 1989，no.1，89–90 页

创刊于 1983 年的《图书馆学文摘》，以“集图书馆学之萃，摘学术论文之要”为宗旨。发行几年，日臻完善，归纳其特点主要有：编排得体、注意质量和时效、设有年度索引。间或刊载二次文献，并选用部分三次文献综述。

05 改革十年中的山东省图书馆 / 周雪平，张莹 // 山东图书馆季刊 . -- 1989，no.4，29–32 页

改革十年，山东省图书馆更新观念，制定的发展战略，扩大社会交往，探索与科研生产联姻，注重内部机制的调整，取得了很好的成效，主要表现一是完善制定和调整采访策略、完善馆藏特色、设置目录室、购书经费的涨调等基础条件建设；二是通过设立培训班和函授大学等开展职工教育，干部队伍的专业素质得到较大的提高，为事业的发展储备人才；三是积极探索有偿服务，以文补文，服务功能向多元方向发展；四是增添复印机、缩微机、声像设备、计算机等现代化设备；五是扩大对外交往，促进中外文化的交流。

周　迎

1955 年 2 月生，河北盐山人，1977 年至 2015 年 2 月在馆，曾任历史文献部主任，政工科科长，副研究馆员。

论文

01 漫话静电复印机 / 周迎 // 山东图书馆季刊 . -- 1983，no.1，71 页

静电复印机的出现，使文献复制工作进入了现代化的新时代。文章主要阐述了静电复印机的研发、发展历史及其在文献资料复印中的作用。

02 一次成功的书展三点启示 / 周迎 // 山东图书馆季刊 . -- 1998，no.2，58 页

1998 年是中国书画艺术年，山东省图书馆在春节期间举办了馆藏中外著名书画家画册欣赏展。这次书展精选了中国古代、近代、现代名家画册、墨迹、印谱、碑拓及国外名画册 600 余种，展出 10 天，参观者达 2000 余人次。通过展览得到三点启示：一是加强管理，注重宣传，摆正馆藏与利用的关系；二是馆藏的系统性是搞好展览的物质保证；三是追踪读者的学习热点与积极引导相结合。

03 新馆中文阅览部的设置与布局 / 周迎 // 山东图书馆季刊：山东省图书馆学会第六次科学讨论会获奖论文专集 . -- 1999，85–87 页

中文阅览部的设置与布局是否合理，对图书馆的服务水平有着直接影响。文章论述了山东省图书馆新馆中文阅览部设置与布局的指导思想、具体设置与布局以及阅览桌椅摆放和书架排列。

04 馆藏地方文献建库的几点思考 / 周迎 // 书海泛舟——山东图书馆事业建设理论与实践 / 王运堂主编 . -- 海口：南海出版公司，2002. -- 951-957 页

文章结合山东省图书馆地方文献库建设实践，论述了建立地方文献库的必要性，阐明了地方文献库收藏范围和工作步骤，在此基础上提出做好地方文献工作的几点建议。地方文献是公共图书馆藏书建设中的重要组成部分，为了更好地采集收藏地方文献，方便读者研究，弘扬齐鲁文化，有必要建设馆藏地方文献库。关于收藏范围和步骤，笔者认为本地名人的著述应收入地方文献，一般本地人著述只要图书题名，内容没有明确为本地或本地背景的文献可以不收。在建库过程中对馆藏地方文献的选取，可根据馆藏排架按中图法、山东法的先后顺序进行地方文献筛选。为进一步做好地方文献工作，要编制馆藏地方文献书目、建立馆藏地方文献数据库、馆藏地方文献的采集、培训地方文献工作队伍。

程国华

1954 年 4 月生，山东禹城人，1978 年至 2014 年 4 月在馆，教育培训部主任，副研究馆员。

论文

01 试论目标管理在图书馆的运用 / 程国华 // 山东图书馆季刊 . -- 1997，no.4，90-92 页

目标管理也叫目标控制，是指按照科学化原则，对图书馆各项工作进行正常而有序的运转，在如何充分调动和发挥图书馆工作人员的能动性等方面发挥着巨大的作用。文章围绕图书馆实施目标管理需要把握的三个重要环节，即目标的制定、目标的实现和目标结果的检验等，做了深入的探讨。

02 略论图书馆专业队伍的整体素质与继续教育

参见　李宝玉论文 02

03　山东省图书馆：教育培训 / 程国华 // 山东图书馆季刊 . -- 1999，no.4，68–69 页

山东省图书馆的社会教育工作始于 20 世纪 50 年代，与北京大学图书馆学系联合，开始举办成人高等教育，此后成人教育虽断断续续，但一直在坚持。1997 年开始组建“教育培训部”，专司社会教育，工作内容主要包括：成人高等教育工作、各种形式各个层次非学历教育培训以及在职职工的教育培训等。

04　图书馆干部队伍整体素质再提高初探 / 程国华 // 山东图书馆季刊：山东省图书馆学会第六次科学讨论会获奖论文专集 . -- 1999，181–182 页

图书馆要适应为经济建设服务的要求，就必须抓紧时机进行自身的改革。文章论述了图书馆干部队伍在业务、思想素质方面存在的问题，提出了严把进人关、改革用人机制、抓好职工培训等解决办法。

姜　力

女，1959 年 11 月生，山东荣成人，1978 年至 2014 年 11 月在馆，馆员。

论文

01　对济南市由生育现代化向人口现代化迈进的分析和认识 / 张丽雯，姜力，张心侠 // 人口学刊 . -- 2001，no.6，47–49 页

人口现代化是生育现代化的更高层次，也是实现社会主义现代化的基础和前提条件。济南市已基本实现了生育现代化，具备了向人口现代化迈进的基本条件，但也存在一些弱点和难点，要实现人口现代化还必须从人口数量、质量、结构、分布、就业等多方面努力，促其实现。

02　加强电子阅览室建设　深化读者服务 / 姜力 // 网络时代图书馆工作与研究 / 王运堂主编 . -- 海口：南海出版公司，2003. -- 256–258 页

电子阅览室的服务是当前图书馆深化、拓展信息服务的一种手段，它能最大限度地利用多媒体文献，满足广大读者文献信息服务需求。电子阅览室服务将文字、图像、声音、影视等多种信息媒体融合为一体，使图书馆能以现代化的技术手段为读者提供文献信息服务。文章从电子阅览室在现代图书馆的定位、建立合理的规章制度、提高管理人员的素质及技能等方面，论述电子阅览室的建设和管理。

03　略论电子阅览室的利用率与综合效能的提升 / 姜力 // 山东经济战略研究 . -- 2007，no.7，58–59 页

随着网络技术的发展，社会的网络化和信息化进程加快，数字化信息资源大量涌现。公共图书馆电子阅览室已成为图书馆数字信息服务的一个重要窗口。文章通过对 2006 年 7—12 月五万余上机读者统计分析，在明确电子阅览室服务功能的基础上，认为提升电子阅览室的综合效能亟须解决的问题主要包括加强电子阅览室宣传服务及深入挖掘服务功能两大部分。

04　少年儿童与图书馆 / 姜力 // 图书馆用户服务研究 / 赵炳武主编 . -- 济南：山东省地图出版社，2007. -- 408–410 页

少儿图书馆是开展少年儿童素质教育的重要基地，文章从培养孩子的阅读兴趣、吸引儿童利用图书馆资源、培养少年儿童获取知识的能力、加强阅读指导提高少年儿童的人文素质和不定期对少年儿童开展心理咨询专题讲座及心理治疗活动等五个方面出发，论述了图书馆利用自身的优势，履行对少年儿童进行素质教育的职能。

05　云计算在图书馆建设中的应用与问题思考 / 姜力 // 新一代 . -- 2012，no.8，206–207 页

文章论述云计算技术在图书馆建设过程中的应用，认为应用技术是现代图书馆进一步发展的必然，图书馆需要思考如何运用云计算技术来调整服务，更有效的满足用户信息需求。文中详细论述了云计算技术应用于数据存储服务、数据的安全性保障、图书馆服务整合以及个人图书馆服务等方面的信息化建设。同时提出云计算在图书馆应用中需要思考的五个问题：信息系统的整体设计、云计算的标准和技术规范、用户数据隐私和对图书馆信息管理员的新要求。

06　云计算技术与图书馆系统信息化建设 / 姜力 // 华章 . -- 2012，no.31，309–310 页

云计算技术在图书馆信息服务中的应用是现代图书馆更进一步发展的必然，在图书馆建设中更是具有硬件投入成本低、人力资源简化、提高信息化服务水平、降低购买信息资源费用等优势。云计算主要应用于数据存储服务、数据安全性保障、信息资源广泛共享、图书馆服务整合和个人图书馆服务等方面，但同时也需要解决在应用时如整体设计、技术规范、数据隐私和资源版权等相关问题。

李爱珍

女，1941 年生，山东莱阳人，1978 年入馆，阅览部副主任。

论文

01　适应开创新局面需要　必须把读者工作做好 / 李爱珍 // 山东图书馆季刊 . -- 1983，no.1，6+9 页

读者工作是图书馆工作的前沿阵地，是社会主义精神文明的窗口。新时期对图书馆的读者服务工作提出了新的更高的要求。文章从不断加强思想政治工作、建立健全各种规章制度和必要的岗位责任以及加强业务训练等三个方面论述了如何做好读者服务工作。

孙守俭

1958 年 4 月生，山东临沂人，1978 年至 2018 年 4 月在馆，副研究馆员。

论文

01　“小金库”的危害及治理对策 / 孙守俭 // 现代会计 . -- 1996，no.5，27–28 页

“小金库”现象在企业几乎普遍存在，行政事业单位也不罕见。文章指出“小金库”的危害主要表现是：有的企业为偷税漏税，将应该依法纳税的经营收入，采取少入账或不入账的手段，转移到“小金库”里去，造成国家税金大量流失；有的行政事业单位为了隐瞒收入，将应上缴财政或列入预算内管理的各种收费，截留到“小金库”，致使国家大量应收税费流失，破坏了经济秩序，扰乱了正常的财政管理制度。

02　图书市场对图书馆藏书建设的影响及对策 / 孙守俭 // 山东图书馆季刊 . -- 1999，no.1，41–42 页

文章分析了图书市场对图书馆藏书建设的影响：一是重折扣，轻质量；二是图书采购人员的素质、经验不足；三是人情书关系书；四是馆长直接采购图书等。建议采取以下应对对策：重质量，轻折扣；选准图书采购人员；慎选进书渠道；加强对零购图书的管理；馆长不宜承担图书采购工作。同进指出应制定相应的措施和管理制度，使图书采购工作规范化、制度化。

03 试论图书采购的原则及方式 / 孙守俭，陈英 // 山东图书馆季刊 . -- 2000，no.3，22–23 页

文章认为，图书馆藏书是图书馆开展各项工作的物质基础，图书采购工作是影响图书馆藏书建设的关键环节，确定科学合理的采购原则，选择适合的购书方式，对保证馆藏质量，满足读者需求，均有着重要的积极意义。文中提出图书采购的三个原则，一是满足大多数读者的需求，对利用率或流通率高的图书适当加大复本量；二是重点选择优秀出版社的图书；三是根据媒体信息，结合读者借阅动态选购。还提出了图书采购有从出版社直接进书、现场批书和特价书补充馆藏三种方式。

04 浅议图书采购工作 / 孙守俭 // 山东图书馆季刊 . -- 2002，no.1，60–62 页

文章对图书采购工作中存在的集中采购、主观采购、重折扣轻质量等问题，进行了较为全面的分析，提出了制定规则、计划采购、面向读者、规范程序、规范图书采选等解决对策。

05 对县级公共图书馆现状的几点思考 / 孙守俭 // 书海泛舟——山东图书馆事业建设理论与实践 / 王运堂主编 . -- 海口：南海出版公司，2002. -- 63–67 页

县级图书馆是我国公共图书馆网的基础。文章从馆舍使用情况、经费使用效果、人员素质、馆藏文献质量、服务手段等方面对县级图书馆的现状进行了剖析。

06 关注图书市场　分析阅读倾向——浅议畅销书的热点转化及采选应注意的几个问题 / 孙守俭，叶蕊 // 山东图书馆季刊 . -- 2003，no.1，82–83 页

文章在对 2002 年度畅销书基本情况及社会发展变化对畅销书热点转化影响分析的基础上，提出了畅销书采选应注意的几个问题：一是把握读者阅览倾向、注意鉴别“跟风”图书；二是注意分析影视剧与图书的关系、处理好“名人”与图书质量。

07 浅议图书采购问题

参见　叶蕊论文 02

08　图书馆采购管理的几点思考

参见　叶蕊论文 05

09　试论应如何加强图书馆购书经费的管理 / 孙守俭，叶蕊 // 戏剧丛刊 . -- 2012，no.3，119-120 页

图书馆购书经费管理是否规范以及使用效益的高低，直接影响到图书馆的服务质量和服务水平，进而影响到读者的切身利益。文章就加强图书馆购书经费管理，提高经费使用效益，提出了自己独到的看法和见解。在购书经费一定的前提下，加强购书经费使用情况的监督和管理，合理制定购书计划，精心选择购书渠道等是提高图书馆购书经费使用效率的切实可行的有效方法。

10　图书馆图书招标采购应注意的几个问题 / 孙守俭 // 图书馆研究与工作 . -- 2017，no.1，77-79 页

图书招标采购能降低成本，提高购书费使用效益，有效遏制腐败行为。但对于在招标过程中低价中标、专家评标及入围供应商等方面存在的问题，应采取相应对策进行规范。

肖　秋

1958 年生，江苏丰县人，1978 年入馆，笔名鲁丘。

著作

01　历代诗人咏泰山 / 墨铸，肖秋选注 . -- 济南：山东人民出版社，1985. -- 152 页；19cm

本书共收历代诗人咏赞泰山诗歌 75 首，每首诗均注明时代、作者，诗后附作者介绍及诗文注释，可供读者通过诗歌欣赏泰山风貌，并为研究泰山文化提供参考。

论文

01　图书保护常识 / 肖秋 // 山东图书馆季刊 . -- 1985，no.4，73-75 页

文章阐述了温度、湿度、光、灰尘、污染气体、害虫、霉菌等七个方面对图书的危害，并提出应对措施，同时指出图书防火应注意的事项和如何处理被污染图书。

02 **略谈万历廿四年《兖州府志》/ 肖秋 // 山东图书馆季刊 . -- 1982，no.1，74-76 页**

明万历二十四年《兖州府志》是近年来国内发现的重要佚志。文章在对历代兖州志书及万历二十四年本考证分析的基础上，指出万历二十四年本的两大特点，一是完备的编修体例；二是丰富的地方文献内容。该志对于了解兖州地区经济、政治、文化诸方面的情况，具有重要的文献价值。

王晓鸣

女，曾用名王晓明。1957 年 8 月生，山东宁津人，1979 年至 2012 年 8 月在馆，副研究馆员。

论文

01 **跨世纪公共图书馆社会情报用户的需求与服务**

参见　韩淑举论文 10

02 **我馆特藏文献及其开发利用 / 王晓明 // 山东图书馆季刊：山东省图书馆学会第六次科学讨论会获奖论文专集 . -- 1999，138-140 页**

特藏文献是指在图书馆整个藏书体系中具有特殊价值和特殊地位，需要用特别的方法单独保存的文献资料。山东省图书馆划分特藏文献资料的依据主要是以时间作为限定，即 1949 年以前的中文文献资料，和部分新中国成立后出版的新印古籍、易经文献、齐鲁地方文献等。文章介绍了山东省图书馆特藏文献资料概况，总结介绍了特藏文献资料的开发与利用情况，并对今后特藏文献的开发利用提出了建议。

03 **谈谈版本图书的开发与利用 / 王晓明 // 山东图书馆季刊：山东省图书馆学会第八次科学讨论会获奖论文专集 . -- 2001，74-75 页**

版本图书是图书馆为了系统完整地保存文献典籍，从到馆的每一种图书资料中抽出一套单独保存的图书，原则上不提供借阅，以收藏保存为主。文章主要论述了版本图书的现状、开发利用的意义以及如何开发利用版本图书等方面的内容。

04 **浅谈《郡斋读书志》/ 王晓鸣 // 山东图书馆季刊 . -- 2001，no.2，47-48 页**

晁公武的《郡斋读书志》是我国第一部传世的私家藏书解题目录，其完整的书目结构体例和丰富翔实的解题文字，素为后世目录学家所推崇。文章对《郡斋读书志》版本演变过程、分类体系、体例结构、解题文字、目录学价值等做了较为详细探讨。

05 知识经济与图书馆 / 王晓明 // 书海泛舟——山东图书馆事业建设理论与实践 / 王运堂主编 . -- 海口：南海出版公司，2002. -- 99-103 页

知识经济时代的到来，对图书馆提出了严峻挑战，图书馆应发挥自身优势，通过加快现代化技术建设、充分利用馆藏文献、建立特色数据库、加强用户培训等途径，抓住契机，迎接挑战，适应社会发展需要。

06 地方文献工作之我见——从我馆组建地方文献专藏室谈起 / 王晓明 // 网络时代图书馆工作与研究 / 王运堂主编 . -- 海口：南海出版公司，2003. -- 655-659 页

文章认为地方文献是我国传统文化宝库中的珍贵财富，也是某一地域内自然现象、社会现象以及人们群体活动方式的记载。地方文献的积淀，不但全面系统、历史地记载反映了地方情况、地方特点，同时也反映了该区域的政治、经济、文化、地理、物产、民俗等知识特征。有组织、有计划、有目的地收集、整理、开发地方文献已成为图书馆界研究的重要课题。重点要从建立健全呈缴本为中心的各项征集和管理制度、注重多种学科的采集、编制馆藏地方文献目录、重点收藏、逐步建立数据库等方面，加强地方文献工作。

07 浅议图书馆立法 / 王晓明 // 图书馆管理与信息服务 / 王运堂主编 . -- 北京：北京图书馆出版社，2004. -- 1-5 页

图书馆立法是发展图书馆事业的根本保证，文章阐述了我国图书馆立法的必要性和迫切性，分析我国图书馆立法的基础，提出我国图书馆立法中应注意的经费、协调、法律责任等问题，同时提出了立法应遵循的原则。

赵　彬

1936 年生，山东济南市人，1979 年至 1996 年在馆，研究馆员。

著作

01　**实用英美报刊词汇 / 韩元盛，赵彬编译 . -- 济南：山东科学技术出版社，1989. -- 311 页；19cm**

本书根据苏联莫斯科军事出版社的《英美报刊最低限量词汇》编译而成，共收集英美主要报刊常用词汇 5500 余条，常用词组和习语近 2000 条，可供英语爱好者阅读英语报刊时使用。

论文

01　**书籍趣谈 / 赵彬 // 山东图书馆季刊 . -- 1982，no.1，87–88 页**

世界各国出版的书籍可谓是琳琅满目、丰富多彩、千姿百态。文章从一些有趣的角度列举几种书籍加以介绍，如能说会唱的书、立体面书、发香味的书、动物捉迷藏的书、能听到心脏跳动的书、能吃的报刊、带磁的书等。

02　**国外图书馆学、情报学重要期刊题录 / 赵彬，赵炳武编译；任宝祯校订 // 山东图书馆季刊 . -- 1983，no.1，83–95 页**

文章是从《国外图书馆、情报学机构出版物题录》中摘选编译的。原书稿辑录 869 种，现选录 106 种，供图书情报工作者参考。文章所收录各种期刊，以国际机构和国别分单元排列。每单元所列各刊再以汉语拼音字母顺序为次。每种期刊著录的项目有：期刊原名、译名、国际期刊代号、国内引进号、编辑出版者、创刊年、每期发行量、附注等，不详者暂缺。

03　**国外图书馆学工具书简介 / 赵彬编译 // 书刊资源利用 . -- 1983，no.3，50–54+34 页**

文章详细介绍了阿根廷、波兰、丹麦、德意志联邦共和国、德意志民主共和国、法国、加拿大、荷兰、捷克斯洛伐克、美国、英国、墨西哥、南斯拉夫、瑞典、苏联、土耳其、匈牙利等国家出版的 52 种图书馆学工具书。工具书的类型包括习册、辞典、百科全书等。

04　**国外筛选图书馆学、情报学核心期刊情况 / 赵彬 // 图书情报工作 . -- 1984，no.1，28–34 页**

自 19 世纪 70 年代美国、英国先后成立图书馆协会以后，许多国家也先后建立了图书馆协会组织，并各自出版了一些专业刊物，介绍各国图书馆的活动，报道各国图书馆的动向。世界上最早的一批图书馆学杂志，就是于此期间问世的。

05 苏联图书馆事业条例（摘要）/ 赵彬 // 山东图书馆季刊 . -- 1984，no.3，67–69 页

苏联图书馆已发展成为包括国家图书馆、各社会团体、社会组织图书馆在内的，为全国绝大多数居民服务的广阔的图书馆网。文章摘录的苏联图书馆事业条例主要包括：总则、统一系统、藏书组织与藏书保证、图书馆服务、物质技术保障与图书馆工作人员干部培养以及图书馆的国际交往等。

06 苏联新发表的列宁有关图书馆工作的文献 / 赵彬编译 // 山东图书馆季刊 . -- 1985，no.1，13–16 页

伟大的革命导师列宁对图书馆事业一贯非常重视。在苏联政治书籍出版社编辑出版的《列宁生平年表》第 11 卷、12 卷中收入了 1921 年至 1924 年间重要历史文献 7000 余件，其中有 70 件与图书馆工作和目录学有关，这些文献史料内容涉及图书馆藏书建设、图书馆目录学、图书馆藏书的利用以及发展不同类型图书馆事业等方面，并以许多历史事例反映了列宁作为一个模范读者遵守图书馆规章制度的事迹。

07 苏联有关中国问题的图书出版情况 / 赵彬 // 世界图书 . -- 1986，no.3，7–8 页

近年来，苏联的一些学术机构和汉学家加强了对中国问题的研究。据不完全统计，1982—1984 年苏联共出版研究中国的图书 100 多种，近 100 万册。涉及范围大致分为五个方面，文章对其中的中国史研究、专史、古典文学名著、汉语课本、会话读本、辞典工具书作了详细的介绍。

08 澳门图书馆观感 / 赵彬 // 山东图书馆季刊 . -- 1990，no.4，74–76 页

澳门自开埠至今已有 400 多年的历史，其文化具有“以中为主，中葡结合”的特点。澳门的图书馆主要有澳门中央图书馆、市政厅图书馆、何东图书馆、八角亭图书馆等。文中就这些图书馆的创建、组成、基础业务、馆藏等进行了详细的介绍。

09 缩微技术的发展及其在图书馆的应用 / 赵彬 // 山东图书馆季刊 . -- 1991，no.4，69–72 页

文章简述缩微技术发展经历的四个时期：缩微技术的产生、最初的产品及应用；

缩微技术应用的消极期；缩微技术应用的积极期；缩微技术应用的新时期。从中可以了解缩微技术发展与图书馆的关系。

10　澳门图书馆一瞥 / 赵彬 // 世界图书 . -- 1991，no.5，36–38 页

文章简要介绍了澳门中央图书馆、市政厅图书馆、何东图书馆、流动图书馆、八角亭图书馆的概况，并对其创建、组成、基础业务、馆藏等进行了较为详细的阐述。

傅景收

1963 年 4 月生，山东章丘人，1980 年入馆至今，馆员。

论文

01　浅谈绿色环保装修 / 傅景收，白兴勇 // 山东环境 . -- 2002，no.4，47–48 页

文章认为绿色环保装修是以自然、安全、美观、简捷、舒适和低耗为目标，进行的有利健康、有利环境、有利生态和适量点缀有益花卉的装修。文中指出要进行绿色装修，应注意室内装修的设计原则、设计方案、施工程序、装修材料的选择与室内空气质量检验等五个方面。同时，对装修污染超标后的措施及装修过程中存在的问题也提出了自己的看法。

刘　军

1964 年 5 月生，山东历城人，1980 年入馆至今，副研究馆员。

论文

01　利用原版工艺美术书刊开展深层次的信息服务——山东省图书馆馆藏国外原版书刊专题系列开发与利用 / 刘民，刘军 // 河南图书馆学刊 . -- 2014，no.9，78–80 页

文章详细介绍了山东省图书馆原版工艺美术画册藏书状况，对原版画册资料对读者需求的满足程度、利用效果和存在的问题等几方面做了剖析，并对原版工艺美术画册未来进一步开展深层次信息服务做了探究。

姚宗琴

女，1957 年生，江苏启东人，1980 年至 2012 年在馆，馆员。

论文

01 论数字图书馆的信息化建设 / 姚宗琴 // 文献信息的组织、管理和利用 / 赵炳武主编 . -- 济南：山东省地图出版社，2008. -- 411–413 页

文章重点阐述了图书馆信息化建设的内容和建设过程中应注意的问题。数字图书馆是图书馆发展的目标，图书馆信息化建设的主要目的之一就是实现信息资源共享，图书馆信息化建设的内容主要包括信息基础结构建设、信息资源建设、信息服务系统建设等几个方面。文中指出在公共图书馆信息化建设的基础上，必须考虑数字图书馆建设的整体规划，行业主管部门也应及时制订各类具体的业务规范和标准，还要抓好专业技术队伍培养和工作人员的培训工作。

刘海燕

女，1958 年生，山东沂水人，1981 年 4 月至 2013 年在馆，馆员。

论文

01 大型工具书《中国分类主题词表》简介

参见　万小华论文 01

陶嘉今

1963 年生，江苏徐州人，1981 年 4 月入馆至今，辅导部主任，山东省图书馆学会秘书长，研究馆员。

著作

01 李开先研究资料汇编

参见　徐泳著作 01

论文

01　浅析影响文献主题标引质量的若干因素 / 陶嘉今 // 山东图书馆季刊 . -- 1992，no.1，38–42 页

影响主题标引质量的因素有主观因素，也有客观因素。通过近年来的标引实践，作者认为主观因素主要有标引人员的素质、标引操作技术、标引工作的管理；客观因素主要有标引语言与标引工具的质量及选用、文献主题显现程度、检索形式等方面。其中，主观因素是影响主题标引质量的主要方面，客观因素只是在一定程度上影响主题标引质量，是次要方面。文中通过对影响文献主题标引质量的若干因素进行分析，旨在克服和消除不利因素，提高主题标引质量。

02　开发文献资源，用信息创效益：图书馆为经济建设服务的途径 / 陶嘉今，刘磊 // 山东图书馆季刊 . -- 1996，no.3，21–24 页

文章简要论述了图书馆利用文献资源服务经济建设的必要性，重点从信息服务要更新观念、经济建设需要信息服务、图书馆在获取和传播信息方面的优势、图书馆提供信息服务的方式和内容、图书馆是信息产业的主力军等五个方面，论述了图书馆服务经济建设的途径与方式。

03　农村图书馆建设及发展对策 / 陶嘉今 // 图书馆建设 . -- 1998，no.2，23–24 页

改革开放以来，尤其是党的十四届六中全会以后，我国农村图书馆建设蓬勃发展，繁荣了农村社会文化生活，促进了社会主义精神文明建设。文章结合山东省建设农村图书馆工作的实践，从农村图书馆建设基本概况、农村图书馆建设的基本经验、农村图书馆发展对策三个方面阐述了农村图书馆建设方法和发展。

04　山东现存最早的方志——《齐乘》

参见　徐泳论文 02

05　山东省地方文献工作之管见 / 陶嘉今，王彬 //21 世纪中国图书馆建设与发展 / 中国图书馆学会，中国图书馆学报编 . — 北京：北京图书馆出版社，2002. -- 1406–1407 页

文章总结了近几年来山东省地方文献工作的基本情况，简要介绍了“山东省地方文献开发与利用研讨会”的研讨内容，重点介绍了山东省公共图书馆的地方文献工作。

06　文献标引人员素质谈 / 陶嘉今，王玉梅 // 网络时代图书馆工作与研究 / 王运堂主编 . -- 海口：南海出版公司，2003. -- 109-113 页

标引工作是图书馆工作中十分重要的基础工作之一。文献标引包括主题标引和分类标引，是一项复杂的脑力劳动。标引结果包含着很高的智力成分，标引质量关系到一个图书馆的基础业务水平，也关系到一个图书馆的声誉。文中指出一个合格的文献标引员，应该具备政治理论素养、综合文化知识和图书馆学专业知识等方面的素质。

07　公共图书馆服务延伸新举措——兴办“网络展览”

参见　王玮论文 09

08　山东省公共图书馆发展十年：2001—2010 年

参见　李西宁论文 09

09　公共图书馆新馆建筑空间规划研究

参见　王彬论文 18

10　烟台开发区图书馆总分馆建设的实践与思考 / 李志勇，陶嘉今 // 山东图书馆学刊 . -- 2019，no.2，51-54 页

全面建成公共图书馆总分馆制是我省公共文化服务体系建设的重要任务。文章梳理了烟台开发区图书馆在总分馆制建设中的实践经验，归纳成四种做法，即财政投资单独管理、社会力量为主、两级投资协同管理、合作加盟，通过分析、总结这四种做法的优缺点，比较清晰地展示了不同分馆的类型和特色。

11　执古之道，以御今之有——从用典看习近平总书记执政为民理念

参见　杜云虹论文 21

杨向明

1958 年生，山东荣成人，1981 年 4 月至 2018 年在馆，研究馆员。

论文

01　**跟上时代发展　拓宽服务领域——试论现代图书馆课题信息服务**

参见　赵炳武论文 07

02　**STN International 检索及服务 / 杨向明，张秀梅，韩晶 // 图书情报工作．-- 2002，no.1，73–75+123 页**

文章详细介绍 STN 检索系统的三种检索方法、检索指令及其在国内的服务方式。

03　**我馆“满铁资料”研究整理工作——暨《日本侵华期间推行的驯化教育及其影响》课题研究 / 杨向明 // 中国近现代史史料学学会第二十一次学术年会：中国近现代史料专题研究 / 俞祖华，耿茂华，李绪堂主编．-- 北京：中国言实出版社，2014．-- 47–52 页**

“满铁资料”是日本侵华期间所形成的独特的资料信息库。它记录和反映了日本侵华时期中国各方面的情况。满铁资料分布广泛，内容无所不及。它是研究这个特定时期中国各地各类问题的重要的资料信息源。通过对“满铁资料”深入研究，使人们见证了历史的原貌，还原了中国当时发展的状况。

于　虎

1959 年生，山东莱州人，1981 年 4 月至 2019 年在馆，副研究馆员。

论文

01　**图书馆对外工作人员怎样适应现代技术**

参见　陈瑛论文 01

02　计算机在图书馆的应用及其对策

参见　肖军论文 02

张　伟

女，1966 年生，山东长清人，1981 年 8 月入馆至今，副研究馆员。

论文

01　浅谈如何利用信息资源为农业科技服务 / 张伟 // 山东图书馆季刊：山东省图书馆学会第六次科学讨论会获奖论文专集 . -- 1999，99-100 页

无论是农业发展的需要，还是信息时代的要求，都向文献工作者提出了如何利用信息资源为农业科技服务的重大课题。文章论述了图书馆农业信息资源的收集利用以及如何面向农业、农村和农民开展信息服务。

02　论知识经济时代的图书馆 / 张伟 // 书海泛舟——山东图书馆事业建设理论与实践 / 王运堂主编 . -- 海口：南海出版公司，2002. -- 147-151 页

文章介绍了知识经济的概念，阐述了知识经济时代图书馆的服务功能，提出提高图书馆员素质的措施。

03　如何提高图书馆的服务质量与人员素质 / 张伟 // 网络时代图书馆工作与研究 / 王运堂主编 . -- 海口：南海出版公司，2003. -- 278-281 页

图书馆作为社会教育机构、文献信息中心，其性质与服务决定着它以服务社会、服务读者为根本宗旨。它的基本职能就是直接或间接地满足读者需求，图书馆各项工作的出发点和归宿都立足于服务。文章论述了提高图书馆服务质量的必要性，提出了提高图书馆的服务质量和提高人员素质的诸多举措。

于　青

女，1963 年生，山东文登人，1981 年 10 月入馆至今，研究馆员。

著作

01　**烽火印记：山东抗战新闻通讯集 / 于青主编；山东省图书馆编 // 北京：中国文史出版社，2019. -- 248 页；22cm**

本书收录了 1937—1945 年《大众日报》所载有关山东根据地的抗战新闻和通讯 80 篇。全书按新闻和通讯报道，分为“疆场报道”“英模侧记”“民众风采”三部分，各部分以行政区划、人物、群体进行归类。“疆场报道”依山东抗日根据地的鲁南、鲁中、滨海、胶东、渤海五个行政区列序，同一行政区下按发表时间先后顺序排列；“英模侧记”依人物列序，同一人物下按发表时间先后顺序排列；“民众风采”依群体列序，同一群体下按发表时间先后顺序排列。

论文

01　**山东省图书馆参考咨询工作简述与展望 / 于青 // 山东图书馆学刊 . -- 2009，no.1，37-39 页**

文章介绍了山东省图书馆参考咨询工作机构沿变及工作开展情况。最初负责参考咨询工作的部门称书目参考部，成立于 1958 年，“文革”期间被撤销，1979 年恢复设置，2001 年更名为参考咨询部并沿用至今。文中重点总结梳理了近年来山东省图书馆参考咨询服务工作的成果及取得的良好社会效益。

02　**关于馆际互借服务可持续发展的分析与建议 / 于青 // 黑龙江史志 . -- 2014，no.17，246-248 页**

随着社会的发展和经济的进步，我国的信息技术得到了蓬勃的发展，在网络的不断普及以及信息技术的不断更新的背景下，“馆际互借服务”的理念以及运营的模式也发生了很大的改变。以往馆际互借通常都是以实体文献作为主要的文献提供类型，现在则多提供数字文献。实体文献通常是采用返还的方式来进行服务，被称为是“馆际互借”；而数字化的文献一般都是采取非返还的方式进行的服务，被称为是“文献传递”。文章主要对馆际互借服务的基本概念、发展现状进行分析论述，结合工作实践总结影响馆际互借服务开展的诸多问题，并提出了解决对策，最后对馆际互借服务提出了针对性的建议。

03　2013 年国内公共图书馆微博统计分析 / 于青 // 山东图书馆学刊 . -- 2014，no.3，88–91 页

微博作为新兴的信息发布平台，是图书馆服务读者的新窗口。文章对国内 50 个公共图书馆官方微博数据进行统计，并以此为据分析我国 2013 年公共图书馆微博运作中出现的问题，对我国公共图书馆微博服务提出建议。

04　山东省图书馆信息服务联盟建设的探讨 / 钱茜，于青 // 科技情报开发与经济 . -- 2014，v.24，no.14，128–130+149 页

文章阐述了我国区域图书馆信息服务联盟建设中存在的问题，介绍了山东地区信息服务合作的概况，提出了构建山东省图书馆信息服务联盟体系的设想及完善山东省图书馆信息服务联盟的对策。

05　山东图书馆信息服务联盟建设研究 / 于青 // 山东图书馆学刊：2014 年“服务均等化 · 图书馆变革与创新”专辑 . -- 2014，57–59 页

随着我国社会文化水平的不断提升，传统的图书馆已经无法满足百姓的日常文化需求。为了应对这种变化，图书馆信息服务联盟被认为是解决问题的方法并开始投入建设。区域图书馆联盟作为图书馆未来发展的基本模式，对于推动信息服务均等化有着重要作用。笔者结合实践工作经验，对跨系统图书馆联盟建设的相关内容进行了探讨。

06　公共图书馆对弱势群体知识援助的理论与方法 / 于青 // 吉林广播电视大学学报 . -- 2015，no.2，101–102 页

文章认为公共图书馆是维护人民获取知识自由权利的重要公共事业，对于弱势群体的知识援助，是公共图书馆义不容辞的责任。作为信息时代重要的信息交流中心，公共图书馆作为弱势群体奋斗自强的“加油站”，应当不遗余力地帮助弱势群体，对弱势群体实施知识援助，促进我国图书馆事业更加开放、平等、高效。文章从公共图书馆对弱势群体知识援助的理论依据、公共图书馆对弱势群体知识援助的必要性、公共图书馆对弱势群体知识援助的特点三个方面加以论述。

刘 勇

1959 年生，山东济宁人，1981 年 12 月至 2018 年在馆，副研究馆员。

论文

01 关于提高公共图书馆地位的几点思考 / 刘勇，冯大庆 // 图书馆管理与信息服务 / 王运堂主编 . -- 北京：北京图书馆出版社，2004. -- 139–142 页

提高公共图书馆的地位，政府的重视和加大投资力度是一个方面，更重要的是图书馆自身的努力。文章从充分发挥公共图书馆独特的社会教育职能出发，提出应从加强图书馆在经济建设中提供高层次信息咨询服务能力、在公共图书馆中营造浓郁的学术氛围、提高科研能力赢得学术界认可等方面，提高公共图书馆的社会地位。

02 有关公共图书馆为老年读者服务的思考 / 刘勇 // 科技经济导刊 . -- 2017，no.2，200+199 页

随着社会的发展，我国老年人人口逐渐增多，老年人已成为社会一个不可忽视的一个群体。公共图书馆作为老年读者主要的活动场所，应该为老年读者提供优质的服务，让老年读者有一个温馨的读书氛围，为老年读者提供精神食粮。重点分析了老年读者的阅读特点，提出应根据老年人特点，制定相应的措施，为老年读者提供有针对性地服务。

03 浅论"双创"背景下的图书馆员继续教育工作 / 刘勇 // 中国成人教育 . -- 2017，no.12，121–123 页

"双创"是李克强总理在 2014 年 9 月的夏季达沃斯论坛上公开发出的"大众创业、万众创新"号召，旨在引导社会大众在创造财富的过程中，同时注重实现自身的精神价值。"双创"背景下，公共图书馆的建设与发展也需要适应新的社会形势的需求。图书馆员是图书馆工作的核心人员，其自身素质对公共图书馆各项业务的开展有着深刻的影响。文章对"双创"背景下图书馆员的继续教育工作进行了探讨，认为对图书馆员进行继续教育，强化图书馆员的知识结构和业务素质，对于充分发挥公共图书馆的社会效能会起到重要作用。

04 **公共图书馆阅读推广与中国传统文化传承创新 / 刘勇 // 人文天下 . -- 2017，no.14，46-50 页**

在传承中国传统文化中，公共图书馆应发挥自身优势作用，整合资源，提高服务水平，引导社会公众开展全民阅读，传承经典。文章就公共图书馆阅读推广与中国传统文化传承创新情况进行阐述与探讨，将现代技术与中国传统文化相结合，在公共图书馆的阅读推广工作中传承创新中国传统文化，使中国传统文化能够在新时期继续发扬光大。

05 **双创背景下的图书馆员继续教育工作 / 刘勇 // 山东图书馆学刊：2017 年“技术发展与社会服务——前行中的图书馆”专辑 . -- 2017，233-235 页**

文章指出“双创”背景下公共图书馆的建设与发展需要进一步推进，图书馆员作为图书馆工作开展的核心环节，其素质将对公共图书馆各项工作的开展产生极为重要的影响。文中围绕“双创”背景下的图书馆员继续教育工作进行阐述与分析，认为图书馆员的继续教育对于公共图书馆社会效能的发挥起到极为重要的作用，必须强化图书馆员的知识结构，强化馆员的业务素质，使公共图书馆的社会职能得到充分发挥。

孙爱秀

女，1963 年生，山东青州人，1981 年 12 月入馆至今，副研究馆员。

著作

01 **图书馆管理与信息应用 / 孙爱秀著 . -- 沈阳：沈阳出版社，2019. -- 115 页；26cm**

本书全面系统地介绍了图书馆的综合管理过程，分为三个部分。第一部分是图书馆的概念、特点、作用，第二部分是图书馆信息资源的收集、整理、鉴定、保管、统计、开发利用，第三部分是图书馆的信息化管理。全书立足于图书馆管理实践工作，通俗易懂，可操作性强。本书结合网络环境和新媒体环境，对网络信息检索技术做了系统讲解，对中外网络文献资源和特种文献网络资源进行了较为全面的介绍。

论文

01　**对于改名期刊著录的处理方法 / 孙爱秀 // 山东图书馆季刊 . -- 1994，no.3，33–34 页**

期刊在出版发行过程中，因各种原因，会发生各种各样的变化。其中，期刊刊名的变化将直接影响着期刊的管理和利用，因此，期刊刊名的变化必然在期刊著录中反映出来，对改名期刊做出统一的处理，有助于馆藏期刊的利用，有助于期刊著录的统一管理。作者认为集中著录的方式不利于期刊文献的管理和利用，对改名期刊不宜做集中处理，而应根据期刊文献的特点，采用更符合期刊文献管理和利用的分段著录处理方法。分段著录的方法是按期刊变化前后的不同刊名分别著录，能够克服集中著录的缺点，直接反映馆藏，便于读者利用。图书馆期刊工作者都应齐心协力使馆藏期刊向着科学化、规范化、标准化方向发展，使馆藏期刊文献发挥更大的作用。

02　**图书馆书评工作探析 / 孙爱秀 // 山东图书馆季刊 . -- 1998，no.4，49–51 页**

书评工作与图书馆工作是相辅相成的。图书馆应充分挖掘书评工作的潜能，在理论上和实践上进行深入研究，把书评当成课题给予充分重视。文章重点从图书馆书评工作概况、图书馆书评存在的问题、加强图书馆书评工作的建议、加强书评理论研究四方面加以阐述。

03　**电子期刊的发展对图书馆期刊工作的影响 / 孙爱秀 // 山东图书馆季刊 . -- 1999，no.3，41–42 页**

信息技术的发展、电子出版物的崛起，改变了传统的以纸张为媒介的信息传播方式。越来越多的期刊以电子载体的形式出现，使图书馆在期刊文献的收藏、管理、服务内容及方式上都受到了很大影响。文章从电子期刊概况、电子期刊对图书馆工作的影响、电子期刊对读者的影响、图书馆的对策四方面分析探讨，提出在知识经济时代，随着电子期刊大量涌现，软件技术的应用、文献检索、信息资源的开发利用，图书馆应加强高素质、多层次的馆员队伍培养，重点培养一批既懂图书情报专业知识，又懂现代电子技术，兼具其他科学专业技术的多面手。

04　**面向精神文化建设的图书馆阅读推广服务体系研究 / 孙爱秀 // 河南图书馆学刊 . -- 2017，v.37，no.7，10–11+29 页**

文章介绍了面向精神文化建设的图书馆阅读推广的主要背景，分析了精神文化建设与图书馆阅读推广二者之间的关系，阐述了当前国外图书馆在加强精神文化建设方面的阅读推广实践，最后提出了面向精神文化建设的图书馆阅读推广服务创新路径。

王　淦

女，1959 年生，山东泰安人，1981 年 12 月至 2014 年在馆，馆员。

论文

01　**知识经济时代图书馆的人才管理创新 / 王淦 // 山东商业职业技术学院学报 . -- 2007，no.5，100–102 页**

知识经济时代图书馆的地位更加重要，其对图书馆员也提出了新的要求，搞好图书馆的人才管理创新势在必行。文章分析了图书馆在知识经济时代的地位与作用，阐述了人才的重要性，提出了进行人才资源管理创新的具体建议。

02　**图书馆老年服务工作之我见 / 王淦 // 图书馆用户服务研究 / 赵炳武主编 . -- 济南：山东省地图出版社，2007. -- 29–33 页**

图书馆是面向社会大众提供精神文化产品、娱乐消遣和信息服务的重要阵地，面对日益庞大的老年读者群体，如何做好老年读者的服务创新工作，丰富老年人的精神文化生活，提高老年人的生活质量，发挥图书馆的特有作用，是当前图书馆工作者面临的一项新课题。作者认为图书馆应肩负新的历史使命，进一步转变观念，调整工作思路，体现人文关怀，重视特殊群体，大力开展服务创新，全方位地加强老年群体服务工作。

周　兵

1960 年生，山东烟台人，1981 年 12 月入馆至今，研究馆员。

著作

01　**山东省图书馆藏古籍缩微文献举要 / 周兵著 . -- 北京：学苑出版社，2017. -- 25，329 页；21cm**

本书旨在为古籍缩微文献编写详细的书志，举凡书名之著录、卷数之大略、作者之时代及行历，版刻之先后，题跋之内容等，尽量详录而不遗，真实反映这类文献的客观形态和主要内容。

论文

01　**加强图书馆科学管理发挥图书馆功能作用 / 史建强，周兵 // 书海泛舟——山东图书馆事业建设理论与实践 / 王运堂主编 . -- 海口：南海出版公司，2002. -- 525-529 页**

图书馆的管理模式和运行方式影响着图书馆事业的发展。文章从转变观念、适应市场经济需求，改进机制管理、培养馆员奋斗精神，改进内部管理、做好读者服务工作等三个方面，探讨如何加强图书馆的科学管理，充分发挥图书馆功能作用。

02　**图书馆现代化建设的思考 / 周兵 // 图书馆学刊 . -- 2003，no.S1，56 页**

文章认为随着计算机的普及应用、电子出版物的诞生发展、数据库和网上信息的日益发展，图书馆的现代化建设已经在全国各地迅速展开。图书馆如何进行现代化建设，如何更好地服务于社会经济、文化、政治的发展，已成为图书馆工作者亟待探讨的课题。文章提出建设现代化的图书馆必须首先更新观念，把网络建设作为图书馆现代化的核心，发展基础设施，要适应现代科技发展，强化基础工作，实现标准化管理，要培养高素质人才，把存贮、整理、提供信息服务的职能发挥出来，更好地为社会经济、文化的发展提供优质服务。

03　**试论 21 世纪缩微技术的再发展 / 周兵 // 网络时代图书馆工作与研究 / 王运堂主编 . -- 海口：南海出版公司，2003. -- 687-690 页**

文章认为缩微制品为当今传播文献的一种特殊的信息载体，是高科技发展的结晶，它可以再现原著风采，便于长期保存。迈向 21 世纪，缩微技术必须与现代高科技技术相结合。作者结合山东省图书馆缩微服务工作，提出走信息建设多元化道路，与其他技术取长补短共同发展，才能够继续发展下去。

04　**缩微技术在图书馆现代化建设中的应用 / 周兵 // 图书馆信息资源建设与利用 / 王运堂主编 . -- 北京：中国文联出版社，2005. -- 629-632 页**

文章认为缩微技术是信息处理和信息存储的重要技术之一，是采用感光摄影原理，对文献信息资料进行全文真迹存贮的技术，是集光学、机械电子、化学、计算机于一体的高技术行业。文章重点论述了缩微技术在图书馆的应用现状分析和发展前景。

庞　燕

女，1964 年生，山东曹县人，1982 年 3 月入馆至今，副研究馆员。

论文

01　海岱此书先　齐鲁文化长——读郭墨兰新著《齐鲁文化》

参见　贾贵荣论文 07

02　调整藏书结构　提高办馆效益 / 庞燕 // 江苏图书馆学报 . -- 1999，no.5，58 页

文章认为社会主义市场经济的确立，为我国图书馆事业提供了空前的发展机遇，同时也使我国各类型图书馆，尤其是公共图书馆面临着严峻的挑战。图书馆只有充分利用馆藏，努力调整藏书结构，拓宽服务领域，最大限度地利用馆藏，提高办馆效益，充分满足人民群众迫切的文献需求，才能在信息产业中占据应有的地位，而不至于在市场经济激烈而无情的竞争中被淘汰出局。

03　论素质教育与少儿图书馆建设 / 庞燕 // 山东图书馆季刊：山东省图书馆学会第六次科学讨论会获奖论文专集 . -- 1999，44-45 页

文章主要论述了如何按照素质教育的要求建设少儿图书馆。认为少儿图书馆不仅应为孩子们提供一个借阅图书的场所，更应该在保留以往的传统服务功能的基础上拓宽思维视野，按照高标准的要求，建设全方位、立体层次的现代少儿图书馆。

04　图书馆为老年读者服务的几点设想 / 庞燕 // 图书馆管理与信息服务 / 王运堂主编 . -- 北京：北京图书馆出版社，2004. -- 500-503 页

中国已进入老年社会，满足老年读者的精神文化需求是图书馆义不容辞的社会责任，文章从书刊资源的收集提供、借阅环境物质准备及服务方式服务内容多样化等方面提出了建议。

李福贵

1947年生，山东昌邑人，1982年8月至2007年在馆，曾任研究辅导部和学刊编辑部主任，研究馆员。

论文

01　山东省文献资源调查分析报告

参见　任宝祯论文08

02　再谈书卡改编的新方法——目录合并法 / 李福贵，于学华 // 图书情报知识 . -- 1994，no.2，46–48页

伴随着《中图法》第三版的问世，寻求省时省力的最佳书卡改编法便成为众望所归。作者曾在山东图书馆季刊1990年第2期上，发表了《关于书卡改编新方案的探讨》一文，提出了改目不改书的新方案——“目录合并法”。此法不必对旧目录卡一一加上新分类号，而是直接将其从目录盒位提出，合并到《中图法》三版相同类名的类号之后即可。这样，在不改书的前提下，又省了改卡，使改编工作变得简便易行。

03　弘扬职业精神　恪守职业道德——《中国图书馆员职业道德准则》读后

参见　韩淑举论文26

李秋丽

女，1954年生，山东菏泽人，1982年8月至2009年在馆，副研究馆员。

论文

01　我馆期刊数据库建设 / 李秋丽 // 山东图书馆季刊：山东省图书馆学会第六次科学讨论会获奖论文专集 . -- 1999，155–156页

文章指出文化部发布CNMARC作为文化行业的标准，是我国目录史上一次划时代的变革，规范了中国图书馆自动化的建设和发展，以逐步达到与国际机读目录接轨的标准。文章重点探讨了山东省图书馆期刊在书目数字化过程中遇到的问题及解决这些问题的方法。

02　拓宽读者服务渠道　充分开发利用馆藏音像资料

参见　孙延清论文 03

03　现代图书馆漫谈 / 李秋丽 // 山东图书馆季刊：山东省图书馆学会第八次科学讨论会获奖论文专集 . -- 2001，210-211 页

文章论述了现代图书馆的特征、现代图书馆与电子出版物、图书馆与计算机网络系统，指出现代图书馆继承了传统图书馆的优点，摒弃了其不足的地方，在资源共享、馆藏建设及管理现代化等方面实现了新的变革。

04　音像资料的管理与利用 / 李秋丽 // 书海泛舟——山东图书馆事业建设理论与实践 / 王运堂主编 . -- 海口：南海出版公司，2002. -- 493-498 页

文章分析了音像资料的特点、类型和作用，在山东省图书馆工作实践基础上，探讨音像资料的收集和管理问题。

王作义

1946 年生，山东青州人，1982 年 8 月至 2006 年在馆，馆员。

论文

01　如何发挥图书馆的信息服务功能 / 王作义 // 书海泛舟——山东图书馆事业建设理论与实践 / 王运堂主编 . -- 海口：南海出版公司，2002. -- 249-252 页

现代图书馆的信息环境使得图书馆用户信息行为的研究具有普遍的意义，文章对图书馆不同类型用户信息需求进行了研究分析，提出扩大服务范围、多渠道多方式开展信息服务的建议。

02　图书馆在精神文明建设中如何发挥职能作用 / 王作义 // 网络时代图书馆工作与研究 / 王运堂主编 . -- 海口：南海出版公司，2003. -- 105-108 页

文章认为社会主义的图书馆事业，既是文化建设的重要组成部分，也是帮助人民进行思想建设、帮助培养社会主义新人的重要力量。图书馆是社会主义精神文明建设的重要内容和标志，文章围绕图书馆工作在精神文明建设中的作用、为科研部门和科技人员实现创新提供条件、重点抓青年的读书活动等方面，论述了图书馆在精神文明建设中发挥的积极作用。

张 源

1956年生，山东邹平人，1982年10月至2016年在馆，副研究馆员。

论文

01 报刊工作四十年 / 张源 // 山东图书馆季刊 . -- 1989，no.4，59–62 页

济南于1948年解放，各项文化事业亟待恢复和发展。1949年3月，经过战火洗礼的山东省图书馆，抹去窗棂上的烟尘，揩去书库内的血迹，进行了数月的整顿，向社会开放。阅报室就是最初开放的四个阅览室之一。这标志着本馆四十年报刊工作的开始。四十年来，许多同志在报刊工作这一平凡的岗位上默默地工作，辛勤地耕耘，献出了青春年华。正是他们那种兢兢业业、孜孜不倦的努力，才使得报刊工作有了长足的发展。总结过去可以砥砺来兹，回顾四十年本馆报刊工作发展的历史，能够使人们从中吸取很多有益的经验，更好地开拓我们的事业。

孙延清

女，1964年生，山东临朐人，1982年12月入馆至今，研究馆员。

著作

01 战歌嘹亮：山东抗战诗歌集 / 孙延清主编；山东省图书馆编 . -- 北京：中国文史出版社，2019. -- 153 页；22cm

《山东抗战诗歌集》的编纂出版，既是向纪念抗战胜利呈上的一份礼物，同时也是对馆藏抗战时期文献的整理利用。由于抗战时期的文献距今年代较久，保存条件有待完善，有些文献已破损残缺，将之分门别类地整理，难度较大。全书收录的诗歌源自山东省图书馆馆藏，一是山东省图书馆馆藏抗战时期山东革命根据地出版的图书、期刊、报纸等纸制文献中刊发的诗歌，二是馆藏缩微胶片中山东抗日根据地出版物刊发的抗战诗歌。主要有《大众报》《大众日报》《群众报》《前线报》《华北新闻》《东海日报》《济南光华报》《群力报》《战友报》《战士》《民兵》《山东文化》《胶东大众》等十余种报纸、期刊，共集得抗战诗歌二百余首，该书从中精选一百五十余首结集出版。

论文

01　光盘种类与格式的标准化 / 孙延清，杨钢 // 标准 · 计量 · 质量 . -- 1999，no.6，30 页

文章概述了光盘标准化的内容，即光盘的技术标准和管理标准，并对光盘的种类和类型以及标准格式等方面进行了详细介绍。

02　多媒体技术对图书馆的影响 / 孙延清 // 山东图书馆季刊：山东省图书馆学会第六次科学讨论会获奖论文专集 . -- 1999，216–218 页

多媒体技术广泛应用于社会各个领域，对图书馆的发展提出了新的和更高的要求。文章论述了多媒体技术及其特点，多媒体——光盘出版物、多媒体技术对图书馆的影响，多媒体技术在图书馆的应用等内容。

03　拓宽读者服务渠道　充分开发利用馆藏音像资料 / 孙延清，杨钢，李秋丽 // 山东图书馆季刊 . -- 2000，no.3，40–41 页

随着现代科学技术的发展，图书馆的各项业务和服务工作正在发生着重大的变化，管理手段实现自动化，文献载体趋向多样化，服务手段也更加深入化和专业化。在图书馆文献资源结构中，以光盘和磁带为载体的音像资料的比例不断增大，已成为图书馆馆藏的重要组成部分。如何充分发挥这部分资源的应有作用，更好地满足广大读者的需求，已是亟须认真探索和研究的课题。文章结合山东省图书馆的实际情况和工作实践，对上述问题进行初步的探讨。

04　论 21 世纪公共图书馆的服务理念和目标 / 孙延清 //21 世纪中国图书馆建设与发展 / 中国图书馆学会，中国图书馆学报编 . -- 北京：北京图书馆出版社，2002. -- 1157–1159 页

文章根据中外公共图书馆的发展与沿革，以及 21 世纪公共图书馆发展的趋势与特点，论述了公共图书馆读者服务应牢固树立“以人为本　读者第一”的服务理念，以及开展优质文明服务、创建精品服务窗口的服务目标。

05　东昌望族之杨氏海源阁藏书楼 / 孙延清 // 齐鲁文史 . -- 2007，no.1，22 页

海源阁以其藏书之宏富、版本之精善驰名中外，文章概述了书香门第杨氏家族和海源阁宏富如海、版本精善的藏书，以及海源阁杨氏藏书的发展、后期藏书的散落和海源阁幸存藏书的美好结局。

06　“词山曲海”万卷楼 / 孙延清 // 齐鲁文史 . -- 2007，no.4，34 页

李开先是明代著名的文学家和戏曲家，还是当时闻名天下的藏书家。文章介绍了李开先万卷楼藏书的范围和特点，以收藏戏曲和散曲为多的万卷楼，有着“词山曲海”的美誉，其中的旧藏已成为祖国文化遗产中不可多得的珍品。

07　山东历史上著名的书院 / 孙延清 // 山东师范大学学报 . -- 2007，no.6，134 页

书院是中国古代一种独特的教育机构，对我国古代文化教育、学术思想发展产生过巨大的影响。文章依循历史的脉络，对山东古代著名的书院进行系统的介绍，对人们了解山东历史上书院的兴起、发展和衰落具有较大价值。

08　周永年与“儒藏说”/ 孙延清 // 春秋 . -- 2007，no.6，33–35 页

周永年是我国清代乾隆时期著名学者，杰出的藏书家、校勘学家和目录学家。乾隆三十六年（1771）中进士，在京任官，与著名学者朱筠、纪昀、李文藻、刘统勋相交游，以博学贯通受到推崇。乾隆四十年（1775）经刘统勋推荐，任翰林院编修、文渊阁校理，协助纪昀编纂《四库全书》。文章从周永年与水西书屋、“儒藏说”源流及其内容概要、借书园——“儒藏说”的具体实践、“儒藏说”对纂修《四库全书》的影响四个方面加以阐述。

09　山东省图书馆地方文献资料中心的建设与发展 / 孙延清 //21 世纪地方文献工作发展研究论文选 / 湖南省图书馆，中国图书馆学会地方文献研究专业委员会编 . -- 长沙：湖南人民出版社，2007. -- 146 页

文章从山东省地方文献资料中心成立的背景、任务及发展方向，分析了中心的成立和建设对山东地区文化发展的积极意义，概述了地方文献资料中心的特色化资源建设和深层次开发利用，提出今后的发展思路，为中心的建设和发展提供了可行性参考。

10　**山东省图书馆读者服务工作的拓展与创新 / 孙延清，朱莉 // 山东图书馆学刊 . -- 2009，no.1，34-36 页**

服务是图书馆工作的主要职责，是图书馆工作的核心和最重要的环节。图书馆工作的实质就是读者服务，即以读者为中心，围绕读者对文献信息的需求开展工作。山东省图书馆是一个综合性省级图书馆，也是山东省文献信息检索中心，具有百年的历史，藏书 600 多万册。2000 年以来，山东省图书馆全面推行公共图书馆开放式服务，以服务大众的文化需求为己任，坚持“以人为本、读者第一”的服务理念，充分开发利用馆藏资源，拓展读者服务新领域，树立读者服务品牌，以良好的服务效果和工作业绩，受到社会各界的好评。文章从坚持“以人为本、读者第一”的服务理念，拓展读者服务领域；创新服务方式，强化品牌意识；打造读者活动精品三方面加以阐述。

11　**山东民间讲唱之聊斋俚曲 / 孙延清 // 齐鲁文史 . -- 2012，no.4，39-40 页**

“俚曲”，本意指广为乡下民间流传的通俗小曲、小调，是经过艺术化加工的一种民间讲唱文学。聊斋俚曲，是清初山东淄川文学家蒲松龄，采用当时流行的时调俗曲做曲牌，用白话及淄川一带的方言俚语创作的一种“有人物、有故事情节、有说有唱、散韵交织”的民间讲唱长篇叙事的说唱艺术。因蒲松龄斋名为“聊斋”，所以称为聊斋俚曲，也有人称“蒲松龄俚曲”。

田　蕊

女，1963 年生，山东菏泽人，1982 年 12 月至 2006 年在馆，馆员。

论文

01　**知识经济环境下图书馆发展散论 / 田蕊 // 山东图书馆季刊：山东省图书馆学会第八次科学讨论会获奖论文专集 . -- 2001，30-31 页**

文章认为图书馆作为知识生产、知识传播和知识利用这一知识创新体系中的重要组成部分，无疑在知识经济时代有着举足轻重的地位和无可替代的作用。图书馆的管理思想、服务观念正面临着前所未有的大挑战。图书馆只有进一步调整自身的运作机制、馆藏结构和服务模式，才能适应知识经济时代大变革的要求。文章重点从探索新的运作机制、加强网络化建设、全面提高人员素质、转变文献信息资源开发的模式与机制、改革管理体制等五个方面论述图书馆的创新发展。

02　**人本管理理论及其在图书馆的应用 / 田蕊 // 网络时代图书馆工作与研究 / 王运堂主编 . -- 海口：南海出版公司，2003. -- 473–475 页**

文章认为对图书馆的评价中，科学的管理和优质的服务是关键，是各个图书馆之间区别所在；而管理和服务都需要人的参与。因此从某种意义来说，现代图书馆工作的实质就是图书馆服务的“人化”，也就是“以人为本”的管理服务。重点论述了人本管理的内涵、现代图书馆与人本管理、图书馆人本管理等方面的问题。

徐明兆

1955 年生，山东胶县（今山东胶州）人，1982 年至 1999 年在馆，副研究馆员。

著作

01　**三国一百零八位大名人 / 张书学主编；徐明兆，周玉山，李勇慧，贾桂荣，李西宁，郑敏编著 . -- 济南：山东大学出版社，1994. -- 349 页；19cm**

本书用通俗的语言文字描述了《三国演义》中 108 位名人的人物形象。

论文

01　**关于《山东创建图书馆记》/ 徐明兆 // 山东图书馆季刊 . -- 1984，no.1，54–55 页**

清朝末期的中国，社会变革加剧，在有识之士的推动下，清政府“以保国粹，造就通才”，在全国各省遍设图书馆。山东提学使罗正钧向巡抚袁树勋提出了创建图书馆的设想。袁树勋于宣统元年（1909）正月十三日向宣统皇帝上了“奏山东省创设图书馆并附设金石保存所以开民智而保国粹折”，在奏折中，他不仅说明了设立图书馆的必要性，而且就馆址的选择、建筑的式样、工费的来源一一提出了意见。为了纪念图书馆的落成，罗正钧请社会名流孙葆田为之作记，孙葆田应命撰写了《山东创建图书馆记》，记述了山东图书馆创建前后经过，由姚柳屏手书，立碑纪念。该碑现存山东省图书馆。文章作者主要介绍了《山东创建图书馆记》（以下称孙葆田文）内容，对其进行了客观评价。孙葆田的文章是研究我国近代图书馆事业发展史，尤其是山东近代图书馆事业的珍贵史料，我们可以从中窥见清末要求改革的呼声是多么强烈且不可抗拒，它也是研究中国近代史的宝贵资料。至于孙葆田文中宣扬清政府关心文化事业的溢美之词，当应属批判之列。

02　书藏奎虚富　业继海源裔——古籍工作八十年之回顾 / 徐明兆 // 山东图书馆季刊 . -- 1989，no.4，45–49 页

文章为庆祝山东省图书馆建馆八十周年而作。山东乃圣人桑梓之邦，为我国数千年文明所自出，经师之传注，衣被士林，金石之留遗，甲于寰宇。所以，山东省图书馆自建馆之初就确立了“首储四部之善本，兼收列国之宝书”的藏书原则。八十年间，经过几代人的努力，山东省图书馆的藏书已蔚为大观，其中古籍藏书更以数量宏富、质量精良及其独具的特色而著称于世。

03　许鸿磐和他的《方舆考证》/ 徐明兆，周玉山 // 山东图书馆季刊 . -- 1990，no.2，60–63 页

《方舆考证》是清道光年间成书的继顾祖禹《读史方舆纪要》之后的又一部全国性的历史军事地理巨著。全书 100 卷，洋洋 380 万字，考据精详，内容博赡，倾作者许鸿磐一生之精力所成。他的成就足可以与顾炎武、顾祖禹、胡渭等人“揖让上下”。书成之后长期以稿本形式流传，直到民国年间才有完整的刻本。可是，这样一部有价值的著作却长期在故纸堆蒙尘沉睡，因之有必要将它介绍给学术界，以使人们认识其价值，加以研究和利用。

04　到中流击水:《季刊》改革之断想 / 徐明兆 // 山东图书馆季刊 . -- 1993，no.3，58–60 页

作者是《山东图书馆季刊》忠实的读者。十几年来，每当翻开它时，总会被它鲜明的地方性、浓郁的学术气息和质朴的风格所吸引，有一种十分亲切的感觉。近来翻阅，却有不足之感。社会在变,《季刊》依然如故。作者认为同其他图书馆界刊物一样，面临稿源枯竭、读者减少、经费拮据三个难题。要解决这些难题，唯有改革使刊物走向市场，刊物内容应当多样化，形式应当活泼，编刊方式也应当改善，与其被动追随，不如跨一大步，越在潮流的前面。

05《中国古代名物大典》面世并受到社会各界好评 / 徐明兆 // 山东图书馆季刊 . -- 1995，no.1，18 页

《中国古代名物大典》面世并受到社会各界好评。山东省图书馆作为主要协编单位参与编撰的国家“八五”规划重点图书《中国古代名物大典》于 1983 年面世。该书收录中国古代有实物可指的名词四万余条，洋洋九百万言，插图两千余幅，内容浩繁，关涉广博，涉及中国古代文明的诸多方面。

06　战火中的山东省图书馆 / 徐明兆 // 山东图书馆季刊 . -- 1995，no.2，6-9 页

1995 年是抗日战争胜利五十周年，每一个热血的中国人，不管是亲身经历过的老年人，还是近五十年出生的中青年人，都不会忘记发生在半个世纪前的那惨烈的一幕。文章介绍了山东省图书馆在抗日战争时期馆舍被毁、馆藏迁移以及全馆上下为保护文化遗产所付出的艰辛。山东省图书馆作为这一幕历史悲剧的见证者，既饱受过日寇蹂躏的痛苦，也分享过抗战胜利的喜悦。

张中兰

女，1952 年生，山东历城人，1982 至 2007 年在馆，馆员。

论文

01　浅论图书馆文献信息资源共建共享模式 / 张中兰 // 图书馆信息资源建设与利用 / 王运堂主编 . -- 北京：中国文联出版社，2005. -- 310-313 页

文章认为随着现代信息技术的迅猛发展，处于网络环境下的图书馆将彻底实现自动化、网络化和数字化，全球信息资源共建共享将成为现实。认真研究和解决资源共建共享的各种关键问题，是 21 世纪图书馆学研究的重要课题和奋斗目标。文章重点探讨文献信息资源共建共享模式。

02　论公共图书馆学科馆员的制度 / 张中兰，李晓婷 // 图书馆管理与自动化建设 / 王运堂主编 . -- 北京：中国文联出版社，2006. -- 428-431 页

文章认为学科馆员制度的建立是图书馆努力提高服务水平，提高服务效益，与信息现代化发展相适应的一项新举措。文章重点论述了公共图书馆建立学科馆员制度的必要性，提出应借鉴高校成功的案例及运作模式，提出从定人定向定题、建立培训机制和考证机制三个方面，建立公共图书馆学科馆员制度。

03　中文年鉴收藏现状及分析

参见　王玉梅论文 11

杨　钢

1958年生，安徽六安人，1983年6月至2018年在馆，副研究馆员。

论文

01　光盘种类与格式的标准化

参见　孙延清论文01

02　拓宽读者服务渠道　充分开发利用馆藏音像资料

参见　孙延清论文03

韩淑举

女，1962年生，河北南宫人，1983年12月入馆至今，研究馆员。

论文

01　孙从添和他的“藏书纪要”/韩淑举//山东图书馆季刊. -- 1983，no.4，40–43+48页

孙从添是我国清初的著名藏书家和校勘学家，他所著的《藏书纪要》，是19世纪我国唯一的一本探讨如何典藏古书的重要著作，二百多年来对我国的藏书理论和藏书管理有着重要的影响。

02　清代书院藏书初探/韩淑举//山东图书馆季刊. -- 1988，no.3，23–28页

在我国古代图书馆（藏书楼）事业发展史上，书院藏书是古代藏书的重要组成部分。它为保存我国丰富的文化典籍，繁荣我国古代文化，都起过一定的推动作用。书院藏书起源于唐代，据史书记载，唐玄宗开元六年（718）创设丽正修书院（后改名集贤殿书院），置学士，收藏和整理编校经籍。此后，宋代的白鹿洞、应天、岳麓、嵩阳，元代的太极，明代的东林等著名书院，都以藏书丰富而著称于世。有清一代，书院仍盛，其藏书之丰胜于宋、元、明，藏书管理更为完善，文章拟就清代书院的来源、特点、管理及其历史作用，略作初步的探索，以求教于贤达与同好。

03　**学会工作十年来的回顾 / 韩淑举 // 山东图书馆季刊 . -- 1989，no.4，33–36+32 页**

山东省图书馆学会于 1979 年 6 月 19 日成立。十年间，省学会在省文化厅、省科协、省社联领导、支持下，在广大会员的积极协助下，围绕推动和促进全省图书馆学研究和图书馆事业的发展，做了一些工作，取得了一定的成绩。

04　**宋代官府藏书机构：馆阁 / 周靖，韩淑举 // 四川图书馆学报 . -- 1991，no.2，65–69+34 页**

宋代馆阁是指三馆和秘阁，三馆指昭文馆、史馆和集贤院。馆阁是宋代官府的主要藏书机构之一，兼备访书、购书、抄书、藏书、借书以及对图书的编目、校勘、修撰等各项职能，因此探讨宋代馆阁藏书、馆阁制度，对了解我国图书馆发展史具有一定意义。

05　**隋唐佛寺藏书初探 / 韩淑举 // 四川图书馆学报 . -- 1992，no.3，69–73+7 页**

隋唐是我国佛教发展的鼎盛时期，无论是派别的建立、佛典的撰述、译经数量都已达到一个高度，相应的佛寺藏书也十分丰富，图书收藏、分编、管理、阅览都已初步确立，为宋元明清的佛教事业发展奠定了坚实的基础。因此探讨隋唐佛寺藏书，对全面了解隋唐文化发展，对丰富图书馆发展史具有一定现实意义。

06　**中国青铜器研究资料及其查检工具（上）/ 韩淑举，孔凡荣 // 江苏图书馆学报 . -- 1993，no.3，38–40 页**

青铜器是我国青铜器时代的产物，是商周文化的结晶，其形状、纹饰、铭文对我国后世青铜手工业、工艺美术都产生了深远的影响，尤其青铜铭文与甲骨文字具有同等重要的价值，可借此考见当时的社会制度，纠正古籍中的伪谬，对证信古史、补苴史书不足，对研究古代历史和上古语言文字具有很重要的意义。因此了解查检工具对促进青铜器、青铜铭文研究颇有裨益。

07　**中国青铜器研究资料及其查检工具（下）/ 韩淑举 // 江苏图书馆学报 . -- 1993，no.4，43–44 页**

文章对集释青铜铭文的款识、字典，著录金石学论著的目录及通考类著述做了详细介绍。

08　评《山东藏书家史略》

参见　任宝祯论文 09

09　古代妇女著述书目举要 / 韩淑举 // 江苏图书馆学报 . -- 1996，no.1，26-28 页

文章认为妇女问题是一个社会问题，中国长期以男性为中心的封建社会，造成了妇女的依附地位，其作品大多被湮没。然而她们中的许多杰出人物才华并不亚于男子。其独特的社会地位和经历，使她们的作品在反映现实生活，表现审美意识上与男子有不同的特点。因此研究妇女作品，对我们了解中国妇女的形象，挖掘、整理祖国文化遗产有特殊意义。文章从收录妇女著述的书目、专门收录妇女著述的书目两方面展开论述。

10　跨世纪公共图书馆社会情报用户的需求与服务 / 韩淑举，王晓明 // 山东图书馆季刊 . -- 1998，no.2，17-21 页

文章认为随着信息趋向产业化，国内外用户研究成为情报信息机构日益关注的焦点问题。文章指出美、英、日、德、法等国家每年都有大量的专业研究人员从事用户方面的工作，其意义突出表现在两个方面：其一研究用户需求是图书馆开展业务工作，优化情报服务的基础；其二调查研究用户需求是设计和建立情报系统的基本依据。文章提出公共图书馆有自己特定的用户群，应本着科学性、求实性、针对性、服务性、整体性等原则，加强对社会情报用户需求和服务的研究。

11　中国古代图书馆学思想发展初探 / 韩淑举 // 山东图书馆季刊：山东省图书馆学会第六次科学讨论会获奖论文专集 . -- 1999，4-8 页

文章认为古代图书馆学思想研究是我国图书馆学理论的重要组成部分，图书馆学思想萌芽、产生、发展的每个过程，都对近、现代图书馆学理论的嬗变发展产生很大影响，促进图书馆学理论体系的不断完善。文章指出中国对图书馆学的认识是一个连续发展的过程，在这个过程中古代的图书馆学家不断在实际工作中进行探索、总结。探讨前人对图书馆学思想认识的轨迹，对全面掌握我国图书馆学的发展很有意义。

12　对提高图书馆学期刊质量的几点思考

参见　王运堂论文 03

13　毛泽东与图书馆：纪念毛泽东同志诞辰 106 周年

参见　赵炳武论文 10

14　我国古代藏书机构述略 / 韩淑举 // 贵图学刊 . -- 2000，no.2，45–46 页

文章认为三千五百年前的殷墟甲骨文字是我国现存最早的文字，中国图书的历史即始于此。“惟殷先人，有典有册”，我国上古时代掌管著作和书籍的权力在史官手中，史官专门负责保管政府档案。文章重点介绍汉至清历代重要藏书机构。

15　网络环境下图书馆学研究热点评析 / 韩淑举 // 图书馆学刊 . -- 2001，no.2，41–43 页

文章认为影响图书馆学研究的最主要的因素是图书馆本身的发展变化。当代信息技术的迅速发展和全方位应用引发了网络革命，人类信息需求和利用日趋多样化和社会化，这两大因素促使社会网络环境的形成。21 世纪的图书馆将是传统图书馆、自动化图书馆、数字图书馆并存互补的时代。在此新技术条件下，图书馆学研究必须面向实际，重新构筑本学科的理论体系。文章重点梳理了近几年图书馆学研究热点，指出近几年图书馆学理论界研究的重点和热点问题有：网络环境、图书馆学新范畴及其关系的讨论；对电子图书馆、数字图书馆、虚拟图书馆的研究；图书馆网络化和资源共享问题；对图书馆技术的研究；对信息服务的研究等。

16　黄宗羲及其藏书 / 韩淑举 // 山东图书馆季刊：山东省图书馆学会第八次科学讨论会获奖论文专集 . -- 2001，214–216 页

黄宗羲是明末清初伟大的启蒙主义思想家，博学多才的学问家，同时还是一位藏书家。文章对黄宗羲的生平、藏书和著述进行了研究和总结。

17　宋孝宗时期的刻书 / 韩淑举 // 图书与情报 . -- 2002，no.1，26–29 页

文章从官刻本、家刻本、坊刻本三个方面探讨了南宋孝宗时期的刻书，并分析了各种刻本的特点。

18　中国古代图书馆学思想述略 / 韩淑举 // 四川图书馆学报 . -- 2002，no.1，70–75 页

中国古代图书馆学思想是我国图书馆学理论的重要组成部分。文章分四个阶段分析了我国图书馆学思想萌芽、产生、发展的进程，介绍了各阶段代表人物及其理论观点。

19　少数民族地区图书馆立法的基础和原则 / 韩淑举 // 山东图书馆季刊 . -- 2002，no.2，17–23 页

在《中华人民共和国图书馆法》的制定工作已经启动的形势下，加强民族地区图书馆立法研究，尽快出台民族地区图书馆条例，依法保障民族地区图书馆的设置、运营、服务等活动，发展少数民族图书馆事业，对提高少数民族的科学文化水平，加速民族地区的建设殊有意义。

20　古典文献对毛泽东写作理论与实践的影响 / 韩淑举 // 河南图书馆学刊 . -- 2002，no.3，65–67 页

毛泽东主席一生饱读经史，对中国的古典文学情有独钟。文章重点从毛泽东写作理论和实践出发，通过经典作品分析古典文献对毛泽东的诗词写作、写作理论、文体章法、美学思想等方面的影响。

21　酷爱藏书的学者黄宗羲 / 韩淑举 // 图书馆学研究 . -- 2002，no.9，100–101 页

黄宗羲，明万历三十八年（1610）生，卒于康熙三十四年（1695），浙江余姚黄竹浦人，字太冲，号南雷，学者称为梨洲先生。他是明末清初伟大的启蒙主义思想家，博学多才的学问家，同时还是一位藏书家。

22　明代状元焦竑的藏书和著述 / 韩淑举 // 书海泛舟——山东图书馆事业建设理论与实践 / 王运堂主编 . -- 海口：南海出版公司，2002. -- 748–754 页

焦竑（1540—1620），明代官员、学者，原籍山东日照，以军籍世居江宁（今南京）。文章系统介绍了他的藏书情况和著述情况。

23　社会环境与我国图书馆立法 / 韩淑举 // 中国图书馆学报 . -- 2003，no.1，22–25 页

文章阐述了国民经济发展水平、教育水平、人口环境等因素与图书馆事业发展紧密联系，认为我国图书馆法应对图书馆设置和经费保障做出规定，应强调公共图书馆与教育的关系，强调图书馆的服务性，应加强地方的图书馆立法。

24　中国图书馆法治建设的国际经验借鉴——《日本图书馆法律体系研究》评介 / 韩淑举 // 山东图书馆季刊 . -- 2003，no.1，27–30 页

北京大学李国新教授的《日本图书馆法律体系研究》一书于 2000 年由北京图书

馆出版社出版。这是国内到目前为止唯一一本以专著的容量研究一个国家的“图书馆法律体系”的著作。按照李国新教授的说法，撰写这样一部著作的根本目的是“中国图书馆法治建设的国际经验借鉴”。作者遵循这一思路阅读了全书，深受启发，认为该书在进行图书馆法的国别研究，在中国图书馆法治建设借鉴国际经验的探索道路上迈出了坚实的一步。

25　公共图书馆网站开展特色服务之探讨 / 韩淑举 // 网络时代图书馆工作与研究 / 王运堂主编 . -- 海口：南海出版公司，2003. -- 286–292 页

随着互联网的发展，我国图书馆在网上建立站点的越来越多，网上信息服务取得了初步成效。文章对公共图书馆网站开展特色服务的成就与存在的问题、开展特色服务的措施进行了探讨。

26　弘扬职业精神　恪守职业道德——《中国图书馆员职业道德准则》读后 / 韩淑举，李福贵 // 山东图书馆季刊 . -- 2005，no.3，14–19 页

《中国图书馆员职业道德准则》是以中共中央颁布的《公民道德建设实施纲要》为指导，总结我国图书馆活动的实践经验，借鉴国外图书馆伦理守则的经验制定而成。它的颁布对熔铸图书馆员职业精神、构筑图书馆员职业道德体系、塑造图书馆员形象具有重要意义。作者在学习《准则》基础上，对《准则》制定的思想和理论基础、《准则》制定的国际借鉴、我国《准则》颁布的意义和内容特点、《准则》遗留问题等方面加以论述。

27　谈图书馆立法的时机 / 韩淑举 // 图书与情报 . -- 2006，no.1，14–15 页

文章认为从国内外图书馆长期的立法实践来看，掌握立法时机的模式有两种：一种是先立法创设制度，后在实践中予以贯彻；另一种是在实践中形成制度，在立法中予以总结完善，一味强调立法条件成熟后再立法是站不住脚的。作者认为我国图书馆立法更倾向于后一种模式，即对现成的图书馆法规条例进行总结将其上升为法律制度。

28　公共图书馆发展的制度视角——制度图书馆学研究：学术起点与实践指向 / 韩淑举 // 图书馆建设 . -- 2008，no.12，40–45 页

文章认为从制度视角研究图书馆事业是近几年来图书馆理论研究热点之一，主要包括公共图书馆制度研究、“精神—价值—使命”研究、图书馆法律法规体系研究等几个方面，这些成果构成构建制度图书馆学学科体系的学术起点。文章指出研究制度图书馆学不意味着只是概念的辨析和逻辑的推演，而是要以图书馆实践为指向，使制度研究不仅着眼于解释制度，而且着眼于改造制度，以冲破影响我国图书馆事业发展的体制性和制度性障碍，实现图书馆的可持续发展。

29 明清女性阅读活动探析 / 韩淑举 // 图书馆工作与研究 . -- 2009，no.1，63–68 页

文章认为明清两代是中国古代女性阅读、著述最为活跃的时期。其阅读的书籍主要包括诗词文集、儒家经典、女教家训、佛道典籍、史书、戏曲小说、医药术数、天文历算等类，阅读呈现出内容多元性、阅读传承家族性、阅读主体地域性和阅读的自主性等群体性特征。文章重点围绕这一时期女性阅读内容、特征，比较真实反映明清女性的文化生活面貌。

30 我国近代公共图书馆制度变迁中的精英参与 / 韩淑举 // 图书馆工作与研究 . -- 2011，no.1，4–14 页

在我国近代图书馆的变迁中，存在着政府、精英、公众等主体。文章对晚清精英群体维新人士、驻外使臣、出洋考察大臣、地方督抚、地方士绅等在近代图书馆制度嬗变中的地位和贡献进行概述和分析。

31 我国近代呈缴本制度探析——以民国时期颁布的呈缴本相关法律法规文本为中心的考察 / 韩淑举 // 山东图书馆学刊 . -- 2011，no.6，32–39 页

中国近代图书馆呈缴本制度经历了从无到有的过程。文章从图书馆法规文件、著作权法律法规、出版法律法规以及其他相关法律法规等几个方面溯源我国呈缴本制度的嬗变轨迹。

32 图书馆权利思想移植与本土化现象的关联考察 / 韩淑举 // 图书与情报 . -- 2014，no.6，46–54 页

文章认为 21 世纪以来，随着图书馆权利以业界学者为主要传播主体，以专业期刊为研究载体，以图书馆学会为联结促动枢纽，以各类会议为宣讲渠道的发展，图书馆权利思想在我国图书馆界得到了广泛传播，使得我国图书馆读者服务理念和实践因外来权利理论的本土化而有所改变，我国的读者服务制度也因此得到了发展。这种借鉴与取舍的过程实际是图书馆权利思想在中国的本土化过程。文章主要探讨了图书馆权利思想移植及本土化现象之关联，认为这种关联，既表现为国际“人权”“知识自由”等相关理论因多元文化存在理论维度上的相对性，也表现出中外政体的不同；指出社会文化、习俗和道德观念的差异，使图书馆权利思想的移植与本土化存在诸多矛盾和冲突。

33　法律视角下的图书馆权利思想本土化之路径选择 / 韩淑举 // 图书馆 . -- 2015，no.3，17–23 页

文章针对图书馆权利思想移植与本土化过程中的现象关联，提出图书馆权利是图书馆法律体系的组成部分，认为中国对国外图书馆权利理论与实践的移植应在国家宪法及其相关法律框架内借鉴和取舍。文章指出现阶段应注意从理论上全面解析“知识自由”内涵，解决理论起点上的困惑，理清国内外相关法律法规，尤其是中国相关规定，使国外图书馆权利思想与中国社会文化、道德规范相互交流、互为影响，使中国图书馆服务制度因国际图书馆权利思想的传播在本土化过程中得到提升和完善。

34　图书馆大跃进：历史述评（1958—1960）（上）——图书馆何为：对图书馆大跃进价值的寻思和追问

参见　王建萍论文 04

35　图书馆大跃进：历史述评（1958—1960）（下）——省思与批判：图书馆大跃进的负面影响 / 韩淑举 // 图书馆理论与实践 . -- 2017，no.8，104–112 页

文章认为 1958—1960 年的图书馆“大跃进”，对图书馆事业发展的负面影响无法忽视，指出图书馆界高指标浮夸风的蔓延，政治与学术的深度纠葛，对图书馆学理论非无即资二元对立的思维方式，对刘国钧、杜定友、皮高品等教授的非客观批判，凡此种种值得引起我们的警醒。以史为鉴，才能使图书馆学术研究在相对独立的学术空间内真正百花齐放、百家争鸣。

36　图书馆界“下乡上山”运动的历史考察（1958—1960）/ 韩淑举 // 图书馆理论与实践 . -- 2019，no.1，88–97 页

图书馆“下乡上山”运动肇始于“大跃进”时期，是在“知识分子劳动化”和“教育与生产劳动相结合”的特殊社会背景下产生的。在这场运动中，图书馆界一是动员、组织馆员长时间下放农村，与农民同吃同住同劳动，二是组织馆员短期内轮流“下乡上山”，将书送到田间、工地、食堂。通过创建、帮建农村图书馆（室），设立图书流动站、食堂阅览室，配合农村扫盲，进行图书宣传、辅导农民阅读、培养农村图书管理员等方式，极大拓展了图书馆的读者服务范围，在中国当代图书馆史上留下了深刻的印记。

李长江

1956 年生，山东昌邑人，1983 年 12 月至 2016 年在馆，馆员。

论文

01　发挥少儿馆优势为培养合格小公民做贡献

参见　贾秀丽论文 11

02　娱乐经济与图书馆服务模式的发展趋势 / 李长江 // 图书馆管理与信息服务 / 王运堂主编 . -- 北京：北京图书馆出版社，2004. -- 460–462 页

娱乐经济对图书馆服务模式的发展带来一定的影响，文章从图书馆服务的娱乐休闲倾向、互动性趋势增强、专业化专题化的小型阅览场所的设立等方面揭示未来图书馆服务模式。

03　信息时代图书馆员素质及培养

参见　夏福莉论文 04

04　图书馆立法探析 / 李长江 // 图书馆信息资源建设与利用 / 王运堂主编 . -- 北京：中国文联出版社，2005. -- 5–7 页

文章论述了图书馆立法应遵循的基本原则以及图书馆法中应包括的主要内容，对图书馆立法提出建议。

05　针对读者特点做好少儿图书馆工作 / 李长江，高天磊 // 图书馆管理与自动化建设 / 王运堂主编 . -- 北京：中国文联出版社，2006. -- 303–306 页

少儿图书馆是社会教育部门的重要组成部分，近年来少儿图书馆事业发展缓慢，特别是自动化建设方面。文章从提高现代科技的应用、丰富馆藏建设、加强少儿的图书馆意识、改进服务、重视馆员修养五个方面，探讨做好少儿图书馆工作的途径。

高永生

1968 年生，河南周口人，1984 年 12 月入馆至今，馆员。

论文

01　丁耀亢作品的版本及其他

参见　林卫东论文 05

李凤兰

女，1968 年生，山东潍坊人，1984 年 12 月入馆至今，副研究馆员。

论文

01　试论图书管理人员应具备的素质 / 李凤兰 // 人文天下 . -- 2015，no.6，106–107 页

高素质的图书管理人才是图书管理工作战略发展的保证，文章从工作态度、业务素质、专业知识和信息技术能力四个方面，对图书管理人员应具备素质进行了论述。

02　发挥图书馆的社会教育职能　传承国学经典 / 李凤兰 // 人文天下 . -- 2015，no.7，38–41 页

图书馆作为建设优秀传统文化传承体系中的重要一环，应结合自身优势，充分发挥图书馆的社会教育职能，开展国学研究和传承工作，积极推动中华优秀传统文化在广大人民群众中的普及和应用。

刘　军

女，1958 年生，山东济南人，1985 年 2 月至 2013 年在馆，副研究馆员。

论文

01　如何进行文献的前期整理编辑工作

参见　张洁如论文 02

02　应用缩微技术促进地方文献的开发与利用 / 刘军 // 书海泛舟——山东图书馆事业建设理论与实践 / 王运堂主编 . -- 海口：南海出版公司，2002. -- 884-889 页

缩微技术是一种信息模拟存储技术，文章从缩微技术的特点，分析其在保存和开发利用地方文献方面的优势，并阐述了运用缩微技术做好地方文献开发利用的前提条件。

03　图书馆数字化与缩微技术

参见　张洁如论文 06

方钦玲

女，1965 年生，山东寿光人，1985 年 7 月入馆至今，研究馆员。

著作

01　现代办公自动化与微机写作 / 方钦玲，孟繁修编著 . -- 青岛：青岛出版社，1998. -- 178 页；21cm

本书内容包括："办公自动化概述""计算机概论""操作系统""汉字输入方法与指法训练""WPS 文字处理系统""中文字表编辑软件 CCED""Word 文字处理系统"等。

02　现代文秘写作实用范例 / 臧宣衡，方钦玲等编著 . -- 青岛：青岛出版社，2001. -- 328 页；21cm

本书内容包括："行政事务""公关礼仪""信息传播""经济文书""司法诉讼""涉外商务"等。

论文

01　对我馆自动化发展的几点思考

参见　王运堂论文 01

02　程敏政著述考 / 方钦玲 // 黄山学院学报 . -- 2009，no.1，14 页

程敏政（1446—1499），字克勤，中年后号篁墩，又号篁墩居士、篁墩老人、留暖道人，南直隶徽州府休宁县人。一生著述颇丰，所涉内容广泛。文章据《篁墩文集》及《程篁墩年谱》的记载，结合相关文献，将程敏政著作进行了考订和编年。

03　公共图书馆发展对策 / 方钦玲 // 中国成人教育 . -- 2009，no.3，73–74 页

公共图书馆是人类文明发展到一定阶段的产物，是人类文明的象征和基石。一个国家或地区，它的发展水平越高，公民对知识和信息的需求就越强烈、越迫切，对图书馆的依赖度就越高。文章简要介绍国外图书馆发展现状，认为在新形势下，政府必须加大对图书馆尤其是基层图书馆建设的投入和主导，图书馆从业人员最大限度地发挥图书馆的服务职能和教育职能，才能使图书馆发展得更好。

04　海源阁研究论文索引 / 方钦玲 // 海源阁 / 张连增主编 . -- 济南：山东友谊出版社，2009. -- 10–13 页

文章在《中国报刊索引》《中国知网》《维普资讯网》《万方数据》等大型数据库和其他报刊上，收集整理了近八十年来有关海源阁的报道和研究文献计一百余篇，希冀对海源阁研究史有参考价值，对海源阁研究者能有所裨益。

李勇慧

女，1964 年生，山东青岛人，1985 年 7 月入馆至今，现任副馆长，研究馆员。

著作

01　三国一百零八位大名人

参见　徐明兆著作 01

02　一代传人王献唐 / 李勇慧撰．-- 济南：山东教育出版社，2012．-- 598 页；24cm

王献唐是享誉海内外的考古学家、金石学家、版本目录学家、历史学家。他在担任山东省图书馆馆长期间和晚年主持山东省文物管理委员会工作时，对振兴山东图书馆事业，保护齐鲁先贤典籍庋藏，以及对山东地区田野考古做出了重要的贡献。该书是作者《王献唐研究丛书》之一种。作者在搜集王献唐学术遗著及日记、手札、档案等第一手资料基础上，吸收借鉴以往研究成果，对王献唐的生平学行、事功学问进行梳理总结与评价。本书获第 28 届山东省社会科学优秀成果奖一等奖和山东大学年度优秀博士论文。

03　王献唐著述考 / 李勇慧撰．-- 济南：山东教育出版社，2014．-- 548 页；24cm

王献唐是享誉海内外的考古学家、金石学家、版本目录学家、历史学家。他在担任山东省图书馆馆长期间和晚年主持山东省文物管理委员会工作时，对振兴山东图书馆事业，保护齐鲁先贤典籍庋藏，以及对山东地区田野考古做出了重要的贡献。他精通"小学"及古文字，尤擅长古音，从声音训诂、金石陶瓦古文字以及文献考据与文史研究相结合。该书是作者《王献唐研究丛书》之一种。作者对王献唐著述进行了全面梳理与考证，是作者 20 余年的研究成果，属于原创性的著作，并具有开创性，填补了王献唐研究的空白，对研究王献唐的著述具有重要的参考价值。

04　王献唐年谱长编：1896—1960/ 张书学，李勇慧撰．-- 上海：华东师范大学出版社，2017．-- 1145 页；26cm

王献唐是享誉海内外的考古学家、金石学家、版本目录学家、历史学家。他在担任山东省图书馆馆长期间和晚年主持山东省文物管理委员会工作时，对振兴山东图书馆事业，保护齐鲁先贤典籍庋藏，以及对山东地区田野考古做出了重要的贡献。该书是作者《王献唐研究丛书》之一种。作者从与谱主有关之已刊论著、未刊文稿、日记、书信、档案等资料搜求谱主之行实，对这些资料进行严格考辨、细致梳理、合理剪裁、逐年编排，全面细致地展现谱主的生平事迹与著述活动，并在书后附录谱主著述目录、主要参考文献及人名索引，对研究王献唐的生平与贡献具有重要的参考价值。

论文

01　关于地理环境与人类社会历史发展关系的思考 / 李勇慧 // 山东史学集刊 . -- 1987，no.1，169-177 页

文章认为地理环境与人类社会历史发展的关系，是一个古老而又常新的课题，因为它不仅涉及人类社会历史的发展究竟是由哪些因素所决定这一重要的理论问题，而且还涉及经济、政治、军事乃至文化的未来发展、决策等问题。因此搞清二者的关系，不仅具有重要理论意义，而且还具有深远的历史意义。纵观古今中外对地理环境的论述，最需要解决的两个问题也是问题争论的纽结所在：一是地理环境究竟是社会内部的因素，还是社会外部的条件？二是如果承认地理环境是社会内部的因素，又如何看待它在社会历史发展中的作用？文章重点围绕以上两个问题，展开探讨。

02　储石室之秘籍　荟乡献之琅函——省图书馆馆藏地方历史文献之特色

参见　周玉山论文 01

03　王献唐先生年谱 / 李勇慧 // 山东图书馆季刊 . -- 1994，no.2，82-88+ 封三

王献唐是享誉海内外的考古学家、金石学家、版本目录学家、历史学家。光绪二十二年（1896）农历八月十八日生于山东省日照市城关韩家村。初名家驹，后改名琯，号凤笙，以字行。祖籍江苏东海，明初迁山东莒县，再迁日照。祖父王宏基，清庠生。父王廷霖，在当地行医，酷爱金石，著有《泉币图释》《读说文日记》。文章简要介绍了谱主的生平与著述。

04　王献唐与海源阁藏书之抢救 / 李勇慧，张书学 // 山东档案 . -- 1995，no.4，35-38 页

王献唐（1896—1960），初名家驹，后改名琯，号凤笙，山东日照人。是我国现代著名考古历史学家、金石文字学家、版本目录学家和图书馆学家。文章介绍了 1929 年 11 月，王献唐亲赴聊城，调查海源阁破坏状况及藏书情况。偕同聊城县教育局、建设局、公安局等，组成海源阁藏书清查委员会，在杨氏家人的陪同下，先就海源阁所藏之善本书籍，逐一点查。时天寒地冻，王献唐亲自登记，手足为僵，则呵冻记录，并不略有疏忽。发现杨氏善本书籍，部分已标题者每与实际不符，如原标宋本，实为明本，即于撰写《现存善本书目》之际，就知见所及，分别粗定，并记其行款、印记、题识及收藏源流。对散之地上者，一一为之整理，庋排架上。杨氏家人深为感动，为日后商议“海源阁”善后事议打下了良好的感情基础。

05　中国现代学术界中的“霸才”傅斯年 / 李勇慧，张风仪 // 山东档案 . -- 1996，no.2，39–42 页

文章认为傅斯年是我国现代学术界一位富有个性的学者，他终生徘徊于政治与学术之间。在政治方面，他积极投身新文化运动，曾为“五四”爱国运动的学生领袖，抗日战争期间他奔走呼号，痛斥汉奸，和各种破坏抗战的行为做斗争，带头驱逐孔祥熙、宋子文，抨击国民党的腐败政治，因有“傅大炮”之绰号。在学术上，他学贯中西，知识渊博，是国民政府中央研究院历史语言研究所的创始人并兼终身所长、是“科学史学派”的创建者和精神领袖，还曾担任过研究院总干事、北京大学代理校长、台湾大学校长等职，对我国现代历史学、考古学、语言学和高等教育等都有突出的贡献，因此又有“学林霸才”之雅称。

06　王献唐与山东省立图书馆建设之成就 / 李勇慧 // 东方论坛 . -- 1996，no.4，32–37 页

王献唐先生是我国著名的金石学家、版本目录学家、考古学家。文章阐述了从 1929 年 8 月 2 日至 1948 年 9 月 24 日济南解放，王先生任山东省立图书馆馆长期间，兢兢业业，锐意创新，成就斐然，建树卓著，使省立图书馆事业进入自建馆以来了发展最兴盛时期。

07　关于善本古籍书目数据库建设的回顾与思考

参见　王运堂论文 04

08　北方之朴学　岭南之循吏——记清代山左藏书家李文藻 / 李勇慧 // 藏书家 . 第 3 辑 / 齐鲁书社编 . -- 济南：齐鲁书社，2001. -- 74–81 页

文章介绍了青州藏书家李文藻先生生平事迹和爱书、藏书的动人故事。

09　略论图书馆多边性区域合作 / 李勇慧 // 山东图书馆季刊 . -- 2002，no.1，12–14 页

文章认为多边性区域合作是一个相当时髦的名词，它渗透到当今社会的每一个行业。图书馆间合作的最初形式是馆际互借，它协助读者查找本馆未藏资料，是图书馆间资源共享、互通有无的一种最基本的合作形式，也是迄今为止馆际合作中最普遍的合作形式。文章提出图书馆多边性区域合作问题，涉及图书馆各项工作的方方面面。具体说有以下几个方面。一是文献合作：馆际互借、馆际交换、联机采购等；二是目录合作：联合目录、联机编目、联合书目数据库；三是技术合作：统一的通信协议、机读格式、软件标准、语言兼容问题等；四是人才合作：培训交流、借调、互访；五是规章制度和服务公约等。

10　由《中国家谱总目》谈馆际合作 / 李勇慧 // 图书馆工作与研究 . -- 2002，no.3，13-15+24 页

我国内地及港澳台地区，以及许多国家的图书馆都参加了中文文献共建共享合作会议，确定并实施着多个合作项目。文章重点从体例撰写、组织分工、管理协调、经济手段与行政手段相结合等方面，详细论述了我国内地及港澳台地区的图书馆合作编纂《中国家谱总目》的情况。

11　城市的教室　市民的课堂——“大众讲坛”周年回眸与展望 / 李勇慧 // 山东图书馆季刊 . -- 2006，no.4，118-120 页

文章在山东省图书馆“大众讲坛”开讲近一周年之际，对这项工作进行回顾和总结。总结这项工作在运作模式、讲座内容和主讲队伍方面的创新之处，提出其还将从大众需求调研、灵活讲座形式、多元化立体化运作等方面进一步创新，使“大众讲坛”更好地开办下去，真正成为专家学者与平民百姓沟通的桥梁，提升国民文化素质和道德素质的平台。

12　图书馆与城市文化建设 / 李勇慧，白兴勇 // 国家图书馆学刊 . -- 2007，no.3，66-69 页

图书馆是城市文化建设的一个极其重要的方面，在各种文化基础设施建设中有着非常重要的地位和作用；而城市文化建设同时也为图书馆的发展提供了机遇。文章以山东省图书馆的发展与济南市文化建设的关系为例，论述了公共图书馆如何在城市文化建设中发挥作用，阐述了图书馆在推进城市文化建设中的整体发展战略。

13　台湾中央图书馆所见海源阁原藏秘籍经眼记 / 李勇慧 // 文献 . -- 2008，no.1，125-130 页

2001 年，我国著名版本目录学家王绍曾先生完成《订补海源阁书目五种》（下简称“订补”），对海源阁存世的五种书目进行了彻底整理，并就海源阁藏书版本情况及去向等进行订补，被誉为“完善海源阁的书目体系，重现杨氏五代庋藏之盛”。据王绍曾先生研究所知，现传世海源阁书目共五种分别是:《楹书隅录》五卷、《楹书隅录续编》四卷，杨绍和撰;《宋存书室宋元秘本书目》四卷，杨绍和撰;《海源阁藏书目》一卷，杨绍和撰;《海源阁宋元秘本书目》四卷，杨绍和撰，杨保彝补撰;《海源阁书目》不分卷，杨绍和撰，杨保彝增补。前四种书目内容互相交叉，以第四种书目著录较全面，基本上反映了海源阁所藏宋元校抄珍善本递增变化的大致数量；第五种书目反映的是海源阁所藏明清本的概况。杨氏书目所载与王绍曾先生《订补》所补海源阁藏宋元校抄本与明清本合并统计海源阁藏书有目可查的共计 4334 部 182509 卷。然而，这仍不是海源阁藏书的全部，王绍曾先生自己也说:“其限于耳目未及发现者，恐在所难免。”笔者 2001 年 4 月就曾在台湾“中央图书馆”已考证出钤聊城杨氏印记的 22 部书中，发现属于王绍曾先生所云海源阁藏书散出后“不知去向者”和五种书目之外的海源阁秘籍七种。七种分别是《大广益会玉篇》三十卷附《玉篇广韵指南》一卷、《三十代天师虚靖真君集》二卷、《石林居士建康集》八卷、《古文苑》存十七卷、《文则》不分卷、《资暇集》三卷、《梅溪先生文集》五十四卷附录一卷。

14　昔日帝王堂前物　今入齐鲁奎虚藏——清宫“天禄琳琅”旧物入藏山东省图书馆 / 李勇慧，唐桂艳 // 山东图书馆季刊 . -- 2008，no.1，105-108 页

2005 年 11 月 24 日，山东省图书馆购入清宫“天禄琳琅”旧物《吕氏家塾读诗记》。该书每册黄色封面，手书题签，丝线装订，包角，前后钤有“五福五代堂宝”“八征耄念之宝”“太上皇帝之宝”朱文方印，每册首页上方钤有“乾隆御览之宝”朱文椭圆印、“天禄继鉴”白文方印，末页上方钤有“天禄琳琅”朱文方印、“乾隆御览之宝”朱文椭圆印。

15　近年新发现王献唐题跋三则 / 李勇慧 // 山东图书馆季刊 . -- 2008，no.3，11-13 页

王献唐（1897—1960），是中国近代杰出的历史考古学家、金石文字学家、文献学家。其研究涉及历史、考古、金石、文字、音韵、训诂、版本、目录等多个学科领域，均卓有建树。其题跋之书，亦有近千种之多，如《顾黄书寮杂录》、《双行精舍书跋辑存》正续编等，皆考校精严，且妙语天然，堪称学术与艺术完美结合之佳作，历为学界所重。经其题跋或有其藏书印记的书籍字画等，亦为收藏界人士追捧。笔者于民国时期发行之《华北日报·图书周刊》中，新发现失载于《双行精舍书跋辑存》正续编之王献唐题跋数则，今择其三，按其刊发时间先后绍介如次，供研究者参考。

16 海源阁研究综述 / 李勇慧 // 海源阁 / 张连增主编 . -- 济南：山东友谊出版社，2008. -- 5-7 页

私家藏书研究是中国学术史、文化史，乃至整个中国文明史的重要课题之一。著名史学家吴晗曾明确指出："学者苟能探源溯流，钩微掘隐，勒藏家故实为一书，则千数百年来文化之消长，学术之升沉，社会生活之变动，地方经济之盈亏，固不难一一如示诸掌也。"因此，私家藏书研究历来是学者关注的一个重要研究课题。文章重点从近二十年藏书家个案研究略述、近八十年海源阁藏书研究综述两方面予以介绍。

17 王献唐校勘《庄子》的文献学价值 / 李勇慧 // 文献 . -- 2009，no.1，169-173 页

作者因参加全国古籍普查而在山东大学图书馆得见王献唐手校《庄子》。兹结合相关研究成果，略谈其文献学价值。

18 王献唐接受中英庚款资助史实考略 / 李勇慧 // 山东图书馆学刊 . -- 2009，no.3，36-39 页

抗战期间，王献唐先生为保护齐鲁文脉，载书南迁，但经费无着。1939 年，在傅斯年的帮助下，王献唐先生申请到中英庚款资助，担任史学研究员，由此究心于中国古代文化的研究，并完成巨著《中国古代货币通考》。文章即通过作者新近发现的《王献唐日记》、书信及其他档案资料，就王献唐接受中英庚款资助的背景及利用资助进行科学研究、完成《中国古代货币通考》的撰写等史实详加考证。

19 "海源阁"藏书的散佚、抢救与归属 / 李勇慧 // 民国档案 . -- 2011，no.2，62-67 页

聊城杨氏海源阁是我国近代著名的私人藏书楼，历时百年之久。民国年间，因受战乱影响，海源阁由盛而衰。海源阁等私家藏书楼的衰败，是我国近代历史上一个重要的文化现象。文章追溯了海源阁藏书的散佚与抢救过程，并以实证研究的方法，考证了海源阁珍藏典籍的去向和归属。

20　王献唐《守书日记》辑注 / 李勇慧 // 文献 . -- 2011，no.2，113-124 页

王献唐未刊稿本《守书日记》(1930 年 7 月 7 日—9 月 10 日)，记其在 1930 年蒋介石与阎锡山、冯玉祥“中原大战”时守护山东省立图书馆藏书之过程。日记虽仅两月，全文却达三万余字，内多版本考证、书画鉴赏、文献搜集、读书札记，略涉人物评述、朋踪聚散、朝野见闻，限于篇幅，仅辑录其中有关读书、校书内容，并略加标注。

21　王献唐与临淄封泥收藏及研究 / 李勇慧 // 印学研究：2011 民国印学研究专辑 / 吕金成主编 . -- 济南：山东大学出版社，2011. -- 56-67 页

文章认为自清末发现的封泥，深受金石学家、收藏家珍爱，成为考古探微，补遗证史和研究古代印学的珍贵材料。文章重点论述了王献唐先生在 20 世纪 30 年代任山东省立图书馆馆长并负责山东金石保存所期间，为收集、整理、保存古籍、泉币、玺印、封泥、砖瓦、石刻等齐鲁文献、文物资料做出了重要贡献，并在封泥、玺印等研究方面提出独到见解。

22　王献唐：齐鲁文脉守望人 / 李勇慧 // 大众日报 . -- 2013-01-18，第 15 版面

文章阐述了王献唐的生平事迹和著述，尤其为守护、传承齐鲁典籍所付出的艰辛与贡献。王献唐(1896—1960)，山东日照人，是我国著名的考古学家、文字学家、金石学家、目录版本学家与印学专家。他是一位奇才，学识渊博，二十几岁时就在山东地区崭露头角，1928 年中华书局出版的《公孙龙子悬解》是他的成名之作。王献唐一生学术，远绍乾嘉诸儒，近承清末名宿，益之以现代科学观念，辅之以实地勘查，集目录、版本、校雠、训诂于一身，熔文字、音韵、器物、古史之学为一炉，在诗词、书画、篆刻方面也深有造诣，一生著述之宏富，领域之宽广，治学之严谨，堪为楷模。

23　存齐鲁文脉　著千秋文章：缅怀爱国学者王献唐先生 / 李勇慧 // 中国文化报 . -- 2013-04-12，第 12 版面

王献唐(1896—1960)，字献堂，号凤笙，山东日照人，曾就读于青岛礼贤书院和青岛德华特别高等专门学堂。新中国成立前，曾先后任编辑、记者、山东省立图书馆馆长、中央国史馆副总纂修；新中国成立后，任山东省文管会副主任、北京故宫博物院铜器研究员等。他是中国现代杰出的历史学家、金石考古学家、文献学家，其研究涉及历史、考古、金石、文字、音韵、训诂、版本、目录学等多个领域，均卓有建树。

24　济南受降史实考证——受降遗物“我武维扬”牌匾珍藏鲁图 / 李勇慧 // 齐鲁晚报 . -- 2014-09-03，第 B06 版面

文章讲述了抗战受降仪式结束后，山东战区受降仪式的过程。李延年亲笔书写了“我武维扬”四个大字，被制成木质匾额，与接收的日军佩刀，保存在山东省图书馆“奎虚书藏”楼里。该馆还珍藏了第十一战区司令部 1945 年 12 月 27 日印行的《济南青岛德州地区受降纪念册》。《受降纪念册》是一本受降典礼内部资料汇编，内有大量关于这次受降过程、接收武器与物资的文字、照片、公文和图表，对当时的受降仪式、接收事宜等记录得非常翔实，文献价值颇高。

25　曲阜尼山书院沿革研究 / 李勇慧，金晓东 // 人文天下 . -- 2014，no.11，10-16 页

文章认为，当代学人研究古代书院，于尼山书院亦多有涉及，仍因文献不足征，常作略笔，且对尼山书院与尼山孔庙的关系、尼山书院与尼山孔庙共同承担的祭祀教育职能认识不足，对尼山孔庙及书院的作用和功能更缺乏规律性的认识，并在近百年间形成尼山书院独自承载了祭祀功能的错误认识。文章重点阐述了尼山书院建筑、人员、祭祀沿革等方面详情，以期填补学术空白，并为山东省“图书馆 + 书院”公共文化服务模式建设提供借鉴。

26　从王献唐研究谈清代山东学术的地位与变迁 / 李勇慧 // 明清时期的山左学术 / 徐向红主编；山东人文社科协作体办公室，山东大学儒学高等研究院编 -- 济南：齐鲁书社，2014. -- 157-185 页

王献唐先生认为，清代山左学术可“与江浙并峙”。他在距今 80 年前对山左学术在清代地位的这个论断，是基于他倾毕生心血对清代山左先贤遗著进行全面、深入地搜集、整理与研究，从山东大学出版社出版的《山东文献集成》略见一斑。《山东文献集成》(以下简称《集成》) 200 册，精选明清以前数百位山左先贤的 1300 种遗著稿本、钞本和重要的刻本，王献唐是非常特殊而重要的学者之一。他出生于清末，主要活动于 20 世纪 20 至 50 年代，是《集成》中的最年轻的学者之一，却有《国史金石志稿》《炎黄氏族文化考》《中国古代货币通号》《五灯精舍印话》《老庄学案》《目录学讲义纲要》《楚辞新注》等 29 种从未时行的手稿本被集中收录，共计 13 册，是入选遗稿最多的学者。作者认为，在畅论清代山左学术在全国的地位的今天，以王献唐研究作切入点，非常有必要，亦很有价值。

27 民国时期清代山左潍县陈介祺金石学文献流传整理与文献学价值——以山东省立图书馆（山东金石保存所）为例 / 李勇慧 // 历史文献研究．总第 33 期 / 中国历史文献研究会编．-- 上海：华东师范大学出版社，2014．-- 191–199 页

清代汉学的兴起，以训诂名物为依归，带动了金石学、语言文字学、历史学、地理学及目录学等学科的发展。乾嘉年间，学者著作如林，成为宋学以后又一个学术繁荣时期。有学者认为，清代金石学的崛起与发展，开启了近代考古学之端，而其中山左学者之功尤大。文章仅以近年新发现的民国时期山东省立图书馆（山东金石保存所）搜集整理清代山左著名金石学家、金石收藏家潍县陈介祺藏陶文、秦诏瓦当残字、古镜镜文、青铜彝器、砖瓦、泉范等金石器物及拓片等金石学文献史料，略谈民国时期潍县陈氏金石学文献的流传整理，兼考其文献学价值。

28 抗战时期王献唐与孔德成等保护山东珍贵文物史实考证 / 李勇慧 // 人文天下．-- 2015，no.5，47–54 页

清末与民国时期，山东省图书馆（附设山东金石保存所）是山东唯一的重要文化机构。抗战时期，其珍藏的万余件商周彝器、历代石刻、古籍宋元珍本、名家字画、秦汉砖瓦、历代古钱等古物精品，南迁至曲阜孔府、四川乐山大佛寺等地，保存 13 年，躲过日寇炮火而幸存。在继承中华优秀传统文化，弘扬社会主义核心价值观，纪念世界反法西斯战争胜利及中国抗日战争胜利 70 周年之际，作者从海峡两岸珍藏档案中抉微钩沉，向世人揭示先辈在民族危难存亡之际，精心守护山左文脉的爱国精神。

29 山东省古籍保护工作现状分析与战略对策研究 / 李勇慧 // 人文天下．-- 2015，no.7，71–76 页

自 2007 年国务院办公厅在全国启动“中华古籍保护计划”以来，山东省古籍保护工作在各级政府和全社会的共同努力下，逐步摸清了全省古籍家底，并在原生态保护、再生性保护方面，取得了显著成绩，多项管理措施与保护方法在全国得到推广。但同时也面临诸多客观上的困难，暴露出管理方法上的不少问题，需要从文化战略高度进行分析与研究，提出有效对策，以保证本省珍贵文献的安全，使其在中国特色社会主义核心价值体系建设、山东经济文化强省建设中发挥重要作用。

30 **1937 年齐鲁珍贵文献南迁史实考证 / 李勇慧 // 抗战时期古籍抢救史迹文集 / 国家古籍保护中心编 . -- 北京：北京大学出版社，2015. -- 158–162 页**

文章介绍了 1937 年日寇犯华，山东省立图书馆（附设山东金石保存所）馆长王献唐将馆藏古籍珍本与商周彝器、历代石刻、名家字画、秦汉砖瓦、历代古钱精品等约 18000 册（件），南迁至曲阜孔府、四川乐山大佛寺等地长达 13 年（1937 年 10 月—1950 年 12 月）的历史事迹。这些珍贵文献于新中国成立后完璧归来，成为山东省两个“全国古籍重点保护单位”——山东省图书馆和山东博物馆的重要馆藏来源。文章从概述、南迁经过、南迁文献种类数量与留存济南文献的损失、南迁齐鲁珍贵文献的重大意义等四个方面，从海峡两岸珍藏档案中抉微钩沉，向世人揭示先辈在民族危难存亡之际，守护中华文脉的爱国之举。

31 **山东省图书馆藏宋赣州本《文选》递藏考 / 李勇慧 //2016 年中文古籍整理与版本目录学国际学术研讨会 / 程焕文，沈津，张琦主编 . -- 桂林：广西师范大学出版社，2018. -- 697–706 页**

文章介绍山东省图书馆藏南宋赣州州学刻本《文选》，是中国藏书史的重要史料，记录了百余年间一部古籍从私藏到公藏的转变，内有清王懿荣、王崇焕（王懿荣子）、王献唐三人题记，入选第二批国家级珍贵古籍名录。文章在进行抢救性修复过程中，对此书的概况、递藏考及历代书目著录与海内外存藏情况进行了多方考证。

吕承睿

1964 年生，山东章丘人，1985 年 7 月入馆至今，现任副馆长，研究馆员。

著作

01 **图书馆后勤管理实务 / 吕承睿编著 . -- 济南：山东省地图出版社，2007. -- 210 页；26cm**

本书对图书馆后勤管理的有关理论和实践进行了研究，对图书馆后勤工作的特点进行了分析，对如何搞好图书馆后勤工作从理论和实践两方面进行了探索，并提出了合理化建议。主要包括山东省图书馆管理概述、山东省图书馆后勤服务简况、后勤服务管理工作、安全管理文件、物业管理文件、图书馆物业托管项目、安全项目部操作实务、保洁项目部操作实务、工程项目部操作实务等九个部分。

论文

01 关于改善图书馆管理工作的几点思考 / 吕承睿 // 山东图书馆季刊 . -- 1995，no.2，28–31 页

随着计划经济向市场经济的转变，图书馆事业也有一个发展战略和策略的调整问题。如何在社会主义市场经济条件下，发展壮大图书馆事业，更好地发挥其职能作用，为提高人民科学文化水平和素质服务，是图书馆管理者首先研究和回答的时代课题。文章认为管理工作的重要地位决定了管理者要进一步解放思想，更新观念，用中国特色的社会主义市场经济理论做指导，立足于图书馆事业的专业特点，对现有的管理职能进行革新。图书馆应在认真总结工作经验的基础上，找准阻碍发展和不适应事业的问题，并提出解决问题的办法；通过进一步理顺管理职能部门间的关系，提出应完善管理体制，充分调动管理工作人员的积极性，用图书馆学的科学理论，指导具体的工作实践。

02 浅谈我馆工作考核的内容和标准

参见　肖军论文 01

03 浅谈我馆管理工作科学化 / 吕承睿 // 山东图书馆季刊：山东省图书馆学会第六次科学讨论会获奖论文专集 . -- 1999，192–194 页

研究和探讨图书馆科学化管理的有关问题，对进一步完善管理机制，健全管理制度，落实“以改革促发展，抓管理增效益”的工作方针，具有一定的现实意义。作者根据近几年从事管理工作的体会，就推行科学管理问题提出以下建议，一是适时调整管理工作目标；二是完善岗位目标责任制；三是深化考核工作；四是图书馆管理重在人的素质提高；五是灵活运用利益竞争机制调动广大职工的积极性。

04 新馆物业安防管理工作刍议 / 吕承睿 // 山东图书馆季刊 . -- 2002，no.4，84–85 页

山东省图书馆新馆服务开放经历了一年试运行后已正式对外开放。书库区的工程正进行竣工验收，外部环境工程已经完毕。文章对新馆物业安防工作应该选择何种管理方式，如何有效地组织管理好这项工作，进行分析探讨。

05　浅谈图书馆物业及后勤服务的企业化管理 / 吕承睿 //21 世纪中国图书馆建设与发展 / 中国图书馆学会，中国图书馆学报编 . — 北京：北京图书馆出版社，2002. -- 1815-1816 页

文章认为，图书馆物业及后勤服务是图书馆知识管理和知识导航职能有效发挥的物质基础和重要保障。文章分析探讨了图书馆物业及后勤服务企业化管理方式和举措：一是实现图书馆物业所有权和使用权的分离，强化成本核算观念，二是内部创收和经营实行物资设备的有偿使用或租用管理，三是后勤服务工作实现管理权和经营权的分离，采取内部承包和外托管理。

06　浅谈公共图书馆文化环境建设 / 吕承睿 // 山东图书馆季刊 . -- 2005，no.4，92-93 页

公共图书馆应积极适应社会环境的变化，努力营造良好的文化环境。文章分析影响图书馆事业发展的社会环境因素，即知识经济对经济社会、文化等社会各领域的深刻影响，提出加强图书馆文化建设的重要性。文章指出营造良好的图书馆文化环境提升图书馆发展的内在动力，从组织文化、制度文化和精神文化三个方面，详细论述了加强图书馆文化环境建设的主要内容。

07　公共图书馆展览的组织与策划初探 / 吕承睿 // 山东图书馆季刊 . -- 2007，no.3，56-58 页

文章论述了图书馆策展的方向、策展原则及举办展览的内容与方法。文章提出图书馆展览应坚持公益性方向，坚持以读者为主体、与地方文献资源相结合的原则，充分利用社会资源，开展与社会相关机构合作，举办书画艺术、主题摄影艺术、科学普及、文化交流和创意设计等多种形式的展览活动，提高图书馆展览的吸引力和社会影响力。

08　努力发挥图书馆在经济和社会发展中助推作用 / 吕承睿 // 图书馆用户服务研究 / 赵炳武主编 . -- 济南：山东省地图出版社，2007. -- 509-513 页

文章从拓展公共图书馆的文化服务功能、提高公共图书馆的文化生产力、深化公共图书馆文献信息服务、推进文化信息资源共享工程建设四个方面，论述图书馆在经济和社会发展中的助推作用。

肖　军

1942 年生，山东寿光人，1985 年至 2002 年在馆，研究馆员。

论文

01　浅谈我馆工作考核的内容和标准 / 肖军，吕承睿 // 山东图书馆季刊 . -- 1995，no.3，32–36 页

文章认为考核是图书馆管理工作的一项重要内容，能不能搞好，对于能不能调动广大图书馆工作者的积极性，促进图书馆事业适应改革形势的发展，有着十分重要的影响。文章指出要在健全和推行岗位目标责任制的基础上组织有效的考核，关键是要建立一整套科学的考核模式，保证考核标准的统一性、合理性和可操作性。围绕这一问题，作者结合近几年本馆组织考核工作的体会和图书馆工作的某些管理特点，阐述了将德、能、勤、绩四方面的考核内容，分解成诸多可操作的要素，使考核内容具体化，评判标准分值化。

02　计算机在图书馆的应用及其对策 / 肖军，于虎 // 福建图书馆学刊 . -- 1996，no.1，19–20+29 页

文章认为计算机的发明和应用是人类当代文明发展的一个重要标志。它早已渗透到现代社会的各个领域。然而，我国公共图书馆在计算机应用方面，总的来说还处在起步、探索、试验、实践阶段。实现图书馆管理自动化应具备的条件无非是我们常提到的“硬、软 、库、人”。“硬”指的是计算机及其外围设备，“软”指的是计算机系统软件和应用软件，“库”指的是文献数据库，“人”是指计算机管理人员和技术人员，以上四点缺一不可。文章重点围绕以上几个方面进行探讨，就如何解决好这几个问题，提出了自己的看法。

张洁如

女，曾用名张洁茹。1946 年生，江苏无锡人，1985 年至 2002 年在馆，研究馆员。

论文

01　山东省图书馆现代技术发展现状

参见　任宝祯论文 07

02　如何进行文献的前期整理编辑工作 / 张洁如，王春红，刘军，尹群 // 山东图书馆季刊 . -- 1994，no.4，87-89 页

目前，缩微复制技术已逐渐被人们所认识，并且越来越广泛地在各个领域开展起来，在整个工作过程当中，对原件的前期整理编辑工作成为一个重要的环节。因为无论是摄制报纸、期刊、古籍善本还是大量的工程图纸及档案资料，在摄制前均存在一个前期编辑整理工作的过程。为了后期的使用及检索的需要，原件绝不可能拿来就拍。而原件的前期整理编辑工作又是一项技术性很强，而且艰苦、细致、枯燥又复杂的工作。它需要工作人员必须有很强的责任心，来不得半点马虎。其工作量占整个缩微复制工作量的 60% 以上。从各单位对原件的前期整理编辑工作来看，其工作程序是不同的。文章根据作者多年的工作经验，介绍一种具有普遍性的原件前期整理编辑工作程序，供参考。

03　缩微摄影技术是抢救保护历史文献的主要手段 / 张洁如 // 缩微技术 . -- 1997，no.2，24-25 页

近十年来，我国公共图书馆系统一直把缩微摄影技术作为抢救保护历史文献的重要手段。随着计算机技术和光盘技术的迅猛发展，有些人开始对应用缩微摄影技术能否继续在图书馆进行历史文献的抢救保护产生怀疑。笔者认为，在今后相当长的一段时间内，仍应以缩微摄影技术为主，辅之以计算机技术和光盘技术，来进行抢救保护和利用历史文献资料。其理由有三：一是缩微摄影技术在抢救和保护历史文献的工作中，发挥了不可替代的重要作用。二是目前计算机技术尚不能完全代替缩微复制技术。三是以缩微复制技术为主，辅之以计算机技术是目前抢救保护历史文献的最佳选择。

04　试论缩微品的地位作用及发展前景 / 张洁如 // 缩微技术 . -- 1998，no.3，2-4 页

信息资源的开发和利用，历来是人类社会发展的动力之一。利用现代化全文信息存储手段即摄影技术而制成的产品——缩微品，在信息资料高度被人们所重视的今天，发挥了无与伦比的作用。文章主要论述了缩微品的历史作用、现实作用以及社会地位和其发展前景，以便进一步让人们深入了解缩微品、应用缩微品，让缩微品发挥更大的作用。

05　关于提高公共图书馆缩微技术队伍整体素质问题的探讨 / 张洁如 // 图书馆工作与研究 .-- 1999，no.1，43-46 页

缘于抢救历史文献的机遇，缩微技术先于其他现代化手段进入了公共图书馆系统。经多年实践和专家学者反复比较论证，业界对其技术上的先进性和可靠性，以及在推进公共图书馆现代化历程中的重要作用，已达成共识。与传统手段相比，缩微技术具有科技水平高、涉及学科多的特点，以及抢救保护和开发利用文献资料的双重功能，随着与电子计算机和数字化技术的综合运用，其技术要求会更高，操作难度会更大。对缩微技术人员素质的要求，必须以发展的眼光，制定更高的标准，主要包括政治思想、道德品质、科学文化、身体心理和劳动技能诸方面的能力和水平。从缩微复制岗位的基本要求来看，只有具有较高的政治思想觉悟、熟练的业务技能、健康的心理素质，同时又有一定的协调管理和开发能力的复合型人才，才能胜任岗位工作。

06　图书馆数字化与缩微技术 / 张洁如，刘军，尹群 // 缩微技术 .-- 2000，no.2，17-20 页

文章论述了缩微技术和计算机技术在信息传递、文件保存中各自的优势和局限性，提出了发挥优势、克服局限的对策，指出伴随着科技的高速发展，缩微事业将有更加辉煌的未来。

07　试论图书馆如何面对知识经济的挑战

参见　张云论文 05

08　论缩微技术与数字技术的结合 / 张洁如 // 缩微技术 .-- 2001，no.2，7-10 页

缩微技术在图书馆、档案馆的应用至今已有百年历史，经过不断的改进和更新，硬件与软件已成熟和稳定。但随着知识经济时代的到来，数字技术迅猛发展，面对数字技术在各个领域的渗透，文章从数字技术的“安全”问题入手，阐述了数字技术现在还难以代替缩微技术，而缩微技术也必须与数字技术有机结合，才能赋予缩微技术新的生命。

张 云

女，1956 年生，山东昌邑人，1986 年 1 月至 2011 年在馆，研究馆员。

论文

01 浅议图书馆目标管理 / 张云 // 高校图书馆工作 . -- 1993，no.2，40–41+44 页

实行目标管理，是我国各类型图书馆由行政管理走向科学化管理的必由之路。它能极大地调动图书馆工作人员的积极性和创造性，提高图书馆工作效率和质量。文章围绕图书馆实行目标管理中目标的确定、目标的实施、目标的检验以及新的发展目标的重新制定等具体问题提出个人的意见。

02 试论灰色文献的开发利用 / 张云，姜华珍 // 山东行政学院山东省经济管理干部学院学报 . -- 2000，no.1，87–88 页

文章分析了灰色文献的特点及情报价值，探讨了获取灰色文献的方法和途径，提出了开发利用灰色文献的措施。

03 我国网络信息市场建设浅析 / 姜华珍，张云 // 缩微技术 . -- 2000，no.2，37–39 页

网络信息市场是一种新型的信息市场形式。文章分析了我国信息网络概况、网络信息市场的特征，指出了建设我国网络信息市场是国民经济信息化、信息时代社会发展、人民生活的迫切需要，提出了建设我国网络信息市场的建议。

04 试论 21 世纪公共图书馆人才培养 / 张云 // 图书馆工作与研究 . -- 2000，no.4，35–38 页

文章从 21 世纪信息时代对公共图书馆专业人才的要求，分析了目前公共图书馆专业人才队伍的现状及存在问题，论述了 21 世纪公共图书馆专业人才教育培养的内容和途径。

05 试论图书馆如何面对知识经济的挑战 / 张云，张洁如 // 山东行政学院山东省经济管理干部学院学报 . -- 2001，no.2，93–94 页

文章在分析归纳知识经济的含义与特征的基础上，指出了知识经济的兴起给图书馆带来发展的机遇和严峻的挑战，分析了图书馆在知识经济时代的发展对策。

06 **浅议网络环境下的读者服务 / 张云，辛玉美 // 山东图书馆季刊 . -- 2002，no.3，54–55 页**

文章对网络环境下读者的特点、需求进行分析，提出了图书馆要针对读者群及其信息需求的变化，推行全方位的开放式的社会服务。

07 **山东省图书馆老年人阅览室的设立与发展 / 张云 // 山东图书馆学刊 . -- 2009，no.1，32–33+36 页**

为老年读者服务是公共图书馆界面临的新课题。在各级公共图书馆中，老年读者已成为图书馆日益扩大且不可忽视的一支读者队伍。因此，如何确定自己的角色，利用文献资源，帮助其“老有所学”“老有所为”“老有所乐”就成为一项比较迫切和现实的任务。文章介绍了山东省图书馆老年阅览室设立过程及开展服务情况。

陈 瑛

女，曾用名陈英。1963 年生，山东郓城人，1986 年 7 月入馆至今，副研究馆员。

论文

01 **图书馆对外工作人员怎样适应现代技术 / 陈英，于虎 // 山东图书馆季刊 . -- 1996，no.3，79–81 页**

针对计算机在图书馆的应用，提出了工作人员应克服的心理问题，以及工作人员应掌握的基本技术和应注意的问题。

02 **试论图书采购的原则及方式**

参见 孙守俭论文 03

03 **加强继续教育 提高馆员基本素质 / 陈瑛 // 书海泛舟——山东图书馆事业建设理论与实践 / 王运堂主编 . -- 海口：南海出版公司，2002. -- 598–602 页**

文章认为随着时代的发展，我国图书馆逐步从传统图书馆向现代化图书馆过渡，继续教育是图书馆事业发展的需要。图书馆员要在知识经济时代扮演重要角色，必须加强自身学习，重视继续教育，培养创新能力。

04　与时俱进：做好老年读者教育服务工作　公共图书馆责无旁贷 / 陈英 // 网络时代图书馆工作与研究 / 王运堂主编 . -- 海口：南海出版公司，2003. -- 305-307 页

文章认为加强老年文化工作对于丰富老年人的精神文化生活，推进社会主义精神文明建设具有重要的现实意义。作为文化信息传播中心，终身教育最好场所的图书馆对做好老年读者教育服务工作是义不容辞的。文章同时指出老年教育是以人为本的教育，与时俱进的教育，图书馆是终身教育的最好课堂。

05　浅论生态审美下的图书馆视觉文化建设 / 陈瑛 // 山东档案 . -- 2006，no.3，53-54 页

文章认为随着网络技术以及多媒体技术的发展，视觉文化在社会文化生活中发挥着越来越重要的作用。尤其是数字化媒体的出现，更是构筑起了视觉文化的全球化平台，视觉文化正日益深刻地影响着人们的思想观念和行为方式。图书馆作为社会文化活动的中心，在图书馆建设过程中，建立具有本馆特色的视觉文化很重要。

06　图书馆对青少年读者的美育教育 / 陈瑛 // 图书馆管理与自动化建设 / 王运堂主编 . -- 北京：中国文联出版社，2006. -- 286-290 页

美育是图书馆对青少年不可忽略的教育，文章阐述了美育的社会地位、美育的职能以及图书馆实施美育教育应遵循的特点和规律。文章提出图书馆要借助丰富的馆藏文献，营造独特的学习环境以及优质的读者服务来实施美育教育。

07　《信息网络传播权保护条例（草案）》对图书馆网络信息服务的影响

参见　杜云虹论文 05

贾声祥

1956 年生，山东长清人，1986 年 7 月至 2016 年在馆，副研究馆员。

论文

01　论公共图书馆阅览服务工作的若干问题 / 贾声祥 // 山东图书馆季刊：山东省图书馆学会第六次科学讨论会获奖论文专集 . -- 1999，95-97 页

文章认为阅览服务工作是整个图书馆读者服务工作的重要组成部分，是图书馆读者服务的主要方式。如何立足现在着眼未来做好阅览服务工作就显得尤为重要。文章重点论述了公共图书馆阅览服务工作的特点及存在的问题以及阅览服务工作人员应具备的基本素质。

02　入世后图书馆如何保护网络信息资源的知识产权 / 贾声祥 // 山东图书馆季刊 . -- 2004，no.1，21-24 页

文章从图书馆知识产权的关系、网络信息资源知识产权保护存在的问题及图书馆应采取的应对之策三个方面论述了入世后图书馆在知识产权保护中的作用。文章具体阐述了《关税及贸易总协定》涉及的主要出版物市场准入问题，《服务贸易总协定》涉及的主要印刷、出版发行与出版有关的服务市场准入问题，《贸易有关的知识产权协定》涉及的著作权保护问题、数据库的版权保护界定和数据库知识产权保护存在的问题、网上传播知识产权保护问题、数字信息资源知识保护以及图书馆应采取的应对之策等方面内容。

03　谈图书馆员工信息素质教育 / 贾声祥 // 图书馆管理与信息服务 / 王运堂主编 . -- 北京：北京图书馆出版社，2004. -- 429-432 页

文章介绍了信息素质、信息素质教育的含义，分析了信息素质教育的必要性和迫切性，提出加强图书馆员信息素质教育的具体措施。

仲海燕

女，1962 年生，江苏赣榆人，1986 年 7 月入馆至今，副研究馆员。

论文

01　浅谈办证处与图书馆宣传 / 仲海燕 // 书海泛舟——山东图书馆事业建设理论与实践 / 王运堂主编 . -- 海口：南海出版公司，2002. -- 278–283 页

图书馆办证处是图书馆宣传的前沿阵地，办证处也承担着图书馆对外宣传的任务。随着图书馆事业和现代科技的发展，办证处的宣传方式也突破原来的窠臼而趋于多样化、信息化。文章阐述了办证处是图书馆宣传的前沿阵地、办证处人员素质是决定图书馆宣传质量的因素以及宣传方式等三个方面内容。

02　浅谈图书馆的读者咨询工作 / 仲海燕 // 网络时代图书馆工作与研究 / 王运堂主编 . -- 海口：南海出版公司，2003. -- 252–255 页

文章论述了当前读者咨询工作的特点、读者咨询工作常用方法、读者咨询工作中应注意的问题以及做好读者咨询工作的必备条件。

03　浅谈公共图书馆提升为弱势群体服务的对策 / 仲海燕，朱莉 // 发现 . -- 教育版 . -- 2016，no.1，155 页

文章认为我国公共图书馆为弱势群体服务总体上开展较晚，要提升我国公共图书馆为弱势群体服务的水平，首先要明确弱势群体服务的主体，积极构建政府、图书馆和弱势群体的相互支持系统，保证我国公共图书馆为弱势群体服务的可持续发展。文章提出我国公共图书馆要提升为弱势群体服务的水平，需要政府、图书馆、弱势群体三方面共同努力。

04　文化创新视域下的图书馆阅读文化建设 / 仲海燕 // 文化创新比较研究 . -- 2018，v.2，no.29，160+162 页

文章认为文化创新是提高高职院校文化建设的有效模式，而高职院校的图书馆阅读文化建设是学校文化建设的核心，涵盖了建设的主体、建设的方式以及宣导平台等内容。文章提出以建设优良的阅读文化氛围、采取镶嵌式阅读文化宣导服务、完善阅读文化宣导评定体系等措施，对图书馆阅读文化进行有效建设。

05　图书馆知识管理的发展方向及价值讨论 / 仲海燕 // 文化创新比较研究 . -- 2018，v.2，no.31，162+167 页

文章对图书馆知识管理的概念进行阐述，对其管理原则与目标进行分条探究，从思维、管理、形式三大方面对图书馆知识管理在后续几年中的发展方向进行探讨。文章希望在先进思维观念的引领下，图书馆积极调整管理战略方针，进行有效实践活动，尝试探寻创新突破口，促进我国图书馆知识化转型过程，明确定位且健康长效发展。

陈　浩

1965 年生，河南长垣人，1986 年 11 月入馆至今，副研究馆员。

论文

01　CNMARC 知识责任字段外国人名著录例释 / 张敦仲，陈浩 // 图书馆杂志 . -- 1999，no.11，37–38 页

《中国机读目录格式》(简称 CNMARC)，是我国图书情报部门进行书目数据库建设和书目数据处理的规范和依据。文章指出由于各馆使用的计算机管理系统和对 CNMARC 标准理解程度的不同，各馆对同一文献而编制的书目数据常常会出现许多差异，特别是知识责任字段外国责任者姓名著录的方法存在的分歧和混乱最为严重。笔者结合工作实践，用实例详细解释了知识责任字段外国责任者姓名著录的规则和方法。

02　我馆地方文献工作的回顾与思考

参见　徐泳论文 03

03　网络环境下的图书馆信息服务 / 陈浩 // 书海泛舟——山东图书馆事业建设理论与实践 / 王运堂主编 . -- 海口：南海出版公司，2002. -- 228–232 页

随着科技的飞速发展，图书馆的信息从内容到形式都发生了根本性变化，文章围绕图书馆信息服务的新特点，阐述了加强图书馆信息服务工作的措施。

04　我国图书在版编目与图书馆工作初探 / 陈浩 // 网络时代图书馆工作与研究 / 王运堂主编 . -- 海口：南海出版公司，2003. -- 128–132 页

文章认为自 20 世纪 70 年代末引进在版编目（CIP）概念至今，我国的 CIP 工作经过反复论证、实验、磨合和推广，取得了令人瞩目的成就，但作为一件新生事物，它自然还存在许多问题。文章围绕存在的质量问题、数据库问题、时效问题等相关问题，进行了初步探讨。文章分析了近年来我国在版编目工作的状况。

05　图书馆网络信息服务 / 陈浩，刘荣 // 图书馆管理与信息服务 / 王运堂主编 . -- 北京：北京图书馆出版社，2004. -- 605–609 页

文章认为网络文献信息服务是 21 世纪图书馆服务工作的重点，在分析网络信息资源的特点的基础上，提出图书馆开展网络信息服务，要加强网络信息资源的开发和图书馆网络信息人才的培养。

06　做个知识海洋的优秀导航员 / 陈浩，张用兴 // 图书馆信息资源建设与利用 / 王运堂主编 . -- 北京：中国文联出版社，2005. -- 136–140 页

文章认为作为一个称职合格的参考馆员应具有较高的政治素养、职业素养、知识素养和专业能力素养，同时提出培养优秀参考馆员的方式和途径。

07　李开先行实考二则 / 陈浩 // 山东图书馆季刊 . -- 2006，no.3，85 页

明代著名文学家李开先，字伯华，号中麓，山东章丘人，明嘉靖八年（1529）进士，官至太常寺少卿。文章认为在文学创作上，他反对当时台阁文人复古模拟的文学主张，重视民间文学，认为真诗唯蕴民间，并大量收集整理民谣、谜语、笑话、对联等民间文艺作品，对明中叶文风转变起了开拓作用。新中国成立以来，有关李开先研究颇受重视，研究著作和论文时有发表，有些学者甚至认为小说《金瓶梅》也是李开先所作，于是关于李氏生平、交游、著作和思想的研究也愈发深入。然而令人遗憾的是，在喧喧闹闹的研究热潮表象之下，有些最为基本的事实被人们忽略了，甚至是视而不见，从而使相当数量的研究成果或多或少掺杂了不应有的瑕疵。作者依据《李开先年谱》《国朝献征录》《济南历代墓志铭》《李开先传略》《章丘县乡土志》《章丘县志》《金舆山房稿》等文献，重点考证了李开先的生日及其乡试名次两方面的内容。

08　图书馆 2.0 与基于用户交互的网络服务 / 陈浩 // 山东图书馆学刊：2011 年“图书馆社会责任”专辑 . -- 2011，77–79 页

文章介绍了图书馆 2.0 的核心内容，向图书馆揭示了在网络环境下拓展图书馆信息资源，延伸图书馆信息服务，实现与提升图书馆服务理念的无限可能。

张　莹

女，1965 年生，山东沂源人，1986 年至 2003 年在馆，副研究馆员。

论文

01　改革十年中的山东省图书馆

参见　周雪平论文 05

02　在当代图书馆演进中找到新书工作的位置：重视、开发、利用 / 张莹 // 山东图书馆季刊 . -- 1998，no.3，16–18 页

文章认为在目前经费紧张而读者需求日益迫切的情况下，图书馆馆藏新书没有得到充分利用，是图书馆界面临的普遍问题。文章指出找准新书工作的位置，重视新书工作，是当代图书馆服务社会、完善自我的一条重要路径。

03　魏晋南北朝时期梁朝图书文化事业 / 张莹 // 津图学刊 . -- 1999，no.2，84–90 页

文章认为在魏晋南北朝时期南朝宋、齐、梁、陈的迭相更替中，梁朝前承萧齐，从公元 502 年立国，历经武帝、简文帝、豫章王、武陵王、元帝、贞阳侯、敬帝，于公元 557 年为陈所灭，共存在 55 年。阐述了其文化事业发展取得的成就，指出梁代在中国历史上虽然很短暂，但在文化上所达到的成就及表现出的规律性的东西却具有典型意义，对后世也有一定影响。

04　试论文艺复兴之前西方早期的私人藏书 / 张莹 // 山东图书馆季刊：山东省图书馆学会第六次科学讨论会获奖论文专集 . -- 1999，19–22 页

文章认为私人藏书是图书文献发展到一定阶段的产物，介绍了文艺复兴前西方私人藏书发展的情况。文章指出在世界文明发展史上，以欧洲为中心的西方私人藏书事业起步较早，并曾在希腊罗马时代辉煌一时，一直延续到中世纪和文艺复兴的到来。

研究早期的私人藏书，可以全面了解图书馆的发展概貌。

05　21 世纪图书馆发展模式与功能 / 张莹，张秀荣，张静 // 津图学刊 . -- 2001，no.2，61-63 页

文章从计算机等新技术在图书馆的应用、数字图书馆的发展前景、图书馆理论上的新进展以及 21 世纪图书馆的目标与功能等方面进行了探讨，以期通过计算机技术、现代图书馆、信息社会独特性与相互关系的综合与归纳，在继承图书馆优秀传统的同时，展望图书馆光明的未来。文章认为经常性的理论反思，有助于图书馆事业的发展，有助于对 21 世纪图书馆模式与功能的认识与操作。

06　谈修志的三大原则 / 张莹 // 书海泛舟——山东图书馆事业建设理论与实践 / 王运堂主编 . -- 海口：南海出版公司，2002. -- 964-967 页

地方志是代表一个地方的标志性文献，是地方文献的集大成者，文章从客观性、实用性、开放性三方面讨论编纂新志的原则。

贾贵荣

女，曾用名贾桂荣，1961 年生，山东定陶人，1987 年 7 月至 1998 年在馆，馆员。

著作

01　泰山文化探秘 / 贾贵荣，张书明编著 . -- 济南：山东友谊出版社，1993. -- 219 页；19cm

该书把独具一格的泰山文化现象，如“五岳独尊”的由来、历代帝王封禅告祭的心态、丰富多彩的泰山艺术世界反映的民族精神和风格，神话传说、宗教活动表现的民族心理以及泰山的历史、现状和未来等问题，放在中华民族历史的长河中，放在华夏和齐鲁文化圈内，从地理学、历史学、社会学、文化学、民俗学、神话学、宗教学、艺术学等角度，进行了唯物史观审视和纵横交错的研究分析。作为中国传统文化的缩影和齐鲁文化的重要组成部分，泰山文化早就引起了国内外学术界的重视，这不仅表现在泰山吸引了成千上万的旅游者，更重要的是许多学者展开了研究。

02　中国古代名物大典：函籍类 / 贾贵荣主编 . -- 济南：济南出版社，1993. -- 1909 页；27cm

《中国古代名物大典》收入的古代名物词，上起史前、下迄清末，分为天象、地物、人体等 37 大类。上册共收录 24561 条词条，下册共收录 24235 条词条。

03　三国一百零八位大名人

参见　徐明兆著作 01

论文

01　历代统治者聚书活动述评 / 贾贵荣 // 山东图书馆季刊 . -- 1991，no.1，69–72 页

在中国长达两千年的封建社会里，王朝兴亡，治乱交替。历代王朝的国家藏书也随社会的变更聚了又散，散了又聚，且几度濒于湮灭殆尽。难能可贵的是，几乎每个新王朝的建立者或王朝盛世之君都采取过积极措施，以收集因社会动乱丧失民间的图书，从西汉武帝到清康熙、乾隆皇帝皆如此。这样才使历代王朝国家藏书源远流长，许多古书得以流传至今。

02　宋代妇女地位与二程贞节观的产生 / 贾贵荣 // 山东社会科学 . -- 1992，no.3，68–71 页

文章认为与世界上其他民族一样，中国社会也经历了漫长的母系氏族时代。妇女地位的沦落，是随着经济地位和政治制度的发展，以及社会文化心理结构的变迁逐渐形成的。文章指出处于奴隶制的夏、商时期的妇女，有权参加祭祀、占卜等政治活动，经济上亦拥有自己的土地奴隶等。文章重点探讨了宋代妇女地位，主要从婚姻关系的缔结和解除上看女性是否同男性一样拥有一定自主权；另一方面，当婚姻关系的男方死亡后，女性是否可以脱离婚姻羁绊，也就是说鳏夫可以再娶，寡妇是否可以再嫁。儒学自东汉以后走下坡路，唐代《五经正义》的出现表明儒学已走上僵化道路。伦理思想在汉儒中是薄弱点，尤其是男女伦理思想。班昭提倡的三从四德，历经魏晋南北朝以来的佛道冲击，至北宋已支离破碎。社会现实和儒学重建迫使二程选择伦理观作为建立思想体系的重点。在二程伦理观中，关系到家庭安危的夫妇之伦成为中心论题。为此，二程从孔孟学说中寻找理论根据，从汉儒中吸取营养，借鉴佛道修心养性说，初步建立“女守贞，男灭欲”的男女并重的贞节观。

03　北宋中叶知识分子群的勇气、成就与情操 / 贾贵荣 // 山东社会科学．-- 1993，no.1，72-74+46 页

文章论述了 11 世纪的 20 至 60 年代，中国历史上宋仁宗至神宗统治时代，知识分子群体的文化创造及精神气质。在这几十年里，封建经济得到了长足发展，铁产量相当于盛唐时期的十几倍，农民对地主的人身依附关系发生了带有根本性的变化，天圣年间以诏书的形式从法律上肯定了这一新现象。同时，政治上最高统治者加强中央集权，继而范仲淹等人领导推行了庆历新政，揭开了北宋社会改革的序幕。文化上则出现了中国历史上又一个百家争鸣、百花齐放的时代，涌现出晏殊、范仲淹、司马光等一批文化大家。文学、史学、经学都发生了根本变革，并取得了辉煌成就。所有这一切表明北宋中叶不愧为中国历史上光彩夺目的时代。

04　历代泰山文献概述及鲁图藏泰山书籍简目 / 贾贵荣 // 山东图书馆季刊．-- 1994，no.4，57-60 页

文章认为泰山自秦汉以来就被称为五岳之首，五岳独尊，而后历代帝王来此封禅祭典，无数文人为之挥毫泼墨。郭沫若称泰山为“中国历史文化的缩影”，充分肯定了泰山在中国历史长河中的地位。文章重点介绍了历代泰山文献的著述情况，并以书目的形式，介绍了山东省图书馆馆藏泰山书籍。

05　儒家文化与山东妇女的发展 / 贾贵荣 // 妇女学苑．-- 1997，no.2，46-47 页

文章简要概述了儒家文化的产生与发展，指出儒家诞生于礼崩乐坏，社会急剧动荡不安的春秋战国时代。作为儒家创始人的孔子、孟子把关注的重点放在挽救社会危机，重建社会伦理道德方面。妇女问题作为社会问题的一个方面，虽为儒家伦理思想的一部分，但在儒家经典中占有十分微小的位置，即所谓“唯女子与小人难养也”。文章指出作为儒家文化诞生地的齐鲁大地并没有过多的沐浴儒家文化的甘霖。当时的齐鲁大地虽为诸子百家，精彩纷呈，但儒家文化对齐鲁女性的影响不大。文章重点围绕儒家文化与妇女人生价值观、儒家文化与妇女伦理道德观、儒家文化与母教观、儒家文化与妇女的依附性等方面，总结了几千年来儒家文化与山东妇女发展的关系。

06　王先进教授与孔子研究 / 贾贵荣 // 春秋．-- 1998，no.4，28-29 页

文章概述了王先进教授从事孔子研究及取得的显著成就。王先进教授出生于山东菏泽，离孔子故乡曲阜仅几百里之距，这种地缘关系也许是促成先生大半生从事孔子研究乃至卓有成就的原因之一。先生青年时代先后就读于山东大学、北京大学。由于战乱，名牌大学毕业的他，曾辗转半个中国，先后执教于海南、河南、江苏等处学校，直到新中国成立后，先生才来到曲阜师范学院，开始了他大半生从事孔子研究的生涯。为了表达他对孔子的崇敬之情，抑或为了拉近与两千年圣人的距离，先生毅然取《论语·先进》篇名，改王东野为王先进。天时地利人和，先生在圣人之乡开始和两千年前的孔子对话。

07　海岱此书先　齐鲁文化长——读郭墨兰新著《齐鲁文化》/ 贾贵荣，庞燕 // 山东图书馆季刊 . -- 1998，no.15，55–58 页

《齐鲁文化》一书是齐鲁文化全面系统研究的第一部专著，是近十几年来的齐鲁文化研究的崭新成果。该书计 13 编 59 章，共 123.3 万字，上溯渊源，下探其流，不仅对数十万年特别是近万年来的齐鲁地区历史文化发生、发展、撞击、流变、交汇融合的过程和内在动力、发展阶段、规律，齐鲁文化的内容、结构体系、基本特点、基本精神以及其在中国文化和世界文化发展史上的地位影响等，做了概括论述，而且对齐鲁文化的各个组成部分和在海外的传播情况等，或按时间顺序，或分专题，设有专编、专章或专节，进行了详细的介绍和深入的探讨。

牟南水

1966 年生，山东栖霞人，1987 年 7 月入馆至今，馆员。

论文

01　试论信息时代图书馆读者服务工作的创新 / 牟南水 // 数字化用户 . -- 2017，no.2，166 页

文章认为随着我国社会的不断发展，图书馆作为专门的文化服务机构，在满足人民群众文化需求，提高人民群众文化素质方面正发挥着越来越重要的作用。在信息时代下，传统的图书馆服务已经无法满足人们日益增长的知识需求，公共图书馆的服务模式理应不断创新。文章重点分析了公共图书馆读者服务呈现的新特征，提出信息时代下读者服务工作的新模式，旨在促进图书馆读者服务朝着更好的方向发展。

02　浅议如何促进图书馆资源共享 / 牟南水 // 家庭电子 . -- 2017，no.19，30–31 页

文章认为图书馆对于满足人们完善知识储备和知识结构，促进社会不断进步都具有非常重要而现实的意义。人们已经不再局限于物质方面的享受，而是越来越注重精神方面的满足。文章指出为了更好地适应人们的需求，图书馆应高度重视图书馆工作的服务质量，深挖现有图书馆的潜力，大力推进资源共享，充分发挥社会职能，为推动社会不断进步发挥应有的作用。

03　精准扶贫视角下的图书馆文化扶贫 / 牟南水 // 山东图书馆学刊：2019 年“变革创新　开放融通——法治背景下图书馆发展新路”专辑 . -- 2019，209–211 页

文章结合国家的大政方针及扶贫实践，阐释了当前开展“文化精准扶贫”的必要性与重要性，分析了我国公共图书馆“文化精准扶贫”工作的现状及存在问题的原因。文章提出从四个方面创新公共图书馆“文化精准扶贫”工作路径。一是扶贫工作要“牵牛鼻子”，重视“思想观念”上的扶贫；二是要充分利用“益贫式”市场机制，用“文化精准扶贫”构筑“益贫式增长”的良性循环；三是充分利用“互联互通”等新技术手段，实现“文化精准扶贫”的跨越式发展；四是文旅结合，打造区域特色经济与绿色产业新高地。

王玉梅

女，1963 年生，山东莱阳人，1987 年 7 月入馆至今，现任副馆长，研究馆员。

著作

01　实用婴幼儿护理大全 / 梁洪文，于希令，王玉梅编译 . -- 北京：北京科学技术出版社，1991. -- 442 页；21cm

本书由美国 20 位著名儿科专家和教育学、心理学教授共同编写，分为做父母的准备、日常护理、婴幼儿的生长发育、家庭与育儿、婴幼儿的害怕、婴幼儿常见疾病及其防治等六部分。

02　民国时期山东报刊目录提要

参见　李西宁著作 12

03　**山东革命根据地红色期刊汇编 / 王玉梅主编 . -- 北京：国家图书馆出版社，2019. -- 50 册；29cm**

山东抗日根据地是抗日战争时期中国共产党领导创建的全国敌后战场中唯一一个以一省行政区域为主体的根据地，被毛泽东誉为中国革命“完整的、最重要的战略基地”。解放战争时期，山东解放区又为全国解放做出了突出贡献。为进一步深化山东革命根据地研究，山东省图书馆集中力量整理了山东革命根据地在抗日战争和解放战争时期出版的期刊 85 种，其中以胶东革命根据地和临沂革命根据地出版的期刊为重点。如胶东文协创办的《文化防线》，是抗战时期我党在全省最早的文艺刊物；胶东军区政治部主办的《胶东画报》，1/3 篇幅是战地摄影图片，1/3 篇幅是绘画作品，1/3 篇幅是文字材料，体裁多样；《新华文摘》是山东解放军第一个文摘性的综合刊物；《前卫画报》是华东鲁中南军区政治部出版的以连环画、文艺作品为主要内容的刊物；等等。该书的出版，为学界研究党史和山东革命根据地提供了文献支持。

论文

01　**新学科文献归类辨析 / 王玉梅 // 山东图书馆季刊 . -- 1999，no.1，45–47 页**

文章认为新学科文献分类标引问题是分类人员研究探讨的永恒主题。然而，标引人员水平不一，对分类标引工具的认识不够准确，对标引规则的掌握不够全面，而且分类标引工具的类目设置滞后于科学技术的发展。因此，在对新学科文献进行分类标引过程中，容易出现许多归类不准确，甚至有较大偏差和错误问题。笔者结合多年的分类标引实践，重点探讨有关新兴学科文献的归类问题。

02　**使用 ILAS 编目子系统遇到的问题及处理办法 / 王玉梅 // 山东图书馆季刊：山东省图书馆学会第六次科学讨论会获奖论文专集 . -- 1999，209–212 页**

图书编目实现计算机管理后，其工作直接影响着馆藏书目数据库建设的质量。图书馆为了确保数据库质量，就要对本馆应用的编目系统有比较全面深刻的了解。笔者结合自己的实践，对 ILAS 编目子系统应用中文图书编目遇到的问题及处理办法做了总结。

03　**网络环境下我馆文献资源建设初探 / 王玉梅，王文刚 // 山东图书馆季刊 . -- 2002，no.4，71–73 页**

文章介绍山东省图书馆文献资源建设现状及存在的问题，针对网络环境下文献信息资源的特点，提出文献资源建设发展设想及解决现有问题的可行性办法。

04　联机合作编目，促进我省书目数据库规范化建设 / 王玉梅 //21 世纪中国图书馆建设与发展 / 中国图书馆学会，中国图书馆学报编 . -- 北京：北京图书馆出版社，2002. -- 994-996 页

联机合作编目是实现编目工作现代化、规范书目数据资源建设的有效方式。文章结合山东省图书馆联合编目工作实践，针对山东图书馆编目工作中存在的观念陈旧、缺乏标准规范以及书目数据库建设没有统一规划等问题，论述了开展全省范围内联机合作编目是尽快提升全省图书馆书目数据库规范化建设的最佳途径，同时阐述了开展联机合作编目的条件和优势。

05　浅谈目标管理在采编工作中的应用 / 王玉梅 // 书海泛舟——山东图书馆事业建设理论与实践 / 王运堂主编 . -- 海口：南海出版公司，2002. -- 443-448 页

目标管理是图书馆行之有效的管理方式之一，文章从山东省图书馆采编部推行目标管理的实践出发，从制定合理的工作目标到目标的落实和目标的考核与评价三个环节，探讨先进的管理方式在图书馆的应用。

06　加强继续教育工作　全面提高馆员素质 / 王玉梅，吕俊平 // 工会论坛（山东省工会管理干部学院学报）. -- 2003，no.6，120-121 页

高素质的图书馆员是建设一流图书馆的关键，对馆员进行继续教育，是图书馆事业发展的必然要求。文章从政治思想和职业道德、图书馆学情报学专业知识、计算机网络知识等方面，论述了全面提高馆员综合素质的切入点和措施。

07　文献标引人员素质谈

参见　陶嘉今论文 06

08　浅谈网络环境下公共图书馆特色服务 / 王玉梅 // 贵图学刊 . -- 2004，no.4，17-18 页

文章分析并提出了网络环境下公共图书馆加强特色服务的措施，阐述了“注重以人为本”是搞好特色服务的根本。

09　新形势下加强省级图书馆地方文献工作的思考 / 王玉梅，李超 // 工会论坛（山东省工会管理干部学院学报）. -- 2004，no.4，122–123 页

文章认为地方文献的特征及其在省级图书馆藏书建设中的地位，决定了省级公共图书馆加强地方文献工作非常必要和可行。文章指出加强省级图书馆地方文献工作，必须搞好地方文献的调查研究，加强分工和协作，建设地方文献数据库。

10　网络环境下公共图书馆特色服务 / 王玉梅 // 图书馆工作与研究 . -- 2005，no.2，79–81 页

21 世纪全球已进入"网络社会"，面对这个现实，图书馆研究应该朝着哪个方向发展，是图书馆人值得思考的问题。文章分析并且提出了网络环境下公共图书馆加强特色服务的措施，强调了"注重以人为本"是搞好特色服务的根本。

11　中文年鉴收藏现状及分析 / 王玉梅，张中兰 // 山东图书馆季刊 . -- 2005，no.3，78–80 页

文章阐述了山东省图书馆馆藏中文年鉴收藏现状，指出年鉴收藏存在欠连续性系统性、分类不一致入藏分散、宣传力度不够、开发利用不充分等问题，对今后如何更好地开展年鉴工作提出五方面建议。一是应采取多种采购渠道，保证入藏的完整性；二是加强经费保证；三是加强书目质量控制，保证标引的一致性；四是适当增加电子型年鉴的入藏；五是加强年鉴工作的规范管理。

12　多版本文献书目关系之揭示 / 王玉梅 // 图书馆理论与实践 . -- 2007，no.3，76–78 页

随着文献载体的多样化和引进版图书品种数量的增加，同一文献的版本载体呈多样化趋势，同一载体的翻译作品的版本越来越复杂化。传统的以单类型、单件文献为编目依据的编目方式已难以满足读者的检索需求。因此，构建并充分揭示多版本文献的书目关系，使读者在不同的版本或译本之间比较容易地做出选择，是当前编目工作应该引起重视的问题。文章在分析同一文献不同版本书目间的关系的基础上，论述了在文献编目过程中，从构建并揭示多版本文献书目关系的必要性、同一文献多版本的表现方式、书目关系的三种类型、多版本文献书目关系的揭示方法等四方面进行重点论述。

13　**民国时期山东报刊目录提要**

参见　李西宁论文 12

14　**粗放式馆配已经落伍 / 王玉梅 // 新华书目报 . -- 2017-01-13，第 10 版面**

文章认为图书馆文献资源建设面临数字化、网络化环境，文献载体呈现多元化，图书馆资源建设需求随之发生了改变，与此相应的馆配服务存在一些问题。目前馆配服务基本上是粗放式、简单式的服务与山东省图书馆的建设需求尚有差距。

15　**全民阅读环境下专业阅读推广的探索与实践——以公共图书馆为视角 / 王玉梅，王文刚 // 现代视听 . -- 2017，no.12，5-11 页**

文章是 2016 年度山东社科联人文社会科学课题“移动互联网时代的全民阅读研究”年度课题（项目编号 16-ZZ-WX-17）成果之一。文章以公共图书馆为视角，以全民阅读的兴起与图书馆阅读促进的发展，阐述了作为专业阅读推广主体的公共图书馆对全民阅读的促进作用，归纳了专业阅读推广的主体、特征与内容。在重点介绍山东省图书馆全民阅读推广的实践与经验基础上，论述了图书评奖与专题书目推荐对大众阅读取向的引领作用，为专业阅读推广深入开展、可持续发展提供借鉴。

16　**承继山左先贤　赓续齐鲁文脉——近十年山东省图书馆地方文献建设与发展 / 王玉梅 // 国际“城市记忆”与地方文献学术研讨会论文集 / 首都图书馆编 . -- 北京：学苑出版社，2018. -- 46-55 页**

本文是 2018 年 9 月首都图书馆召开的国际“城市记忆”与地方文献学术研讨会的主题发言报告。文中介绍了山东省图书馆 2008—2018 年近十年地方文献建设与服务工作，从馆藏发展政策溯源、馆藏发展积淀与延续、资源收藏特色、服务地方文化与乡土教育、挖掘城市记忆、弘扬优秀传统文化等方面进行了论述。

17　**馆藏民国地方文献整理出版实证研究——以山东省图书馆为例 / 王玉梅，李洪梅 // 地方文献保护与整理出版研讨会论文集 / 陈建华主编 . -- 北京：国家图书馆出版社，2019. -- 353-359 页**

本文是 2018 年 10 月在广州召开的地方文献保护与整理出版研讨会上的交流发言论文。文章认为地方文献就是记录某一地域知识的一切载体，从其内容和形式看大致包含了特定区域事物记录、区域人物及著述、区域出版物三大类。民国地方文献具有鲜明的时代特征，对于认识民国时期当地的社会现实、历史发展特点、文化形成过程及制定当前发展规划都具有重要的参考作用。近年来，山东省图书馆在地方文献工作中高度重视整理出版，其主要目的是加强对地方文献的保护，为地方决策机关提供参考信息，促进资源共享，最终服务于社会。文章重点从馆藏民国地方文献收集、整理出版概述、整理出版成果、地方文献出版思考等四个方面加以论述。

徐 泳

1967 年生，山东临沂人，1987 年 7 月入馆至今，研究馆员。

著作

01　李开先研究资料汇编 / 徐泳，陶嘉今辑 . -- 济南：山东文艺出版社，2007. -- 487 页；20cm

本书为研究齐鲁名士李开先的资料汇编，分别从李开先的家世、生平、交游、著述等方面辑录有关历史文献与论著，材料丰富，对研究李开先具有参考价值。

02　血荐中华

参见　李西宁著作 06

03　山东通志索引 / 徐泳主编 . -- 天津：天津古籍出版社，2014. -- 950 页；26cm

本书根据《山东通志》初印原本，重新编制了人名和书名两种索引，并依今人的检索习惯按音序排列，使之更加切于实用。《山东通志》完整系统地记载了上古至清末山东一省的地理、历史概况，内容上涵盖了山东古代社会的方方面面，是非常重要的史地文献。

04　山东通志艺文志订补 / 徐泳著 . -- 济南：山东人民出版社，2016. -- 10 册；26cm

本书全面介绍了山东历代先贤的著作及其存佚情况。《山东通志艺文志订补》以清末民初的《山东通志 · 艺文志》为底本，除订正讹误、添加标点外，还拾遗补阙，根据文献著录及作者亲眼所见，对其内容加以增补；文后列有“人名索引”和“地名索引”，正文中对存世之书又标注其版本和收藏单位，方便了读者的检索和利用。作为一部解题式书目著作，该书点校细致、考证精细，体例完备、内容丰富，实用性强，不仅是版本目录学的重要成果，也是研究山东古代学术不可或缺的工具书。《山东通志艺文志订补》厘清了山东文献的家底，为山东省古籍整理的长远规划提供了依据，极大地促进齐鲁文化的开发和利用。在发掘地域文化资源，特别是在方志的整理和研究方面，该书做出有益尝试，也为其他地域提供参考。该书获得山东省第 32 届社会科学优秀成果奖一等奖，第 31 届华东地区优秀哲学、社会科学图书奖一等奖。

论文

01　**试论耗散结构在情报系统管理中的应用 / 徐泳，曹君祥 // 山东图书馆季刊 . -- 1996，no.2，19–22 页**

文章认为，耗散结构是指一个远离平衡态的开放系统，通过不断地与外界交换物质、能量、信息，在外界条件的变化达到一定的阈值时，能从原来的无序状态转变为在时间上、空间上或功能上的有序状态。文章主要从以下四个方面论述了其在情报系统中的应用。一是促进情报系统开放，加强情报系统与外界间的物质、能量、信息的交流；二是情报系统管理要使情报系统远离平衡态；三是优化管理结构，促进情报系统各要素或各子系统间非线性互作用的形成；四是建立情报系统管理模型的标准模式。

02　**山东现存最早的方志——《齐乘》/ 徐泳，陶嘉今 // 齐鲁文史 . -- 2000，no.4，61 页**

文章认为，山东古代志书可溯源于鲁之《春秋》。梁启超等学者从“志乃史体”角度认为春秋战国时期那些记载地方史事的文献，如晋之《乘》、楚之《祷杌》、鲁之《春秋》等，应是最早的方志。而从所传《春秋》的内容和体裁来看，现一般将其归入编年书。严格地说，山东最早的方志，乃是晋人所撰的各种记书，清人俞浩湛曾说：“志山东者，伏琛《三齐记》，晏谟《齐地记》为最古。其书已佚不传，传者于钦《齐乘》六卷而已。”成书于元代的《齐乘》，则是山东最早的志书。文章介绍了于钦的生平事迹，重点论述了《齐乘》一书具体内容及其历史价值。

03　**我馆地方文献工作的回顾与思考 / 徐泳，陈浩 // 山东图书馆季刊 . -- 2000，no.9，61–64 页**

文章简要回顾了山东省图书馆地方文献工作实践及取得的成效，指出山东省图书馆是具有悠久历史的省级公共图书馆，收集、整理、开发利用地方文献历来被列为重点业务工作。经过九十年的不懈努力，地方文献已形成一定规模，工作取得了显著进展，但较之其他先进图书馆尚有明显不足。文章重点探讨了山东省地方文献工作在采访、典藏等方面的一些做法，积累的经验及存在问题，对存在的问题提出了思考与建议，以期为进一步加强地方文献工作提供一些参考。

04　我省地方文献工作若干问题的思考 / 徐泳，陶嘉今 // 书海泛舟——山东图书馆事业建设理论与实践 / 王运堂主编 . -- 海口：南海出版公司，2002. -- 896–904 页

文章在总结全省图书馆地方文献工作存在的问题基础上，重点论述了山东地方文献的收录范围、地方文献收集与整理的模式、地方文献的数字化及地方文献的合作利用与开发。

05　山东方志发展述略 / 张荣刚，徐泳 // 山东师范大学学报（人文社会科学版）. -- 2002，no.1，249–254 页

文章认为地方志在我国有着悠久的历史，是我国历史文化的优势，具有独特的历史文化价值和经世致用的价值。山东是文化大省，自古就有"文献之邦"的美誉，历史上所修志书从数量上居于全国前列，研究和发掘其中所蕴含的丰富的文献资源，对于研究齐鲁文化和促进经济建设具有重要意义。文章重点论述了山东省历代地方志的纂修情况及各时期地方志的基本特点，展望了新时期地方志纂修的发展方向。

06　阮元与学海堂及其刻书 / 罗焕好，徐泳 // 广东史志 . -- 2003，no.2，59–63+76 页

文章认为我国古代以科举取士，虽然端显著，但却造就了许多身居要职而博学淹通的官员，阮元就是其中一位突出的代表人物。阮元（1764—1849），字伯元，号芸台（或作云台），江苏仪征人，赐谥文达。乾隆五十四年（1789）阮元考中进士，道光十八年（1838）以老病致仕，为官五十载。文章重点论述考证阮元在督粤期间创办学海堂以及刊刻书籍情况，指出阮元凭借自己的政治地位和学术威望，创办学堂，奖掖人才，编刻书籍，倡导实学，为学术文化的发展做出卓越的贡献。

07　《风入松八十一阕》作者考 / 徐泳 // 中国典籍与文化 . -- 2008，no.3，115–117 页

文章考证了《风入松八十一阕》的作者，认为《稿本中国古籍善本书目书名索引》集部词别集类著录了山东省图书馆藏王献唐校补并跋清钞本《风入松八十一阕》一卷，题明雪蓑子撰。而《中国古籍善本书目》未收，该书一册，半页 8 行 19 字，黑口，左右双边，无格。钤有“献唐手校”“双行精舍鉴藏”“世业耕读”“南园书室”等印。

08　稿本《般上旧闻》所记德平葛氏著述考索 / 徐泳 // 山东图书馆季刊 . -- 2008，no.4，96–99 页

稿本《般上旧闻》六卷，山东省博物馆藏，二册，每册各三卷。行字不一，无界栏行格。全书涂乙满纸，然皆规整可辨，盖寿梓前未及誊清之定稿也。撰者葛周玉，字溪璜，号般水渔人，德平人，乾隆庚寅副贡，历官山西凤台知县。《德平县志》本传云：“著有《般上旧闻》四卷、《般上草堂》六卷梓行。”《般上草堂》概其集名，今各家书目不见著录。

09　王献唐搜集整理许瀚遗书述略——兼记《山东文献集成》所收许瀚著述 / 徐泳 // 山东图书馆学刊 . -- 2009，no.3，78–80 页

王献唐先生以搜集整理乡邦文献为职志，大量珍贵的山东先贤遗著得以留传至今。文章就其搜集整理清代学者许瀚遗著的情况略做梳理，并对《山东文献集成》影印的许瀚著述做简要介绍。

周玉山

1965 年生，山东胶州人，1987 年 7 月入馆至今，现任副馆长，研究馆员。

著作

01　三国一百零八位大名人

参见　徐明兆著作 01

02　朝制考 / 周玉山著 . -- 广州：广东教育出版社，2004. -- 470 页；21cm

朝制是指中国古代的王权和皇权制度，以及王权和皇权制度揆度下的政务活动制度、礼法制度、职官制度和行政管理制度等。本书是朝制词典，汇集了自夏商周三代至清代，朝制方面的名称术语。全书共分九章。第一章总论，包括朝制名义考、历代朝制考和朝制名物考；第二章廷署考，包括朝廷考、府署考；第三章玺印组绶说；第四章瑞信符契说；第五章节信棨传说；第六章牌符票证说；第七章诏诰章奏说；第八章文告簿籍说；第九章仪仗徽帜说。本书是国家十五规划重点出版社选题《中华博物通考》系列之一。

03　百年掠影：山东近代建筑集萃 / 李华文，周玉山，马月华编 . -- 济南：济南出版社，2014. -- 172 页；21cm

为弘扬优秀的山东传统文化，促进山东文化遗产的保护工作，山东省图书馆与济南九创经贸有限公司共同出版这本《百年掠影：山东近代建筑集萃》。山东近代建筑是指于 1840—1949 年间建成使用的各类建筑，这些建筑堪称中西建筑文化博览会。《百年掠影：山东近代建筑集萃》将摄影图片按传统民居、车站、教堂、银行、领事馆等建筑类型分类为主线，以建筑年代为辅线，为读者呈现一本内容较为翔实、介绍较为全面的山东近代建筑浓缩精选集，全书包含近代建筑 200 余座，约 400 余幅照片。多为近期拍摄的近代建筑实景图片，也有部分老照片及历史图片，从一定程度上展示了山东近代建筑的概貌。

论文

01　储石室之秘籍　荟乡献之琅函——省图书馆馆藏地方历史文献之特色 / 周玉山，李勇慧，崔国光，王明秀 // 山东图书馆季刊 . -- 1989，no.4，77-81 页

五千年悠久的文明古国，创造了辉煌璀璨的文明。浩如烟海的古代典籍，虽历经千年沧桑，但仍被大量保存下来。文章介绍了山东省图书馆自成立至今，经过几代人坚持不懈、孜孜矻矻地搜集整理，在馆藏地方历史文献方面形成诸多特色。从新建的易经专藏、早已扬名海内外的齐鲁方志专藏、海源阁专藏及革命文献专藏等四个方面逐一介绍，这亦是奎虚楼闻名遐迩魅力独存的原因。

02　许鸿磐和他的《方舆考证》

参见　徐明兆论文 03

03　易学文献原论（一）/ 周玉山 // 周易研究 . -- 1993，no.4，33-34 页

《易经》又称《周易》，是先秦时期形成的一部由一套完整的符号系统和相关的繇辞组成的神秘典籍，它直接来源于上古时代的占筮迷信活动。文章认为长期以来，它以其朴素的、浓厚的哲理意趣，吸引着历代学者走进这座神秘的学术殿堂。汉代以后，《周易》被尊为群经之首、大道之原，此后的两千多年里，易学一直是中国学术研究的重点，它以独特的思维模式和理、数、象、占四位一体的理论体系，深刻地影响着中国传统学术、文化的各个层面，故《四库全书总目提要》云："易道广大，无所不包，旁及天文、地理、乐律、兵法、韵学、算术，以逮方外之炉火，皆可援《易》以为说，而好异者又援以入《易》，故《易》说愈繁。"遗憾的是，在过去很长一段时间内，人们对易学和易学文献的认识是肤浅的甚至是歪曲的。近十年来，学者们虽然从易学本体的角度对《易经》进行全面的研究，并取得大量成果，但对浩瀚的古典易学文献的整理、研究与认识仍显得不够。整理易学文献的目的，是为了更好地利用易学文献，作为整理工作的第一步，首先必须从文献学的角度对它们进行认真、系统的探讨，而这样的基础工作前人往往忽视。作者于 1987 年至 1990 年曾参加山东省图书馆馆藏 1300 多种易籍的整理编目工作，在整编过程中，在易学文献的内涵、源流、分类、校理诸方面形成了诸多认识，在此做一一阐述。

04　易学文献原论（二）/ 周玉山 // 周易研究 . -- 1994，no.1，33–41 页

文章认为易籍分类的目的，就是要客观地反映易籍的学术流别和形式流别。如何对易籍进行准确恰当的分类，是历代目录学家长期探索的问题。古人在这个问题上并没有形成统一的认识，因而在他们的分类实践中便有了种种不同的做法。

05　易学文献原论（三）/ 周玉山 // 周易研究 . -- 1994，no.2，36–44 页

文章认为古文献流变不一，众说纷纭，且传久失真、鲁鱼亥豕，而今人卒能循其脉络校读研习者，赖于校理。《周易》号称中国最古之典籍，易学一向为经学中之大国，易学文献，代有累积，所谓流变纷纭者，尤以此学为甚，故校订董理之事，不可或缺。本文将历代校理易学文献之颇有可称者在文中逐一略述。

06　易学文献原论（四）/ 周玉山 // 周易研究 . -- 1994，no.3，13–19+42 页

文章认为易学文献的辑佚工作，是伴随着易籍的失传而产生的。中国古代的易学文献，尤其是唐以前易学文献的失传是相当严重的，重点详列了历代易籍存佚情况。

07　试论省馆文献资源的活力目标管理

参见　陈景唐论文 02

08　**局域网安全及其在图书馆的具体应用 / 周玉山，李霞 // 图书馆管理与信息服务 / 王运堂主编 . -- 北京：北京图书馆出版社，2004. -- 227–231 页**

数据是网络的灵魂，图书馆业务数据的安全保障越来越重要。文章从局域网的安全性特征出发，介绍常用的网络安全技术，并详细阐述了局域网安全策略技术在山东省图书馆的应用。

09　**图书馆信息网络的特点及建设策略 / 周玉山 // 图书馆信息资源建设与利用 / 王运堂主编 . -- 北京：中国文联出版社，2005. -- 495–500 页**

图书馆自动化、信息化、网络化建设是现代图书馆建设中不可或缺的一环，现代图书馆的业务运转越来越依赖于网络，越来越离不开网络。文章论述了图书馆信息网络的特点、图书馆信息网络建设的前期准备、网络建设实施过程中需要注意的几个问题。

10　**山东地方文献全文数据库开发略述 / 周玉山，张岚 // 山东图书馆季刊 . -- 2006，no.3，86–89 页**

文章介绍了山东地方文献全文资源库开发的意义、内容框架和技术框架，对该数据库应用系统的具体功能进行了阐述，认为地方文献数据库的开发和建设是公共图书馆充分发挥各自优势、避免数字文献重复建设的必然选择，是公共图书馆开展数字信息资源建设的最佳切入点。文章同时指出了地方文献资源库建设在开发策略、技术取向、依从标准规范、知识产权等方面需要注意的问题。

11　**山东文化共享工程及公共电子阅览室建设的实践与创新**

参见　李西宁论文 07

12　**全国文化信息资源共享工程——山东省分中心 / 周玉山，周浩 // 全国文化信息资源共享工程概览 . 第 3 卷，华东 / 文化部全国公共文化发展中心编 . -- 北京：中国文史出版社，2014. -- 1088–1090 页**

文章介绍了全国文化信息资源共享工程在山东实施以来，山东省分中心建设的基本情况，从完善基本网络、注重资源建设、创新运营模式、加大政策保障等方面进行说明。

13　新型盲人数字化服务模式打造研究——以山东省图书馆“光明之家”视障人士文化服务品牌为例 / 周玉山，孙振东，吕晓吾 // 中国公共文化政策研究实验基地观察报告（2015—2016）/ 傅才武主编 . -- 北京：社会科学文献出版社，2016. -- 252-263 页

文章介绍了“光明之家”盲人数字图书馆是依托现代图书馆平台与数字化技术，以视障人士为主要服务群体的新型盲人数字化服务模式。文章结合盲人数字化服务的时代背景与山东省视障群体的基本现状，对“光明之家”盲人数字图书馆建设模式的总体架构与功能构成进行分析，提出在全国范围内推广盲人数字化服务的总体目标和政策建议。

14　山东近代建筑及其历史文化 / 周玉山 // 春秋 . -- 2019，no.5，53-58 页

文章介绍了山东近代建筑是指从 1840 年鸦片战争，到 1949 年中华人民共和国成立为止山东境内建成的各类建筑，并详细介绍建筑风格、建筑类型。文章指出建筑风格包括西式建筑、日式建筑、中西结合建筑、传统中式建筑等，建筑类型包含传统民居、戏院、图书馆、博物馆、学校、医院、教堂、领事馆、银行、邮局、营房、钟楼、车站、体育场以及工业性建筑、纪念性建筑等，其特点是分布范围广、数量众多、风格流派多样，充分展现了山东近代建筑资源丰富多彩的全貌。

于竹军

曾用名于波。1961 年生，山东荣成人，1988 年 1 月入馆至今，副研究馆员。

论文

01　改革图强　与时俱进——浅谈网络环境下图书馆体制的改革 / 于少红，于竹军 // 书海泛舟——山东图书馆事业建设理论与实践 / 王运堂主编 . -- 海口：南海出版公司，2002. -- 57-59 页

文章阐述了图书馆改革的时代背景，重点围绕社会对图书馆认识不够、对图书馆在经济建设中的作用认识不足，图书馆如何适应市场经济的发展以及图书馆全球化的发展趋势三个方面，详细阐述网络时代图书馆改革的基本思路。

02　浅谈21世纪图书馆员素质结构及人力资源建设/于波//网络时代图书馆工作与研究/王运堂主编.--海口：南海出版公司，2003.--557-560页

文章认为在知识经济社会里，人才的占有使用是知识经济的命脉，因此加强图书馆人力资源的建设与开发，造就一批具有现代素质的新型的图书馆员是21世纪图书馆事业现代化建设中的一件头等大事。文章重点论述了21世纪图书馆员应具备的素质结构和新形势下的图书馆人力资源建设。

03　浅谈公共图书馆的自我宣传/于波//图书馆管理与信息服务/王运堂主编.--北京：北京图书馆出版社，2004.--14-16页

文章认为在新形势下，图书馆要采取主动，让社会公众真正了解图书馆，更好地利用图书馆。文章首先从转变观念出发，提出图书馆要从思想上真正重视自我宣传工作；其次要采取各种有效措施，做好图书馆的对外宣传工作；最后指出良好的图书馆形象是图书馆对外宣传的前提条件。

04　浅析实现文献信息资源共享的原则和方法/于波//图书馆信息资源建设与利用/王运堂主编.--北京：中国文联出版社，2005.--347-350页

文献信息资源共享是指将一定范围内的文献情报机构共同纳入一个有组织的网络之中，各文献情报机构之间按照互惠互利的原则进行协调和共享文献信息资源的活动。文章重点论述了建立文献信息资源系统应遵循整体化、适应性、满足社会需求、渐进性、效益性原则。文章提出建立权威协调机构把共享工作纳入政府行为、转变观念积极参与以及制订总体目标分阶段实施等实现文献信息资源共享的方法。

05　从数字图书馆到复合图书馆/李泉蓉，于竹军//图书馆管理与自动化建设/王运堂主编.--北京：中国文联出版社，2006.--464-467页

文章介绍了复合图书馆的概念及发展概况，说明复合图书馆在21世纪产生的必要性，分析了复合图书馆的服务方式、业务复合和管理模式的特征，也就是传统图书馆与数字图书馆共存互补的新模式。文章指出将图书馆连续发展的过程分为传统图书馆、数字图书馆、复合图书馆有助于确立图书馆的发展方向，指出完善的法律法规制度是图书馆事业发展必不可少的前提条件。

06　公共图书馆展览工作的若干问题研究 / 于竹军 // 山东图书馆学刊：2017 年“技术发展与社会服务——前行中的图书馆”专辑 . -- 2017，236–237 页

文章认为在社会发展中，公共图书馆作为知识传播和信息服务的重要机构，是社会主义文化事业建设的重要载体和途径。文章重点概括了公共图书馆会展工作存在的诸多问题，指出公共图书馆不断开展公益性展览，很大程度上提升了国民的文化素养，充分发挥了自身社会职能，为社会发展做出了贡献。

07　新形势下公共图书馆展览工作的发展与变革探讨 / 于竹军 // 佳木斯职业学院学报 . -- 2018，no.9，463–464 页

文章认为展览是公共图书馆服务民众的主要项目，也是拓宽图书馆社会影响力的重要手段。在新的发展形势下，民众对公共图书馆的展览需求呈现多样化发展趋势，而传统的展览模式已经难以满足现实需要，因此对公共图书馆的展览工作进行创新发展和变革已迫在眉睫。文章围绕目前公共图书馆展览工作中遇到的问题、结合公共图书馆的服务职能对展览工作的发展与变革方向、发展策略以及相关影响进行探究并提出了建议。

08　公共图书馆展览工作与历史古迹保护分析 / 于竹军 // 河南图书馆学刊 . -- 2018，v.38，no.10，26–27 页

文章认为，目前人们已经认识到图书馆的重要性，但如何更好地开展服务工作一直是图书馆需要认真思考的问题。指出随着世界文化的一体化，提高国民的文化自信，树立民族文化形象迫在眉睫。我国历史源远流长，众多历史古迹是凝聚全民族精神的最重要的物质载体，是增强文化自信的源泉。文章强调公共图书馆应充分利用自身的延伸服务，通过举办历史古迹公益性展览，宣传中华优秀文化，积极帮助人们了解历史，保护历史古迹。

李西宁

1966 年生，安徽砀山人，1988 年 9 月入馆至今，副馆长，研究馆员。

著作

01　三国一百零八位大名人

参见　徐明兆著作 01

02　人淡如菊——张元济 / 李西宁著 . -- 济南：山东画报出版社，1998. -- 164 页；21cm

本书介绍了张元济先生的生平事迹。作为现代出版家，他对中国的出版事业做出卓越贡献。他早年科场得意中进士，点翰林，激于时势，抨击时弊，参与戊戌维新运动，后被革职，即投身于文化事业。主张教育救国，启迪民智，苦心孤诣，矢志不移。在他努力下，商务印书馆由一个小小的印刷所，发展为中国最大的文化事业集团。经他策划、编辑、出版的教材、杂志、典籍、译著，影响了几代人，促进了中国文化的新陈代谢。严复、叶圣陶、茅盾、顾颉刚等一个个响亮的名字在他周围闪现，他被誉为是“托起群星的人”。作为一位亲历清代、民国和新中国的世纪老人，在他身上浓缩了一部近现代中国文化史。

03　二十五别史：16　契丹国志 /（宋）叶隆礼撰；李西宁点校 . -- 济南：齐鲁书社，2000. -- 197 页；21cm

《契丹国志》二十七卷，又称《辽志》或《契丹志》，旧题宋叶隆礼撰，是目前除官修《辽史》之外，仅存的记述辽代 218 年历史较有系统的纪传体史学著作。作者叶隆礼，字士则，号渔林，嘉兴人，宋理宗淳祐七年（1247）进士。本书不见于陈振孙《直斋书录题解》及《宋史・艺文志》，元袁桷《清容集》卷四十一有《修辽金宋史搜访遗书条例事状》，所列遗书凡一百四十余种，亦不见此书。然元苏天爵《滋溪文稿》卷二十五《三史质疑》已论及此书，《千顷堂书目》卷三亦有著录，且注为元人叶隆礼撰。或以为叶氏入元之后整理刊行，始公之于世。本书多为撮录司马光《资治通鉴》、李焘《续资治通鉴长编》、薛居正《旧五代史》、欧阳修《新五代史》，以及徐梦莘《三朝北盟会编》、洪皓《松漠纪闻》、武圭《燕北杂记》《契丹疆宇》等书而成。本书以黄丕烈本为底本，删去小字标目，参校其他抄、刻本进行整理。

04　二十五别史：17　大金国志 /（金）宇文懋昭撰；李西宁点校 . -- 济南：齐鲁书社，2000 .-- 311 页；21cm

《大金国志》四十卷，又称《金国志》，是一部系统记载女真族建立金朝始末的史书，最后成书约在元代中期。旧本题淮西归正人宇文懋昭撰。《大金国志》由于全书对宋、元、金的称谓不同，加之所称之书及史实有晚于宋端平元年的，故后人多疑为伪作，或经后人篡改。经今人考证，从时间上看，金海陵帝南伐的正隆六年（1161）是原书帝纪的结束，而卷十六至二十六，文笔伪劣，显系入元之后续作。本书的成书要早于官修的《金史》，为《金史》之外唯一的系统金代史著，是研究金史必不可少的基本史料。从卷一至十五的帝纪，写法有纲有目、条分缕析、简单明了地勾勒了金朝四十多年的历史。其中迁都燕京之决策、宫阙制度、职官舆服、杂色仪制等皆详载无遗，可与《金史》相参照，对了解金朝的典章发展具有重要价值。本书在校勘方面的价值不可低估，如汇录有关张邦昌、刘豫所建楚、齐政权的若干资料，辑录部分宋金往来誓书，与《三朝北盟会编》相校可补其阙漏。

05　唐弢与读书 / 李西宁，唐桂艳编著 . -- 济南：明天出版社，2001. -- 11，255 页；20cm

本书描述了唐弢之所以从一个邮局工人成长为一个文化名人，得益于爱藏书、得益于自学、得益于苦读、得益于名家指点。他读过的每一本书，都留下了一个个读书故事，是他通过奋斗走向成功的一个个阶梯。

06　血荐中华 / 李西宁，徐泳著 . -- 太原：山西人民出版社，2001. -- 267 页；20cm

本书记述了管仲、李悝、商鞅、晁错、桑弘羊、孝文帝、范仲淹、王安石、张居正、康有为等十位政治家的生平事迹。

07　山东省图书馆馆藏缩微文献目录

参见　赵炳武著作 03

08　山东省古籍重点保护单位暨山东省珍贵古籍名录（第二批）/ 李西宁主编；山东省图书馆，山东省古籍保护中心编 . -- 济南：齐鲁书社，2013. -- 165 页；29cm

本书收录了山东省古籍重点保护单位暨山东省珍贵古籍名录，包括：泰山学院图书馆、泰安市图书馆、沂水县图书馆的历代稿钞刻本等。

09　济南“五三”惨案史料汇编 / 李西宁主编 . -- 北京：国家图书馆出版社，2014. -- 5 册；29cm

1928 年 5 月 3 日，日本以保护侨民为由，对济南军民进行突袭和大规模屠杀，制造了震惊中外的“五三”惨案。本书收录“五三惨案”相关史料，是“五三惨案”爆发后国内各民众团体、学生团体、党政机关出版的关于“五三惨案”的起因、屠杀经过、交涉经过、国际舆论等的纪实及纪念性书籍，表达了中国官方和民众对死难者的哀悼以及对日军暴行的抗议。

10　山东省图书馆馆史资料选编 / 李西宁主编 . -- 济南：齐鲁书社，2015. -- 1209 页；30cm

本书是为系统反映山东省图书馆一百年的历史而编辑的原始资料汇编。根据山东省图书馆历史发展阶段分为三编十三章。第一编：1909—1948 年。因为此编资料稀缺，且不系统，为便于查检，按内容分为筚路蓝缕 / 事业奠基、制定章则 / 规范管理、书目编辑及其他相关文献等三章。章下编年排列。第二编：1949—1976 年。受“文化大革命”影响，1966—1976 年资料有限，与 1949—1965 合为一编。第三编：1977—2008 年。第二、三两编采取分类与编年相结合的编排方式。大体以事业发展、资源建设、服务读者、科学管理、学术研究为内在顺序详列细目。

11　图书馆经典阅读推广 / 李西宁，张岩主编 . -- 北京：朝华出版社，2015. -- 227 页；24cm

本书共分为八讲，主要内容包括：经典阅读推广概述；经典阅读的意义和经典的选择；经典阅读室及设计；工具书与经典阅读；经典版本与经典阅读；乡邦文化与乡邦经典阅读；经典阅读推广的方法与实践等。

12　民国时期山东报刊目录提要 / 李西宁，王玉梅主编 . -- 北京：国家图书馆出版社，2016. -- 786 页；29cm

本书是国家图书馆民国时期文献保护中心资助的“民国时期文献整理出版项目”之一，全书收录了山东省图书馆和青岛市图书馆馆藏民国时期山东出版的中文期刊 353 种、报纸 105 种，其中既包括正式出版物，又包括内部出版物；既包括综合性文献，亦包括专业性文献；既收录抗日根据地的珍贵历史文献，亦收录国民政府出版物，还收录伪政权、伪组织的出版物。全书分报纸和期刊两部分，目录顺序按报刊出版时间先后排列，创刊时间不详者列最后；编纂严格遵循《中国文献编目规则》，著录内容上分为版本形态和内容提要两部分；每种期刊和报纸都配有图片，一般选自创刊号或有重大事件重要人物的刊期；书末附参考文献、相关人物生平简介、相关团体机构简介三个附录，是研究民国时期山东报刊出版的重要资料。

13　**书眉集：图书馆的传承与变革 / 李西宁著 . -- 上海：上海科学技术文献出版社，2016. -- 271 页；20cm**

本书共分上中下三卷。上卷“风 · 实践研究”主要探讨图书馆事业的建设与发展，包括公共图书馆在开拓创新发展先进文化中的责任与担当、公共数字化文化建设的成就及问题、古籍保护五位一体新模式等；中卷“雅 · 善本故实”是关于善本古籍的一些书话及考证；下卷“颂 · 纪念序跋”为作者所撰写的一些纪念序跋文字。

论文

01　**十年业务工作综述**

参见　赵炳武论文 09

02　**山东新修方志的分期及特色**

参见　赵炳武论文 08

03　**山东新修方志概述及其采集 / 李西宁 // 山东图书馆季刊：山东省图书馆学会第六次科学讨论会获奖论文专集 . -- 1999，147-150 页**

新修方志作为地方文献的重要组成部分，是地方公共图书馆藏书的核心。文章论述了山东省新修方志的发展脉络及阶段划分、新修方志的特点、新修方志的采集以及采集中要处理好的几个问题。

04　**山东省文化信息资源共享工程服务体系的构成和发展 / 李西宁，孙振东 // 海源阁 / 张连增主编 . -- 济南：山东友谊出版社，2008. -- 25-30 页**

文章介绍了山东省文化共享工程发展的过程，山东省文化共享工程建设于 2002 年开始启动，是全国较早启动这项工程的省份之一；2006 年山东省被文化部确定为文化共享工程建设试点省，2007 年顺利通过了国家检查验收，成为全国文化共享工程示范省。山东省大力推动文化共享工程建设，形成了具有山东特色的服务体系。

05　**王献唐《硖江行卷》补证 / 李西宁 // 山东图书馆学刊 . -- 2009，no.3，27-29 页**

《硖江行卷》为王献唐先生载书南迁时的诗稿，从一个侧面反映了王献唐先生南迁途中爱国忧民、淡泊名利的心路历程，今据原稿及屈万里先生《载书播迁记》参证酌补，为学人提供王献唐先生艺术领域的研究资料，让世人领略这位学者非凡的艺术风采。

06　哲人其萎　遗泽永长 / 李西宁 // 哲人其萎　风范长存——任继愈先生追思录 / 国家图书馆编 . -- 北京：国家图书馆出版社，2009. -- 133-135 页

文章为纪念任继愈先生逝世而作。任继愈先生是生于齐鲁大地的世纪老人，也是学术大师。先生逍遥而去，举国悲恸。文中通过对其伟大的人格精神和丰富的学术成果的介绍，缅怀任继愈先生。

07　山东文化共享工程及公共电子阅览室建设的实践与创新 / 李宗伟，李西宁，周玉山 // 公共文化服务的创新与跨越：全国文化信息资源共享工程建设研究论文集 / 张彦博主编 . -- 北京：国家图书馆出版社，2010. -- 162-174 页

山东是文化部确定的公共电子阅览室的初期试点地区之一，在建设、管理、运行、服务等方面积累了一定的经验，形成了自己的运行服务模式。文章从山东文化共享工程建设的实践和思考、山东文化共享工程创新要素、山东公共电子阅览室试点建设的探索三方面对山东文化共享工程及公共电子阅览室建设进行论述。

08　基于扎根理论的馆员对公共图书馆组织文化感知研究 / 柯平，张文亮，李西宁，唐承秀 // 中国图书馆学报 . -- 2014，v.40，no.3，37-49 页

文章以山东省图书馆为案例，应用扎根理论方法研究馆员对图书馆组织文化感知的维度及其理论。研究发现，馆员对图书馆组织文化存在内部感知和外部感知两个维度，内部感知包括个人的职业定位和对个人特质的影响，外部感知包括社会环境、馆舍建筑、制度、工作任务和领导关系。基于此，文章建构了馆员对于公共图书馆组织文化感知的理论框架，并且发现了公共图书馆组织文化动态演化的两种机制：个体内化机制和个人—文化匹配机制。

09　山东省公共图书馆发展十年：2001—2010 年 / 李西宁，陶嘉今，王彬 // 山东图书馆学刊 . -- 2014，no.4，119-121+124 页

山东省图书馆研究辅导部每年都进行一次全省公共图书馆基本情况调查。文章从省、市、县三级图书馆办馆条件、文献资源、读者服务、人才队伍等方面，对山东省公共图书馆基本情况进行梳理，总结十五和十一五期间全省公共图书馆取得的主要成绩和经验，为发展全省公共图书馆事业，提供依据和参考。

10　**公共图书馆：在公益性与效益性之间寻找平衡点 / 李西宁 // 中国社会科学报 . -- 2014-05-14，第 B07 版面**

文章是作者评析王志东撰写的《公共图书馆文化产业研究》一书的感受。认为该书用深入的理论思考贴近现实困惑，立足发展前沿开阔学术视野。该书全面总结国外公共图书馆发展的经验教训，把全国各地推动公共图书馆发展新探索的实践贯穿其中，并在结合大量问卷调查进行定量分析的基础上，分类、研究，做到言之有据、持之有理，有力地支撑了全书的观点阐述。

11　**公共图书馆开展传统文化教育的实践与创新——以山东省图书馆尼山书院模式为例 / 李西宁 // 中国公共文化政策研究实验基地观察报告（2015-2016）/ 傅才武主编 . -- 北京：社会科学文献出版社，2016. -- 264-272 页**

文章指出“图书馆 + 书院”模式作为连接传统书院与现代图书馆的纽带，是现阶段我国公共图书馆开展传统文化教育的新型模式与路径。文章重点论述尼山书院依托自身丰富的历史文化资源与山东省图书馆现代化平台，在机制创新、设施建设、管理模式以及资源整合等多方面，对“图书馆 + 书院”的建设管理模式进行了探索，形成了兼具传统优势与现代特征的“尼山书院”模式。

12　**图书馆空间再造与国内创客空间建设研究综述 / 李西宁，刘婷婷 // 中国图书馆年鉴 . -- 北京：国家图书馆出版社，2017. -- 21-27 页**

文章认为图书馆通过理论创新与实践，不断丰富图书馆空间再造理论的研究内容并拓展其外延。在此过程中，创客空间建设成为图书馆空间再造研究的一个重要内容。文章指出创客空间不仅成为图书馆一大亮点，为图书馆的改革与创新提供了新的动力，还带动了整个社会关于大众创业、万众创新的热情。从创客空间兴起至今，国内图书馆对其理论研究与建设实践已取得丰硕的成果，并在发展中不断完善。

高　文

女，1962 年生，山东济南人，1988 年 12 月入馆至今，副研究馆员。

论文

01　浅议图书馆有偿服务 / 高文 // 山东图书馆季刊 . 增刊 . -- 1997，210–212 页

文章认为图书馆为了适应新的形势和需要，也为了自身的不断发展和完善，围绕着图书馆的本质特性开展部分有偿服务是完全必要的。以开办畅销新书借阅室为例，文章例证图书馆中的有偿服务只要不违背其服务宗旨，不但不会使图书馆走入“一切向钱看”的死胡同，相反，这正是图书馆职能的延伸和扩展。

02　新世纪图书馆读者服务工作的发展趋势 / 高文 // 书海泛舟——山东图书馆事业建设理论与实践 / 王运堂主编 . -- 海口：南海出版公司，2002. -- 179–183 页

文章从特色服务的开展、信息开发服务、参考咨询服务、读者教育与导读等方面，介绍了 20 世纪 80 年代以后读者服务工作的变化。

03　论新时期高校图书馆的发展趋势 / 高文 // 山东商业职业技术学院学报 . -- 2006，no.2，91–93 页

网络时代、信息革命、社会变革，把高校图书馆带入一个全新的环境，新时期高等教育的改革和发展也给高校图书馆的建设提出了新要求，图书馆的功能发生了很大的变化，文章阐述了此背景下图书馆发展的四大趋势。

04　电子期刊与期刊服务工作 / 高文 // 图书馆管理与自动化建设 / 王运堂主编 . -- 北京：中国文联出版社，2006. -- 786–789 页

电子期刊可以解决期刊出版时间以及存储空间等相关问题，文章从期刊资源结构、工作方式、功能、情报服务四个方面的变化，介绍电子期刊对图书馆期刊服务工作产生的影响，提出网络环境下提高期刊服务工作的新举措。

韩　真

女，1967 年生，河北故城人，1988 年 12 月入馆至今，经济师。

论文

01　事业单位预算资金的合理利用及绩效管理 / 韩真 // 中国集体经济 . -- 2013，no.25，85–86 页

文章认为加强对我国事业单位的预算资金的合理使用和绩效管理，有利于事业单位会计行为的规范，避免擅自挪用预算资金、套取财政预算以及其他弄虚作假的行为造成事业单位预算资金的不合理使用和浪费，造成国有资产流失的状况。文章指出事业单位的预算管理工作虽得到显著进步，但仍然存在许多问题。为了适应市场经济的发展和预算管理改革的深入，如何加强事业单位预算资金的合理使用和绩效管理成为研究的重点问题。文章重点阐述了事业单位财政预算资金使用的现状，并针对现实问题提出解决的对策和建议。

02　提升事业单位自有资金运营增效探析 / 韩真 // 当代经济 . -- 2014，no.2，58–59 页

事业单位自有资金是一种特殊的资金模式。事业单位自有资金的运营和管理透明度不高，自有资金管理不完善。这是对自有资金的认识不足与政策、管理手段不健全等因素造成的。文章探讨事业单位自有资金运营管理过程中存在的问题，为改善事业单位自有资金管理，提升自有资金运营增效提出具体的对策和改进方法，强调保证自有资金规范高效的使用，提高事业单位沉淀资金的利用率，促进国有资产保值增值。

03　事业单位资产管理与预算管理相结合分析 / 韩真 // 时代金融 . -- 2019，no.5，166–167 页

文章认为在事业单位发展中，全面资产预算与管理工作是其中的重要内容，它主要是针对行业内所涉及的管理工作而开展的一种预算编制建设。从事业单位集团实际的发展情况来看，这一工作的开展还存在较多的问题，需要人员具有针对性地将其进行有效完善。文章以事业单位全面资产预算与管理工作为阐述主要内容，针对其存在的问题，提出具体的资产预算与管理体系完善策略。

林卫东

1967 年生，山东蓬莱人，1988 年 12 月入馆至今，研究馆员。

著作

01　近现代山东报刊知见录 / 林卫东编著 . -- 济南：齐鲁书社，2013. -- 324 页；23cm

本书主要分为报纸部分和期刊部分两部分，收录了 1894—1949 年中华人民共和国成立以前，山东省印行的报纸和期刊900余种，简要介绍了每一种报刊的基本信息，包括创办人、创办地点、起止日期等，有的还附有内容简介，并按报刊名称的汉语拼音顺序排列。

02　民族呐喊：山东抗战漫画集 / 林卫东，姜璐主编；山东省图书馆编 . -- 北京：中国文史出版社，2019. -- 172 页；22cm

本书收录了抗战时期山东印行的报纸和期刊中刊载的漫画作品，共计 700 余幅，全部为山东省图书馆馆藏。本书按漫画作品反映的内容分为“烽火硝烟，全面抗战”、“军民团结支援前线”、“英雄模范，铁骨铮铮”和“世界同盟，维护和平”四个部分，按漫画作品刊载的时间排列。

论文

01　以实施“知识工程”为契机推动乡镇图书馆事业的发展 / 林卫东，史建强 // 山东图书馆季刊 . -- 1998，no.3，34-36 页

中宣部、文化部等国家九部委联合发出在全国实施“知识工程”的通知和实施方案，要求在 2010 年实现农村每个乡镇都有一个规模不等的图书馆（室）的目标，使图书馆网点遍及城乡各地。文章认为，应以此为契机，把乡镇图书馆事业的发展作为社会主义精神文明建设的系统工程来抓。文章重点从加强乡镇图书馆（室）建设的投入、强化乡镇图书馆（室）的辐射作用、探索发展乡镇图书馆（室）建设的新途径等三个方面，探讨了推动乡镇图书馆事业发展的具体举措。

02　建设图书馆的服务文化　使图书馆在精神文明建设中发挥更大作用 / 林卫东 // 书海泛舟——山东图书馆事业建设理论与实践 / 王运堂主编 . -- 海口：南海出版公司，2002. -- 300-304 页

文章阐述了图书馆服务文化的形态和内涵，并从加强文化管理、优化服务环境、优化组织机构、健全服务文化机制、培养与提高员工素质五个方面来论述构建图书馆服务文化的举措，强调通过对图书馆服务文化的建设，发挥其在精神文明建设中的作用。

03 **医院图书馆与心理治疗 / 徐健，林卫东 // 山东图书馆季刊 . -- 2003，no.2，56–57 页**

文章阐述了阅读治疗的起源，指出随着图书馆员的介入，阅读疗法成为医院图书馆学研究对象和图书馆的服务内容。文章重点论述了阅读在心理治疗中所具有的娱乐、信息、益智和领悟作用，并提出了医院图书馆配合临床对病人进行心理治疗的具体做法。一是专门开设病患阅览室，提供信息咨询服务；二是为病人提供相关的医学资料和健康咨询；三是为病人介绍专家、治疗方法和药物等信息；四是辅导病人利用网络技术；五是开展图书租借和售书服务；六是开设复印、传真等服务。

04 **论特色医院图书馆文献信息资源共享的必要性 / 林卫东，徐健 // 网络时代图书馆工作与研究 / 王运堂主编 . -- 海口：南海出版公司，2003. -- 407–409 页**

文章从特色医院图书馆馆藏体系建设由综合性向特色型转变的需要、解决医学书刊高昂的价格和购书经费短缺矛盾的需要、适应医疗文献变化快数量激增形式的需要、特色医院医护人才培训和储备的需要等四个方面，论述文献信息资源共享的必要性。

05 **丁耀亢作品的版本及其他 / 林卫东，高永生 // 山东图书馆季刊 . -- 2004，no.4，92–95 页**

《山东图书馆季刊》1991 年第 1 期曾发表鲁海先生《丁耀亢著述考》一文，对明末清初开诸城“一邑风雅之始”的文学家丁耀亢及其著作进行了考述。该文考证的丁耀亢著述有:《逍遥游》二卷 、《陆舫诗草》五卷附陆舫诗补遗;《椒丘诗》二卷、《江干草》一卷、《归山草》一卷、《听山亭草》一卷;《丁野鹤诗抄》十卷、《出劫纪略》一卷、《续金瓶梅》十二卷、《天史》十卷。文章对这些著述做了版本梳理，具有较高的学术价值，同时指出随着近年来丁耀亢研究的不断深入，许多丁氏佚作被陆续发现，使关于丁耀亢的相关学术研究得到了进一步发展。

06 **附光盘期刊的分编与管理 / 林卫东，李艳 // 山东图书馆季刊 . -- 2005，no.3，66–68 页**

随着计算机技术的发展，附光盘期刊越来越多，这给图书馆的分编和管理带来了新的要求。文章分析附光盘中文期刊的特点，并就附光盘期刊的分类、编目和管理进行探讨。

07　浅谈如何加强公共图书馆的消防软件建设 / 林卫东，张文国 // 图书馆信息资源建设与利用 / 王运堂主编 . -- 北京：中国文联出版社，2005. -- 682-685 页

文章从提高员工防火意识和灭火技能、完善和落实防火制度、建好防火档案三个方面，阐述如何加强公共图书馆消防软件建设。

08　浅论全媒体时代公共图书馆服务创新 / 林卫东 // 山东图书馆学刊：2013 年“图书馆的职能拓展与效能提高”专辑 . -- 2013，150-153 页

文章分析了全媒体时代公共图书馆管理和服务特点，阐述了公共图书馆全媒体发展的几种模式，最后展望了公共图书馆全媒体发展的趋势。

09　十卷宋本《金石录》递藏源流辨正——兼考明代藏书家朱大韶生平 / 林卫东 // 四川图书馆学报 . -- 2014，no.1，76-79 页

《金石录》三十卷，是宋代金石学家赵明诚的金石碑刻专著。现存宋刻本两部，一为南宋淳熙年间龙舒郡斋初刻本，一为据龙舒郡斋刻板修补重印本，存十卷。文章指出因宋刻足本元、明、清三代不显于世，残宋本遂为明清多位著名藏书家视作稀世珍籍相继递藏。张元济、冀淑英、郑伟章等诸先生，在谈及残宋本递藏源流时皆认为，十卷宋本《金石录》历经元明两代后，先由清初冯文昌购得，然后入朱文石处，其后再经数位藏书家相继收藏，递传至今。作者通过考证明代藏书家朱大韶的生平，认为朱大韶（号文石）是明嘉靖年间藏书家，十卷本《金石录》先由朱大韶购得而后入藏清初冯文昌处，纠正了十卷宋本《金石录》递藏源流中的一处叙述失误。

10　新时代如何抓好党建工作的几点思考 / 林卫东 // 山东图书馆学刊：2019 年山东省图书馆馆员论坛专刊 . -- 2019，19-20 页

文章认为党建工作是整体工作的重要组成部分，在实际工作中，人们往往忽视党建工作在单位整体中的地位和作用，造成“轻党建、重业务”的现象。文章就如何加强党建工作，使其在整体工作中发挥更大作用的问题，从四个方面进行重点阐述和分析，并就如何处理好两者的关系提出自己的建议。

11　加强党建工作对优化图书馆管理工作的意义探究

参见　田东方论文 01

刘新勇

1970年生，山东青州人，1988年12月入馆至今，副研究馆员。

著作

01　像名人那样读书

参见　吴金敦著作 01

02　大师读书治学那些事儿 / 刘新勇著 . -- 济南：山东画报出版社，2019. -- 266页；24cm

本书记述了近代辜鸿铭、章太炎、梁启超、黄侃、钱玄同、刘文典、陈寅恪、胡适、张恨水、林语堂、沈从文等十一位学人读书治学的经历，文字清新朴实，情节紧凑自然，其中穿插的故事达百余则。这些诞生于他们学习、研磨、论辩、探索过程中的故事，寓意深刻、耐人寻味，背后无不透露着他们正直做人、认真做事、刻苦读书、乐行助教的人生准则。

论文

01　谈新时期图书出版之不足与采访对策 / 刘新勇 // 山东图书馆季刊：山东省图书馆学会第六次科学讨论会获奖论文专集 . -- 1999，70–71页

文章指出了图书出版存在的问题和不足，针对当前图书出版的情况，论述在图书采访工作中采访人员应注意及时掌握图书出版的最新信息、选择好的购书渠道等方面的问题。

02　新形势下如何搞好图书采访工作 / 刘新勇，李娟 // 书海泛舟——山东图书馆事业建设理论与实践 / 王运堂主编 . -- 海口：南海出版公司，2002. -- 438–442页

新形势下，经济飞速发展、科学技术日新月异，信息需求量的剧增促使社会对图书馆提出更高要求。社会对所需文献信息不仅要求质量高、系统性强，而且还要具备新颖性、针对性。文章从提高新书到馆速度和进一步提高藏书质量两个方面探讨如何更好地做好图书采访工作。

03　试论做好地方文献的采访工作与构建地方文献库 / 刘新勇，李娟 // 网络时代图书馆工作与研究 / 王运堂主编 . -- 海口：南海出版公司，2003. -- 638-641 页

文章认为地方文献作为信息资源的组成部分，对区域经济和文化事业的发展具有重要的参考指导意义。强调做好地方文献工作，建设精品地方文献库，采访工作是关键。文章重点论述了采访工作中应注意的几个问题：关于地方文献概念的界定、关于地方文献的采购渠道、关于地方文献的史料价值与学术价值、关于隐性知识。

04　图书馆如何做好地方文献征集工作

参见　靳月庆论文 04

05　修志资料——不可忽视的地方文献 / 刘新勇 // 科技情报开发与经济 . -- 2008，no.14，68-69 页

作者从事地方文献采访工作多年，通过与同行的交流，发现有的图书馆对地方文献的采访工作存在一些偏见，如修志资料仍然没有引起一些图书馆的重视。一部好方志的诞生历程就是对大量修志资料的搜集、积累、沉淀、升华的过程，修志资料是编修新志的基础性资料，具有非常重要的史料价值。但有些采访人员因为修志资料数量庞大、形式不定且内容杂乱无序，而忽视对修志资料的采访，从而造成地方文献收藏品种不全面，难以形成体系，制约了地方文献工作的开展。文章强调了收集修志资料的重要性，重点论述了修志资料的类型、内容以及搜集方法，认为修志资料类型主要包括文书档案资料、报刊资料、图片资料、口述资料、图书资料、修志过程中本身的资料以及其他如实物和视听资料等。收集这些资料的途径主要有直接和间接两种途径。

06　浅谈中国古代人物图像及其数据库建设 / 刘新勇 // 科技情报开发与经济 . -- 2008，no.24，69-70+76 页

文章简述了我国古代人物图像的产生与发展，介绍了浙江图书馆、苏州大学图书馆和广州图书馆相继开发的较为成功的人物图像数据库，提出了关于历史人物图像数据库建设的三点建议。一是人物画像收藏要兼顾名人与普通人；二是人物画像数据建设要避免版权纠纷；三是避免各馆重复建设。

07 吴佩孚与民国雕版印刷业 / 刘新勇，唐桂艳 // 春秋 . -- 2014，no.4，38–39 页

雕版印刷亦称刻书，作为最早在中国出现的出版形式，在千余年的时间里，为传承中华文明做出了重要贡献。文章指出军阀涉足雕版印刷业在全国并不多见。在山东，张宗昌算是一例，吴佩孚也是一例。吴佩孚（1874—1939），字子玉，蓬莱人，光绪二十三年（1898）投淮军。世人皆知吴佩孚为民国枭雄，而较少注意其在文化方面的建树。吴著述多种，所见的有石印本《蓬莱诗草》和《易箴》、铅印本《循分新书》、雕版印刷《春秋正议证释》四卷等近十种。文章通过重点介绍吴佩孚主导撰著《春秋正议证释》及其刊刻过程，论述了吴佩孚对春秋学和民国刻书业的贡献以及对民国雕版印刷业发展的影响。

08 关于地方文献整理开发中的著作权问题 / 刘新勇 // 山东图书馆学刊 . -- 2019，no.3，60–64 页

文章认为地方文献是反映特定区域内一切社会现象与自然现象的记录载体，被誉为原汁原味的“一地百科”，具有很高的史料价值。地方文献的整理开发是实现地方文献特色价值最大化的重要手段。文章强调整理开发首先要保证不侵犯著作人的权益，重点围绕古籍地方文献整理的著作权问题、二次地方文献的著作权归属与风险规避、非正式出版的地方文献开发中的著作权问题和地方文献数字化的著作权风险规避等方面，就图书馆地方文献整理开发过程中的著作权问题进行了深入探讨。

09 浅议乡邦文献及其整理 / 刘新勇 // 人文天下 . -- 2019，no.9，51–54 页

乡邦文献是一地文化的重要标志，同时也是研究地方历史文化等的重要素材。文章阐述了乡邦文献的定义、乡邦文献的内容和现存数量，重点论述了乡邦文献整理的迫切性及应注意的问题，围绕人才、选题、版本和统筹规划等方面，详细论述了整理过程中应注意的问题。

10 浅谈新时期做好地方文献服务工作的几点思考 / 刘新勇 // 山东图书馆学刊：2018 年山东省图书馆馆员论坛专刊 . -- 2019，98–101 页

随着大数据时代的到来，地方文献资源的载体形式、传播方式、服务空间以及读者获取途径等方面发生了很大变化。针对以上变化，文章就新时期如何做好地方文献服务工作提出了几点思考。

刘 雁

女，1969年生，山东济南人，1988年12月入馆至今，副研究馆员。

论文

01 **网络环境下图书馆读者服务工作的新发展 / 刘雁 // 书海泛舟——山东图书馆事业建设理论与实践 / 王运堂主编 . -- 海口：南海出版公司，2002. -- 164–168 页**

文章分析了网络环境下的图书馆与传统图书馆的不同，阐明了网络化的图书馆读者服务的内容，对图书馆如何适应网络发展，提高图书馆工作人员素质提出解决途径。

02 **新信息环境下图书馆员工的素质要求与继续教育 / 刘雁，刘健 // 图书馆管理与信息服务 / 王运堂主编 . -- 北京：北京图书馆出版社，2004. -- 417–420 页**

随着科技在知识传播领域的深入运用，图书馆员面临着知识结构完善、思维方式转变等重大问题。文章阐明了新信息环境对图书馆员工素质的新要求，指出新信息环境下的图书馆现代化建设，关键在于提高馆员的素质，并提出图书馆员继续教育的内容和方式。

03 **谈网络环境下图书馆信息资源建设与人才培养 / 刘雁 // 图书馆信息资源建设与利用 / 王运堂主编 . -- 北京：中国文联出版社，2005. -- 145–148 页**

文章论述了网络环境下图书馆的信息资源建设、网络资源开发利用以及文献信息资源建设的技术人才培养等方面的内容。

04 **浅谈图书馆的读者活动 / 刘雁 // 山东图书馆学刊：2013 年“图书馆的职能拓展与效能提高”专辑 . -- 2013，271–273 页**

文章阐述了图书馆开展读者活动的意义和开展读者活动的策划方法，结合自己的工作实际，以山东省图书馆为例，探讨了图书馆开展读者活动的主要方式和今后提高读者活动吸引力的努力方向。

孟宪刚

1969 年生，山东博兴人，1988 年 12 月入馆至今，副研究馆员。

论文

01　图书馆专业刊物封面装帧设计的思路与方法 / 孟宪刚 // 山东图书馆季刊 . -- 1998，no.4，108–109 页

文章认为图书馆学刊物是学术性和知识性相结合的理论性杂志，是图书馆学理论与实践中重要的参考资料之一。文章提出其封面装帧设计应立足于图书馆的职能作用和专业刊物的特点，既要有一定的艺术性，又要有严谨的科学性，既要能充分吸引广大读者，又要有较深的文化底蕴，使之与一般的文学性杂志或娱乐性杂志加以区别，实现其专业性、学术性、知识性和艺术性的完美统一。

02　公共图书馆形象建设初探 / 孟宪刚 // 图书馆管理与自动化建设 / 王运堂主编 . -- 北京：中国文联出版社，2006. -- 307–310 页

文章从图书馆的员工形象、环境建设、宣传手段等角度，详细叙述并分析公共图书馆形象塑造及提升的路径及其存在的问题，在此基础上，提出了公共图书馆形象塑造及提升的具体实现路径。

03　浅谈中国画的线条美 / 孟宪刚 // 戏剧丛刊 . -- 2007，no.1，71 页

文章认为线条是中国画的精髓，是表达物象结构的骨架，是主观意识、情感的表现手段，是中国传统绘画最简练、概括的基本艺术语言，也是人格、道德和精神力量的体现。它是一种符号，又是一种文化。

04　新环境下图书馆阅读推广工作探析 / 孟宪刚 // 科技经济导刊 . -- 2017，no.11，212–214 页

文章认为新环境下的图书馆阅读方式有了进一步的改变，大众阅读报纸杂志的习惯不再与以往相同，这给图书馆的书籍管理增添了挑战性。网络媒体的快速发展使图书的阅读呈现多样性，有利于全面阅读的开展。文章重点对新兴媒体环境下图书馆的阅读工作进行了分析，梳理总结了近几年的现状，指出图书馆阅读推广工作存在的问题，以期对图书馆的数字化服务有所裨益。

05　**公共图书馆特色阅览室创新服务——以山东省图书馆书画阅览室为例 / 孟宪刚 // 山东图书馆学刊：2017 年“技术发展与社会服务——前行中的图书馆”专辑．-- 2017，227-229 页**

文章以山东省图书馆为例，通过公共图书馆建立专题书画阅览室实践，总结提出要紧紧围绕为用户提供服务、满足用户的文献信息需求这个中心，以优质高效为原则，以个性化服务为导向，挖掘馆藏稀有、独有资源，提供增值服务，扩展服务渠道，增加服务方式，以此形成总体战略框架，在此框架下配合实施一些具体的调整方案和操作手段，就可以建立起符合实际的、可以满足各类用户需要的特色阅览室体系。

06　**基于读者需求的开放式特色阅览室学科专业服务设想 / 孟宪刚 // 中文信息．-- 2018，no.6，52-53 页**

文章认为随着时代的发展与人们文化水平的提高，读书越来越成为人们休闲放松的良好方式，阅读也越来越受到人们的重视，为满足读者多元化阅读需求建设一批开放的特色阅览室，成为图书馆开展学科专业服务的有益举措。文章强调现代图书馆设计者应充分重视这一问题。从读者需求出发，按照合理化、学科化和专业化原则，建立多种开放式的特色阅览室，充分满足读者们的不同需求。

07　**公共管理视阈下图书馆文化治理的功能与效应分析 / 孟宪刚 // 河南图书馆学刊．-- 2018，v.38，no.9，132-134 页**

文章认为公共管理视阈下，图书馆表现出的文化治理功能集中体现在社会教化、文化功能和精神引导等层面，指出通过图书馆文化治理的效应能够有效满足我国现阶段政治、经济发展的潜在需求。文章分析论证了图书馆文化治理功能，以及如何能够实现支撑教育教化、文化宣导以及发挥文化职能的整体效应，保证图书馆文化治理能够助力我国现代化建设。

宋　林

1970 年生，山东泰安人，1988 年 12 月入馆至今，馆员。

论文

01　浅议 4G 时代的图书馆服务工作 / 宋林，杨洁 // 数字化用户 . -- 2013，no.32，46–49 页

文章分析了 4G 的特点及优势。结合图书馆读者服务工作需要，探讨如何将 4G 技术应用于图书馆服务工作之中，真正实现数字图书馆，并提出 4G 环境下，图书馆工作改进和发展的方向。

02　初探如何提高公共图书馆电子阅览室的有效利用率 / 宋林，刘磊 // 山东图书馆学刊 . -- 2014，no.5，46–49 页

文章阐明了图书馆电子阅览室的功能定位，在总结分析电子阅览室使用现状和有效利用率的基础上，指出目前电子阅览室有效利用率低下的主要原因，并从加强读者宣传与教育、优化资源配置和提升网络管理技术等方面，提出了提升电子阅览室有效利用率的办法。

03　图书馆与社会合作开展青少年阅读推广的思考 / 宋林 // 山东图书馆学刊：2015 年“融合与超越——图书馆使命与目标”专辑 . -- 2015，245–247 页

文章认为青少年阅读推广不能局限于某个行业、某个领域来开展，欲取得最大化效果必须与社会各方开展合作。文章强调合作过程不仅能唤起社会各行业、各层面对青少年阅读的关注和重视，也是青少年阅读推广的过程。文章重点围绕青少年阅读推广的形式、内容和机制等方面，探讨与社会合作，开展推广青少年阅读。

隋　冬

女，1966 年生，山东青岛人，1988 年 12 月入馆至今，副研究馆员。

著作

01　日文儒家文献提要萃编 / 隋冬译 . -- 济南：山东大学出版社，2019. -- 205 页；21cm

本书精选 50 种日本昭和时期出版的儒学书目，进行了内容提要的撰写和序的翻译，揭示了这一时期日本学者的儒学研究概貌，可以帮助读者了解和研究近代尤其是明治维新后日本学界对儒学的研究情况及思想态度，对中日之间的文化交流和儒学的近代变迁有一个具体直观的认识。

论文

01 德国的公共图书馆 / 隋冬 // 山东图书馆季刊 . -- 2002，no.1，99-102 页

文章从德国的图书馆制度、图书馆员的资格、公共图书馆采购中心、图书馆间的合作、公共图书馆的服务、图书馆现代技术和德国公共图书馆的设立等七个方面，详细介绍了 1990 年 10 月统一后的德国联邦共和国公共图书馆基本状况。

02 网络环境下图书馆的信息服务工作 / 隋冬 // 书海泛舟——山东图书馆事业建设理论与实践 / 王运堂主编 . -- 海口：南海出版公司，2002. -- 261-267 页

文章分析了图书馆对网络资源的开发和利用现状，阐明了图书馆的优势所在及在竞争中做好图书馆信息服务工作的具体内容，指出网络环境下读者服务工作的发展趋向。

03 论网络环境下图书馆员的素质教育 / 隋冬 // 图书馆管理与信息服务 / 王运堂主编 . -- 北京：北京图书馆出版社，2004. -- 403-406 页

提高图书馆专业人员的综合素质是图书馆工作适应 21 世纪发展要求的基础和保障。文章阐述了网络环境下做好图书馆工作的前提条件，提出加强图书馆专业队伍建设，拓展业务能力，是网络环境下图书馆专业人员素质建设的核心，指出提高职业道德修养，培养敬业精神是全面提升图书馆工作水平的保证。

04 试论图书馆、学校与少儿读书促进 / 隋冬，杨红 // 贵图学刊 . -- 2007，no.3，25-26+33 页

文章围绕学校、家庭和图书馆三个方面阐述了如何营造少儿读书的良好环境，重点探讨了少儿图书馆读者服务的三种模式，即，馆内借阅活动辅导、送书上门服务辅导和综合性的读书培训辅导。从适龄阅读因人制宜、鉴赏辅导选读好书以及取长补短互动共促三个方面，介绍了具体辅导少儿读书的方法。

05 山东省图书馆藏旧日文资料溯源 / 隋冬 // 枣庄学院学报 . -- 2017，v.34，no.6，22-28 页

山东省图书馆藏旧日文资料 2.7 万多册，曾经分布于省内各行业、机关、院校、团体的图书馆资料室。经过统计梳理，发现并找到了 334 种图书章，200 左右的藏书机构，概括起来，山东省图书馆藏旧日文资料来源，按照收藏主体，主要分为日本侵华机构、抗战胜利后的国民政府机构与中国共产党所属机构。其中绝大多数的印章是日本侵华机构，而且这些印章充分印证了日本侵华期间，尤其是华北沦陷期间，日本侵略者所进行的政治控制、经济掠夺以及文化侵略的事实。

06　日美图书馆视障读者服务策略及启示 / 隋冬 // 图书馆学刊 . -- 2017，v.39，no.9，139–142 页

文章对视障读者的基本情况进行介绍，分析了日本和美国图书馆视障读者阅读服务现状，总结了对我国图书馆进一步开展视障读者服务工作的诸多启示：一是积极推进视障读者阅读服务的立法和政策导向；二是构建专业化的视觉障碍阅读服务体系；三是深化公共图书馆视障读者阅读服务的内涵；四是加强与各类社会公益组织的合作，以期为我国图书馆更好地开展视障读者服务提供借鉴。

07　信息精准扶贫视域下图书馆情报服务保障机制创新研究 / 隋冬 // 图书馆学刊 . -- 2018，v.40，no.3，80–83 页

文章分析了贫困地区信息贫困的产生根源，在具体阐述信息精准扶贫视域下图书馆情报服务重要意义的基础上，提出从整体规划、收集整理以及传递共享三方面构建图书馆情报服务的具体流程，从理念保障、资源保障和技术保障三个方面，探讨信息精准扶贫视域下图书馆情报服务保障机制的创新构建。

徐宏伟

女，1966 年生，山东济南人，1988 年 12 月入馆至今，副研究馆员。

论文

01　跟上时代发展　拓宽服务领域——试论现代图书馆课题信息服务

参见　赵炳武论文 07

02 **谈网络环境下的图书馆信息服务 / 徐宏伟 // 山东图书馆季刊：山东省图书馆学会第六次科学讨论会获奖论文专集 .--1999，117–118 页**

作者认为全球信息网络环境的建设不仅为人们提供了方便而快捷的信息检索手段，更给人们提供了巨大的信息资源。作为信息集散地的图书馆，必须适应世界图书馆电子化、网络化的趋势，把传统的分离割裂的图书馆推向全球一体化、网络化的新境地。文章重点论述了网络环境下图书馆信息服务的现状、信息网络系统在信息服务方面的功能等内容。

03 **电子出版物的发展对图书馆的影响 / 徐宏伟 // 书海泛舟——山东图书馆事业建设理论与实践 / 王运堂主编 . -- 海口：南海出版公司，2002. -- 505–509 页**

文章阐述了电子出版物的现状，分析了电子出版物的特点，从藏书建设、编目工作、读者工作等方面探讨电子出版物对图书馆的影响。

04 **浅谈光盘的引进与管理 / 徐宏伟 // 网络时代图书馆工作与研究 / 王运堂主编 . -- 海口：南海出版公司，2003. -- 544–546 页**

文章介绍了光盘具有存储密度高、容量大、体积小、时效快、兼容多种信息于一体，用户界面友好，使用方便等优点，深受图书馆界欢迎。图书馆加强光盘版文献的建设是发展的需要。文章重点论述了光盘的种类、光盘的引进及光盘的管理。

05 **加入 WTO 后的信息服务新思考 / 徐宏伟 // 图书馆管理与信息服务 / 王运堂主编 . -- 北京：北京图书馆出版社，2004. -- 637–641 页**

我国加入 WTO 给图书馆信息服务带来冲击，为图书馆信息服务业提供了发展机遇，图书馆与图书馆信息服务应采取应变措施：熟悉 WTO 的协议，在竞争中求得生存和发展；更新服务理念，开创新的服务体系；将信息服务拓宽到知识服务；抓住发展契机，实现图书馆服务的创新，更好地为各行各业服务。

杨　红

女，1969 年生，山东济阳人，1988 年 12 月入馆至今，副研究馆员。

论文

01　一个深受老年读者欢迎的举措——山东省图书馆老年人阅览室工作浅议 / 杨红 // 图书馆管理与信息服务 / 王运堂主编 . -- 北京：北京图书馆出版社，2004. -- 485-488 页

2001 年，山东省图书馆建立老年人阅览室，文章论述了开办老年人阅览室的必要性，分析老年人阅览室的特点，结合自身工作实践提出把老年人阅览室办得更好的措施。

02　让老年读者如在家中一般 / 杨红 // 山东图书馆季刊 . -- 2007，no.3，65-67 页

文章简要介绍了山东省图书馆开展老年人服务的情况。山东省图书馆老年人阅览室自 2001 年 10 月开放以来，读者人数已由原来的每天一二十人次，发展到六七十人次，老年读者已经成为不可忽视的一支读者队伍。强调做好老年读者服务工作，对于建设和谐社会，帮助老年人“老有所学”“老有所为”“老有所乐”有着积极的意义。在重点分析图书馆老年读者特点及阅读心理的基础上，文章介绍了山东省图书馆为老年读者服务的具体做法。

03　试论图书馆、学校与少儿读书促进

参见　隋冬论文 04

04　图书馆特色馆藏的构建与特色服务方式 / 杨红 // 实用医药杂志 . -- 2012，v.29，no.7，665-666 页

自 20 世纪 80 年代起，我国的图书馆界开始关注图书馆的馆藏特色，并进行了卓有成效的研究与实践。近些年来，图书馆的特色服务也成为普遍关注的热点。文章对高校图书馆特色馆藏与特色服务的一些相关问题进行探讨，主要围绕特色馆藏的含义与特点、特色馆藏的构建、特色馆藏服务等内容进行论述，希望能对理论建设有所裨益，对实践工作产生一些指导作用。

05　丁麟年与山东省图书馆 / 杨红 // 山东图书馆学刊 . -- 2014，no.5，97-99 页

丁麟年（1870—1930），字绂臣，号幼石。山东日照人，清末进士，官至知府，辛亥革命的洪流结束了他的仕途。民国时期，他的命运与山东省图书馆联系在一起，他在山东省图书馆长达八年，是除王献唐外执掌山东省图书馆最长的馆长。他精通小学，长于考订金石，是著名的收藏家。文章依据所搜集到的资料，对丁麟年本人、丁氏家族以及他执掌山东省图书馆的情况、所存著述进行初步研究与考证。

06　社会主义经济文化建设视阈下地方志的开发利用 / 杨红 // 河南图书馆学刊 . -- 2014，v.34，no.9，81–82 页

地方志作为我国特有的历史文化遗产，客观地记载了一个地区的历史发展进程，在资治、教化、存史等方面具有重要意义。文章围绕资治、教化、存史三个方面，深入探讨地方志在历史发展中所承担的社会角色和发挥的重要作用，以期为我国社会主义经济文化建设提供服务。

07　山东省图书馆所藏碑文《山东省政府成立六年记》考释 / 杨红 // 山东图书馆学刊：首届山左先贤与齐鲁典籍专辑 . -- 2014，96–98 页

文章介绍了山东省图书馆藏日伪时期所立碑刻《山东省政府成立六年记》，该碑刻现位于大明湖遐园老年人阅览室内，碑文是日伪时期伪山东省省长唐仰杜所撰，是研究日伪时期山东历史的一手资料，具有特别的史料价值。文章重点就碑文中人物及内容做简单考释。

08　唐仰杜与抱璧堂 / 杨红 // 春秋 . -- 2015，no.4，62–63 页

文章介绍了山东省图书馆藏碑刻《抱璧堂碑记》，该碑刻现位于遐园老年人阅览室内，碑文由日伪时期伪山东省省长唐仰杜所撰，是研究日伪时期的一手资料，是日本侵略者推行奴化教育的见证，具有特别的史料价值。据了解，《抱璧堂碑记》建成时嵌在堂之东墙内，1966 年“文化大革命”时，图书馆职工为保护它用水泥糊上，2006 年装修时得以重现，并装玻璃罩保护之。“抱璧堂”曾是山东省图书馆的重要组成部分，现今重新恢复也是山东省图书馆历史上的一件大事。

赵　葳

女，1970 年生，四川犍为人，1988 年 12 月入馆至今，馆员。

论文

01　刍议省级公共电子阅览室的建设、管理与服务 / 赵葳 // 卷宗 . -- 2017，no.12，58 页

作者认为信息技术作为被广泛使用的技术，已普遍应用于电子出版物，电子阅览室的建立标志着新型阅读时代的到来。目前电子阅览室的普及率越来越高，所呈现出来的问题也层出不穷，电子阅览室建设、管理与服务方面仍存在一些不足。文章在分析电子阅览室的服务现状及功能基础上，重点对公共电子阅览室的建设、管理与服务三个层面进行分析，提出了相关的管理策略和建议，旨在加快全国文化信息资源共享。

02　试论信息化背景下图书馆管理的有效途径 / 赵葳 // 中国管理信息化 . -- 2017，v.20，no.16，182–183 页

作者认为随着全球资源信息数字化地实现，信息技术已经渗入社会生活的各个方面，图书馆管理自然也不例外。公共图书馆是一个地区的文化中心和服务中心，是满足群众信息需求的重要场所，加强公共图书馆信息化建设，可以更好地促进社会发展，提高图书馆读者服务质量和效率。文章结合图书馆管理实际情况，在信息化背景下对图书馆管理创新的必要性进行了分析，重点阐述了探寻信息化背景下图书馆管理工作的新方法、新路径，以此保证信息化管理工作与读者服务能够与时俱进，满足广大读者不断更新、变化的需求。

03　基于云计算的数字图书馆个性化信息服务研究 / 赵葳 // 中国科技博览 . -- 2017，no.26，170 页

作者认为在信息时代，各种技术与网络在飞速地发展，图书馆在建设过程中，要基于现有规模与质量状况，构建数字化资源系统，通过各项资源的配置与优化，不断完善自身的服务质量与水平，有效满足各种信息服务需求。云计算作为一种共享技术的架构模式，可以实现分布的数字图书馆资源与面向用户的个性化服务，为读者提供了方便。文章重点探讨了基于云计算环境数字图书馆的个性化信息服务模式，即硬件架构的服务、基于统一平台管理的服务、基于软件的个性化服务，指出国内外的数字图书馆都重视个性化信息服务的提供，强调在新时代的背景下，云计算对数字图书馆的个性化信息服务的重要性。

董　华

女，1969 年生，山东济南人，1988 至 2001 年在馆，馆员。

论文

01　图书馆公共关系初探 / 董华 // 山东图书馆季刊：山东省图书馆学会第六次科学讨论会获奖论文专集 . -- 1999，202-203 页

文章重点论述了图书馆公共关系的兴起与发展、目的与作用、手段和方法。作者认为图书馆公共关系是在借鉴一般公共关系的理论和实践经验的基础上发展起来的，它是图书馆与其内部和外部公众之间有计划、有系统的双向沟通过程，它为实现图书馆目标及发挥整个图书馆的作用提供了物质等条件，开拓了图书馆生存和发展的空间。

02　加强图书馆高素质人才队伍建设的几点思考 / 董华 // 山东图书馆季刊 . -- 2000，no.4，64-65 页

文章提出建设高素质人才队伍是关系到图书馆建设与发展的关键因素，并从图书馆的职能、任务和时代对它的要求两个方面论述了建设高素质人才队伍的重要性和迫切性。同时，针对图书馆的实际提出了三条建设性的意见：狠抓在职人员教育，开展人才交流，改革人事制度。对建设高素质人才队伍的途径、办法、措施，尤其对深化人事改革进行了有益的探索。

尹　群

1960 年生，山东荣成人，1989 年 4 月入馆至今，副研究馆员。

论文

01　如何进行文献的前期整理编辑工作

参见　张洁如论文 02

02　**浅谈我馆缩微文献制品的贮藏与利用 / 尹群 // 山东图书馆季刊：山东省图书馆学会第六次科学讨论会获奖论文专集 . -- 1999，222-223 页**

文章介绍了缩微摄影技术在山东省图书馆的应用，指出缩微摄影技术在山东省图书馆已有 12 年的发展历史，从单一制作缩微品的初级阶段，发展为制作、拷贝发行、阅读还原一整套以胶片为载体的先进的缩微信息体制。文章重点阐述了缩微品的贮存和保管、缩微文献制品的开发利用。

03　**图书馆数字化与缩微技术**

参见　张洁如论文 06

04　**影响缩微解像力的三大因素 / 王希章，尹群 // 山东图书馆季刊 . -- 2002，no.4，116-117 页**

文章主要论述了在缩微品制作过程中影响缩微解像力的三大因素以及解决办法，指出缩微解像力是缩微系统最终构成的解像力，受若干因素的影响，但主要是受缩微胶片、拍摄、冲洗加工条件三大因素的影响。而在缩微摄影中，由于缩微技术将原件信息的存贮空间大大缩小，在胶片上要使信息减少损失，确保缩微胶片历经几代以后，影像质量仍具有所需的复制能力，掌握和应用好解像力尤为重要，文章强调只有同时提高镜头和胶片的解像力，选择最佳的冲洗条件，才会获得较高的缩微解像力。

05　**试谈图书馆与现代广告 / 尹群 // 图书馆管理与信息服务 / 王运堂主编 . -- 北京：北京图书馆出版社，2004. -- 697-699 页**

图书馆要想在新世纪求得生存与发展，就必须更新观念，努力向社会推销自我。文章论述了图书馆进行广告宣传的原因，提出要充分利用免费广告，利用多种广告形式进行自我宣传，并指出了图书馆做广告应注意的几个问题。

06　**浅谈影响我国文献资源共享的原因及对策 / 尹群 // 图书馆信息资源建设与利用 / 王运堂主编 . -- 北京：中国文联出版社，2005. -- 351-354 页**

资源共享是一项复杂的社会系统工程，我国图书馆实现文献资源共享还面临许多困难。图书馆经费普遍匮乏，现代化技术和技术力量参差不齐，尚无力全面开展资源共享；缺乏统一的具有权威性的法规，无法保障资源共享的实施；缺乏一个具有全面领导职能的组织机构，束缚了资源共享的开展；文献资源共享意识薄弱，合作思想不强；文献资源布局不合理，覆盖面不全，重复率较高。针对阻碍文献资源共享的原因，文章提出树立文献资源共享的全局观念，建立、健全全国性的图书情报领导机构，通过网络化实现资源共建、共知、共享的必要条件和物质基础，加强文献资源共建工作，建设一支高素质的文献情报队伍，以扫除障碍，促进共享。

07　浅谈二十一世纪公共图书馆缩微技术 / 尹群 // 图书馆管理与自动化建设 / 王运堂主编 . -- 北京：中国文联出版社，2006. -- 478-482 页

文章认为缩微技术是一种成熟的信息模拟存储技术，是目前信息资料最理想的存储方式，缩微技术在我国图书馆事业的发展中发挥着不可替代的重要作用。重点阐述了新世纪缩微技术的发展方向，指出图书馆利用缩微技术、计算机技术对信息进行合理地利用和保存，并使其不断发展和完善，将成为新世纪公共图书馆缩微技术发展的必然趋势。

08　缩微工作走出困境的探索 / 尹群 // 山东图书馆季刊 . -- 2007，no.2，32-34 页

文章简要介绍了山东省图书馆缩微工作概况。山东省图书馆于 1985 年成立了文献缩微部，是全国图书馆文献缩微复制中心在全国首批设立的文献缩微拍摄点之一。文章重点分析了我国图书馆界缩微工作的现状及困境，并以山东省图书馆为例，指出缩微工作走出目前困境的途径与办法，以资同行借鉴。

09　我馆文献缩微工作发展历程及展望 / 尹群 // 图书馆用户服务研究 / 赵炳武主编 . -- 济南：山东省地图出版社，2007. -- 461-463 页

文章回顾总结了山东省图书馆文献缩微工作的发展历程及取得的丰硕成果，指出 1985 年，文化部落实中央关于“抢救与保护国家文化遗产”的指示精神，在南京成立了全国图书馆文献缩微复制中心，山东省图书馆成为全国图书馆文献缩微复制中心在全国首批设立的 20 多个文献缩微拍摄点之一。22 年来，山东省图书馆文献缩微工作已从单一拍摄抢救文献，发展到现在的文献缩微品制作与数字化技术相结合阶段。

10　皃道人著述考 / 尹群 // 图书馆学刊 . -- 2011，v.33，no.11，133-135 页

文章对李葆恂生平及著述进行了考证。李葆恂（1859-1915），号皃道人，是清末至民国初期的学者，一生仕途坎坷，为谋生四处奔波，晚年遭际千年之变。作为长期浸淫于传统文化的学者，李葆恂毕生沉浸于书画研究，为一代鉴定书画之巨擘，著述等身，流传千古。

11　数模整合技术——数字与缩微技术合理并存的桥梁 / 尹群 // 河南图书馆学刊．-- 2012，v.32，no.6，76-78 页

文章认为数模整合技术是人类进入数字信息时代的产物，是贯通模拟信息资源和数字信息资源的桥梁。图书馆缩微工作只有将多种介质结合应用，采用数模整合技术，才能更好地实现珍贵文献资料科学和高质量的保存与管理。文章重点介绍了什么是数模整合技术和数模整合技术的优势，论述了其在图书馆信息资源建设中的作用和重要意义。

12　王献唐先生的图书馆管理思想述略 / 尹群 // 四川图书馆学报．-- 2013，no.4，81-84 页

文章对王献唐的图书馆管理思想做了简要概述，认为王献唐作为中国近现代图书馆与文博事业的开拓者和奠基人、中华民族文化遗产的传承人与守望者，在中国近现代图书馆与文博事业发展史上占据着至关重要的位置。1929 年 8 月，王献唐任山东省立图书馆馆长，主掌山东省立图书馆与“山东金石保存所”二十年，以“民族文化命脉守望人”自励，竭力奉行近代图书馆“开民智保国粹”的办馆宗旨和公平公益的办馆理念，推行科学的图书馆管理方法，使该馆成为“北方图书文物之重镇”，其图书馆管理思想在近代图书馆史上占据一席之地。

13　浅论周密的读书之道 / 尹群，白兴勇 // 人文天下．-- 2016，no.24，65-69 页

文章对周密的生平经历做了简要概述。周密（1232—1298），字公谨，号草窗，又号华不注山人、弁阳老人等，为宋末元初的著名学者；祖籍山东历城，曾祖随宋室南渡后定居湖州。周密自幼聪慧好学，加之礼仪世家的丰厚藏书、父母师长的谆谆教诲、优雅安静的读书环境，使其眼界开阔，兴趣广泛，学识渐长，成年后四处游历的实践活动为其创作打下了深厚基础。其著述内容广博，既有朝野遗事、典章制度、社会风俗，又含诗词文评、古物鉴赏、地理科技，显示了其学识之宏富。文章详细阐述了周密的读书情怀、读书思想及问学之道，其对读书功利性之评判以及对权威学者的质疑，值得我们深思。

14　论密州对苏轼文学成就的影响 / 尹群 // 人文天下 . -- 2018，no.4，53-56 页

作者认为苏轼是北宋时的文坛领袖，在我国文学史上独领风骚，其诗、词、赋俱佳，尤其对词的贡献最大，他开启了以词咏志的先河，使词最终成为与诗并列的文化瑰宝。千百年来，其诗词传诵不衰，得到世人的喜爱和追捧。他诗词里表达出的豪气、超然和真情让人折服、令人陶醉。文章重点叙述了苏轼在熙宁七年至九年（1074-1076）间主政密州期间的生活经历和取得的文学成就。作者认为密州的生活、从政经历影响了苏轼的诗词创作，奠定了苏轼的文学地位，使其最终成为一代文坛领袖，名扬千古。虽说密州因苏轼而闻名，但密州也成就了苏轼的文坛泰斗地位。

张　敏

女，1963 年生，山东宁津人，1989 年 4 月入馆至今，馆员。

论文

01　加快我省数字图书馆建设的措施建议 / 张敏 // 理论学习 . -- 2011，no.5，27-28 页

作者认为数字图书馆是随着计算机技术的迅猛发展，特别是网络、存储与传输技术的全面普及而产生的，是将数字化信息技术应用于图书馆，并为群众提供有效服务、方便群众共享资源的新型图书馆服务方式。加快数字图书馆建设，对于构建完善的公共文化服务体系、保障人民群众的基本文化权益具有十分重要的意义。文章对加快本省数字图书馆建设提出了具体建议：一是加强传输网络体系建设；二是加强软件平台建设；三是加强硬件环境建设；四是加强地方特色资源库建设；五是加强支持保障机制建设。

李　群

女，1957 年生，江苏苏州人，1989 年 6 月至 2012 年在馆，研究馆员。

论文

01　《金云翘传》：从中国小说到越南名著 / 李群 // 广西民族学院学报（哲学社会科学版）. -- 2001，S1，231-234 页

文章以东方不同民族间的文学交流为背景，在收集、选择、参考、分析了大量资料的基础上，论述了中国文学作品《金云翘传》经由越南诗人阮攸的改编和再创作成为越南名著这一事实。以此比较，作为源头的中国作品——《金云翘传》却在中国小说史上默默无闻。文章强调应从各民族文学间的交流与传播角度挖掘，通过比较与分析，使其得到应有的关注。

02 **《西厢记》在日本 / 李群 // 文史知识 . -- 2001，no.8，50–53 页**

文章介绍了《西厢记》在日本的流传情况。作者认为元代大戏剧家王实甫所创作的《西厢记》，自13世纪末问世以来，便以其积极的反封建内容和新鲜美妙的艺术形式，一直吸引着历代读者。"《西厢》是超越时空的艺术品，有永恒而且普遍的生命"（郭沫若《〈西厢记〉艺术上之批判与其作者之性格》）。《西厢记》是世界艺术宝库中的一颗明珠，赢得了各国人民的喜爱。

03 **从"CNKI"的应用到图书馆知识服务的开展 / 李群 // 图书馆管理与信息服务 / 王运堂主编 . -- 北京：北京图书馆出版社，2004. -- 531–534 页**

知识服务作为现代图书馆的一种全新服务模式，其重要作用已日益显现。文章从知识和知识服务说起，从树立新型效益观念、确立全方位开放和大服务观念等方面，提出图书馆开展知识服务的具体措施。

04 **网络环境下情报检索语言兼容性探究 / 李群 // 国家图书馆学刊 . -- 2005，no.3，67–70 页**

文章阐述了网络环境的特点及其对情报检索语言的要求，进而分析了检索语言的兼容性及其影响因素。重点围绕受控语言和自然语言一体化、实现后控制词表编制的自动化、把握用户对自然语言的使用情况及加强检索语言的计算机化等四个方面的内容进行了探讨。

05 **图书馆用户需求研究 / 李群，李丽 // 图书馆用户服务研究 / 赵炳武主编 . -- 济南：山东省地图出版社，2007. -- 9–13 页**

网络时代，图书馆的服务对象和用户需求有了很大的变化，图书馆只有研究用户利用知识信息的目的和信息需求特点，才能拓展图书馆面向用户的各种服务模式。文章分析了用户需求的类型和特征，提出了多种面向用户的服务模式，从而有针对性地引导、开发用户的信息需求，提供高效、多层次的信息服务。

06 **参考咨询工作：从传统到数字化的转变 / 李群 // 数字图书馆工作论坛 / 赵炳武主编．-- 济南：山东省地图出版社，2009．-- 279–281 页**

作者认为数字参考咨询服务从根本上改变了图书馆员与读者的交互关系，使参考咨询工作重新焕发了生机，成为图书馆服务工作新的生长点。重点论述了互联网对传统参考咨询工作的影响和数字化环境下的参考咨询工作转变的主要表现。

07 **对公共图书馆阅读文化构建的思考 / 李群 // 山东图书馆学刊：2011 年“图书馆社会责任”专辑．-- 2011，138–140 页**

作者认为公共图书馆构建阅读文化的关键是倡导和推动大众阅读，培养国民的阅读习惯，通过多种方式引导和促进读者阅读，进而使国民素质得到整体提升。通过分析公共图书馆阅读文化现状，提出构建阅读文化的建议。

樊 伟

1970 年生，山西夏县人，1990 年 7 月入馆至今，馆员。

论文

01 **关于山东省公共图书馆为农业服务有效途径的探讨 / 樊伟 // 山东图书馆季刊．-- 1998，no.1，46–50+54 页**

随着我国农村经济体制改革的深入，农业生产成为我国经济建设的重点，成为稳定社会发展总揽全局的重要问题，以乡镇企业、科技示范户、专业户为代表的农村新型经济形式以灵活多样的经营方式活跃在农村市场。在国家“科技兴农”战略方针的指导下，各行各业多层次、多元化、全方位为农业服务。山东省公共系统图书馆从以下几个方面探索有效地为农业服务的途径：一是领导重视，建立健全基层图书馆，这是为农业服务的重要保证；二是开展调查研究，有针对性地为农业服务；三是抓住重点，加强协作协调，深化农业服务；四是采取多种形式为农村经济发展提供信息。

02 **全省公共图书馆改革发展透视——评《辉煌的足迹——图书馆改革与发展二十年文集》/ 樊伟 // 山东图书馆季刊．-- 2000，no.1，60–62 页**

1979 年，全国图书馆改革拉开了序幕。1984 年 11 月，中国图书馆学会在安徽芜湖召开图书馆改革研讨会，就改革初期的图书馆重要问题进行专门讨论，以期开拓出一条适宜图书馆发展的改革之路。改革二十年来，山东图书馆界发生了巨大的变化，既有改革成功的喜悦，也有面对新形势的困惑。《辉煌的足迹——图书馆改革与发展二十年文集》一书正是应时代需要，集中反映山东省公共图书馆改革成就。该文集共收录文章 105 篇，38 万字，均为公共图书馆系统百余位馆长亲自笔书。内容涉及图书馆学研究、图书馆事业发展、业务建设、读者服务工作、科学管理等各个方面，笔触伸向山东省图书馆改革历程中的一些敏感问题和重要问题。全面勾勒出山东省公共图书馆事业发展概貌，展示了读者服务工作的成就，讴歌了图书馆在改革开放时代不断完善自我、开拓进取的精神风貌。

03　关于乡镇图书馆事业发展的思考 / 史建强，樊伟 // 山东图书馆季刊：山东省图书馆学会第八次科学讨论会获奖论文专集 . -- 2001，6-9 页

乡镇图书馆事业的发展对我国农村和农业发展起到了传播科技知识、为信息时代服务的重要作用。文章针对当前存在的问题，深入调查研究，强调要厘清乡镇图书馆（室）的现状和发展的思路，加大乡镇图书馆（室）的投入、实施科教兴农，以“知识工程”为契机，推动乡镇图书馆事业的发展。

04　数字图书馆建设初探 / 樊伟 // 书海泛舟——山东图书馆事业建设理论与实践 / 王运堂主编 . -- 海口：南海出版公司，2002. -- 648-652 页

文章从数字图书馆的概念和基本功能出发，分析我国数字图书馆的现状，探讨我国数字图书馆建设存在的问题及解决办法。

05　公共图书馆管理体制改革初探 / 樊伟 // 网络时代图书馆工作与研究 / 王运堂主编 . -- 海口：南海出版公司，2003. -- 435-438 页

中国图书馆事业近年来取得了很大的成绩，但是我国管理体制离国际先进水平还有很大差距，必须进行管理体制改革创新。文章分析了我国图书馆管理体制现状，提出改革的关键在管理体制改革，必须在管理模式、内部管理机制、人事制度、服务管理方式等方面进行全面改革。提出深化改革，探索新机制，建立健全图书馆法律、法规及相关制度，强化竞争激励机制，创新管理体制的措施与对策。

06　图书馆管理创新初探 / 樊伟，梁昱 // 图书馆管理与信息服务 / 王运堂主编 . -- 北京：北京图书馆出版社，2004. -- 147–150 页

知识的不断创新成为推动时代发展的根本动力，文章从现代图书馆管理的本质在于创新这一观点出发，论述管理创新是深化图书馆改革的内在需求，并指出图书馆管理应注意的几个问题。

07　拓宽学会职能　加强行业管理——从美、日图书馆协会发展谈起 / 樊伟 // 图书馆学刊 . -- 2005，no.3，28–29+33 页

文章分析了美国和日本图书馆协会的主要工作内容，以之为借鉴，提出了对我国图书馆学会工作的几点认识。作者认为美国和日本是两个图书馆事业比较发达的国家，在图书馆的发展过程中，两国的图书馆协会起到了很大作用。它们在制定图书馆法规和图书馆标准、编辑出版物、合作编目和分类、编制书目工具、促进馆藏建设和情报检索、推动自动化和网络化、培训图书馆员等方面都取得了积极的成果，促进了国际图书馆事业的交流。探讨两国图书馆协会的做法对我国图书馆学会转变观念、拓展工作职能、促进事业发展颇有借鉴意义。

08　试论信息时代催生数字图书馆引发信息服务的问题

参见　王玮论文 01

09　缩微技术的发展及其在图书馆中的地位和作用 / 樊伟 // 数字与缩微影像 . -- 2017，no.1，20–22 页

缩微技术是广泛应用于文献资料复制保存的一项传统技术，在图书馆行业有不可取代的作用和地位。在计算机技术飞速发展及图书馆数字化转变的一段时期，缩微技术曾一度遭遇质疑和冲击，缩微技术是否仍旧适用当前变革中的图书馆，缩微胶片是否要继续使用下去，这一系列问题摆在人们面前。文章围绕上述问题简述缩微技术的过去、现在和未来，明确了缩微技术在图书馆中的作用，论证了缩微技术在当今图书馆存在的必要性和地位。

10　公共图书馆缩微工作回望 / 樊伟 // 数字与缩微影像 . -- 2018，no.2，25–27 页

作者认为缩微技术产品——缩微胶卷是我国公共图书馆较早使用的新型载体之一，而缩微技术也是我国公共图书馆较早使用的现代化技术之一，缩微技术在图书馆现代化技术应用中占据着重要地位，图书馆缩微技术随着公共图书馆的发展而历经兴衰浮沉。至今，缩微技术经历时间的检验，在图书馆的不可替代性更加凸显，回望图书馆缩微工作三十余年发展历程，对图书馆未来发展具有重要意义。

11　发挥党员模范带头作用　推进图书馆事业发展 / 樊伟 // 山东图书馆学刊：2018 年山东省图书馆馆员论坛专刊 . -- 2019，7–9 页

文化事业的发展和图书馆事业的发展都离不开党的领导，同时也离不开图书馆工作者的努力，特别是共产党员在各项工作中的模范带头作用。文章从几方面论证党员如何对自己高标准、严要求，继承共产党优良的革命传统，身先士卒，带领广大图书馆员工，积极进取，以推动图书馆事业的发展。

高天磊

女，1970 年生，山东济南人，1990 年 7 月入馆至今，副研究馆员。

论文

01　从中国获得绝版期刊的经验 / 高天磊 // 江苏图书馆学报 . -- 1998，no.2，43–44 页

文章介绍了国外机构从中国获取期刊的做法，总结获得绝版期刊的经验。美国艾奥瓦大学从中国的图书馆获取期刊的途径与方式是否合法，中国的图书馆以赢利为目的向外国图书馆提供复印期刊是否合法？尚待进一步查证。作者撰写此文，目的是引起我国图书馆重视，提出在对外交流中需要注意的事项。

02　论知识经济时代图书馆的变革 / 高天磊 // 书海泛舟——山东图书馆事业建设理论与实践 / 王运堂主编 . -- 海口：南海出版公司，2002. -- 123–127 页

知识经济作为社会发展的一个重要阶段，它从多方面影响着图书馆事业的发展。文章分析了知识经济的特征，阐述知识经济给图书馆带来的挑战和机遇，并提出图书馆直面社会发展、适应全面改革的措施，使公共图书馆在未来的社会中成为知识信息在生产及快速流通方面的信息基地。

03　**浅议图书馆人力资源的管理 / 高天磊 // 图书馆管理与信息服务 / 王运堂主编．-- 北京：北京图书馆出版社，2004．-- 312–315 页**

人力资源是图书馆要素的组成部分之一，图书馆在人力资源管理中需坚持以人为本的管理理念。文章从树立科学的管理理念出发，提出从合理的人力资源配置、得当的激励机制、持续及时的人力资源培训三个方面，推动员工与图书馆事业共同成长。

04　**开展阅读疗法　服务大众健康 / 高天磊 // 山东图书馆季刊．-- 2005，no.4，61–63 页**

阅读疗法，也称读书疗法、图书疗法等，虽然称谓上有差异，但都是指读者通过阅读的方式调节身心，达到预防和辅助治疗身心疾病，获得身心健康的目的。文章重点阐述了阅读疗法的功效、类型及历史，提出了图书馆开展阅读疗法服务的措施和方法。

05　**针对读者特点做好少儿图书馆工作**

参见　李长江论文 05

06　**读者不良借阅行为分析及防患策略 / 高天磊 // 图书馆用户服务研究 / 赵炳武主编．-- 济南：山东省地图出版社，2007．-- 38–42 页**

作者认为读者不良借阅行为，是指那些影响其他读者正常借阅活动，阻碍知识、信息的顺畅传递，给图书馆工作带来障碍的行为。不良借阅行为的存在会极大地影响图书馆的书刊利用效率，使图书馆的软件硬件环境遭到破坏，干扰其他读者利用图书馆的情绪。同时分析不良借阅行为的成因，建议应采取切实有力的策略加以防患，才能有效地提高读者的借阅素质，改善图书馆的服务质量，提升书刊的利用率。

07　**基于读者评价的公共图书馆阅读影响因素实证研究 / 高天磊 // 山东图书馆学刊．-- 2013，no.3，40–42+74 页**

文章是 2011 年度山东省艺术科学重点课题项目“公共图书馆阅读的影响因素研究”（2011350）成果之一。通过对山东省八个地市级公共图书馆的读者进行问卷调查，获得了读者对公共图书馆各项服务的评价数据，在对数据进行定量分析的基础上，阐明了图书馆相关因素对读者阅读的影响，最后提出了削弱不利因素影响的办法和措施。

08　阅疗服务——公共图书馆服务新职能的拓展 / 高天磊 // 山东图书馆学刊：2013 年“图书馆的职能拓展与效能提高”专辑 . -- 2013，4–6 页

文章介绍了阅读疗法的定义、原理以及在国内图书馆服务中的实施现状。指出公共图书馆开展此项服务的优势以及提出实施阅读疗法的举措，旨在引起公共图书馆同人对这项创新工作的重视，并能够通过开展这项工作，形成以公共图书馆为核心，整合社会多方面资源的融合性服务模式，进一步提升图书馆资源的利用效能，丰富人文关怀精神，延伸社会服务职能。

09　“真人图书馆”服务实践探析——以山东省图书馆为例 / 高天磊 // 山东图书馆学刊 . -- 2014，no.4，70–73 页

文章介绍了真人图书馆的兴起、发展及效用。作者认为真人图书馆在国外很多地方已经大行其道，这种“阅人”活动以其特有的方式，在消除偏见、达成人与人之间谅解和包容方面发挥着重要作用。公共图书馆作为提高国民文化素养的殿堂，实现服务创新、让大众享受不同的阅读体验是义不容辞的责任。文章重点介绍山东省图书馆开展真人图书借阅活动的实践，总结了这项服务取得成效的经验和具有的本馆特色。山东省图书馆为了推广这一新颖的阅读方式，为公众搭建平等交流的平台，先后策划、举办了五次真人图书借阅活动。

10　谈馆员心理动力的激发与阅读习惯的养成 / 高天磊 // 山东图书馆学刊：2014 年“服务均等化 · 图书馆变革与创新”专辑 . -- 2014，301–302 页

文章在介绍图书馆员不良阅读状态及负面影响的前提下，从心理动力学角度分析了馆员阅读习惯养成的心理动力，提出了图书馆应该遵循这些心理因素，强化这些动力，在馆员中首先养成阅读习惯，才能更有效地推动全民阅读活动。

刘　磊

1970 年生，山东济南人，1990 年 7 月入馆至今，馆员。

论文

01　开发文献资源，用信息创效益：图书馆为经济建设服务的途径

参见　陶嘉今论文 02

02　浅谈提高公共图书馆电子阅览室的有效利用 / 刘磊 // 山东图书馆学刊：2013 年“图书馆的职能拓展与效能提高”专辑 . -- 2013，31-34 页

文章认为在传统的公共图书馆中，电子阅览室的设立是图书馆衔接信息时代、利用电子资源服务于读者的重要途径，在图书馆的信息服务中发挥重要作用。利用电子阅览室从互联网或图书馆内网上获取各类信息已成为读者的必然需求。针对实际工作中发现的电子阅览室在服务与管理中存在的诸多问题，文章对导致电子阅览室利用率低下的现象提出改进建议。

03　初探如何提高公共图书馆电子阅览室的有效利用率

参见　宋林论文 02

04　浅议 4G 技术的应用与图书馆服务 / 刘磊 // 山东图书馆学刊：2014 年“服务均等化 · 图书馆变革与创新”专辑 . -- 2014，160-162 页

作者认为 4G 技术不仅是图书馆开展移动服务的前提条件，也是图书馆提供更多增值服务的保证。文章重点在分析 4G 概念、优势的基础上，展望 4G 时代图书馆服务，探讨图书馆在 4G 时代的服务理念、从业人员的服务能力和资源开放度。

05　浅议大数据时代图书馆服务工作的创新与发展 / 刘磊 // 西域图书馆论坛 . -- 2015，no.1，36-39 页

大数据时代的来临，对社会形态的方方面面产生巨大深远的影响，对图书馆服务也带来影响。大数据时代的图书馆服务将如何创新与发展，图书馆如何规划建设各类资源，已成为大数据时代图书馆研究的选题。文章从大数据概念、大数据时代图书馆面临的挑战、大数据时代图书馆服务工作的创新与发展三个方面论述，提出大数据时代图书馆发展趋势。

王建军

女，1966 年生，山东平阴人，1990 年 7 月入馆至今，副研究馆员。

论文

01　图书馆文献资源配置浅析 / 王维瑄，王建军 // 高校图书馆工作 .-- 1999，no.2，26-27+30 页

文章论述了图书馆进行文献资源配置的学科原则和数量原则，并强调合理的资源配置应是进行整体文献资源协调布局的基础和条件。

02　对我馆中文藏书建设未来发展的构想 / 王建军 // 山东图书馆季刊：山东省图书馆学会第六次科学讨论会获奖论文专集 . -- 1999，80-81 页

作者认为在浩瀚纷繁的图书市场中拣选出有价值、质量高的文献资料，遵循图书文献变化规律和图书馆发展趋势，探求出一种与之相匹配的藏书建设结构及运行发展模式，是采访工作者应该积极思考并去不断努力探索的工作目标。为服务山东省国民经济和社会发展规划布局，依据文献分级藏书制观点，文章结合山东省图书馆实际情况，本着继承与发展相结合的原则，论述构筑山东省图书馆中文藏书建设的未来发展模式。

03　协作协调　共创双效——中文图书新型采购模式探索 / 王建军 // 山东图书馆季刊 . -- 2001，no.3，40-41+45 页

文章探讨了山东省图书馆中文图书新型采购模式的产生背景、转轨过程、运行结果及改进对策。

04　山东地方文献的征集与开发 / 王建军 // 书海泛舟——山东图书馆事业建设理论与实践 / 王运堂主编 . -- 海口：南海出版公司，2002. -- 844-847 页

地方文献是公共图书馆重要的文献收藏。文章讨论了山东省图书馆地方文献征集的内容范围及征集途径，并建议多环节、多部门联合加强自行挖掘开发和多类型、多媒体转化开发。

05　图书馆数据库资源建设 / 王建军 // 书海泛舟——山东图书馆事业建设理论与实践 / 王运堂主编 . -- 海口：南海出版公司，2002. -- 674-677 页

文章阐述了数据库资源建设的优势，从基本数据库群和基础数据库群两个方面，探讨数据库资源建设的内容，并提出数据库建设的思路。

06　谈随书光盘管理 / 王建军 // 山东图书馆季刊 . -- 2003，no.4，109–110 页

文章认为随着计算机技术的发展和电子出版物的增加，出版物中随书配备光盘（磁盘）的现象已较普遍。不论作为原书的电子版，还是相关插件、试用软件、模拟演示、题材背景、素材资料等后续补充部分，随书光盘都赋予原书更加形象、生动、丰富的内容，构成统一不可分割的文献整体，给人以取用方便、耳目一新之感，有着相对较高的资料价值。文章重点以中文图书随书光盘为例，探讨大型图书馆如何做好随书光盘的分编、加工和流通管理。

07　略论图书馆地方文献工作与学科馆员建设 / 王建军 // 图书馆管理与自动化建设 / 王运堂主编 . -- 北京：中国文联出版社，2006. -- 445–447 页

地方文献的特殊性和多样性决定了公共图书馆地方文献工作与其他常规业务工作的差异。文章阐述了地方文献工作设立学科馆员的必要条件、地方文献学科馆员必备的能力和知识结构、学科馆员的主要任务，并提出为加强图书馆对学科馆员管理和对外服务质量，还应建立必要的考核制度，接受图书馆和用户双方的监督。

蔡世强

1953 年生，安徽宿县人，1990 年 12 月至 2013 在馆，馆员。

论文

01　图书馆物业管理的人才综合素质和人才资源战略

参见　陈玉强论文 01

曹志红

女，1969 年生，山东博兴人，1990 年 12 月入馆至今，副研究馆员。

论文

01　**电子出版物及其对图书馆的影响 / 曹志红 // 山东图书馆季刊 . 增刊 . -- 1997，162–163 页**

文章论述了电子出版物的特点及其发展、电子出版物对印刷型出版物的影响以及对图书馆的影响。

02　**我省中小型图书馆实现自动化管理之探索 / 曹志红 // 山东图书馆季刊：山东省图书馆学会第六次科学讨论会获奖论文专集 . -- 1999，241–243 页**

作者根据中小型图书馆的实际情况给出了几个系统配备方案，结合自己的实践经验，从系统配置、人员培训及数据库建设各个方面谈了自己的看法。

03　**也谈同线电话转呼器 / 苏燕，曹志红 / 家用电器 . -- 消费版 . -- 2000，no.11，26 页**

《家用杂志》1999 年第 9 期刊登了袁小翔的《自制同线电话转呼器》一文，转呼器设计巧妙，但成本偏高。受该文的启发，作者设计了两款更简单的转呼器，文章介绍了这两款转呼器的性能和用法。

04　**数字图书馆的关键技术——中间件 / 曹志红 // 教育信息化 . -- 2002，no.9，47–49 页**

作者认为随着网络信息资源的快速增长和网络技术的日新月异，面向关键任务的分布式数字图书馆应用也对计算环境提出了新的要求。主要包括：对异构服务器平台的支持、负载平衡、容错性能以及异质数据源的存取，而中间件技术正是解决这一问题的必由之路。文章重点围绕中间件技术进行了探讨，并对有关产品进行了介绍。

05　**基于交换技术的 VLAN 在图书馆网络中的应用 / 曹志红 // 书海泛舟——山东图书馆事业建设理论与实践 / 王运堂主编 . -- 海口：南海出版公司，2002. -- 705–709 页**

随着网络技术的不断进步，现代局域网已完成从传统 LAN 到交换 LAN 的迁移，特别是基于交换技术的 VLAN 不仅全新定义了局域网络的概念，而且为网络提供了充裕的带宽及良好的可管理性。文章阐述了 VLAN 技术的概念及特点，探讨了 VLAN 在山东省图书馆网络中应用的可行性，分析了虚拟子网的划分，以及在 VLAN 虚拟子网的实现。

06　数字图书馆中基于 XML 的 MARC 元数据描述技术 / 曹志红，辛伟 // 山东图书馆季刊 . -- 2003，no.1，112–114 页

文章介绍了在图书馆中，将 MARC 数据转化为 XML 文档做法的意义，这一技术使得 MARC 书目数据库和 Internet 上的非书目数据库的集成成为可能，从而使得现有的大量 MARC 格式书目数据能方便地在数字图书馆中加以利用，使得面向 WWW 的 MARC 信息提供成为可能，在当前数字图书馆建设中具有重要意义。重点介绍了数字图书馆元数据信息资源的几种格式，分析了 DC 与 MARC 的不同，阐述了 MARC 元数据的 XML 描述，可以利用 XML 的 DTD 机制，定义一个 MARC DTD，解决了 MARC 元数据的 XML 描述问题，解决了从 MARC 专用数据向通用的机器可读和机器可理解的数据转换问题。作者同时指出能否在图书馆 OPAC 和馆藏目录系统中使用 DC 元数据，应该成为图书馆界研究的重点，并且认为，从 DC 到 MARC 格式的转换不是难事，任何一种结构化的数据格式都能转化成为另一种数据结构，强调在数据转换过程中应避免数据丢失问题。

07　基于 XML 的元数据在数字图书馆中的应用 / 曹志红 // 网络时代图书馆工作与研究 / 王运堂主编 . -- 海口：南海出版公司，2003. -- 521–524 页

作者认为 XML 在数字图书馆中的应用十分广泛，尤其在馆藏数字资源的保存和检索中的应用。XML 可以把任意复杂的数字化馆藏对象进行分解，然后用合适的元数据进行描述，采用 DC 元数据集作为元数据的语义规范，使用 XML 作为表现或存储形式，将数字资源存储在计算机系统中。文章重点介绍了 DC 元数据、XML 语言及其优势，强调用 XML 来描述 DC 元数据的优势。

冯大庆

1969 年生，山东新泰人，1990 年 12 月入馆至今，副研究馆员。

论文

01　图书馆与网络信息资源 / 冯大庆 // 图书馆信息资源建设与利用 / 王运堂主编．-- 北京：中国文联出版社，2005. -- 516–520 页

随着互联网使用的日益普及，图书馆对网络信息资源的需求越来越大。文章论述了网络信息资源的特点及效益、图书馆利用网络信息资源的问题。

02　文化艺术专业图书馆的网络信息资源利用 / 冯大庆 // 戏剧丛刊．-- 2006，no.4，74 页

文章强调了利用新技术、新方法搜集整理更多的文献资源尤其是网络信息资源为文化艺术创作服务的重要性。重点阐述了文化艺术专业图书馆如何利用 BT 和电骡（Emule）资源开展读者服务：一是有选择地下载网络信息资源为文艺创作服务；二是利用电骡的资源补充馆藏缺失，弥补因经费不足造成的馆藏资源断档问题；三是可以避免版权问题，电骡的信息资源是免费的，图书馆是非营利机构，下载的资源可以在局域网内供读者使用；四是下载的网络信息资源要经过审查、分类编目后提供读者查询使用。

03　Emule 在图书馆共享工程建设中的应用 / 冯大庆，于晓燕 // 图书馆管理与自动化建设 / 王运堂主编．-- 北京：中国文联出版社，2006. -- 475–477 页

文章介绍了 Emule 的起源、使用方法和资源特色，分析了现阶段我国图书馆信息资源的特点和不足，建议图书馆可以利用 Emule 的网络信息资源更好地为读者服务。

肖芙蓉

女，1968 年生，福建福州人，1990 年 12 月入馆至今，研究馆员。

论文

01　图书馆情报信息工作浅见 / 肖芙蓉 // 山东图书馆季刊：山东省图书馆学会第六次科学讨论会获奖论文专集．-- 1999，115–116 页

文章从提高人员素质、开发情报信息、完善图书馆情报信息工作系统、扩大情报信息源、加强图书馆情报信息工作的科学管理工作等方面论述图书馆如何加强情报信息工作。

02　图书馆网页的设计与管理 / 肖芙蓉 // 山东图书馆季刊 . -- 2000，no.1，66–69 页

文章提出了设计管理图书馆网页所遇到的一些问题，并阐述了如何全面考虑网页的设计与管理，以实现建立一个合乎需求、具有高扩充性、高利用率、信息含量大且易于管理维护的图书馆网页，强调要用集体智慧的结晶，更好地展现图书馆风采。主要内容包括图书馆网页设计目标与基点、公共图书馆网页存在的问题、信息的规划与结构设计和图书馆网页设计的管理方式等。

03　网络环境下信息资源的开发利用——新形势下的图书馆工作 / 肖芙蓉 // 图书馆界 . -- 2000，no.1，31–35+58 页

文章从当前图书馆工作的普遍现状出发，对图书馆如何开发利用网络信息资源的问题进行了探讨。主要介绍了网络环境下信息资源开发利用的含义、网络信息资源的类型与特点，分析了网络环境下图书馆开发利用信息资源的现状与问题，并提出相应对策：一是走整体化文献资源建设的道路；二是开展联合编目；三是注重检索利用因特网上的科技信息；四是普及网络知识，培养读者信息获取能力。最后简要分析了网络环境下信息资源开发利用的趋势，认为人们应保持清醒，掌握网络信息资源开发的主动权，图书馆员将成为开发利用网络信息资源的“中介”，强调要依靠信息法控制网上信息的污染。

04　“中国地区表”使用中产生重号的分析 / 郭瑞华，肖芙蓉 // 图书馆杂志 . -- 2000，no.11，24 页

文章指出在使用《中图法》第四版“中国地区表”时产生的重号问题已引起人们关注。作者认为重号问题与“中国地区表”使用中的加“0”直接相关，“中国地区表”在使用中产生加“0”问题共有两种情况，并提出解决重号问题的办法。

05　浅谈图书馆网络信息咨询工作 / 肖芙蓉 // 山东图书馆季刊 . -- 2001，no.3，89–90 页

文章阐述了图书馆开展网络信息咨询服务的意义和作用。重点论述了图书馆发展网络咨询服务在体制、思想观念、经费和网络环境等方面的问题，指出与其他信息服务行业相比，图书馆开展网络信息咨询服务在技术、知识与信息、人才和社会资源等方面的优势，提出图书馆要发展网络咨询服务的具体措施与对策：一是充分利用优势，开展有特色、有重点的咨询服务；二是加强现代咨询队伍建设；三是改革管理体制，加强现有人员的继续教育；四是强化文献资源基础建设与现代化服务手段；五是建立联合系统，协同高等院校与科研单位开展联合咨询服务。

06　网络环境下的知识产权保护问题探讨 / 肖芙蓉 // 图书馆信息资源建设与利用 / 王运堂主编 . -- 北京：中国文联出版社，2005. -- 633-637 页

作者认为随着无缝网络的发展，全球范围内任何地方任何个人在任何时候可以和其他任何人通过网络交换任何一种多媒体的信息。这种信息的数字化和网络化所引起的新技术革命对著作权的影响是巨大的。文章重点论述了国际知识产权保护的现状与趋势、网络环境下的知识产权问题、知识产权的保护与管理。

07　现代图书馆管理系统的应用与研究：数字化检索 / 肖芙蓉 // 数字化用户 . -- 2014，no.5，160-161 页

随着社会经济的发展变化，图书馆管理也经历了革新换代，由以前的完全手工工作转换到现在的数字化信息管理，体现了数字化信息资源的方便与快捷。文章从现代图书馆管理系统的概念阐述，着重论述现代图书馆管理系统如何应用数字化检索，以及数字资源化在现代图书馆管理系统中的应用。

08　图书信息化管理的思路和方法 / 肖芙蓉 // 城市建设理论研究 . -- 电子版 . -- 2014，no.17，1547-1548 页

随着科技的不断发展，网络技术的不断完善，信息化已经被应用于社会生活的诸多领域。图书馆的目的和任务是为社会中的每一个成员提供学习和进步的平台，向社会群体传播知识。目前传统的图书管理方式已经不适用于不断发展的读者对资料便捷性获取的需求，加快图书管理的信息化进程是目前图书管理机构迫切需要解决的问题。这不但能有效提高图书管理的工作效率，而且还能够构建一个高效利用的良性循环系统。文章主要围绕图书信息化管理的思路和方法进行了探讨。

09　图书档案管理现状及改进策略 / 肖芙蓉 // 水能经济 . -- 2015，no.6，189-190 页

随着新时代的来临，当今时代主要就是知识爆炸时代，数字化以及信息化一直在引领着当今时代的主要潮流。人们对知识的日益重视促进了图书馆的快速发展，使我国图书馆的数量日益增多，其中图书馆档案管理工作作为图书馆管理工作的重要组成部分，必须要结合新时代的特性，做好档案管理工作。传统的管理工作已经不再适合当今时代的发展，必须要做出创新和改革，才可以适应新时代的发展。文章主要论述了图书馆档案的特点和对图书馆发展的作用，提出了当今时代图书馆档案管理的主要问题以及解决措施。

10　饮用水中游离余氯的现场快速测定 / 逯南南，褚福敏，肖芙蓉，周维芳，宋武昌，孙韶华，贾瑞宝 // 理化检验 . 化学分册 . -- 2015，v.51，no.7，914–916 页

文章介绍了现场快速测定饮用水游离余氯的方法，而采用便携式余氯比色计快速测定饮用水中的游离余氯。对便携式余氯比色计进行校正，现场检测余氯的最佳水温为 20℃左右，最佳酸度为 pH 6–7，比色计读数时间应控制在 20 分钟内。水中锰、铬等金属离子的干扰可通过添加碘化钾溶液消除。此方法与国家标准 GB 5749—2006 中的方法相比较，检测结果无显著性差异。

11　智能图书管理系统的应用研究 / 肖芙蓉 // 科技经济导刊 .-- 2015，no.7（上），272+289 页

正如大众所熟知的，图书馆是可以让大众得到知识的教育场所，而且兼备收集和保存的功能，是宣传各种知识的关键人文场地。文章结合相关的工作经验，对智能图书馆管理系统做了粗略探究。

王　慧

女，1965 年生，山东鱼台人，1991 年 7 月入馆至今，研究馆员。

论文

01　略论馆藏足本《续金瓶梅》

参见　王运堂论文 02

02　略论馆藏善本《丁野鹤诗钞》/ 王慧 // 山东图书馆季刊：山东省图书馆学会第六次科学讨论会获奖论文专集 . -- 1999，143–146 页

山东省图书馆所藏《丁野鹤诗钞》共 8 册，汇辑丁耀亢诗集 6 种 12 卷，皆为原刻初印本。文章重点论述了该书的版本价值及诗作的艺术成就价值。

03 何须浅碧深红色 自是花中第一流——李清照传 / 王慧 // 历代名媛传 / 张涛，王萍主编 . -- 济南：山东人民出版社，2000. -- 352-361 页

文章是宋代著名女词人李清照生平传记，传中有评，在叙写传主生平主要活动和经历的同时，对其词学成就以及在文学史上的地位与贡献做出了评价。

04 苏轼知密州 / 王慧，刘军 // 齐鲁文史 . -- 2001，no.4，22-24 页

文章介绍了宋神宗熙宁七年至熙宁九年（1074—1076），苏轼（1037—1101）任密州（今山东诸城）知州的生活经历。其间苏轼不仅政绩卓著，而且与当地百姓结下了深厚情谊。

05 馆藏高注《战国策》版本源流考 / 王慧 // 山东图书馆季刊 . -- 2002，no.1，66-69 页

《战国策》是一部记录战国时期游说之士的言行、策谋的书，西汉时由刘向整理校定。至东汉，有高诱为之作注。南宋初年，又有姚宏续高诱注。山东省图书馆收藏有三种高诱注、姚宏续注本《战国策》，文章考证了这几种版本的源流及价值。

06 翰林编修周永年 / 王慧 // 济南名士评传 / 荣斌，王铁军主编 . -- 济南：齐鲁书社，2002. -- 421-431 页

文章是清代翰林院编修周永年的传记。周永年（1730—1791），字书昌，一字书愚，别号林汲山人。山东历城（今属济南市）人，祖籍浙江余姚，是清代著名的藏书家、目录学家和校勘学家，也是中国公共图书馆事业的先驱。乾隆三十六年（1771）进士，后入馆编纂《四库全书》，钦赐翰林院庶吉士，授编修，任校勘永乐大典纂修兼分校官，负责《永乐大典》的辑校工作，辑出宋刘敞《公是集》、刘攽《公非集》、苏过《斜川集》等十余种罕见文献。著有《儒藏说》，集中阐述了他的学术思想，是藏书观念的一大改变。他认为“书籍者，所以载道记事，益人神智者也”。他积极提倡书籍的流通与传借，指出过去公私藏书，未能称久保存，感叹“藏之一地，不能藏之于天下；藏之一时，不能藏于成世也”。因他提出公共儒藏思想，对丰富和发展古典图书馆学有重要贡献。

07　山左诗人丁耀亢 / 王慧 // 文史杂志 . -- 2001，no.5，50–52 页

诸城，古称琅琊，这里依山傍海，风景秀丽。声名显赫的丁氏家族即聚于此。琅琊丁氏始迁祖为丁推，明初由海州迁诸城。自丁推始，琅琊丁氏世代繁衍下来，至八世，家庭中出现了一位颇负盛名的文学家，就是山左著名诗人丁耀亢。丁耀亢（1599–1669），字西生，号野鹤，又号紫阳道人、木鸡道人。丁耀亢著述甚丰，在诗文、传奇、小说诸方面均有很高造诣，尤以诗的成就最显。他一生勤奋笔耕，写诗不辍，创作了《问天亭放言》《漆园集》《逍遥游》《陆舫诗草》《椒丘诗》《江干草》《归山草》《听山亭草》等诗集。其中《逍遥游》一集包括《岱游》《海游》《江游》《大泽游》《燕赵游》《故山游》《山阳游》等。文章记述了丁耀亢跌宕起伏的一生，并对其诗作的艺术风格和创作成就做出了评价。

08　潇洒学士刘敏中 / 王慧 // 济南名士评传 / 荣斌，王铁军主编 . -- 济南：齐鲁书社，2002. -- 228–235 页

文章是元代集贤院学士刘敏中的传记。刘敏中（1243—1318）元代文学家，字端甫，山东省济南市章丘人，是元代政坛的重臣，一生为官清正，在为官期间政绩不凡，仕世祖、成宗、武宗三朝，多为监察官，受到皇帝的嘉纳。同时，他也是元代著名文学家，不仅以文著称，还是元代词坛的佼佼者，著作有《中庵集》25 卷，今存永乐大典本。其中诗、词、文 20 卷，今存词 149 首。《四库全书总目》评论“其诗文率平正通达，无钩章棘句之习”。

09　地域文学史园圃中的一枝奇葩——《山东文学通史》评介 / 王慧 // 山东图书馆季刊 . -- 2003，no.3，103–106 页

地域文学史的编撰，兴起于 20 世纪中叶。其主要特点有二：一是在空间上，选择某一特定地域范围内的文学史作为研究对象，具有鲜明的地方色彩；二是在时间上，包括该地区自古迄今的文学家与文学作品，全面、系统地描述地方文学发展演化的复杂历程，探讨内在规律，对该域范围内的文学史在整个中国文学史上的地位及作用做出价值评判。《山东文学通史》是山东省社会科学“十五”规划重点项目，填补了山东省地域文学史研究领域的空白。该书对山东文学史的地域特点、主要作家、作品、文学流派及在中国文学史上的地位和贡献做了全面系统的探讨，对地域文学史的研究方法做了理论上的探索。较之传统的地域文学史著作多有创新，称得上是地域文学史园圃中的一枝奇葩。

10　苏辙在济南 / 王慧 // 文史杂志 . -- 2003，no.6，26-29 页

苏辙（1039—1112），字子由，一字同叔，晚号颍滨遗老，四川眉山人。北宋杰出的文学家，与父苏洵、兄苏轼号称“三苏”。文章介绍了他在宋神宗熙宁六年至九年（1073—1076）任齐州掌书记期间的生活经历，不仅政绩卓著，还为齐鲁人民留下了价值丰厚的文学遗产，与济南结下一段美好情缘，他那些吟诵济南秀丽风光的优美诗篇，至今为济南人民津津乐道，也在他屡遭贬谪的淹蹇坎坷的一生中，书写了格调较为明快的一笔。

11　《金石录》版本源流考 / 王慧 // 山东图书馆季刊 . -- 2004，no.4，87-91 页

《金石录》是宋代著名金石考古学家赵明诚的一部极具学术价值的金石碑刻专著，收录作者生平所藏及所见自上古至隋唐五季钟鼎器的铭文款识和各种碑刻文字两千种，成目录十卷，撰题跋 502 篇，成跋尾二十卷。赵明诚，字德甫，一字德父，亦作德夫，宋东武（今山东诸城）人。其自幼喜爱收藏金石器物和碑刻书画，与妻李清照有共同兴趣爱好。夫妻二人竭尽财力搜求金石碑拓，审慎考订，纠伪辩谬，于北宋政和年间撰成《金石录》一书。后因离乱，其妻携书踪迹逃难、颠沛流离，饱受离乱之苦。直到南宋绍兴年间，整理、删订并撰写《金石录后序》，上表朝廷。文章就南宋刻本、明抄本、清代的抄本和刻本等《金石录》的版本及其源流略作考述，以供版本研究者和金石考古者参考。

12　两世书香　千古词韵——章丘李格非李清照世家 / 王慧 // 中国文化世家 . 齐鲁卷 / 王萍，张涛主编 . -- 武汉：湖北教育出版社，2004. -- 293-304 页

章丘，宋时隶属于齐州（今山东济南），这里孕育出了有宋一代著名的文化世家，李格非、李清照父女以他们的聪明才智和杰出的文学成就在中国古代文化史上写下了光辉灿烂的一页。文章介绍了李清照家世的渊源及在中国文化世家史上的地位。

13　声名扬齐鲁　诗韵留海岱——诸城丁耀亢世家 / 王慧 // 中国文化世家 · 齐鲁卷 / 王萍，张涛主编 . -- 武汉：湖北教育出版社，2004. -- 384-392 页

文章介绍了诸城丁氏，相传是姜太公吕尚的后裔，始迁祖为丁推，家族兴旺，盘亘六十余里，登国册者十余人。作者重点介绍了七世丁惟宁和八世丁耀亢，认为声名最为显赫。

14　**一生与书结痴缘——记清代藏书家周永年 / 王慧 // 图书馆管理与信息服务 / 王运堂主编 . -- 北京：北京图书馆出版社，2004. -- 682-688 页**

周永年，山东历城人，清代山东省著名学者，藏书家。文章介绍了周永年聚书、校书、刻书的经历及周氏藏书的最终归宿。

15　**金石情缘　千古绝唱 / 王慧 // 齐鲁文史 . -- 2005，no.3，35-40 页**

文章介绍了宋代著名女词人李清照与其丈夫赵明诚的爱情故事。李清照不仅以清丽典雅的词作令人倾羡，她和丈夫赵明诚那琴瑟相谐、鸾凤和鸣的金石情缘，更在历史上留下了一段不朽的爱情佳话。

16　**开展地方文献研究提升图书馆学术地位 / 王慧 // 图书馆信息资源建设与利用 / 王运堂主编 . -- 北京：中国文联出版社，2005. -- 650-653 页**

作者认为地方文献工作是公共图书馆工作的一项重要内容，这已成为图书馆界的共识。山东省图书馆历来就有注重收集齐鲁乡邦文献的优良传统，齐鲁地方文献研究是一项长期而艰巨的工作，文章重点论述了开展地方文献研究可以采取的措施。

17　**城上高台真个是超然 / 王慧，常诚 // 大众日报 . -- 2006-11-01，第 10 版面**

文章介绍了苏轼在任密州知州期间，于宋神宗熙宁九年的中秋之夜，在当时密州（州治在今山东诸城）的名胜超然台，诗兴大发，写下了脍炙人口、千古流芳的《水调歌头・中秋》的故事。

18　**我的图书馆情缘 / 王慧 // 河北科技图苑 . -- 2007，no.6，43-45 页**

文章记述了作者童年时代的“图书管理员”情结，中学、大学时代与图书馆结下的深厚情缘，以及成为一名真正的图书馆工作者后，对工作的挚爱与感悟，抒发了对书籍和图书馆的一往情深。

19　**略论地方文献的深度开发与利用 / 王慧 //21 世纪地方文献工作发展研究论文选 / 伍艺主编 . -- 长沙：湖南人民出版社，2007. -- 191-195 页**

作者认为公共图书馆普遍认识到了地方文献的重要价值，在利用地方文献服务于社会方面也做了很多工作。今后，如何对地方文献进行深度开发利用，是图书馆界普遍关心的问题。作者从三个方面谈了自己的看法。

20　论地方文献的多途径开发利用 / 王慧 // 全国地方文献工作研究文选 / 石丽珍主编 . -- 长春：吉林人民出版社，2008. -- 409–414 页

地方文献的读者范围相对狭窄，利用率较低。文章阐述了近年来，山东省图书馆地方文献中心拓宽思路，在多途径开发利用地方文献、服务于区域文化建设方面所做的一些尝试，取得了良好的社会效益。

21　梁溪高氏本《战国策》/ 王慧 // 藏书报 . -- 2010–11–15，第 2 版面

文章介绍了高诱注、姚宏续注《战国策》南宋刻本两种：其一，为南宋绍兴年间初刻本，该书曾为梁溪高姓藏书家收藏，世称“梁溪高氏本”；其二，为南宋重刻本，该书曾为梁溪安姓藏书家收藏，世称“梁溪安氏本”。重点考述梁溪高氏本的递藏源流。

22　十卷宋本《金石录》的递藏源流 / 王慧 // 藏书报 . -- 2010–12–27，第 2 版面

文章介绍了《金石录》三十卷，是宋代著名金石学家赵明诚的金石碑刻专著，其宋刻本现存两部：一是南宋淳熙年间龙舒郡斋刻本，三十卷；二是对龙舒郡斋刻板加以修补校正后的重印本，仅存跋尾十卷。重点考述十卷宋本《金石录》的递藏源流。

23　清代济南东流水街的私家名园 / 王慧 // 齐鲁文史 . -- 2010，no.4，32–34 页

东流水街曾经是济南风景最美丽的街巷，有着悠久的历史，明清时期的士绅多在此营建私家园林。文章重点考述明清时期东流水街的著名园林。

24《二十四泉草堂集》稿本 / 王慧 // 藏书报 . -- 2011–04–18，第 2 版面

作者介绍《二十四泉草堂集》稿本是清代著名诗人王苹的诗集，认为此稿本是王苹专为刊刻而选定、誊清的“清稿本”，或称“底稿本”，价值弥足珍贵。

25　清代禁毁书《续金瓶梅》/ 王慧 // 藏书报 . -- 2011–07–18，第 2 版面

文章论述《续金瓶梅》一书被禁毁的经过，并考证该书的版本及其国内的收藏现状。

26 **结识阿滢先生 / 王慧 // 书香阿滢 / 韩延光主编 . -- 北京：大众文艺出版社，2011. -- 210–213 页**

文章记述了作者结识“书痴”阿滢先生的经过。

27 **一条富有诗意的济南老街 / 王慧 // 齐鲁文史 . -- 2012，no.3，35–36 页**

文章从晚清作家刘鹗小说《老残游记》中对济南景色的描绘“家家泉水，户户垂杨”入手，叙述了一百多年间，济南城市风貌经历的沧桑巨变，重点介绍了在繁华都市的中心地带，至今仍完整保留着济南老城神韵的老街巷——曲水亭街的过往今昔。

28 **温暖而美丽的邂逅——读丁立梅散文集《暖爱》/ 王慧 // 悦读时代 . -- 2013，no.3，55–57 页**

文章是对江苏作家丁立梅的散文集《暖爱》一书的读后感 。

29 **明成化刻本《昼帘绪论》及其传藏 / 王慧 // 藏书报 . -- 2013–12–02，第 3 版面**

《昼帘绪论》一卷，宋胡太初撰，从十五个方面详细阐述为官之道。文章论述明成化刻本《昼帘绪论》的刊刻经过及其递藏源流。

30 **孔网购书琐记 / 王慧 // 悦读时代 . -- 2014，no.2，72–74 页**

文章记述了作者在孔夫子旧书网的温馨、有趣的购书经历，介绍了几种所购书籍。

31 **蒲松龄与之结缘的石隐园 / 王慧 // 蒲松龄研究 . -- 2014，no.4，146–150 页**

石隐园是明清时期淄川名门望族毕氏家族的后花园，清代著名的短篇小说家蒲松龄与石隐园结缘极深，康熙《淄川县志》也在此园中编纂而成。文章依据大量史料，梳理了石隐园的营建情形及其盛衰史。

32 **我与济南古旧书店 / 王慧撰 // 中国旧书店 / 阿滢编 . -- 北京：金城出版社，2014. -- 145–150 页**

《中国旧书店》是各地爱书人撰写的与当地旧书店结缘的故事。每位作者笔下的旧书店各具风采，妙趣横生。文章是作者多年来与济南古旧书店结下的美好情谊的记录，介绍了从古旧书店所购的多种书籍。

张燕蔚

女，1970 年生，江苏无锡人，1991 年 8 月至 2001 年在馆，馆员。

论文

01　对我馆自动化发展的几点思考

参见　王运堂论文 01

刘晓博

1953 年生，河南台前人，1992 年 2 月至 2018 年在馆，副研究馆员。

论文

01　跟上时代发展　拓宽服务领域——试论现代图书馆课题信息服务

参见　赵炳武论文 07

02　科学技术与社会进步 / 刘晓博 // 理论学习 . -- 2000，no.5，62 页

文章论述了科学技术对人类社会进步的促进作用。作者认为科学技术不断进步极大地提高了人类的物质生活水平，从而为人类社会进步提供了雄厚的物质基础。人类文明是以生产力发展为前提的，所以必须要不断探索自然规律，发明或改进生产工具，才能达到预期的目的，这恰恰是科学技术的使命。

03　山东省图书馆馆史述略

参见　刘玉廷论文 03

04　山东省图书馆馆史述略（续）

参见　刘玉廷论文 04

05　论儒家诚信道德的意蕴和价值 / 刘晓博 //“儒学与实学及其现代价值”国际学术讨论会论文集 / 张树骅，宋焕新主编 . -- 济南：齐鲁书社，2007. -- 367–369 页

诚信观念是儒家智慧的精华之一，也是儒家倡导的修身立业之本。孔子特别强调“信”，认为信是为人处世之本，人具备了“文、行、忠、信”和“恭、宽、敏、惠”这类修养和德行，就可以通行天下。孟子继承和发展了孔子关于“信”的思想，把“朋友有信”与“父子有亲、君臣有义、夫妇有别、长幼有序”并列为“五伦”，把“信”和“仁、义、礼、智”并列为“五常”，概括为最基本的伦理关系、道德规范和道德品质。此后两千多年中，“信”在儒家思想和中国伦理道德中，始终是核心内容之一，影响深远。

石　晖

女，1972 年生，山东章丘人，1992 年 7 月入馆至今，馆员。

论文

01　行政事业单位国有资产管理的问题 / 石晖 // 会计师 . -- 2013，no.16，60–61 页

文章针对当前我国行政事业单位的国有资产管理的一些重要问题进行分析和梳理。针对国有资产管理存在的问题，提出应对措施，为强化行政事业单位国有资产管理工作提供指导。

02　会计人员诚信建设的重要性 / 石晖 // 当代经济 . -- 2013，no.24，74–75 页

作者认为会计人员的诚信建设对于保证会计信息质量、提高会计财务工作的效率有着非常重要的意义。近些年来，随着我国市场经济的不断发展，出现了很多财务会计造假等违背会计人员诚信的问题，给经济发展带来了非常大的危害。文章重点从我国会计人员诚信建设的背景，阐明会计人员诚信建设的重要性，并提出相应的对策建议。

台庭柳

女，1971 年生，山东诸城人，1992 年 7 月入馆至今，馆员。

论文

01　古籍保护与民俗历史数字化建设历程——山东省图书馆特色馆藏视频电子文献综述 / 台庭柳 // 山东图书馆学刊：首届山左先贤与齐鲁典籍专辑 . -- 2014，120-122 页

作者认为图书馆领域的古籍文献是我国历史文明不可或缺的灿烂遗产。数字时代新兴技术日新月异，如何更有效地将这些现代数字手段运用到我国的传统文化保护中，将古籍文献、传统技艺、历史古迹、风土民情、非物质文化遗产较为完整真实地保存下去，是图书馆人需要思考的问题。山东省图书馆的数字资源建设经过数年的努力，建立了较为完整的视频资源拍摄制作体系和自拍特色视频资源数据库，在图书馆的古籍保护和民俗历史数字化方面做出了有益的尝试。截至 2014 年 4 月，自拍视频资源数据库已收入自建资源 530 种 600 余册次。为进一步开展数字资源的查询、利用和深加工提供便利条件。

02　全媒体时代的图书馆 / 台庭柳 // 山东图书馆学刊：2015 年“融合与超越——图书馆使命与目标”专辑 . -- 2015，80-84 页

在当今全媒体时代，日新月异的科技发展促进了信息传播采用文字、图形、图像、动画、声音和视频等各种媒体表现手段，并在此基础之上进行不同媒体形态之间的融合，形成了新的传播形态。文章论述了全媒体时代图书馆的各类数据库、知识库呈现出全媒体的特征。建议在保留传统服务形态的同时，更要开发使用全媒体传播手段，使馆藏文献通过网络服务平台实现跨时空的服务并提供图书馆多次开发利用，以满足读者的多元化需求，使得读者群体获得更及时、更多角度、更多听觉和视觉满足的信息需求。

03　中小型图书馆基于新媒体服务的探索与实践 / 台庭柳 // 全国中小型公共图书馆联合会 2015 年研讨会会议论文集（三）/ 全国中小型公共图书馆联合会，中国知网中国知识资源总库编委会，中国西部公共图书馆联合会编 . -- 2015，292-294 页

文章论述了科技手段日新月异的新媒体时代，面对网络化的冲击，中小型图书馆应该如何生存发展。中小型图书馆应该确立“大”的发展思想，积极有效地利用新媒体时代的科技手段，采取建设特色资源库、联盟运作、建立图书馆微信公众平台，开展个性化推送服务等服务手段，为中小型图书馆发展开拓新的思路。

唐桂艳

女，1970 年生，山东龙口人，1992 年 7 月入馆至今，研究馆员。

著作

01　唐弢与读书

参见　李西宁著作 05

02　丛书人物传记资料类编：学林卷

参见　杜云虹著作 01

03　续学统

参见　王艳丽著作 01

04　清代山东刻书史 / 唐桂艳著 . -- 济南：齐鲁书社，2016. -- 3 册（10，10，2039 页）；21cm

该书以清代山东刻书为研究对象，同时上溯宋元明，下及民国，是第一部全面梳理山东刻书史的专著。以时间为序，逐府逐县考察，以官刻、家刻、坊刻三大刻书系统为主，旁及宗教机构、民间组织刻书，准确记录每部书的版本信息、行款版式、序跋等，归纳重要刻书者的刻书特点和贡献。展示了山东刻书的全貌，中国刻书史的繁荣也可见一斑。该书获得了 2016 年度全国优秀古籍图书奖二等奖。

05　诵读 / 唐桂艳，刘薇编著 . -- 济南：济南出版社，2016. -- 147 页；24cm

新六艺是山东大学尼山书院倾力打造的针对少年儿童新六艺的文化教育品牌，该系列课程通过对琴、棋、书、画、健、读等系统地学习、全面地塑造，使学生全面提升道德修养、文化水平、智慧才能、审美情趣，为其全面健康成长打下坚实的基础。《诵读》是该系列教程之一，精选了经典中修身做人的名言，围绕孝行、内省、躬行、仁爱礼信、自强不息、浩然正气、为学之道等方面，以诵读方法的训练为主，不偏重解读，与其他同类图书有所区别。

06　**山东书局研究 / 唐桂艳著 . -- 济南：山东大学出版社，2019. -- 262 页；22cm**

全书通过考察山东书局的历史，调研山东书局雕版印刷、石印、铅印的各种书籍，总结山东书局的出版特点，探讨山东书局对山东文化发展的作用及对全国文化的影响，全面揭示清末山东印刷业的盛况。

论文

01　**何思源与山东省立图书馆 / 唐桂艳 // 山东图书馆季刊 . -- 1997，no.3，49-52+86 页**

何思源（1896—1982），字仙槎，山东菏泽人，1928—1942 年任山东省教育厅厅长。文章讲述了何思源先生作为一位教育行政长官在 1928—1942 年的十余年中，从提高图书馆社会地位、选派王献唐任省立图书馆馆长、力主扩充教育经费、主持构建奎虚书藏、加强藏书建设、重视民间典籍图书及文物的收集保存等方面，论述了其对山东省立图书馆的贡献，使山东省立图书馆步入建馆以来空前繁荣的时期。同时叙述了他孤军奋战，周旋于国民党中央政府与山东政府之间，克服困难，毅然担负起山东教育文化大任，尽心尽力扶持和发展山东省立图书馆，为山东文化事业做出卓越贡献，实属不易。最后，从其个人经历和思想渊源两个方面，分析了其倾心山东省立图书馆事业的渊源。

02　**试论民国时期的山东方志 / 唐桂艳 // 山东图书馆季刊：山东省图书馆学会第六次科学讨论会获奖论文专集 . -- 1999，130-133 页**

文章从四个方面对民国时期的山东方志进行概括论述。作者认为山东方志历史悠久，源远流长，在民国时期，这个风云变幻的特殊历史阶段，山东方志继承历代修志的优良传统，吸收现代的科学方法，取得了相当可观的成绩，不仅在年均修志数量上远远超过历代，而且注重反映时代内容，特别是完备的体例与先进的编纂方法，给现代修志提供了很好的借鉴和范例。

03　**公共图书馆古籍采集浅谈 / 唐桂艳 // 山东图书馆季刊 . -- 2002，no.4，93-95 页**

作者认为普通文献采集工作是现代图书馆工作的重要组成部分，它决定着图书馆的藏书结构与特色，关系着图书馆在社会和本系统中的地位与作用。文章指出古籍有新印古籍和线装古籍之分，新印古籍的采集大致同普通文献的采集相同。文章从古籍采集的意义、采集的条件和采集的方法三个方面，着重探讨了线装古籍的采集。作者认为，古籍采集具有抢救文化遗产、丰富图书馆馆藏、建设和维护图书馆特色馆藏等意义。古籍采集还需图书馆具备充足的财力支持、完善的藏书条件、严格的管理制度和馆员较好的综合业务素质等条件。古籍采集可以采取六种方法：一是加强宣传力度，吸引收藏者主动上门；二是走访藏书家，鼓励藏书者主动捐赠；三是联系古旧书店，选择正规渠道，保证购书质量；四是丰富采集渠道，通过报纸、电视、网络等搜求藏书信息；五是逛书市，通过书摊淘书；六是馆际交换，互通有无。

04　地方老照片搜集刍议 / 唐桂艳，张素勤 // 山东图书馆季刊 . -- 2003，no.4，96–98 页

文章认为地方文献的搜集整理已成为当今公共图书馆的主要任务之一，为了保证地方文献的完整性，地方老照片的搜集十分必要。文章所称的老照片，指 1949 年以前出版发行的照片，指出搜集途径大致有出版物、机构、民间、域外四种。其中，图书馆有丰富的地方历史文献资源，应着力搜集来自古籍、旧平装书、旧报刊、新出版物等中的老照片。同时提出应开展馆际合作，推进资源共享，丰富老照片馆藏，提高图书馆整体服务水平。

05　屈万里先生治学成功之启示 / 唐桂艳 // 网络时代图书馆工作与研究 / 王运堂主编 . -- 海口：南海出版公司，2003. -- 691–695 页

屈万里先生一生勤于耕耘，著作等身，以经学、古文字学、史学、目录版本学名重当世。综观他的学术生涯，他的成功来自自身的努力，也得益于时代的赐予。文章从国学根底、勤奋向学、治学原则、治学方法、治学环境几个方面将屈万里先生的成功之道加以总结，以期对治学有所裨益。

06　王筠《说文释例》校改本的文献学价值 / 唐桂艳 // 文献 . -- 2006，no.4，61–68 页

文章介绍了《说文释例》校改本的发现，论述了其在文献学上的价值。王筠（1784—1854），字贯山，号箓友，山东安丘人，清代语言学家、文字学家，清代《说文》四大家之一。王筠一生著述宏富，刊版流传仅十分之三四，大部分遗稿存于山东省图书馆和山东省博物馆。2002 年，山东省图书馆历史文献部在搬迁整编过程中，发现其《说文释例》校改本一部，经考察，此本具有较高的文献学价值。

07　笔墨淋漓成就著述大业 / 唐桂艳 // 大众日报 . -- 2006-06-07，第 B9 版面

文章阐述了山东日照丁氏家族文脉兴盛不断的原因。作者认为龙口丁氏家族富甲一方，却时刻不忘这样的族规家训："古今来多少世家无非积德，天地间第一人品还是读书。"正是秉承这样的文化理念，丁氏家族文脉不断，学士文人辈出，有"鲁之灵光"的美誉，重点介绍了丁佛言一生的著述成就。丁佛言（1878—1931）山东黄县人，名世峄，以字行，号迈钝，丁氏家族光裕堂第 15 世孙，祖父丁培芬，父亲丁翰章，丁佛言为丁翰章第三子。丁佛言是古文字学家，善籀篆，工刻印，曾任《亚细亚日报》主笔、中华民国国会参议院议员、宪法起草委员会委员长、黎元洪大总统府秘书长，主要著述有《说文古籀补补》《古陶初释》《说文部首启明》等。

08　略论《天禄琳琅书目》的文献学价值——以其藏书史料为例 / 唐桂艳 // 故宫博物院院刊 . -- 2007，no.2，146-151+159 页

《天禄琳琅书目》是我国首部规范的官方善本书目，在版本学、目录学、藏书史诸方面均具发轫之功。文章以其所收藏书史料为例，揭示了其编纂的五个特点，全面阐述了其在文献学上的价值。

09　昔日帝王堂前物　今入齐鲁奎虚藏——清宫"天禄琳琅"旧物入藏山东省图书馆

参见　李勇慧论文 14

10　山东省图书馆藏《四库全书》进呈本考略 / 唐桂艳 // 文献 . -- 2008，no.3，138-143+2 页

山东省图书馆创建于宣统元年（1909），至今近百年，经过几代人的辛勤搜罗，古籍藏量达七十五万册，其中不乏世所罕见之善本。文章以清代最伟大的文化工程——纂修《四库全书》为例，指出当时的进呈本有一万数千部，但现在存世数量大致仅有几百部，为数甚少，因此每一部保存下来的《四库全书》进呈本都极为珍贵，并对此进行了考证。

11　山东省图书馆藏宋赣州州学刻本六臣注《文选》叙录 / 唐桂艳 // 山东图书馆季刊 . -- 2008，no.4，37-38+46 页

作为中国古代第一部文学作品选集，梁昭明太子萧统的《文选》成为中国古代典籍中的要籍，对后世文学的影响很大，唐以后文人往往把它当作学习文学的首选教材。文章简要介绍了《文选》的三个版本系统，一是李善注本，二是五臣注本，三是六臣注本，指出南宋赣州州学刻本《文选》是存世最早的六臣注本。山东省图书馆所藏《文选》六十卷系六臣注本。宋赣州州学刻本，国家图书馆藏有完帙残本，吉林省图书馆、山东省博物馆、上海图书馆、清华大学图书馆藏有全本或残本，台湾图书馆和台北“故宫博物院”皆藏有残本，日本静嘉堂文库藏本和宫内厅书陵部藏本皆为全本。山东省图书馆藏此书三卷，虽为残帙，但有王懿荣、王崇焕、王献唐识，亦弥足珍贵，此书印刻精美，刀法朴拙，行格疏朗。文章还简要介绍了王懿荣、王崇焕父子收藏此书及该书入藏山东省图书馆的经过。

12 试论丁惟汾先生的方志观及其对《惠民县新志》的影响 / 唐桂艳 // 中国地方志 . -- 2008，no.8，35-38 页

丁惟汾（1874—1954），字鼎丞，山东省日照市东港区涛雒镇丁家官庄人，毕业于保定师范学校，同盟会创始人之一，是民国开国元勋、近代音韵学大儒，但他在方志学上的成绩鲜为人知。现藏于山东省图书馆古籍部的《惠民县新志》稿本，就有丁先生信函二通。在其中，他不仅谈了对方志的认识，而且对方志体例以及具体类目的设置提出了弥足珍贵的见解，对《惠民县新志》的编纂具有指导意义，在方志编纂理论方面做了有益的探索。

13 何思源与奎虚书藏 / 唐桂艳 // 齐鲁晚报 . -- 2009-05-08，第 B02 版面

文章阐述了何思源对山东省图书馆建设的重大贡献，何思源不仅是山东省立图书馆的建设者，而且是一位普普通通的读者。何先生常常光临图书馆，看他喜欢的书，做他的学问。王献唐馆长在《一年来本馆工作之回顾》一文中说，当时阅读西文原书者，很少见，像《大英百科全书》，“从开馆至今，仅有阅者二人，一为本市社会局之职员，一则教育厅长何仙槎先生也”。何思源不仅是一位掌握着山东教育大权的国民党行政长官，更是一位精于研究的学者。唯其是一位学者，他才能如此重视图书馆的发展；唯其是一位官员，他才如此有能力发展省立图书馆。

14 由献唐先生的一则题跋说起 / 唐桂艳 // 山东图书馆学刊 . -- 2009，no.3，76-77+154 页

王献唐先生在一则题跋中对诸城尹彭寿做了至当评价，称此人“此老无品”，借书不还，且挖改钤印，据为己有。文章通过增辑其他材料，为这个评价提供了证据支持，同时对尹彭寿其人做了全面介绍。作者认为，作为晚清著名金石学家，尹彭寿在学术上的贡献有目共睹，他的好学与勤奋值得我们学习，但借书不还，甚至挖改钤印，据为己有，手法恶劣，为后人所不齿。献唐先生的这则题跋，给了读书人莫大的警示。

15 太湖张承燮山东刻书考 / 唐桂艳 // 海源阁 / 张连增主编 . -- 济南：山东友谊出版社，2009. -- 32-35 页

文章考证了张承燮在山东的刻书活动及成就，指出张承燮的刻书活动主要在山东胶州。他刻书的目的是为了提供蒙养学堂的课本，所以他对书籍的内容及形式均考虑周详。可以说，他对山东的新式教育做出了很大的贡献。他的堂号为听雨轩、听雨堂、东听雨堂。他有很强的版权意识，在每一种书上都刻有刊记，版心下均刻有堂号，还认真地写下每一篇刻书序。如果没有后来的人事变动，而是假以时日，他会是一位晚清非常出色的出版家，即便如此，他的名字还是永远地留在了山东雕版印刷史上。

16 王筠《说文释例》版本考略 / 唐桂艳 // 天一阁文丛 . 第 7 辑 / 庄立臻主编 . -- 杭州：浙江古籍出版社，2009. -- 17-22 页

王筠《说文释例》是一部小学要籍，刻梓前，即有四部稿本。刻成，有初刻本、校改本、补正刻本，亦有补正清稿本，还有其他刻本及石印本、影印本多种。文章对版本做一一梳理考释，以期有裨于学者。

17 "真知版本者"赵录绩 / 唐桂艳 // 藏书家 . 第 16 辑 / 宫晓卫主编 . -- 济南：齐鲁书社，2009. -- 30-36 页

文章介绍了山东著名藏书家赵录绩先生的生平事迹及其藏书特点。赵氏藏书的来源主要是购买，除通行的购买方式外，也有友人所赠。赵氏藏书不乏宋元旧本，注重收藏山东先贤遗藏，还广收异本、副本。赵先生不仅藏书，还抄书。在我国文化由旧趋新的关键阶段，赵先生为保护古代文献做出了特殊的贡献。

18 《郝氏遗书》刊刻考 / 唐桂艳 // 古典文献学术论丛 . 第 2 辑 / 王政，周有斌主编 . -- 合肥：黄山书社，2011. -- 156-163 页

文章梳理了《郝氏遗书》的刊刻情况。郝懿行（1755—1823），字恂九，号兰皋，山东栖霞人。生于清乾隆二十年（1755），卒于道光三年，年六十九岁。嘉庆四年（1799）进士，授户部主事。嘉庆二十五年（1820），补江南司主事。郝懿行性沉默，讷若不出口，然谈经则喋喋忘倦。所居四壁萧然，庭院蓬蒿常满，懿行处之泰然。其妻王照圆，亦博涉经史。当时著书家，有"高邮王父子，栖霞郝夫妇"之称。郝懿行夫妇之著述，有《郝氏遗书》三十四种二百二十九卷（内一种不分卷），清嘉庆至光绪间刻本，其中有他在世时自刻及别人为他刊刻者，有去世后表弟赵铭彝所刻者，亦有王照圆率子女校刻者，更有其孙郝联薇等孙辈大规模搜罗校刻者。

19　试论《红雨楼题跋》林佶抄本的价值 / 唐桂艳 // 文津学志．第 5 辑 / 国家图书馆古籍馆编．— 北京：国家图书馆出版社，2012. -- 72–77 页

徐𤊹《红雨楼题跋》林佶抄本，不仅是《红雨楼题跋》的第一个本子，且系名家所抄，又经刘喜海所藏，大量的朱笔校改，琳琅满目的印鉴，有较高的版本和文物价值。与宣统二年（1910）的缪荃孙定本相较，亦有较高的校勘价值。

20　明清时期山东文化世家刻书述略 / 唐桂艳 // 齐鲁文化研究．-- 2012，no.13，209–219 页

文章概述了明清时期山东诸多文化世家刻书情况。作者认为文化世家刻书是整个山东私家刻书的主体，其刻书量也是衡量各地刻书多寡的重要指标。曲阜孔氏、新城王氏、福山王氏、德州卢氏、潍县郭氏、聊城杨氏、高密单氏、海丰吴氏等家族，不仅刻书数量多，而且刊刻了大量有学术价值和艺术价值的精品，为山东出版史、文化史做出了重要贡献。

21　略论广西临桂胡德琳对山东文化的贡献 / 唐桂艳 // 图书馆界．-- 2013，no.4，30–33 页

广西临桂人胡德琳在山东为官二十余年，任职于济阳、历城、济宁州、东昌府，在众多文人的帮助下，编纂了多部方志，刊刻了部分山东人著述，并积极采办山东遗书，为清代的山东文化建设做出了重要贡献。

22　张宗昌与山东出版业 / 唐桂艳 // 春秋．-- 2013，no.3，16–18 页

文章简要介绍了张宗昌的生平经历。张宗昌（1881—1932），字效坤，掖县（今山东莱州）人。清光绪二十五年（1899）赴东北谋生，一度沦为胡匪，后流落到海参崴。辛亥武昌起义后，先后投山东民军都督胡瑛、冯国璋、张作霖，民国十四年（1925）初，任苏皖鲁剿匪司令。同年 4 月任山东军务督办，7 月兼任山东省省长。文章重点阐述了张宗昌主政山东时刻书事迹，作者认为张宗昌刻印古经，不管是真心尊孔读经，还是附庸风雅，无论出于什么目的，在客观上则为我们留下了十分难得的善本珍品，使宋元旧刻得以再现，为民国时期的山东刻书业添上了浓墨重彩的一笔。

23　利津李佐贤刻书考 / 唐桂艳 // 滨州学院学报 . -- 2014，v.30，no.1，44–47 页

李佐贤（1807—1876），字仲敏，号竹朋，山东利津县左家庄人。清代颇有影响力的古钱币学家、金石学家、收藏家、诗人、书画鉴赏家。文章考证了李佐贤刻书的经历，指出利津李佐贤是清代咸丰、同治时期著名的金石学家，他在刻书史上的贡献却少有人关注。他热衷刻书，在近三十年的时间里，刻书十余种，既有诗文杂著、地方文献，又兼及金石书画，既带动了利津一地的出版业，又推动了武定府乃至山东金石学的发展。

24　王懿荣刻书事迹钩沉 / 唐桂艳 // 中国典籍与文化 . -- 2014，no.4，106–115 页

王懿荣（1845—1900），字正儒，一字廉生，山东省福山县（今烟台市福山区）人，生性耿直，号称“东怪”。中国近代金石学家、鉴藏家和书法家，为发现和收藏甲骨文第一人。文章重点介绍了王懿荣刻书的重点和特点，客观评价了他在文化史上的地位。作者认为王懿荣在文化建设上成绩不菲。他刻书十余种，刻书内容极其广泛，经、史、子、集无所不包，尤关注山东先贤文献，他刻书以古为要，着力打造学术精品；他对刻书质量要求严格，注重艺术效果。他的刻书兴趣来源于浓厚的家庭刻书氛围，丰富的藏书和广泛的人脉为他的刻书提供了资源。他不仅倡议刊刻书籍，还为他人刻书提供底本、信息，并积极进呈御览书籍。他为山东刻书做出了很大的贡献，在出版史上占有一席之地。

25　明清山东的刻书在全国的地位 / 唐桂艳 // 明清时期的山左学术 / 徐向红主编 . -- 济南：齐鲁书社，2014. -- 603–622 页

文章介绍了学界对山东刻书的评价。作者认为山东刻书历来少有人关注，故著名学者傅增湘、谢国桢两先生均认为山东刻书之风不盛。傅增湘认为“乾嘉以后，南方刻书之风盛”，而“北地则声闻寂寞”。谢国桢说：“冀北鲁东，文物之邦，犹未闻有刻书之风。”文章重点论述了明清时期山东刻书的概况，并论述其在全国的地位，指出无论是在数量上，还是质量上，无论是在分布的范围上，还是在刻书的内容上，山东刻书都超出人们的想象，在全国有相当的地位。

26　泰安赵国麟刻书考 / 唐桂艳 // 文津学志 . 第七辑 / 国家图书馆古籍馆编 . -- 北京：国家图书馆出版社，2014. -- 114–120 页

文章对赵国麟一生刻书经历进行了考述。赵国麟（1673—1751）字仁圃，号拙庵，山东泰安人，康熙四十八（1709）进士，官至刑部尚书、礼部尚书、文渊阁大学士等职。代表作有《拙庵近稿》《学庸困勉录》《云月砚古体诗稿》等。爱好藏书，刻书亦不少，所刻制义最多，成就他为制义名家，家富藏书，使他独具赏鉴眼光，对刻书多有裨益，也为山东刻书提供文献资源，他宦迹所至皆有刻书，为山东刻书业提供借鉴。但作为一个理学家，赵国麟生前未刻理学著述，从一个侧面反映了政治对刻书的制约作用。

27　王献唐先生与山东刻书 / 唐桂艳 // 国学大师王献唐学术研讨会论文集 / 山东省中华文化促进会，日照市中华文化促进会编 . -- 北京：中国文史出版社，2014. — 191–201 页

王献唐先生作为著名的目录版本学家，不仅在其题跋序文中关注山东刻书，强调刻书的重要性，在考证版本源流，辨析椠版优劣，探究刻书史实，关注乡邦人士，记载刻书版片归属等方面，留存了大量珍贵史料，尤其在民国时期山东雕版印刷业没落的情况下，献唐先生尤能搜集版片，进行印书和刻书，延续文化命脉，为山东出版业做出了重要贡献。

28　吴佩孚与民国雕版印刷业

参见　刘新勇论文 07

29　山阴陈锦山东刻书考 / 唐桂艳 // 天一阁文丛 . 第 13 辑 / 庄立臻主编 . -- 杭州：浙江古籍出版社，2015. -- 38–44 页

陈锦（约 1821—1890），字昼卿，号补勤老人，浙江山阴人。道光二十九年（1849）己酉举人；同治八年（1869）到山东，任济东泰武临道候补道；光绪十二年（1886），在济南盐运使任上；光绪十三年（1887）春，任山东盐运使候补道。室号为橘荫轩。著有《补勤诗存》《勤余文牍》《学庐自镜语》《东溟校伍录》《醪河陈氏诵芬录》《文庙从祀位次考》《时艺轶存》《越中感观录》《重纂三迁志》《诗韵释音》等。文章重点论述了陈锦刻书基本情况和刻书特点，指出陈锦在山东的刻书达二十种，为清末山东文化建设做出了贡献。

30 由沈从文先生的一封信谈起 / 唐桂艳 // 书卷多情似故人：我与中华古籍优秀征文作品选 / 王雁行编 . -- 北京：国家图书馆，2016. -- 210-214 页

1956 年 10 月沈从文先生于济南写给妻子张兆和的一封信中，谈其来山东省图书馆古籍部查阅《大藏经》时所见工作人员的辛苦，作者由此信谈起，感慨与古籍打交道的 20 年间所经历的古籍部的变迁，尤其是近 10 年古籍保护工作所取得的重要成果。

31 丰润赵国华山东刻书考述及其意义探析 / 唐桂艳 // 山东图书馆学刊 . -- 2018，no.3，34-37 页

赵国华（1838—1894），字菁衫，直隶丰润（今河北丰润）人。同治二年（1863）进士，官至山东沂州知府。工诗古文词，娴六法，著有《青草堂集》。赵国华侨寓山东，为官三十年，尽职尽责，造福一方。文章从赵国华刻书述略、刻书特点和刻书的作用与意义三个方面，详细论述了赵国华倾毕生精力，著书、刻书，积极推动山东的文化建设，对清末文学的发展及山东出版业的兴盛做出重要贡献。作者认为，赵国华刻书数量多，内容集中，皆为自己所著诗文词，且刻书风格统一，行款整齐划一，刻书时间长且刻地皆在济南，并指出，赵国华刻书作品流传获佳评如潮，所刻古文成桐城派劲旅，并为后世踵继，记录了山东人的著书与刻书史实，为山东留下了珍贵的刻书史料，在山东出版史上留下了不可磨灭的印迹。

32 山东益都李文藻广东刻书述略及其意义探析 / 唐桂艳 //2016 年中文古籍整理与版本目录学国际学术研讨会 / 程焕文，沈津，张琦主编 . -- 桂林：广西师范大学出版社，2018. -- 198-219 页

李文藻（1730—1778），字素伯，晚号南涧。山东益都（今青州）人，清代官吏、藏书家。文章介绍了李文藻的生平事迹，重点探析两种广东刻书《山左明诗钞》《贷园丛书初集》，详细论述了其广东刻书的意义。作者认为其数量居鲁人在粤刻书第一位，其内容主要立足山东人著述，刻书旨趣主要揭示学术研究新成果，刻书方式充分利用广东资源，刻书特点主要关注版本。

33　儒家修身之作《儒门法语》在山东 / 唐桂艳 // 人文天下 . -- 2019，no.9，28–31 页

清代江苏吴县人彭定求的《儒门法语》是儒家重要的修身之作，既广受学子欢迎，被世家大族作为课子书，又是学者、官员的必读书，是曾国藩、翁同龢的案头常备之书。文章重点介绍了此书在山东的刊刻情况，指出山东对此书非常重视，道光年间山东巡抚徐泽醇和光绪年间晚清山东最大的官方出版机构山东书局先后刊刻，再续与彭氏后世子孙的不解之缘。

夏福莉

女，曾用名夏芙丽。1971 年生，山东聊城人，1992 年 7 月入馆至今，馆员。

论文

01　浅谈报刊情报的开发利用 / 夏芙丽 // 山东图书馆季刊：山东省图书馆学会第六次科学讨论会获奖论文专集 . -- 1999，165–167 页

随着图书馆传递情报职能的不断加强，期刊工作中出现了情报服务的内容与方式，并在实践中进一步丰富与完善。文章围绕报刊情报源的内容分析、报刊情报老化问题、报刊情报源的利用形式三方面内容进行论述，强调如何做好报纸、期刊情报资源的开发与利用。

02　网络环境下报刊工作的发展趋势 / 夏芙丽 // 书海泛舟——山东图书馆事业建设理论与实践 / 王运堂主编 . -- 海口：南海出版公司，2002. -- 472–477 页

文章分析了网络环境对图书馆的影响，围绕报刊工作的管理方式、报刊文献的开发与利用、报刊人员的教育与培养等三个方面的内容，探讨了图书馆报刊工作的发展趋势。

03　论 21 世纪网络图书馆服务创新 / 夏福莉 // 网络时代图书馆工作与研究 / 王运堂主编 . -- 海口：南海出版公司，2003. -- 136–139 页

文章认为网络时代为图书馆的发展带来了前所未有的良机，使传统意义上的图书馆发生了根本变化。文章重点论述了网络环境对图书馆服务工作的影响以及图书馆服务方式的创新转变。

04 **信息时代图书馆员素质及培养 / 夏福莉，李长江 // 戏剧丛刊．-- 2004，no.5，84 页**

作者认为网络在图书馆中的应用以及文献信息数字化为举步艰难的传统图书馆带来了无限的生机，向数字图书馆方向发展成为 21 世纪图书馆发展的主流。从这个意义上说，网络既是一种促进器，是图书馆可持续发展的基础，又是一种催化剂，是图书馆实现跨越式发展的动力。文章重点论述了网络环境、信息时代馆员应具备的信息素质、网络管理员应具备的能力及网络人才培养等。

05 **如何提高读者服务工作水平 / 夏芙丽 // 图书馆管理与信息服务 / 王运堂主编．-- 北京：北京图书馆出版社，2004. -- 535-538 页**

随着社会信息化、网络化的发展，作为图书馆服务对象的“读者”和服务资源的“馆藏”都发生了很大的变化。图书馆服务工作的理念、工作质量、对工作人员及管理者的要求等都发生了变化。文章从分析图书馆服务环境的变化出发，分析图书馆服务的文化内涵的深化，提出图书馆提高读者服务工作的举措。

06 **报纸的动态性特点与图书馆管理的矛盾 / 夏福莉 // 山东图书馆季刊．-- 2007，no.2，89-92 页**

文章分析了报纸出版发行存在的发行多样化、报名和代号变化无常、开本大小参差不齐、出版周期越来越短而版面越来越多和版面设计印装随心所欲等动态性特点，阐述了报纸的这些动态性变化对图书馆报纸管理的诸多影响，如对著录和记到工作的影响、对报纸合订本排架的影响、对整理装订的影响、对订购和读者查询利用的影响，同时提出应从著录、排架和下架装订等方面消除影响，同时建议要加强报纸出版及图书馆报纸管理工作的规范化。

07 **公共图书馆与全民阅读推广 / 夏福莉 // 农业网络信息．-- 2012，no.7，50-51+61 页**

文章论述了全民阅读的重要意义及公共图书馆对全民阅读的促进作用。重点论述了公共图书馆推广全民阅读在文献信息资源、阅读环境和人才队伍方面的优势，建议应从建立流动图书馆、建立自助图书馆、建立数字图书馆和实现资源共建共享等方面，积极探索推广全民阅读的策略和有效模式。

08　从知识管理视角谈图书馆人力资源管理 / 夏福莉 // 山东图书馆学刊：2013 年“图书馆的职能拓展与效能提高”专辑 . -- 2013，58–59 页

文章论述了知识管理与图书馆人力资源管理的关系，分析了图书馆人力资源管理中存在的问题，提出了基于知识管理理念的图书馆人力资源管理的办法。

09　“大流通”服务模式探析 / 夏福莉 // 山东图书馆学刊：2014 年“服务均等化 · 图书馆变革与创新”专辑 . -- 2014，84–85 页

“大流通”服务模式是现在图书馆服务发展的趋势，为使这种新模式真正成为最理想的服务模式，文章针对这种管理模式出现的问题，从图书馆和读者的角度提出了一些解决的办法。

10　泛在知识环境下公共图书馆公众信息素养教育研究

参见　任静论文 15

11　贯彻公共图书馆法　推动图书馆事业发展 / 夏福莉 // 人文天下 . -- 2018，no.10，66–70 页

文章简要介绍了《中华人民共和国公共图书馆法》(以下简称《公共图书馆法》)制定和实施的背景，从健全完善文化领域法律制度、有利于推动公共图书馆事业发展、有利于保障人民群众基本文化权益等三个方面，论述了《公共图书馆法》颁布实施的重大意义。作者认为,《公共图书馆法》作为公共文化领域的一部专门法律，将党和国家关于发展公共图书馆的方针政策用法律的形式固定下来，建立了未来我国公共图书馆事业发展的基本法制框架，为保障我国公共图书馆事业的可持续发展做出了一系列重要制度设计。它明确了公共图书馆事业的重要地位和发展方向，为公共图书馆事业建立和运行提供了有力保障，重视并鼓励社会力量参与图书馆建设，界定了公共图书馆的社会公益属性和服务对象，保障了一些社会特殊群体的文化需求，促进了国家对公共图书馆事业薄弱地区的扶持，有利于图书馆提升服务质量，满足并维护社会公众需求。

王运堂

1946 年生，山东昌邑人，1992 年 8 月至 2006 年在馆，曾任副馆长、馆长，研究馆员。

著作

01　屈万里书信集纪念文集 / 王运堂等主编；山东省图书馆，鱼台县政协编 . -- 济南：齐鲁书社，2002. -- 482 页；21cm

该纪念文集为屈先生亲属、友朋、学生等撰写，共 29 篇，从各个方面各个时期对屈先生做了比较详尽的回忆和总结。

02　书海泛舟——山东图书馆事业建设理论与实践 / 王运堂主编 . -- 海口：南海出版公司，2002. -- 976 页；21cm

该书收录了山东省图书馆馆员的 185 篇文章，内容涉及图书馆工作的方方面面，从图书馆事业发展到基础业务建设，从藏书建设到网络资源建设，从特色馆藏到地方文献的收集、开发和利用等。

03　山东省图书馆新馆建设资料汇编 / 王运堂主编 . -- 海口：南海出版公司，2003. -- 238 页；26cm

山东省图书馆新馆的建成和开放是山东省图书馆事业长足发展的重要标志，也是山东省图书馆发展史上的重要里程碑，标志着山东省图书馆已经进入了一个崭新的发展阶段。山东省图书馆在新馆的建设过程中积累了大量的第一手资料，有省委省政府领导的重要批示，有设计、施工方案，也有建筑管理等方面的资料。作者认为将这些材料分类整理出版是一件非常有意义的事情。这些文献回答了全国新馆建设过程中一些带有普遍性的问题，可资借鉴，对促进新馆的管理和使用更趋科学化和规范化，具有深远的意义。该书集实用性、史料性和学术性于一体，不仅保留了珍贵的原始材料，而且是对新馆工作的总结和回顾，凝聚了全馆员工的心血，也是新馆建设工作的新成果。

04　网络时代图书馆工作与研究 / 王运堂主编 . -- 海口：南海出版公司，2003. -- 711 页；24cm

该书收录了山东省图书馆馆员近 300 篇文章，内容涉及图书馆科学管理、图书馆服务工作、自动化建设、基础业务工作等各个方面，基本反映了山东省图书馆工作者的学术研究水平。

05 **山东省图书馆志 / 王运堂主编 . -- 北京：中华书局，2004. -- 386 页；26cm**

书中记述山东省图书馆的历史与现状，记载时限为 1909 至 2002 年，记述了山东省图书馆机构、馆舍、设备、藏书、现代技术和管理等。全书共分概述、机构与人员、馆舍设备与经费、馆藏文献建设、馆藏文献编目、老馆时期的读者服务工作、开放新馆后的读者服务工作、图书馆自动化建设、研究辅导协作与交流、教育培训、编辑出版、人物、相关文献辑录等十三章。

06 **图书馆管理与信息服务 / 王运堂主编 . -- 北京：北京图书馆出版社，2004. -- 699 页；24cm**

书中共收入山东省图书馆馆员论文百余篇，内容涉及图书馆队伍建设、图书馆管理、图书馆资源建设、图书馆信息服务工作等各个方面。

07 **图书馆信息资源建设与利用 / 王运堂主编 . -- 北京：中国文联出版社，2005. -- 691 页；24cm**

书中收录的文章有 338 篇，内容涉及图书馆工作的各个方面，基本反映了山东省当前的图书馆学研究水平。

08 **图书馆管理与自动化建设 / 王运堂主编 // 北京：中国文联出版社，2006. -- 793 页；23cm**

该书是山东省图书馆学会第十三次科学讨论会 190 篇论文的论文集，内容涉及图书馆工作的各个方面，针对图书馆工作中带有普遍性的实际问题，深入探讨。

论文

01 **对我馆自动化发展的几点思考 / 王运堂，张燕蔚，方钦玲 // 山东图书馆季刊 . -- 1997，no.2，75–76 页**

山东省图书馆自动化管理起步较早，1988 年购买了当时较先进的 IBM286 微机和浪潮 386 微机各两台，与山东大学共同开发外文期刊和声像资料计算机管理系统，声像资料管理系统荣获 1990 年文化部科技进步四等奖。文章简要介绍了山东省图书馆文献资源逐步实施自动化管理的过程。

02　略论馆藏足本《续金瓶梅》/ 王运堂，王慧 // 山东图书馆季刊 . -- 1997，no.3，52–55 页

《续金瓶梅》是丁耀亢晚年创作的一部小说，具有浓厚的民族主义倾向和反清色彩，问世不久，即遭禁毁，故使这部书传世很少，甚为稀见。文章主要介绍了山东省图书馆馆藏足本《续金瓶梅》，阐述了其与其他馆藏本的不同。据《中国通俗小说总目提要》记载，现今国内流传下来的《续金瓶梅》的本子有：写本，藏辽宁图书馆；顺治刻本之残本，仅存第 21 回至第 44 回，藏上海图书馆；清刊本，藏天津师范大学图书馆；“本衙藏板”本，藏大连图书馆。

03　对提高图书馆学期刊质量的几点思考 / 王运堂，韩淑举 // 山东图书馆季刊 . -- 1999，no.2，9–12 页

期刊的学术内容、外在形式、编辑素质是决定期刊质量的三大重要因素。文章结合全国图书馆学期刊质量现状，探讨了把握期刊的内容特征、拓展期刊外在形式、全面提高编辑素质等几个问题。

04　关于善本古籍书目数据库建设的回顾与思考 / 王运堂，李勇慧 // 中国图书馆学报 . -- 1999，no.2，47–50 页

具有五千年文明历史的中华民族留下了数万种古籍，其丰富深厚的文化内涵是我们研究传统文化、弘扬民族精神取之不尽的宝库。而古籍书目是古籍整理工作者走进这座智慧宝库的金钥匙和领路人，历代公私藏书家和学者都把编制和阅读目录当作治学的津梁。面对新信息技术提出的挑战，山东省图书馆于 1996 年开始古籍书目数据库建设。文章重点论述了古籍书目数据库应具备的条件，强调为保证建库质量，培养一批掌握新知识、能熟练运用计算机的新型人才的重要性，并提出在回溯建库过程中具体的操作办法和数据库建设中应解决的问题。

侯妍妍

女，1973 年生，山东烟台人，1993 年 9 月入馆至今，副研究馆员。

论文

01　新民主主义革命时期的进步报刊简介 / 侯妍妍 // 山东图书馆季刊：山东省图书馆学会第六次科学讨论会获奖论文专集 . -- 1999，159–163 页

文章指出从 1919 年五四运动到 1949 年中华人民共和国成立，中国经历了新民主主义革命时期。中国人民在这一重要历史时期为争取祖国领土主权完整，建立自主和平的社会主义而进行了英勇斗争。与此同时，出现的大批进步报刊作为革命的另一有力武器，沉重地打击了敌人。文章按照历史的发展分为三个阶段，重点介绍了每个时期的进步报刊。

02　知识管理与图书馆 / 侯妍妍 // 书海泛舟——山东图书馆事业建设理论与实践 / 王运堂主编 . -- 海口：南海出版公司，2002. -- 530–535 页

知识管理的主要目的在于促进内隐知识的外显化，将内隐知识转化为外显知识。文章分析了知识管理的内涵及策略，提出图书馆对内隐知识管理的具体方法。

03　目标管理在图书馆中的应用 / 侯妍妍 // 网络时代图书馆工作与研究 / 王运堂主编 . -- 海口：南海出版公司，2003. -- 480–483 页

我国图书馆领域在 20 世纪 80 年代中后期开始引入目标管理理念，目标管理已成为图书馆工作管理的有效方法。文章论述了图书馆目标管理的制订、具体实施方案以及图书馆目标管理应注意的问题。

04　期刊创刊号的价值识别与利用 / 侯妍妍 // 图书馆管理与信息服务 / 王运堂主编 . -- 北京：北京图书馆出版社，2004. -- 662–665 页

创刊号即期刊创始时的第一期，文章论述了期刊创刊号的意义和价值，总结了期刊创刊号的识别方法，阐明了公共图书馆收藏期刊创刊号的途径及意义。

05　我国期刊的发展趋势 / 侯妍妍 // 图书馆信息资源建设与利用 / 王运堂主编 . -- 北京：中国文联出版社，2005. -- 654–657 页

文章论述了中国期刊市场的发展态势。作者认为近年来，传媒资本的活跃、杂志社的努力、读者需求的形成、广告关注度的提高都使得中国期刊市场前所未有的活跃，国内期刊的种类越来越多，越分越细。

06 浅谈图书馆建筑思想 / 侯妍妍 // 图书馆管理与自动化建设 / 王运堂主编 . -- 北京：中国文联出版社，2006. -- 340-345 页

作者认为图书馆建筑本身也是文化艺术的象征，在建设的时候应严格按照《图书馆建筑设计规范》，采用智能化设计，向智能建筑靠拢。文章重点从人文思想、美学思想、哲学思想三个方面阐述了图书馆建筑的内在含义。

07 灰色文献及其采集利用 / 侯妍妍 // 图书馆用户服务研究 / 赵炳武主编 . -- 济南：山东省地图出版社，2007. -- 288-291 页

灰色文献是对一组特殊类型的文献的总称，如非正式出版文献、非常规文献、难获文献、内部刊物、地下文献等。灰色文献是一种重要的信息资源，它由相关学科领域的研究人员和实践者直接生产出来。文章重点论述了灰色文献的含义、灰色文献的特征和来源以及图书馆对灰色文献的征集方法。

08 论馆藏《莫愁湖志》及其修复方法 / 侯妍妍 // 内蒙古图书馆工作 . -- 2014，no.1，9-11 页

文章简要介绍了《莫愁湖志》成书及作者，列举了目前各个版本《莫愁湖志》的收藏情况，详细分析了山东省图书馆馆藏两册刻本《莫愁湖志》的实物信息及破损情况，并对其修复方法进行了一系列阐述。

09 试论古籍修复的“整旧如旧”原则 / 侯妍妍 // 山东图书馆学刊：首届山左先贤与齐鲁典籍专辑 . -- 2014，148-149 页

作者认为古籍修复担负着延续古籍寿命、保护古籍的重任，提出古籍修复工作必须遵循“整旧如旧”“抢救为主”“最少干预”“过程可逆”四项基本原则。文章着重对“整旧如旧”原则进行了阐述，在修复中工作中做到“整旧如旧”原则使破损古籍得到正确有效的修复与保护。

10 千手观音修复启示录 / 侯妍妍 // 世界遗产 . -- 2015，no.6，65-68 页

重庆大足宝顶山石刻区大佛湾南崖，一尊历经 800 年沧桑岁月的石刻千手观音造像如涅槃后的凤凰重新焕发出生命的光彩。这一次重生，用了 8 年的时光。文章记录了 8 年中修复者们在她身畔亦艰辛亦喜悦的容颜。群山寂寂，见证着她重生的过程，而佛像有情，凝聚着修复者们为她付出的每一滴心血。

11　**中华传统美学思想在古籍修复中的应用分析 / 侯妍妍 // 遗产与保护研究 . -- 2016，v.1，no.4，49–53 页**

文章从古籍及古籍修复的艺术角度出发，以中华传统美学思想为基础，论述了古籍及古籍修复中蕴含的美学理念，分析了影响当代古籍修复审美观念的因素，旨在为古籍修复更好地贯彻中国传统美学思想提供借鉴。

12　**线装古籍版式中的中国传统美学思想 / 侯妍妍 // 人文天下 . -- 2016，no.13，59–63 页**

文章以线装形式为例，试阐释传统古籍版式和中国传统美学思想的关系。作者认为中国古籍装帧历史源远流长，从有简册装至今已有 3000 余年的历史。在此期间，由于文字载体的变化、人们审美意识的演变以及社会科学技术的发展等种种因素，古籍装帧形式发生演变。中国古籍装帧大致经历了卷轴装、旋风装、经折装、蝴蝶装、包背装、线装等几种形式。这几种装帧形式风格迥异，各具特色，在历史文化长河中熠熠生辉。它们不仅在中华文明的传承与发展中起着不可替代的作用，而且也蕴涵着丰富的中国传统美学思想。

13　**我馆历史文献部弘扬传统技艺类读者活动案例分析和启示 / 侯妍妍 // 山东图书馆学刊：2019 年山东省图书馆馆员论坛专刊 . -- 2019，30–33 页**

文章结合工作实践，介绍了山东省图书馆古籍修复工作者结合读者活动，开展传统技艺的传承传播活动，重点介绍了鉴宝、传拓和展览等三种读者活动方式，总结了各自的特点及所取得的活动效果，最后从古籍修复工作者的角度分析论述了如何针对不同参与者进行有效的宣传推广。

常安军

1972 年生，山东临邑人，1994 年 7 月入馆至今，馆员。

论文

01　**试论医院图书馆的人才培养 / 范雯，常安军 // 图书馆信息资源建设与利用 / 王运堂主编 . -- 北京：中国文联出版社，2005. -- 149–152 页**

医院图书馆是医院整体结构的重要组成部分，作为医院文献信息中心，它必须以本院的医疗、教学科研管理为主要服务目标。文章论述了医院图书馆人才培养面临的问题，提出了培养新世纪医院图书馆人才的措施。

02　融合多方资源拓展图书馆服务新领域 / 常安军 // 图书馆管理与自动化建设 / 王运堂主编 . -- 北京：中国文联出版社，2006. -- 670–674 页

文章以山东省图书馆为例，阐述了该馆在拓展服务领域方面所做的有益尝试。文章介绍了山东省图书馆 2003 年底成立开发联络部，该部门主要职责是：融合多方资源，使单位新增加的设施得到充分发挥，拓展图书馆服务新领域；寻求多方合作，以社会效益为主，兼顾经济效益，开展精品展览；充分利用多功能报告厅，开展丰富多彩的读者活动；通过公共媒体使市民了解图书馆的新功能、新业务。

03　古今书名的内涵及其对阅读的意义浅析 / 范雯，常安军 // 人文天下 . -- 2016，no.24，61–64 页

中华文化博大精深、源远流长，五千年来伟大的中华民族创造了悠久灿烂的中华文化，为人类的发展做出了不可磨灭的历史贡献。图书文献对中华文化的薪火相传起到了重大作用，古往今来，承载着这些灿烂文化的图书典籍品类可谓汗牛充栋、数不胜数，其命名之丰富、寓意之深刻也犹如春天之百花争奇斗艳，异彩纷呈。文章重点围绕古今书名及其内涵、图书命名需要注意的问题、书名对阅读的意义三方面进行论述，强调书名之学绝不容漠视，对于广大文史工作者特别是图书馆工作者来说，掌握一定的书名学知识是完全有必要的，这对于大略了解图书的内容、体裁、创作背景等有很大的益处，对于选书、读书、用书也很有帮助。

04　关于开展图书馆讲座的几点思考 / 常安军 // 山东图书馆学刊：2016 年“扩展与演变——面向未来的图书馆”专辑 . -- 2016，109–111 页

图书馆讲座工作已经成为公共图书馆的核心业务，文章以山东省图书馆的“大众讲坛”为例，从服务品牌、讲座内容、主讲队伍、运作模式四个方面阐述了开展讲座服务的体会与思考。

聂洁梅

女，1972 年生，山东临清人，1994 年 8 月入馆至今，馆员。

论文

01 《中国医院知识仓库》(CHKD)在医院工作中的作用 / 肖慧，聂洁梅 // 山东卫生 . -- 2006，no.6，47 页

文章介绍了《中国医院知识仓库》(China Hospital Knowledge Database，简称CHKD)基本信息，它是为我国各级医疗卫生机构信息化、知识化建设而设计的大型全文性知识仓库，遴选收录了我国公开发行的医学转移类、生物科学类、医院管理类、图书情报类、计算机应用类和外文学习类期刊，其中期刊整刊 1400 多种，部分刊 2000 余种。1994 年至今，累积文献量 200 多万篇，每年新增 50 多万篇，它覆盖基础医学、临床医学、中国医学、医疗技术、特殊医学、药学、预防保健、医疗器械与设备及医学教学等各个领域，包括医院各项管理理论及国内外医学发展动态。重点论述了该知识仓库在医院的应用，阐述其在医院工作中发挥的作用。

02 如何推进图书馆数字化发展 / 聂洁梅 // 青年时代 . -- 2015，no.8，292-293 页

网络信息技术的发展，给当前图书馆数字化管理带来了前所有未有的挑战。受各方面因素的影响，图书馆数字化管理存在很多问题，给广大的读者带来诸多不便，严重影响着图书馆资源的利用率。文章围绕图书馆数字化发展面临的挑战、做好图书馆数字化管理和发展的对策两方面，并就如何推进图书馆数字化发展展开论述。

03 浅论网络时代图书馆服务社会的新举措 / 聂洁梅 // 中外企业家 . -- 2016，no.12，199+201 页

当今社会是知识大爆炸的时代，无论什么行业，其核心竞争力就是知识信息和服务。人们已经不自觉地进入了知识经济时代和网络时代，所以图书馆在进行服务理念创新的过程中，必须以知识经济为中心，加强信息服务内容。文章主要讲述了网络时代图书馆信息资源服务的必要性，分析了图书馆网络服务特点和存在的问题，提出了针对性的解决措施。

李抒今

女，1973 年生，云南昆明人，1994 年 11 月至 2003 年在馆，馆员。

论文

01　聊斋戏曲论 / 李希今，李抒今 // 蒲松龄研究 . -- 2001，no.2，106–109 页

文章论述了《聊斋志异》和戏曲艺术的关系，一个是问世于17世纪的文言短篇小说集，堪称古典短篇小说之王，一个是于12世纪已臻成熟，并作为世界三种古老的戏剧文化之一的戏曲艺术。二者的结合自有了前者，就从未间断过。就管窥所及，创作家将《聊斋志异》改编成戏曲剧本，以及在红氍毹上演出的聊斋戏，剧种不下四十种，剧目三百余出。

02　在线数据库——在线将何去何从 / 李抒今 // 山东档案 . -- 2001，no.2，41–42 页

本文译自国外学者的专栏文章，文中结合工作实际介绍了在线数据库应用情况和未来发展趋势。

叶　蕊

女，1975年生，山东济宁人，1995年4月入馆至今，馆员。

论文

01　关注图书市场　分析阅读倾向——浅议畅销书的热点转化及采选应注意的几个问题

参见　孙守俭论文06

02　浅议图书采购问题 / 叶蕊，孙守俭 // 山东图书馆季刊 . -- 2005，no.1，75–76 页

在图书馆的诸多构成要素中，藏书是图书馆赖以存在和开展工作的物质基础。图书馆的藏书质量如何，对开展其他各项服务工作有着直接的影响。在有限的购书经费内，如何保证藏书质量，使馆藏更加科学合理，尽可能地满足读者的借阅需求，关键在于搞好图书采购工作。文章围绕上述问题，重点分析了图书馆图书采购工作中存在的重折扣、轻质量、忽略读者需求等现象，提出了搞好图书采购应注意的几个问题。

03 **射频识别技术在图书馆数字化建设中的应用 / 叶蕊 // 山东档案 . -- 2009，no.3，54–56 页**

文章分析了射频识别技术在图书馆应用的意义，指出信息化技术迅猛发展的今天，图书馆进行信息化改革成为一大课题。传统图书馆的馆藏、分类、编目、查询、资源共享、传递等固有的工作模式，是现代图书馆信息化建设产生与发展的坚实基础。没有传统图书馆的基础，就没有现代图书馆的发展。传统图书馆如不改革，不适应社会信息化的发展，不充分应用现代各类信息技术和网络环境进行技术革新和服务创新，就不可能形成现代图书馆，现代图书馆也就不能焕发蓬勃的生机与活力。文章重点介绍了射频识别技术在图书馆数字化建设中的应用情况。

04 **山东省数字图书馆建设的新平台——文化共享工程进万家 / 叶蕊，周浩 // 山东图书馆学刊 . -- 2009，no.4，89–92 页**

“文化共享工程进万家”服务平台以现代技术为手段，以家庭或个人门户为表现形式，真正把文化共享工程汇聚的优秀文化信息资源送进千家万户，并根据用户个性化需求打造用户自己的资源和信息空间，实现个性化服务。“文化共享工程进万家”平台既是山东省图书馆提供给用户的一种知识管理工具，也是最贴近用户个性化需求的数字图书馆。平台拥有丰富的资源、先进的技术，且操作简便，易于管理，必将在推进山东省文化共享工程延伸发展以及建设数字图书馆的过程中发挥重要作用。

05 **图书馆采购管理的几点思考 / 叶蕊，孙守俭 // 戏剧丛刊 . -- 2009，no.4，112–113 页**

作者认为图书馆的藏书是图书馆开展各项业务工作的基础和前提，馆藏图书的质量如何，对能否提高图书馆的服务功能有着直接的影响。图书采购工作是图书馆业务工作的第一关，是提高馆藏质量，满足读者借阅需求的核心环节。文章重点分析了图书采购工作环节中存在的问题和注意事项，提出图书采购招标不能以低折扣作为中标的主要依据，要健全监督机制防止腐败行为，坚持自我为主的图书供应的服务，根据购书经费情况制订合理的图书采购计划。

06 **丁耀亢与《丁野鹤诗钞》/ 叶蕊 // 春秋 . -- 2009，no.6，41–42 页**

丁耀亢（1599—1669），字西生，号野鹤，自称紫阳道人，后又称木鸡道人，山东诸城人。文章重点介绍了丁耀亢生平及《丁野鹤诗钞》。作者认为丁耀亢是明末清初卓有成就的文学家，在诗文、传奇、小说诸方面均有很高造诣，著述甚丰，尤以诗的成就最显。由于丁耀亢所处的时代正值明清鼎革时期，民族矛盾激化，社会动荡不安，作为一位有强烈民族意识的文人，其作品具有浓厚的反清倾向和民族主义色彩，因而其著述大多被清政府或毁或禁。山东省图书馆所藏《丁野鹤诗钞》堪称稀世珍本。此诗钞共六种十二卷；包括《逍遥游》二卷、《陆舫诗草》五卷附补遗、《椒丘诗》二卷，以上三种是清顺治刻本，为丁耀亢自刻；《江干草》一卷、《归山草》一卷、《听山亭草》一卷，是其子丁慎行于康熙十二年（1673）所刻。《丁野鹤诗钞》为我们研究明清易代之际的社会现状和丁耀亢本人的生平、著述及其诗歌创作的成就等均有着极其重要的价值。

07　试论应如何加强图书馆购书经费的管理

参见　孙守俭论文 09

08　公共图书馆馆员培训工作的标准化 / 叶蕊 // 人文天下 . -- 2017，no.4，97–99 页

随着文化事业的大发展大繁荣，公共图书馆也随之不断发展壮大，已成为社会精神文明建设的重要阵地。在新的历史时期，企业的发展面临着各种挑战。同样，公共图书馆也面临着要生存、要发展的严峻考验。现代化的公共图书馆管理，不仅要有现代化的设备，最重要的是要有现代化的高素质馆员队伍。加强馆员培训，建立一支高素质的馆员队伍是当前亟须解决的问题之一。文章分析了公共图书馆馆员队伍存在人才队伍结构不合理、人员老化严重、队伍知识老化和整体素质不高等问题，提出应加强图书馆员职业道德、专业知识、计算机网络技术和外语能力的培训，建议从加强岗位培训、参加外部培训、鼓励开展岗位技能比赛以及加强区域内图书馆学术交流等方面，使馆员培训工作标准化。

09　日本社区图书馆服务及启示 / 叶蕊 // 河南图书馆学刊 . -- 2018，v.38，no.2，77–79 页

作者认为社区图书馆作为图书馆体系的一个重要组成部分，它的建设与服务虽然无法与大型图书馆相比，但是能够有效弥补大型图书馆覆盖面不够等缺陷，其服务理念与选址规划都是为了满足社区民众的阅读需求。文章重点介绍了日本社区图书馆的规划与设计、硬件配备与管理，分析了日本社区图书馆的服务理念与服务经验，以期为我国基层图书馆的建设与服务提供参考与借鉴。

崔维梅

女，1972 年生，吉林德惠人，1995 年 7 月入馆至今，副研究馆员。

论文

01　论网络环境下的信息资源建设 / 崔维梅 // 书海泛舟——山东图书馆事业建设理论与实践 / 王运堂主编 . -- 海口：南海出版公司，2002. -- 319–324 页

网络信息资源已成为整个图书馆信息资源建设体系的有机组成部分。如何做好网络环境下信息资源建设成为一个迫在眉睫的问题。文章在比较图书馆各类信息资源的基础上，分析了图书馆信息资源建设应注意的问题，强调应重视信息资源的产权问题，指出图书馆网站与信息资源建设存在的问题以及对图书馆员的新要求。

02　互联网信息的局限性 / 崔维梅 // 网络时代图书馆工作与研究 / 王运堂主编 . -- 海口：南海出版公司，2003. -- 365–367 页

文章分析了网络信息具有易于检索、可复制、时效性强等优点，指出这是互联网受到人们广泛青睐原因，而这些优点对于图书馆尤其是公共图书馆的社会信息中心和资源中心的地位构成了一定的威胁。同时指出互联网信息的局限性是与生俱来的，它的缺点和优点一样明显，甚至更为突出。重点阐述了互联网在信息污染问题、版权问题、编辑与可信度问题、权威性问题和安全性问题等方面存在的局限性。

03　图书馆信息资源的共享障碍及对策 / 崔维梅 // 图书馆信息资源建设与利用 / 王运堂主编 . -- 北京：中国文联出版社，2005. -- 343–346 页

日新月异的网络环境使图书馆传统的工作思路和工作重心发生了较大变化，网络信息资源的开发与利用日益重要。文章主要论述了我国文献信息资源共享现状、信息资源共享障碍、消除信息资源共享障碍的对策分析。

04　搜索引擎技术的现状和热点 / 崔维梅，范荣鹏 // 青年记者 . -- 2006，no.16，116–117 页

作者认为在互联网络日益渗入我们日常生活的今天，海量的贮存和科学的搜索是人们信息行为中两种最重要的能力。搜索引擎以一定的策略在互联网中搜集、发现信息，对信息进行理解、提取、组织和处理，并为用户提供检索服务，从而达到信息导航的目的。互联网上的搜索引擎可以分为两大类：目录式搜索引擎和基于关键词的搜索引擎。文章重点介绍了搜索引擎技术的发展历程和技术热点，针对基于关键词搜索引擎所存在的不足，提出各搜索引擎网站应向智能化、个性化方向发展。

05 谈加强图书馆业务档案管理 / 崔维梅 // 山东档案 . -- 2007，no.5，50 页

图书馆业务档案是由为读者服务的各项实践活动中直接形成的文件资料转化而来，业务档案如实记载了图书馆开展各项服务的过程。文章从业务档案是深化服务的保障、开展学术研究及编史修志的可靠依据和宣传图书馆事业的生动资料三个方面，阐述了图书馆业务档案对图书馆工作的作用，提出应从健全档案管理制度、提高管理水平、实现档案管理现代化三个方面加强图书馆业务档案管理。

06 山东省公共图书馆读者阅读现状研究 / 崔维梅 // 山东图书馆学刊 . -- 2013，no.3，35-39 页

文章是 2011 年度山东省艺术科学重点课题项目“公共图书馆阅读影响的因素研究”（2011350）成果之一。数字阅读的迅猛发展为以传统阅读服务为主的公共图书馆带来了新的机遇和挑战。文章定义的图书馆阅读是指读者从图书馆外借图书和到馆阅读等与图书馆密切相关的阅读，主要基于“图书馆阅读的影响因素”问卷中有关量表的数据，分析了新媒体环境下读者对传统阅读的态度，总结了山东省公共图书馆读者利用图书馆行为的特点，较为全面地揭示了当前山东省公共图书馆读者阅读现状。

07 如何利用微书评做好图书馆阅读推广 / 崔维梅 // 内蒙古科技与经济 . -- 2017，no.14，151-153 页

文章深入分析了微书评用于图书馆阅读推广的优势以及图书馆利用微书评进行阅读推广的意义，提出了图书馆员在利用微书评引领全民阅读过程中需要做好的准备。

08 地方文献资源建设与延伸服务实践探索——以山东省图书馆为例 / 崔维梅 // 山东图书馆学刊：2019 年“变革创新　开放融通——法治背景下图书馆发展新路”专辑 . -- 2019，186-189 页

文章从山东省图书馆馆藏政策延续、历史沿革、人员与经费资源建设与延伸服务情况等方面对山东省图书馆的地方文献工作进行了简要回顾梳理。

焦雅蕙

女，1974 年生，山东济南人，1995 年 9 月入馆至今，馆员。

论文

01　**现代化图书馆的建立 / 焦雅蕙 // 书海泛舟——山东图书馆事业建设理论与实践 / 王运堂主编 . -- 海口：南海出版公司，2002. -- 641–647 页**

一个现代化图书馆的建立需要经过各个方面的变革。文章从网络图书馆相对于传统图书馆的主要优势入手，分析了标志现代化图书馆建立的两大特征是网络化和管理现代化。

郎秀丽（少儿部）

女，1975 年生，山东东阿人，1995 年 9 月入馆至今，馆员。

论文

01　**试论网络环境下少儿读者的需求与满足 / 郎秀丽 // 全国少年儿童图书馆研讨会获奖论文集 / 刘健主编 . -- 上海：上海科学技术出版社，2008. -- 320–324 页**

随着计算机、因特网与网络通信技术的飞速发展，文献信息化、信息网络化使少儿读者的阅读需求有所改变。文章分析了网络时代少儿读者的需求，并提出满足这类需求的举措。

02　**试论和谐社会与少儿图书馆服务创新 / 郎秀丽 // 开放、创新、共享、发展：少儿图书馆论坛 2009——第十一届“华北、东北、西北”地区少儿图书馆学术暨工作研讨会论文集 / 崔玉兰，金文玉主编 . -- 延边：延边人民出版社，2009. -- 44–47 页**

党的十六届四中全会通过了《中共中央关于加强党的执政能力建设的决定》提出“构建社会主义和谐社会”的战略目标，作者认为以未成年人思想道德建设为主阵地的少年儿童图书馆是整个社会和谐发展的重要组成部分，并重点强调了少儿图书馆应紧跟时代步伐，在管理理念、服务方式创新等方面更好地服务和谐社会建设。

03 **少年儿童图书馆微博使用分析 / 郎秀丽，王辰玮 // 传承与创新：2013 东北、华北、西北地区少年儿童图书馆第十三届学术暨工作研讨会论文集 / 姜洁主编 . -- 汕头：汕头大学出版社，2013. -- 382-385 页**

微博作为一种新兴网络传播工具，在短短几年间就渗透到社会生活的方方面面。文章阐述了微博的概念和特性，并结合我国少年儿童图书馆微平台的使用情况，详细论述了少年儿童图书馆如何利用微博拓展服务领域、扩大服务范围。

04 **绘本在自闭症儿童康复教学中的应用与思考——以山东省少年儿童图书馆为例 / 郎秀丽 // 山东图书馆学刊 . -- 2018，no.5，48-51+90 页**

绘本这一独特的儿童读物自诞生之日起，就凭借文字与图画的相互结合、互动描述故事的方式吸引着孩子的目光。它有趣的故事情节、起承转合的节奏设计、广阔的视野诠释对儿童的语言形成、思维和情感的发展具有重要的提升作用，是儿童阅读启蒙阶段的首选。文章重点介绍了山东省少年儿童图书馆创办"会说话的绘本"服务自闭症儿童康复训练项目，指出将绘本阅读作为自闭症儿童康复辅助教学手段，为改善自闭症儿童的核心障碍做出了有益的尝试。

雷　辉

女，1973 年生，山东肥城人，1996 年 7 月入馆至今，副研究馆员。

论文

01 **对馆藏工具书信息开发利用的思考 / 雷辉 // 山东图书馆季刊：山东省图书馆学会第六次科学讨论会获奖论文专集 . -- 1999，125-127 页**

文章从工具书信息开发利用的意义、馆藏工具书开发利用的现状、工具书信息开发利用的途径三方面论述了山东省图书馆工具书信息的开发利用情况。

02 **关于工具书阅览室咨询服务质量的思考 / 雷辉 // 书海泛舟——山东图书馆事业建设理论与实践 / 王运堂主编 . -- 海口：南海出版公司，2002. -- 273-277 页**

文章论述了提高工具书阅览室咨询服务质量的必要性，分析了工具书阅览室咨询服务现状和影响服务质量的物质前提，指出图书馆工作人员素质是决定咨询服务质量的关键。

03　**信息环境下图书馆女性馆员的继续教育 / 雷辉 // 网络时代图书馆工作与研究 / 王运堂主编 . -- 海口：南海出版公司，2003. -- 613–616 页**

图书馆历来是女性馆员占多数的单位，女性馆员如何调整知识结构及不断提高工作技能关系到图书馆事业在信息环境下的生存和发展。文章论述了图书馆女性馆员继续教育的紧迫性、继续教育的核心内容、继续教育的相关途径。

04　**基于微信的公共图书馆传统文化阅读推广影响因素研究——以尼山书院微信公众平台为例 / 雷辉，刘阳，王轩 // 山东图书馆学刊 . -- 2018，no.1，36–40 页**

文章以山东省图书馆尼山书院微信公众平台为例，从其运营数据分析传统文化阅读推广影响因素，并提出了公共图书馆推进传统文化阅读推广的策略。指出新媒体时代，微信公众平台为用户提供了全新的阅读模式，也成为公共图书馆进行阅读推广的新载体。以传播传统文化为己任的尼山书院积极利用这一新媒体开展阅读推广活动，力图将深奥的传统文化以时尚的样貌呈现给读者。

05　**山东省区县级公共图书馆微博影响力调查研究 / 雷辉 // 山东图书馆学刊：2018 年馆员论坛专刊 . -- 2018，70–76 页**

文章以传播力、活跃力作为微博影响力评价指标，对 36 个山东省区县级公共图书馆微博的影响力进行调研，总结梳理出活跃程度、传播能力、运营水平和覆盖范围方面存在的问题，提出通过转变服务理念、组建专业运营团队、注重互动效应、组建图书馆系统内外两个维度的微博矩阵、建立考评机制等策略，达到提升区县图书馆微博影响力的目的。

孙绍俊

1975 年生，山东即墨人，1996 年 7 月入馆至今，副研究馆员。

论文

01　**图书馆网站的建设与维护——也谈山东省图书馆网站建设 / 孙绍俊 // 书海泛舟——山东图书馆事业建设理论与实践 / 王运堂主编 . -- 海口：南海出版公司，2002. -- 690–698 页**

图书馆网站建设在图书馆工作中具有举足轻重的地位。文章以山东省图书馆网站为例，从网站的整体规划与设计、图书馆网站的内容安排、网站适合的技术及图书馆网站的维护等方面，论述了图书馆网站建设与维护。

02 网络时代的电子剪报服务 / 孙绍俊，李洪梅 // 河南图书馆学刊 . -- 2003，no.1，49–51 页

知识经济时代的到来，对信息服务业提出了更高、更快、更专的要求，而作为信息服务行业一部分的剪报服务，也顺应时代的潮流出现了电子剪报。文章详细论述了电子剪报的产生、形式、特点、剪报产品存在的问题及解决措施。

03 浅析数字图书馆员应具备的基本素质 / 孙绍俊 // 网络时代图书馆工作与研究 / 王运堂主编 . -- 海口：南海出版公司，2003. -- 575–578 页

作者认为数字图书馆已成为全球图书馆的发展趋势，由于其信息资源的数字化、信息传递的网络化和信息实体的虚拟化，使藏书、读者与工作人员都将依托于网络相互关系，这就对图书馆员提出了新的更高的要求。文章重点论述了国内外数字图书馆发展动态、数字图书馆员面临的挑战与机遇以及应具备的基本素质。

04 加入 WTO 新形势下的图书馆工作

参见　李洪梅论文 02

05 小议网络文献作为引文

参见　李洪梅论文 04

06 网络环境下图书馆员的素质教育 / 孙绍俊，张晓兰 // 图书馆管理与信息服务 / 王运堂主编 . -- 北京：北京图书馆出版社，2004. -- 407–411 页

提高自身素质是图书馆员所处环境的要求，文章分析了网络环境下图书馆员应充当的角色，提出网络环境对图书馆员的素质要求，以及提高图书馆员素质的几种方式。

07 一种改进的声测定位时延估计算法 / 孙韶杰，孙绍俊，李国辉等 // 计算机应用 . -- 2006，v.26，no.11，2696–2697+2723 页

文章研究了时延估计算法在被动声测定位中的应用，提出了一种改进的基于最大似然（ML）权函数的广义互相关时延估计算法。改进的算法采用加窗法和最小均方差（LMS）滤波法，弥补了原算法计算量大及无法消除回响干扰的不足。仿真结果表明，改进的算法计算复杂度明显降低，能够有效地消除回响干扰，具有较高的时延估计精度和鲁棒性。

08　浅谈公共图书馆的音像资料服务 / 孙绍俊，李洪梅 // 图书馆用户服务研究 / 赵炳武主编 . -- 济南：山东省地图出版社，2007. -- 438–441 页

随着现代科学技术的发展，音像资料作为记录与传播信息的特殊信息源，以其传播信息生动、直观、针对性强等特点，受到读者的广泛喜爱。文章论述了作为收集、整理、保管和传播信息的图书馆，音像资料在图书馆的地位和作用，强调公共图书馆应积极做好音像资料服务业务，使馆藏的音像资料更好地为科研和生产服务。

09　基于发现系统的馆藏建设研究 / 马林山，孙绍俊，赵庆峰 // 图书馆 . -- 2014，no.4，120–123 页

文章具体分析了文献信息资源发现系统的运行原理与特点及在馆藏建设中的作用，提出了利用发现系统进行馆藏资源优化建设的思路和举措，为发现系统的相应服务提供参考。

10　地方特色视频资源建设实践与分析——以山东省图书馆为例 / 孙绍俊 // 图书情报导刊 . -- 2016，v.1，no.9，55–57 页

随着数字化网络体系的不断发展和完善，数字资源的网上共享和传播迅猛发展。图书馆作为资源收集、利用和传播的重要阵地，其生存形态也在悄然发生着变化。文章以山东省图书馆的视频资源建设为例，介绍了山东省图书馆视频资源建设现状，分析了图书馆视频资源建设存在的主要问题，并对今后图书馆视频资源的建设提出了具体的解决办法。

李晓光

1972 年生，山东宁阳人，1996 年至 2003 年在馆，馆员。

论文

01　赵执信及其诗论《谈龙录》的文献及理论价值探讨 / 李晓光 // 山东图书馆季刊：山东省图书馆学会第六次科学讨论会获奖论文专集 . -- 1999，151–154 页

赵执信（1662—1744），清代诗人、诗论家、书法家。字伸符，号秋谷，晚号饴山老人、知如老人，山东淄博博山人。文章阐述了赵执信的生平经历及其著述，《谈龙录》是其所撰的诗话，共一卷，三十六则。此书专为批驳王士禛诗论而作，持论多本冯班、吴乔之说，后亦被袁枚赞同。文章重点论述《谈龙录》问世的诗坛背景、缘起，探讨了《谈龙录》的文献和理论价值，有助于从理论的高度，重新定位其文献价值，也为历史人物及历史文献的研究利用提供一种新方法。

胡　兵

1975 年生，湖北浠水人，1997 年 7 月入馆至今，副研究馆员。

论文

01　个人文集的主题标引 / 胡兵，靳月庆 // 山东图书馆季刊 . -- 2002，no.2，57–59 页

个人文集是结集出版某一作者全部或部分著作的图书，有作者自编自选的，也有他人选编的，所选集的图书往往冠以作者的姓名。文章简要介绍了个人文集的范畴及出版收藏情况，分析了个人文集的主题标引现状和进行标引的必要性，并根据不同的个人文集形式提出了不同的主题标引方式。

02　论网络环境下图书馆文献信息资源的共享问题 / 胡兵 // 书海泛舟——山东图书馆事业建设理论与实践 / 王运堂主编 . -- 海口：南海出版公司，2002. -- 382–388 页

随着知识经济的发展和信息时代的到来，信息资源和信息需求量迅猛增长。图书馆要利用有限的经费最大限度地获取信息资源，满足社会和经济发展的需要。文章分析了文献信息资源共享问题产生的原因，探讨网络环境对文献信息资源共享的影响，提出图书馆文献信息资源共享的对策。

03 知识管理与现代化图书馆 / 胡兵，周兵 // 网络时代图书馆工作与研究 / 王运堂主编 . -- 海口：南海出版公司，2003. -- 430-434 页

在人类已进入知识社会的今天，知识量剧增，必然要对知识进行管理，图书馆是保存知识的场所。知识管理对图书馆来说，既是一种挑战也是一个机遇，知识管理为图书馆的发展指明了方向。文章论述了知识管理的概念、知识管理与图书馆的关系、知识管理的功能以及图书馆的知识管理。

04 数字时代图书馆人力资源管理与开发 / 胡兵，靳月庆 // 图书馆管理与信息服务 / 王运堂主编 . -- 北京：北京图书馆出版社，2004. -- 316-318 页

合理开发和利用人力资源是图书馆生存和发展的关键，文章从图书馆人力资源管理的特点出发，提出从创造良好的工作环境、吸收和引进优秀人才等五个方面，创造人力资源管理与开发的条件。

05 中文报纸回溯建库的实践与思考 / 胡兵 // 山东图书馆季刊 . -- 2006，no.2，26-28 页

文章介绍了 2005 年山东省图书馆中文报刊部组织人员对馆藏中文报纸进行回溯建库的工作。即将馆藏中文报纸目录全部录入计算机，使用 CNMARC 著录，以实现中文报纸的现代化管理。这是第一次使用计算机进行报纸编目，在没有规则可循的情况下，结合中文期刊计算机编目的经验，制定了《中文报纸回溯建库工作细则》《中文报纸编目 CNMARC 格式和字段的选用》等规则。从著录和分类标引两个方面阐述了中文报纸回溯建库中遇到的问题及处理办法，如，价格的著录、统一刊号字段的著录、题名变化的处理、停刊又复刊的报纸的著录、报纸吸收另一种报纸后报名没变化的著录、报纸副刊或其他版本的著录以及“文革”时期收藏的报纸的著录等，同时提出了适合本馆实际的中文报纸编目方法。

06 当前我国图书馆事业发展中存在的问题 / 胡兵 // 图书馆管理与自动化建设 / 王运堂主编 . -- 北京：中国文联出版社，2006. -- 10-13 页

我国的图书馆事业得到迅速的发展，但是在某些方面还确实存在许多亟待解决的问题。文章从人才问题、体制与管理问题、新技术应用和馆际合作问题等四个方面剖析制约图书馆事业发展中的各种因素，以期为业界发现问题、解决问题提供参考。

07 网络环境下图书馆服务模式的创新 / 胡兵 // 图书馆用户服务研究 / 赵炳武主编 . -- 济南：山东省地图出版社，2007. -- 85–89 页

文章认为网络环境下图书馆的服务工作从满足读者书刊借阅的文献需求为主，转移到以满足知识信息需求为主要内容，形成了以信息资源开发服务为主要功能的新模式；强调在图书馆外部信息环境和内部业务机制的变化中除了硬件上提高，更重要的是发展和创新服务理念和服务工作方式，指出只有实现图书馆服务创新，才能更好地促进图书馆事业的蓬勃发展。

08 网络环境下公共图书馆信息资源的共建共享 / 胡兵 // 科技情报开发与经济 . -- 2008，no.23，42–44 页

文章认为图书馆文献信息资源共建共享已成为当今世界图书馆事业发展的潮流。网络环境下公共图书馆信息资源的共建共享是指各级图书馆根据用户对社会信息的需求，通过网络利用计算机、通信、电子、多媒体等先进的信息技术，高度理想化地对各馆藏信息资源和网络资源进行综合协作开发和利用的活动。文章重点论述了公共图书馆文献信息资源现状，分析了影响信息资源共建共享的因素，并就如何进行信息资源共建共享提出了建议。

09 谈图书馆为农民工服务 / 胡兵 // 文献信息的组织、管理和利用 / 赵炳武主编 . -- 济南：山东省地图出版社，2008. -- 144–147 页

让城市务工人员进入当地图书馆，和当地市民一样享受进图书馆读书看报的权利，满足他们的精神文化需求，是公共图书馆义不容辞的责任。文章分析了城市农民工现状，阐明了制约公共图书馆为农民工服务的因素，提出公共图书馆为农民工服务的措施。

10 期刊多版本化及其对图书馆期刊工作的影响 / 胡兵 // 山东图书馆学刊 . -- 2009，no.1，71–74 页

文章介绍了期刊的多版本化概念，即某刊由同一主办者以一个共同题名出版多个版别系列，针对不同地区、不同对象或不同时段的需要，题名相同而内容有所侧重的不同出版物。作者指出研究期刊多版本化，对图书馆期刊管理工作的意义，重点探讨了导致期刊多版本化发展的原因、期刊多版本化的类型、对图书馆期刊工作的影响以及图书馆应采取的对策。

11　王献唐与潍县高氏上陶室砖瓦收藏 / 胡兵 // 山东图书馆学刊 . -- 2009，no.3，74–75 页

王献唐担任山东省立图书馆（今山东省图书馆）馆长期间十分重视山东地方文献和金石古物的收藏，为图书馆收集了丰富的乡邦文献和金石古物。文章简要记述了先生收藏上陶室砖瓦的经过。高氏即高鸿裁（1852—1918），字翰生，清末收藏家，潍县（今潍坊潍城区西关）人。其父庆龄，字南郑，嗜好金石、古印。高鸿裁自幼从父教，好古文嗜金石，精于汉学，且好藏书，尤以收集历代墓志拓片和古砖瓦闻名于世，编有《历代志铭征目》，并将收集的古砖瓦拓成一部《上陶室砖瓦文捃》约 500 份，皆属秦汉之物品，被誉“海内有数之精华”，堪称国宝。王献唐与高鸿裁相识较早，高氏收集的古籍金石，均被收藏入山东省立图书馆。

12　基于主题图的群体化信息资源的信息组织 / 胡兵 // 山东图书馆学刊 . -- 2010，no.6，50–53 页

网络技术的发展使信息资源急剧增加，也使信息资源杂乱无章，同时信息需求的群体化特征越来越明显，对信息资源进行组织就很有必要。文章阐述了主题图的含义、构成要素及特点，论述了群体化用户环境和主题图组织群体化信息资源的优势，重点分析了主题图的应用领域及应注意的问题，通过列举国内外利用主题图技术组织群体化信息资源的案例，探讨了如何利用主题图技术组织群体化信息资源以及促进信息的群体化服务。

13　日照王献唐学术研讨会综述 / 胡兵 // 山东图书馆学刊 . -- 2013，no.6，119–121+123 页

2013 年 10 月 19 日至 20 日，王献唐学术研讨会在王献唐先生的家乡日照市举行。会议期间，21 位与会专家、学者从思想、著述、生平事迹等角度对王献唐先生多方面的学术成就和贡献进行了研讨。王献唐先生一生致力于图书馆事业，长于版本目录、金石、文字、音韵、货币学，集考古历史学家、文献学家、金石文字学家等于一身，同时又是一位卓有成就的藏书家、图书馆学家，其学术成就和学术思想，在海内外产生了深远的影响，被誉为“一代传人”“一代宗师”。此次王献唐学术研讨会的召开，对于弘扬前贤治学的风范成就，挖掘名人文化的丰富内涵，推进滨海文化名城建设具有重要意义。

14 近十年山东省图书馆职工发表论文统计分析 / 胡兵，白兴勇 // 山东图书馆学刊：2018 年山东省图书馆馆员论坛专刊 . -- 2019，40–45 页

作者通过对山东省图书馆近十年来所发表论文的统计分析，选用 CNKI 中国期刊全文数据库为原始数据源，通过期刊论文检索，使用高级检索方式，作者单位 = 山东省图书馆，检索时间限定为 2008 年 1 月 1 日至 2017 年 12 月 31 日，其余选择默认项。经人工筛选，去除简讯、新闻报道等，共检索得到学术论文 261 篇。对这些收录论文进行文献计量分析，表征出山东省图书馆近十年来，论文的发表趋势、研究方向、重点作者、发表渠道等项目。这一研究在某种程度上，反映了山东省图书馆的学术概况，显示了山东省图书馆职工在学术研究方面的特点及不足，并提出针对性的建议对策，为促进山东省图书馆学术水平的提高提供有益借鉴。

王衍良

1973 年生，山东牟平人，1997 年 7 月至 2013 年在馆，副研究馆员。

论文

01 浅谈图书馆制度化管理 / 王衍良 // 山东图书馆季刊：山东省图书馆学会第六次科学讨论会获奖论文专集 . -- 1999，195–197 页

文章阐述了图书馆制度管理的定义，即应用系统论的科学方法，按照图书馆工作和图书馆事业发展的规律，建立一套科学健全的规章制度，作为合理地组织和最大限度地发挥图书馆的人力、物力、财力等各种资源的依据，以达到预定目标的过程。作者重点论述了图书馆制度化管理思想的萌芽与发展、图书馆实施制度化管理的必要性、如何建立图书馆规章制度体系及实施办法。

02 现代图书馆引入以人为本管理的思考 / 王衍良，李超 //21 世纪中国图书馆建设与发展 / 中国图书馆学会，中国图书馆学报编 . -- 北京：北京图书馆出版社，2002. -- 1916–1919 页

人本管理是管理学中的重要思想，它是一种以人为中心的管理思想。作者认为在图书馆的管理中，核心的问题就是人的管理。文章介绍了“以人为本”的含义，现代图书馆引入以人为本的重要性，指出图书馆实施以人为本的管理应遵循的需要、激励、培养三原则，论述了在图书馆引进人本管理应从优化人才结构、合理使用人才、重视培养人才等方面着手，从而实现管理的制度化和规范化。

03 关于完善事业单位现行工资制度的思考 / 林萍，王衍良 // 山东图书馆季刊 . -- 2004，no.1，107–109 页

文章介绍了现行的事业单位工资标准，从初步建立起符合事业单位特点的工资制度、建立了正常的增资制度和引入了竞争激励机制三个方面，阐述了现行工资制度改革的成效；指出现行工资制度还存在管理人员工资标准偏低、存在“大平台”现象、工资中“活的部分”缺乏统一标准、年功工资难以体现等问题；并从加快分配制度改革步伐、尽快建立适应事业单位管理人员自身特点的职员制度、健全外部机制发挥工资构成中“活”的津贴部分的功能、利用奖酬建立工龄津贴等方面，提出了完善现行工资制度的举措。

徐 伟

女，1971 年生，山东龙口人，1997 年 7 月入馆至今，馆员。

论文

01 图书馆如何做好地方文献征集工作

参见 靳月庆论文 04

02 我馆建立地方文献专库刍议 / 徐伟，辛玉美 // 网络时代图书馆工作与研究 / 王运堂主编 . -- 海口：南海出版公司，2003. -- 642–646 页

文章认为图书馆地方文献工作是通过地方文献的收藏、整理、典藏、开发利用以及书目索引和参考咨询等工作向社会各界用户提供适用的地方社会情报和地方史料。作者指出长期以来，山东省图书馆一直坚持开展地方文献工作，但并没有设置专门的工作机构，分散管理的直接后果是导致地方文献不集中，形成不了系统，缺少有效的开发利用。文章重点论述了山东省图书馆建立地方文献专库的必要性、可行性以及需要明确的问题。

郎秀丽（尼山书院）

女，1973 年 8 月生，山东寿光人，1997 年 8 月入馆至今，馆员。

论文

01　**李廷棨家族与《玉函山房辑佚书》雕版 / 郎秀丽 // 山东图书馆学刊：首届山左先贤与齐鲁典籍专辑 . -- 2014，22-24 页**

李廷棨（1789—1849）字戟门，号萼村，济南章丘人，清末著名政治家、学者、藏书家。文章从李廷棨故居入笔，介绍了李廷棨家世，主要介绍了李氏从一介贫苦的书生，到居官清正廉洁、刚正不阿，做学问则勤勉有加、志于著书立说、传承文化的一生。作者重点阐述了《玉函山房辑佚书》"李氏藏版"的由来、内容、发现及捐献过程。李氏藏版共计 5999 张，11023 页，包括马国翰的辑佚巨著《玉函山房辑佚书》和李廷棨、马国翰等人的著作 38 部 153 卷。李氏后人盖三间带墙的茅屋保护并收藏这批雕版，李廷棨五世孙李英顺 2000 年将雕版捐赠，现收藏于章丘市博物馆。

李鲁闽

1956 年生，山东平原人，1997 年 8 月至 2015 年在馆。

论文

01　**浅谈山东省图书馆新馆的物业管理 / 李鲁闽 // 山东图书馆季刊：山东省图书馆学会第六次科学讨论会获奖论文专集 . -- 1999，22-24 页**

怎样抓好图书馆的物业管理，向所有读者提供完好正常的使用，保证正常的工作秩序，净化、美化阅览环境，是摆在我们面前的一个新的问题，需要我们认真地去研究和解决。文章论述了山东省图书馆新馆物业管理的主要内容、物业管理的模式、管理和考核制度等。

马兰芳

女，1973 年生，山东潍坊人，1997 年 8 月入馆至今，副研究馆员。

论文

01　论图书馆工作在信息服务中的定位 / 马兰芳 // 山东图书馆季刊：山东省图书馆学会第六次科学讨论会获奖论文专集 . -- 1999，104–107 页

信息时代的图书馆，其工作重心和服务方式正面临着巨大的变革，这种变革，一方面给图书馆带来了发展的机遇，另一方面又带来了挑战。文章论述了图书馆工作与信息服务的关系、图书馆工作进行定位的客观条件、图书馆工作定位的总体目标。

02　“馆员第一”与“读者第一”——浅谈图书馆的管理与服务 / 马兰芳 // 网络时代图书馆工作与研究 / 王运堂主编 . -- 海口：南海出版公司，2003. -- 493–497 页

图书馆管理是长期图书馆工作实践与一般管理理论、技术和方法相结合所形成的具体图书馆行业特征的管理范畴。目前，图书馆的管理与服务，特别是在计算机管理、电子文献服务方面都有着很大的进步，但是在科技知识的需求量不断增长的情况下，图书馆服务与实际的需求和形势的发展还有很大的距离。文章从以人为本、优质服务、管理机制三方面着手论述图书馆的管理与服务。

03　标引工作中一个容易混淆的加“0”问题 / 马兰芳 // 山东图书馆季刊 . -- 2003，no.2，37–39 页

自从《中图法》第四版颁布实施以来，类目 I212/I217 分类标引出现一系列的问题。如分类不一致、分类重号、分类出现歧义等。文章结合实际工作，对目前 I212/217 类目分类标引存在的问题、现状作了具体、详尽的分析，提出了解决该类标引问题的办法。

04　中文普通新书的版本确认 / 马兰芳 // 山东图书馆季刊 . -- 2006，no.2，55–58 页

文章结合工作实践，就编目工作中版本的识别与确认问题，作了较为详细的总结、分析与说明。首先论述了造成中文图书版本难以界定的原因有编目者对版本的概念把握不准、入藏目的不明确、无章可循、图书馆历史数据混乱、出版不规范和著录信息源不明确等；其次详细阐明了常见的不同版本的情况，如常见的有版刻不同、版次不同、排版形式不同、文字不同、语言形式不同、读者对象不同、点校者不同、评注者不同、译者不同和书名不同等诸多情况；最后针对名著、译著、点校本、评注本、重印本等不同情况，提出了确认不同版本的原则，明确了各种中文图书版本著录情况。

05 **版本确认问题浅论——针对我馆中文图书著录情况谈版本的确认与著录 / 马兰芳 //21 世纪的信息资源编目：第一届全国文献编目工作研讨会论文集 / 国家图书馆图书采选编目部编 . -- 北京：北京图书馆出版社，2006. -- 263–267 页**

中文普通图书编目工作中，版本的确认和著录是个非常容易混淆，也经常容易出错的地方。作者结合本馆工作实践，从“版本难以界定的原因”“识别不同版本的几种常见情况”“我馆处理不同版本的几个大原则”三个方面，对该问题进行了较为详细的总结、分析与说明，从而提出了多种不同的识别方法，明确了各种中文图书的版本著录情况，希望能够对编目工作有所裨益。

06 **试论学科馆员制度的建立 / 马兰芳，赵巧云 // 图书馆管理与自动化建设 / 王运堂主编 . -- 北京：中国文联出版社，2006. -- 432–435 页**

学科馆员的定义及现状说明公共图书馆实行学科馆员制度势在必行，文章阐述了学科馆员的素质要求和岗位职责，并结合实际具体分析了山东省图书馆建立学科馆员制度的可行性。

07 **采访与编目工作社会化过程中应注意的一个问题——针对采编工作流程谈外部书目数据库的维护 / 马兰芳 // 信息资源建设中的图书馆采访工作：第二届全国图书采访工作研讨会论文集 / 国家图书馆图书采选编目部编 . -- 北京：北京图书馆出版社，2007. -- 356 页**

文章围绕 ILAS Ⅱ系统，针对山东省图书馆中文图书外部书目数据库，简要谈了采编社会化背景下，采访途径的外部数据源给山东省图书馆采编工作带来的利弊，着重阐述了山东省图书馆维护外部书目数据库的经历和举措，旨在引起大家对外部书目数据库维护的重视，同时为同行提供借鉴与启示，使图书采编工作做得更顺利、更好。

08 **浅谈公共图书馆用户教育 / 马兰芳 // 图书馆用户服务研究 / 赵炳武主编 . -- 济南：山东省地图出版社，2007. -- 51–55 页**

图书馆用户教育就是帮助用户更充分更有效地接受和利用图书馆，图书馆只有被用户充分利用了，它的社会价值才真正得以实现。文章论述了公共图书馆用户教育的重要性，针对用户教育的现状，提出了几点对策。

09　**文献传递——新时期图书馆资源共享的重要途径 / 马兰芳 // 新信息环境下图书馆资源建设的趋势与对策：第三届全国图书馆文献采访工作研讨会论文集 / 国家图书馆外文采编部编 . -- 北京：国家图书馆出版社，2009. -- 393-398 页**

文献传递借助于现代化的技术手段，将多种和分布于各处的文献信息源和用户连接起来，无形中扩大了本馆的文献资源，弥补了馆藏的不足，充分满足了用户对本馆未收藏文献资源的需求。文章分析了文献传递服务产生和发展的原因，并就文献传递服务的作用进行论述。

10　**编目外包中一个值得重视的问题——山东省图书馆书目数据质量控制规范综述 / 马兰芳 // 山东图书馆学刊：2018 年馆员论坛专刊 . -- 2018，109-113 页**

文章结合山东省图书馆编目外包的实际情况，对书目数据质量控制进行了全面梳理，并提出了一些新的改进措施和新的思路构想。

朱　军

1973 年生，山东莱芜人，1998 年 1 月入馆至今，馆员。

论文

01　**浅谈公共图书馆音像资料的管理与利用 / 朱军 // 文献信息的组织、管理和利用 / 赵炳武主编 . -- 济南：山东省地图出版社，2008. -- 442-444 页**

随着现代信息技术的发展和文献资料生产类型的多元化，音像资料的收藏、利用与开发等成为公共图书馆面临的问题。文章从音像资料的采编、库房管理、资料保存与翻录等几个方面进行阐述，并围绕如何提高音像资料利用率，从确立符合本地读者需要的收藏方向、建立比较完备的检索系统、开拓多元化的服务方式等方面提出自己的建议。

02　**数字图书馆知识产权问题探讨 / 朱军 // 数字图书馆工作论坛 / 赵炳武主编 . -- 济南：山东省地图出版社，2009. -- 132-136 页**

文章认为数字图书馆获取、制作、发布信息，为读者提供服务的方式发生了改变，同时知识产权领域也带来新问题。文章重点论述了数字图书馆面临的新变化以及数字图书馆建设中的知识产权问题，对数字图书馆的合理使用方式提出建议。

03 《中国基本古籍库》的 SWOT 分析 / 朱军 // 人文天下 . -- 2019，no.15，32–39 页

古籍数字化属于古籍再生性保护范畴，是促进古籍研究和利用的重要手段，也是古籍保护计划的一项重要内容。文章简要论述了古籍数字化的意义，介绍了《中国基本古籍库》概况，认为其具有收录范围广，精品多，检索界面整齐、简洁、直观明了，特别是版本速查方便等特点，是古籍数字化的代表性成果之一，同时介绍了 SWOT 分析法，并利用 SWOT 分析法对《中国基本古籍库》从优势、劣势、机会和威胁等方面进行了详细分析。最后提出《中国基本古籍库》应采取增长型战略、扭转型战略和多样化策略，保持优势，正视威胁，引领古籍数字化行业发展。

杜云虹

女，1972 年生，安徽阜阳人，1998 年 7 月入馆至今，研究馆员。

著作

01 丛书人物传记资料类编：学林卷 / 于浩，杜云虹，唐桂艳主编 .-- 北京：北京图书馆出版社，2006. -- 16 册；21cm

本书以山东省图书馆藏书为主，兼收国家图书馆相关文献，从《青照堂丛书》、《琳琅秘室丛书》、《皇清经解》及续编、《汉魏遗书》、《昭代丛书》、《榕园丛书》、《函雅堂丛书》等丛书中，辑录了历代著名思想家、学者的传记资料计五十七种，涉及人物近千人。既有合传，如《历代名儒传》《颜李师承记》《新安学系录》《儒林传稿》；又有单传，如《太史公系年考略》《孟子生卒年月考》《周子遗事》《纪慎斋先生崇祀录》《羽琌山民逸事》《王文简公行状》等。体例涉及年谱、行状、传略、年表、墓志铭等。该书还收录了相当数量的稀见史料近二十种，如《理学宗传》《理学宗传辨正》《船山学谱》《李二曲先生全集》《一斋陈先生考终录》《皇明理学名臣言行录》等。本书对于研究孔子、孟子、郑玄、周敦颐、吕坤、王守仁、李二曲、颜元、毛奇龄、纪昀、龚自珍等数百位传主、谱主的传记生平及主要思想，对于研究中国古代学术史、思想史，尤其各种学派学说的渊源及演变，有重要的史料文献价值。

02 景行录 / (清)边鸣珂辑补；杜云虹，赖大邃，辛镜之校点 . -- 成都：四川大学出版社，2010. -- 691 页；25cm

本书在张英《文庙贤儒功德录》基础上辑补而成，故名《重辑文庙贤儒景行录》，

省称《景行录》。张氏书成于康熙年间，记载孔子及从祀诸儒之简略生平，并附赞语。康熙以后虽有人补辑，仍多遗漏。边鸣珂正其体例，厘其位次，又补撰康熙以后从祀诸儒之传、赞，其友人信阳郭鉴庚序而刻之。其中文天祥于道光二十三年始从祀孔庙，边氏未及述作，则由郭鉴庚撰成传、赞而入之。该书内容较为简略，孔子生平亦不过二三百字，史料价值并不甚高。然孔门弟子之名氏、籍贯多有考订，以备查考。

03　续学统

参见　王艳丽著作 01

04　隋书经籍志研究 / 杜云虹著 . -- 北京：文物出版社，2016. -- 375 页；24cm

该书从目录学、学术史角度对《隋志》进行研究探讨，认为《隋志》是敕修合撰的史志版本目录，它既是藏书目录，又是知见目录；深入探讨了《隋志》著录篇、卷数的意义及书名项著录规则，认为其一方面促进目录学成为独立的学科，一方面确立了四部分类法体系，为后世古籍整理提供重要线索。

05　《隋书 · 经籍志》校读 / 杜云虹著 . -- 济南：山东大学出版社，2019. -- 223 页；24cm

该书以中华书局出版的《隋书》为底本，参校宋刻本及元大德饶州路儒学刻明正德嘉靖递修本，对前人纠谬成果进行梳理，并通过《旧唐书 · 经籍志》《新唐书 · 艺文志》《宋史 · 艺文志》《崇文总目》《直斋书录解题》《郡斋读书志》等书目的校读，对《隋书 · 经籍志》出现的错误之处进行爬梳、整理，归纳出书名、著者、著作方式、卷数、序次等方面的错误，并逐一进行考辨。

论文

01　浅析入世后图书馆的用户信息需求和服务模式 / 杜云虹，张春华 // 工会论坛 . -- 2003，no.5，117–118 页

入世贸组织后，受经济大潮的冲击，文化艺术的发展方向将日益市场化、产业化，这种新的商业文化必然会导致人们在文化消费方面的转向，引起新的文化需求，从而也使图书馆用户的信息需求发生变化。文章阐述了入世后图书馆用户的信息需求特点，提出了入世后图书馆服务的用户中心模式，阐明了用户中心服务模式的多种方式。文章强调，加入 WTO 之后，图书馆用户的信息需求量呈现出商业化、社会化、一体化、精品化和集成化的特点，图书馆的服务模式要适应用户需求信息的新变化，向用户中心模式转化。

02　浅析地方文献数据库建设中的版权保护问题 / 杜云虹 // 图书馆管理与信息服务 / 王运堂主编 . -- 北京：北京图书馆出版社，2004. -- 250–255 页

建立地方文献数据库，开展特色信息服务，是图书馆服务意识和观念的根本转变，但是版权问题仍是卡在数字资源建设上的一个瓶颈。图书馆在进行地方文献数据库的建设过程中，应该强化自身意识，重视版权保护问题，一是对馆藏地方文献数字化涉及的版权问题，二是对地方文献数据库本身的版权保护问题，文章就如何解决这些问题展开讨论，提出可行办法。

03　春风化雨　润物无声——读罗尔刚先生《师门五年记·胡适琐记》/ 杜云虹 // 山东图书馆季刊 . -- 2005，no.3，103–105 页

罗尔纲先生《师门五年记·胡适琐记》以生动的笔触记载了其在胡适先生门下生活、治学的点滴收获。文章是作者的阅后感，从既开风气又为师、做人与治学的“苟且”与“不苟且”两个方面，叙述了胡适的人格魅力和治学态度。作为学者，胡适是大师；作为一个人，胡适感情细腻，善解人意。大师的人格不仅体现在“大”的方面，更体现在细致入微的地方，人格的力量就像春雨一样，“随风潜入夜，润物细无声”。同时，因为胡适一丝不苟、严谨治学的态度，影响了罗尔纲，使其成为一个一点不苟且的学生，成为一个真正具有考据精神的史学家。

04　浅析学习型图书馆与图书馆员的素质 / 杜云虹 // 图书馆信息资源建设与利用 / 王运堂主编 . -- 北京：中国文联出版社，2005. -- 132–135 页

2003 年 12 月 22 日我国正式启动“创建学习型组织，争做知识型职工”活动。文章论述了创建学习型图书馆的意义，详细分析了学习型图书馆对馆员知识结构、综合技能和团队精神的要求，并提出通过树立自主性终身学习的意识、建立完善的激励约束机制、鼓励个人学习发展等途径提高馆员素质。

05　《信息网络传播权保护条例（草案）》对图书馆网络信息服务的影响 / 杜云虹，陈瑛 // 山东图书馆季刊 . -- 2006，no.3，101–103 页

文章阐述了《信息网络传播权保护条例（草案）》从征求意见稿到定稿过程中，

关于版权法对图书馆的合理使用、法定许可等豁免权利的限制，指出这种限制必然影响到图书馆网络信息服务。作者分析了在此形势下，图书馆信息服务应从充分利用“合理使用”的权力豁免、充分利用社会公有信息、建立健全著作权集体管理制度、实行授权要约体制等诸多方面寻求出路。作者还详细阐述了《信息网络传播权保护条例（草案）》对图书馆传播网络信息的诸多限制，主要包括网络信息传播中“合理使用”范围的缩小、对图书馆馆藏数字化的限制、取消了针对图书馆的“法定许可”的权利豁免和对图书馆网络信息资源共享和馆际互借的限制等。

06　公共图书馆人才资源体系的构建 / 杜云虹 // 图书馆管理与自动化建设 / 王运堂主编 . -- 北京：中国文联出版社，2006. -- 440–444 页

建立以学科馆员为核心的多层次人才资源体系是公共图书馆由传统图书馆向数字图书馆转型时期人才发展工作的当务之急。文章阐述了建立以学科馆员为核心的多层次人才资源体系的必要性和人才资源体系构成的层次，提出从科学的人才培养体系和多样化的人才培养方式来构建以学科馆员为核心的多层次人才资源体系的方法。

07　传世珍宝奎虚藏　古雅幽香扑面来——山东省图书馆入选首批《国家珍贵古籍名录》宋元本古籍叙录 / 杜云虹 // 山东图书馆季刊 . -- 2008，no.4，39–41+44 页

2008 年 3 月 1 日，国务院批准颁布了首批《国家珍贵古籍名录》2392 种，山东省图书馆共有 38 部珍贵古籍入选，其中宋、元本古籍为八部：太学新增合璧联珠万卷菁华前集六十卷（宋李昭玘辑）后集八十卷（宋李似之辑）宋刻本；周易本义集成十二卷（元熊良辅撰）元刻本；周易经传集程朱解附录纂注十四卷朱子易图附录纂注一卷朱子启蒙五赞附录纂注一卷朱子筮仪附录纂注一卷（元董真卿撰）元刻本；广韵五卷（宋陈彭年等撰）元泰定二年（1325）圆沙书院刻本；后汉书九十卷（南朝宋范晔撰，唐李贤注）志三十卷（晋司马彪撰，梁刘昭注）元大德九年（1305）宁国路儒学刻明递修本；通志二百卷（宋郑樵撰）元大德三山郡庠刻元明递修本；注陆宣公奏议十五卷（唐陆贽撰，宋郎晔注）元至正十四年（1354）刘氏翠岩精舍刻本；楚辞集注八卷辩证二卷后语六卷（宋朱熹撰）元至正元年（1341）建安虞信亨宅刻本。文章为以上八部宋元古籍叙录。

08　屈万里七千里路护馆藏 / 杜云虹 // 齐鲁晚报 . -- 2009-05-07，第 B02 版面

1931 年末，由齐鲁大学国学研究所所长栾调甫推荐，屈万里来到山东省立图书馆任馆员，不久升为编藏部主任。文章记录了自1937年10月开始，为保护齐鲁故物，屈万里躬运馆藏善本书及古器物于曲阜，旋又与王献唐转运汉口而至四川万县，复又西徙乐山，载书播迁，写下了中国图书馆史上的一段佳话。

09 读王献唐先生家书有感 / 杜云虹 // 山东图书馆学刊 . -- 2009，no.3，56–58 页

作者有幸见到王献唐先生写给小儿子王文华的家书二十余封，读后不禁为其舐犊情深的拳拳之心所感动。文章逐录王献唐先生于1956—1959年写给四子文华的家书，通过这些家书向世人展现献唐先生作为父亲对儿子既慈爱又严厉的一面。

10 傅增湘致王献唐书札六通 / 杜云虹 // 文献 . -- 2010，no.3，162–170 页

傅增湘（1872—1949），四川省江安县人，字润沅，号沅叔，中国近代著名藏书家。山东省图书馆藏有傅增湘1933年至1936年间致王献唐书札六通九帧。时王献唐任山东省立图书馆馆长，为搜求文献充实馆藏而与济南旧书肆之书贾多有交往，故傅增湘委托其代购宋版《临安志》及明版《皇明经世文编》，并将自己从徐坊处购买宋版《周易正义》及付日本影印事及时告知王献唐，又祈馆内收藏其版印书籍，以解经济之困。书札不仅是二位先生交游之信证，亦体现了他们究心文献、力保中华文脉的精神，兹依墨迹逐录文字，并略加笺释。

11 山东省图书馆藏敦煌写经 / 杜云虹 // 敦煌研究 . -- 2012，no.5，73–74 页

文章介绍馆藏两卷敦煌写经，为《思益梵天所问经》卷三和《大方等大集经》卷三的基本情况，这两部经卷顾廷龙先生曾经眼。

12 鲁图藏安邱王筠著述书板刊刻考 / 杜云虹 // 天一阁文丛 . 第 11 辑 / 庄立臻主编 . -- 杭州：浙江古籍出版社，2013. -- 26–32 页

山东省图书馆藏有800余块书板，其中有清代说文大家安丘王筠的部分著述书板。王筠著述非一人、一时、一地所刊，王氏后人将其书板汇集后运回安丘，曾汇印为《王菉友九种》《菉友遗书五种》，所印共为王筠著述十种，即:《夏小正正义》《弟子职正音》《毛诗重言》《双声叠韵》《菉友肊说》《蛾术编》《禹贡正字》《正字略定本》《四书说略》《教童子法》。

13 **王筠著述书板入藏鲁图始末 / 杜云虹 // 藏书家 . 第 17 辑 / 宫晓卫主编 . -- 济南：齐鲁书社，2013. -- 173–175 页**

王筠（1784—1854），字贯山，号菉友，山东安丘人，清代研究《说文解字》的“说文四大家”之一。王筠著述颇丰，多以稿抄本传世，刊刻较少。所刊著述非一人一时一地所为，分为三类：亲力亲为、子孙刊刻、友朋门生所刻。王氏后人将书板运回安丘，这些书板民国年间流入书贾王宋廷之手，另有王彦侗所辑《六家奕谱》书板，共计 333 块。文章记录了 1947 年安丘王氏著述书板 333 块入藏山东省图书馆的经过。

14 **鲁图藏明洪武本楚国文宪公雪楼程先生文集谈概 / 杜云虹 // 藏书 . -- 2014，no.1，88–91 页**

程钜夫（1249—1318）号雪楼，又号远斋，建昌军（今江西南城）人，元朝名臣、文学家。文章详细介绍了程钜夫所撰《楚国文宪公雪楼程先生文集》成书过程、刊刻经过、山东省图书馆所藏明洪武本《楚国文宪公雪楼程先生文集》的递藏情况及入藏过程，对全面了解程钜夫有所裨益。

15 **李小缘、商承祚与王献唐往来事迹考 / 杜云虹 // 山东图书馆学刊：首届山左先贤与齐鲁典籍专辑 . -- 2014，13–18 页**

李小缘（1897—1959），江苏省南京市人，图书馆学家、目录学家。商承祚（1902—1991），字锡永，广东番禺人，古文字学家、考古学家、金石篆刻家、书法家。文章简要介绍了李小缘、商承祚、王献唐三人生平事迹。通过分析李小缘、商承祚、王献唐三位先生于 1940—1941 年的往来信札，对其往来事迹进行了考证，并由此反映出三位先生在抗战大后方诸多困难的情况下仍坚持整理国故、治学不辍的精神。文章为研究三位先生的生平与学术活动提供了参考。

16 **山东省图书馆藏清赵执信批校本《梅村集》的文献学价值 / 杜云虹 // 海岱学刊 . -- 2015，no.2，237–260 页**

山东省图书馆藏清康熙七年（1668）刻本《梅村集》，为清赵执信批校本，具有较高的文献学价值。这些批校是刻本的极好补充，集中体现了赵执信的诗学思想，还对吴伟业诗作的创作主旨、历史背景、涉及人物、地点、历史事件等详加考证。

17　稀见明万历二十八年刻本《余学士集》谈概 / 杜云虹 // 山东图书馆学刊 . -- 2015，no.4，88-91 页

淄博市图书馆所藏明万历二十八年刻本《余学士集》，系海内孤本。文章对该书作者及版本进行考证，介绍了余孟麟的生平和《余学士集》刊印经历，详细描述了淄博藏本的内容特征。

18　奎虚鲁壁翰墨缘——一则题跋背后的故事 / 杜云虹 // 藏书家 . 第 21 辑 / 眚亮主编 . -- 济南：齐鲁书社，2016. -- 182-185 页

牟庭（1759—1832），清代栖霞人，山东著名经学家。《雪泥书屋遗著》全书共四卷，原书并无总书名，1963 年登记入账时，负责整理登记的山东省图书馆前辈自拟书名为《雪泥书屋遗著》。全书由《陌人先生淮南子校正》（二卷）、《陌人先生韩诗外传校正》（一卷）、《毛诗韵聿》（一卷）组成。文章讲述了作者从事古籍工作的一些感悟，以及自己与古籍善本《雪泥书屋遗著》一书的缘起。

19　蓬莱慕湘藏书楼所藏明清小说戏曲概述 / 杜云虹 // 山东图书馆学刊 . -- 2017，no.4，27-31 页

慕湘（1916—1988），蓬莱人，中国人民解放军少将，藏书家。蓬莱慕湘藏书楼，是专为收藏慕湘将军藏书而建的藏书机构，其藏书多年来不为世人所知。2007 年“中华古籍保护计划”实施以来，通过古籍普查，慕湘藏书楼所藏珍善本古籍逐渐挖掘出来。文章对慕湘藏书中不为人知的小说戏曲珍本进行考证，为研究者提供文献参考。

20　《吕氏春秋》整理再出佳作——评《元刊吕氏春秋校订》/ 杜云虹 // 兰台世界 . -- 2017，no.10，119-121 页

“子海”，是“子书渊海”的简称，是对子部文献大规模的、全面的整理与研究。作为《子海精华编》的一部，《元刊吕氏春秋校订》考订翔实，校勘精当，特点鲜明。与众整理本不同，此书以存世最早的元至正六年（1346）嘉兴路儒学刻本为底本，选取最早底本，优势明显。整理者广泛吸取学界已有校勘成果，尤其是现当代人的成果，参校众家，集其所长，堪称佳作。

21　执古之道，以御今之有——从用典看习近平总书记执政为民理念 / 杜云虹，陶嘉今 // 山东图书馆学刊：2019 年山东省图书馆馆员论坛专刊 . -- 2019，1–5 页

习近平总书记在讲话及文章中多次强调执政为民，并引经据典，是“让书写在古籍里的文字活起来”的生动教科书。文章通过用典从为什么为民、什么是为民、怎样为民三个方面，谈习近平总书记的执政理念。

靳月庆

1976 年生，山东泰安人，1998 年 7 月至 2003 年在馆，助理馆员。

论文

01　公共图书馆报刊采访工作初探 / 靳月庆 // 书海泛舟——山东图书馆事业建设理论与实践 / 王运堂主编 . -- 海口：南海出版公司，2002. -- 466–471 页

报刊文献是图书馆文献信息资源的重要组成部分。文章从人员培训、确定采访原则、增加发行途径、实现联合采访、留意电子报刊出版等方面探讨公共图书馆报刊采访工作。

02　个人文集的主题标引

参见　胡兵论文 01

03　数字时代图书馆人力资源管理与开发

参见　胡兵论文 04

04　图书馆如何做好地方文献征集工作 / 靳月庆，刘新勇，徐伟 // 科技情报开发与经济 . -- 2006，no.10，1–3 页

随着计算机技术、网络技术和信息技术的飞速发展，文献资源的大量数字化以及信息数据的共享，地方文献也因其地域性而成为地方图书馆将来的“立馆”之本。如何更好地开发利用地方文献已是当前刻不容缓的任务，而要开发利用地方文献就必须重视地方文献的征集。文章阐述了地方文献征集的重要性，指出要做好地方文献的征集工作必须明确地方文献的征集目标、征集范围、征集途径与征集方法等内容。

李洪梅

女，1975年生，山东单县人，1998年7月入馆至今，副研究馆员。

论文

01 知识经济时代的信息开发与服务——从我馆组建信息开发中心谈起 / 李洪梅 // 书海泛舟——山东图书馆事业建设理论与实践 / 王运堂主编 . -- 海口：南海出版公司，2002. -- 376-381 页

文章以山东省图书馆2001年成立信息开发中心，开展信息服务为例，探讨了信息开发中心的组成模式、人才配备、信息开发中心信息服务的内容及信息用户的培训等方面的内容。

02 加入WTO新形势下的图书馆工作 / 李洪梅，孙绍俊 // 图书馆界 . -- 2003，no.1，20-22 页

随着我国成为WTO的正式成员，各行各业都受到了不同程度的影响和冲击。文章主要阐述了我国加入WTO对图书馆的影响及国家对文化事业的政策，从思想观念、理论坐标、基础工作、图书馆立法、积累人才和信息资源、图书馆公共服务私有化等六个方面提出了应对的措施。

03 网络时代的电子剪报服务

参见　孙绍俊论文02

04 小议网络文献作为引文 / 李洪梅，孙绍俊 // 图书馆建设 . -- 2003，no.4，121-123 页

当前，图书馆界面临新的文献引用问题。怎样才算是适当引用？怎么做才能不构成网络著作权侵权？在文献之后的关于网络参考文献的著录标准是什么？怎样才能标准地著录这些网络文献。文章围绕上述问题，提出网络文献成为引文存在的问题、网络引文的著录应采取的措施，强调应尽快对这一现象进行研究和规范。

05　图书馆人力资源的开发与管理 / 李洪梅 // 网络时代图书馆工作与研究 / 王运堂主编 . -- 海口：南海出版公司，2003. -- 421-425 页

文章论述了图书馆人力资源开发与管理的内涵和图书馆引入人力资源管理的必要性，提出了加强图书馆人力资源开发与管理的几点做法和图书馆在进行人力资源开发与管理时应遵循的思想。

06　浅议电子期刊环境下的图书馆期刊工作 / 李洪梅 // 图书馆管理与信息服务 / 王运堂主编 . -- 北京：北京图书馆出版社，2004. -- 657-661 页

信息技术的飞速发展和电子出版物的迅猛增长，改变了传统的以纸张为媒介的期刊信息传播方式，使图书馆期刊订购与管理、服务内容与方式都受到很大的影响。文章分析了电子期刊的特点，阐述了电子期刊的发展对图书馆期刊工作的影响，提出开展电子期刊工作的有效措施。

07　可持续发展在图书馆建筑设计中的体现 / 李洪梅，孙绍俊 // 图书馆管理与自动化建设 / 王运堂主编 . -- 北京：中国文联出版社，2006. -- 357-361 页

可持续发展的理念正在融入建筑设计中，而作为图书馆建筑设计引入可持续发展理念，则要体现以人为本的建筑理念。文章从图书馆建筑与环境的协调、建筑与功能的协调两个角度，阐述图书馆建筑的可持续发展问题。

08　图书馆伦理学概述 / 李洪梅 // 山东师范大学学报（人文社会科学版）：基础教育教学与研究 2. -- 2007，136-138 页

图书馆伦理的研究和建设逐渐受到重视，文章系统地论述了图书馆伦理学的内涵，构建图书馆伦理学的必要性以及图书馆伦理学建立的理论基础。

09　图书馆人才生态环境论 / 李洪梅 // 全国图书馆学情报学集成创新与发展学术研讨会论文集 / 中国图书馆学会《图书情报工作》杂志社编 . -- 2007，471-472 页

人才与环境的关系，犹如鱼与水、鸟与木的关系。图书馆要想有长足的发展就必须重视人才生态环境。文章在阐述了什么是人才生态环境及其核心内容的同时，重点分析了图书馆界的人才生态环境现状，提出了加强图书馆人才生态环境建设，促进图书馆人才资源发展的具体措施。

10 《渤海日报》述略 / 李洪梅 // 山东图书馆季刊 . -- 2008，no.4，45–46 页

山东省图书馆珍藏着 1944 至 1950 年间完整的《渤海日报》，这是本馆弥足珍贵的文献资料。文章阐述了《渤海日报》的创立、发展历程及其史料价值，指出作为解放区新闻事业的一个组成部分，《渤海日报》不仅完成了自身的历史使命，它还作为新中国新闻事业的骨干，为新中国的新闻事业铺设了一块稳固的基石。

11 数字图书馆异构资源统一检索研究 / 李洪梅 // 图书馆学刊 . -- 2013，v.35，no.2，49–53 页

文章认为如何解决数字图书馆异构数据库共享问题，如何整合已有资源，将来源不同、结构不同、用法不同的各种数据库纳入统一检索平台，提高用户检索效率，以便用户更方便地获取信息，已成为当今数字图书馆研究的热点和难点。作者重点对统一检索系统进行了需求分析与系统设计，详细介绍了利用 NET 开发工具对客户端用户界面、网络数据库描述、检索发送与响应、检索结果提取以及并行检索等功能模块的实现过程。

12 由馆藏期刊创刊号说开去 / 李洪梅 // 图书情报通讯 . -- 2013，no.2，51–53 页

通过对山东省图书馆馆藏期刊的创刊号这种特色资源进行整理、分析的同时，对创刊号的意义、常见的形式及价值做了论述，提出了图书馆在创刊号的收藏方面进一步完善的举措。

13 山东省图书馆藏民国期刊述略 / 李洪梅 // 山东图书馆学刊 . -- 2013，no.5，75–77+94 页

为了更好地保护、利用民国文献，山东省图书馆启动了“民国期刊书目数据数字化”工作，至 2012 年底馆藏民国期刊已全部完成书目数据数字化。经初步统计，共计 2460 余种，22000 余册（合订本）。文章以山东省图书馆藏民国期刊为对象，在介绍山东省图书馆藏民国期刊概况的基础上，重点从学科内容、版本特征、出版地域及山东地方特点四个方面对馆藏民国期刊进行了分析。

14 近代山东教会图书馆史略 / 李洪梅 // 图书馆研究 . -- 2019，no.5，32–38 页

教会图书馆是随着教会学校或文化机构的兴办而发展起来的，是教育的重要组成部分。文章阐述了山东教会图书馆创建、发展、终结的历史轨迹，探究了其特定的读者群体、丰富而有特色的藏书、图书馆本土化等独有特性，进一步分析了教会图书馆对中西方文化传播与交流、地方文献的搜集与保存、早期图书馆事业和当地人民思想启蒙等的促进作用。

15　专业图书馆之青岛观象图书馆述略（1930—1949）/ 李洪梅 // 山东图书馆学刊 . -- 2019，no.5，52-56 页

文章对青岛观象台的背景、科研、成就作了简要介绍，对观象图书馆的创设及发展历程、编目和书刊交流工作以及馆藏结构作了重点论述，指出青岛观象图书馆隶属青岛观象台，其创设、沿革、业务开展、藏书建设、专业性质等都与青岛观象台密不可分。由德国人设立的青岛观象台，其管理权几经变更，它是天文、海洋和气象等事业的发源地，也是中国气象学会的诞生地。作为隶属观象台的专业图书馆其组织管理、业务开展、藏书建设、书刊交流等都表现出了自身特性。它不仅保存了最完整最系统的本台观测资料，而且通过与 32 个国家和地区 50 多个单位的书刊资料交流，为科研提供了丰富的西文专业文献。

16　深化红色文化记忆与革命精神传承 / 李洪梅 // 山东图书馆学刊：2019 年山东省图书馆馆员论坛专刊 . -- 2019，14-16 页

文章认为从文化的边界范围来看，红色文化指以文化形态表现出来的，体现社会主义、共产主义方向和目标的文化形态，红色文化记忆则是其组成部分，是外显符号与内在意义的有机统一。习总书记曾指出："把红色资源利用好、把红色传统发扬好、把红色基因传承好。"文章重点论述了作为社会文化机构的图书馆在加深红色文化记忆方面应采取的措施，强调深化红色文化记忆，弘扬我党优良传统，就是传承革命精神。

17　馆藏民国地方文献整理出版实证研究——以山东省图书馆为例

参见　王玉梅论文 17

孙振东

1976 年生，山东蓬莱人，1998 年 7 月入馆至今，副研究馆员。

著作

01　山东省公共电子阅览室建设概览与拓展 / 孙振东著 . -- 沈阳：沈阳出版社，2019. -- 268 页；21cm

该书通过调查、统计和分析在现代公共文化服务体系环境下山东省各级公共电子阅览室的建设情况、取得成效、服务效能以及存在的问题，提出相应的发展对策。

论文

01　SAN 在图书馆应用的构想 / 孙振东 // 网络时代图书馆工作与研究 / 王运堂主编 . -- 海口：南海出版公司，2003. -- 540–543 页

文章认为随着数字图书馆工程的全面实施，全国资源共享工程的推动，图书馆数字资源大量增长，图书馆在存储方面面临很多问题，寻找一种轻便、快捷、安全的存储方案是当务之急。作者重点论述了 SAN 的实现模式及优点、山东省图书馆引进 SAN 的构想及必要性、引进 SAN 需注意的问题。

02　图书馆的消防对策 / 崔隽，孙振东，孙海东 // 山东图书馆季刊 . -- 2004，no.1，110–112 页

文章阐述了消防安全的重要性，认为图书馆物资集中、人员密集，火灾是图书馆的大敌，为了预防和减少图书馆火灾，《中华人民共和国消防法》将发生火灾后可能造成人身重大伤亡或者财产重大损失的单位列为公安消防机构的消防安全重点单位；山东省人大颁布的《山东省消防条例》（第 15 条第 3 项）更是将图书馆明确为消防安全重点保卫单位。文章重点分析了图书馆的火灾危险性，强调在图书馆建筑防火设计、日常消防安全管理上加强防范措施，提高图书馆的消防安全保障。

03　HP OpenView 网管软件在山东省图书馆的应用 / 孙振东，张岚 // 图书馆管理与信息服务 / 王运堂主编 . -- 北京：北京图书馆出版社，2004. -- 222–226 页

HP OpenView 是一套优秀的面向业务的企业级系统管理软件解决方案。文章描述了 HP OpenView 的功能特点，通过在山东省图书馆的应用实践，证明可以利用它保障山东省图书馆的业务正常运作，并满足业务不断发展的需要。

04　图书馆网络信息服务安全保障建设 / 孙振东，王春泉 // 图书馆管理与自动化建设 / 王运堂主编 . -- 北京：中国文联出版社，2006. -- 495–500 页

文章认为随着互联网技术的发展，网络信息资源服务已经成为图书馆服务工作中重要的组成部分，网络的通畅和数据安全是开展网络信息服务的基础和保障。作者重点阐述了网络信息系统安全保障建设的原则和内容，强调要真正保证系统高效的运行以及提高当灾难出现时的抵御与恢复能力，还必须做好数据的备份。

05　山东省文化信息资源共享工程服务体系的构成和发展

参见　李西宁论文 04

06　流媒体技术在山东省文化信息资源共享工程中的应用 / 孙振东 // 理论界 . -- 2009，no.12，81–82 页

文章在阐述流媒体相关概念的基础上，分析了流媒体技术应用于文化信息资源共享工程的优势，介绍了流媒体技术在山东省文化信息资源共享工程中的应用概况，包括视频点播和视频直播。

07　新型盲人数字化服务模式打造研究——以山东省图书馆“光明之家”视障人士服务品牌为例

参见　周玉山论文 13

08　图书馆“智慧化”发展研究 / 孙振东 // 数字化用户 . -- 2017，no.9，69–70 页

文章认为社会发展的日新月异，信息技术的变革发展，人们对精神文化的需求不断增长，公共图书馆为大众提供文化服务的基本功能永远不会改变。伴随着互联网信息技术的发展，图书馆的智慧化趋势已经成为今后图书馆改革发展的主流趋势。作者指出现阶段智慧图书馆处于起步的阶段，相关的理论实践研究较少。文章主要是围绕智慧图书馆的相关概念、特点功能，以及如何具体构建等方面展开论述。

09　山东省“光明之家”盲人数字图书馆建设与服务 / 孙振东 // 文理导航 . -- 2017，no.12，125–126 页

文章介绍了山东省“光明之家”盲人数字图书馆建设服务概况，指出山东省“光明之家”盲人数字图书馆是政府支持并主导实施的一项专门面向盲人视障群体的公益性的公共文化惠民项目，是一项针对社会残障弱势群体服务的民心工程、暖心工程。项目实施主要是在省福利彩票公益金的支持下，于 2013 年开始启动。经过 4 年多的建设，目前已经基本建立起盲人数字图书馆的技术平台和服务体系。由于项目服务对象的特殊性，由此带来了特殊的技术服务需求，在建设中探索，在探索中提高。该项目在技术应用、网络建设、服务推广等方面积累了一些成果和经验。

10　面向多源数据融合的贝叶斯估计方法 / 孙振东 // 齐鲁工业大学学报 . -- 2018，v.32，no.1，73–76 页

文章是山东省自然科学基金项目（ZR2014FQ021）成果之一。文章简要介绍了数据融合在多个领域的应用，阐明了数据融合是将来自于多个信息源的数据和信息加以关联、组合，找出更有价值的信息，以便于企业进行决策的处理过程。由于来自多个传感器的测量数据总是有一定程度的不确定性和不一致性，采用多传感器数据融合算法将多个节点的测量数据进行数据融合，利用数据的冗余度来减小这种不确定性，可得到高可靠性的数据信息。文章重点分析了利用贝叶斯估计算法对多源数据进行处理，论证了采用贝叶斯估计算法可以有效地对多源不确定性数据进行融合，并解决数据的不一致性。

11　总分馆体系下公共图书馆大数据应用平台建设研究 / 孙振东 // 图书馆工作与研究 . -- 2018，no.3，69–73 页

文章认为大数据时代，身处总分馆体系下的公共图书馆，应通过大数据应用平台科学合理地、全面地揭示中心馆（总馆）和分馆的运营数据，为读者提供优质的个性化服务项目，为图书馆管理层提供准确的程序化决策依据。文章重点论述了总分馆体系下公共图书馆大数据的特征，阐述了大数据应用平台构建策略，即按照核心系统确定、数据边界界定、数据采集清洗与整合、大数据应用平台搭建等步骤进行，最后以可视化方式通过大数据统一发布平台，将各项数据推送到图书馆各类信息终端上。

12　智慧图书馆功能探析

参见　孙慧云论文 09

辛镜之

曾用名辛显敏。1976 年生，山东梁山人，1998 年 7 月入馆至今，馆员。

著作

01　续学统

参见　王艳丽著作 01

02　景行录

参见　杜云虹著作 02

论文

01　数字时代图书馆的新转变——从信息服务到知识服务 / 辛显敏 // 图书馆管理与信息服务 / 王运堂主编 . -- 北京：北京图书馆出版社，2004. -- 376-381 页

知识服务成为 21 世纪图书馆发展的必然，文章在分析图书馆现有信息服务的局限性基础上，详细阐述了图书馆知识服务的四种基本模式：知识信息导航、知识信息咨询、专业化个性化服务和共建信息资源共享与知识服务体系。作者从构建知识服务技术平台、探索支持知识服务的组织管理机制、开发适应知识服务的人力资源、开拓知识服务市场等方面提出数字时代图书馆知识服务的应对策略。

02　山东省图书馆藏善本古籍叙录二则 / 辛镜之 // 山东图书馆学刊：首届山左先贤与齐鲁典籍专辑 . -- 2014，78-79 页

文章从山东省图书馆所藏入选《国家珍贵古籍名录》的善本古籍中选取二种，先对作者、成书概况、内容等作简要介绍，着重对版本源流、价值等进行考辨，对题跋进行解读分析，并对前人的一些错误进行了考证。

王力文

女，1964 年生，山东乳山人，1999 年 3 月入馆至今，副研究馆员。

论文

01 少儿图书馆提高小读者阅读情趣的若干思考 / 王力文 // 中国新技术新产品 . -- 2010，no.23，255–256 页

文章针对目前少儿读者的阅读现状，提出少儿图书馆在坚守阵地服务的同时，应通过阅读指导和多种多样的少儿读书活动，提高孩子的阅读兴趣和阅读质量，让孩子在学习习惯的养成阶段学会读书，热爱读书。

02 山东省少儿图书馆为特殊群体服务的探索与实践 / 王力文 // 山东图书馆学刊：2012 年“公共文化服务体系建设中的图书馆”专辑 . -- 2012，213–214 页

关注并服务于特殊少儿群体和残疾少儿群体，是实现公共服务均等化的要求，是社会文明进步和图书馆人文情怀的体现。文章以山东省少儿图书馆为例，结合近年来为特殊群体服务的实践探索，围绕立足公共资源均等化，完善服务方式，满足特殊群体的阅读需求，进行了探讨。

03 我国公共图书馆数字参考咨询服务比较及其创新性发展研究 / 王力文 // 牡丹江教育学院学报 . -- 2015，no.1，135–136 页

参考咨询服务是图书馆工作中的核心内容。随着现代数字技术的发展，数字化咨询参考服务也发生了飞跃式的发展。文章介绍了数字咨询服务经历的异步式、实时在线式和合作化三种模式，比较分析了我国数字参考咨询服务与国外服务的劣势，重点阐述了数字参考咨询服务的概念和特点以及数字参考咨询服务创新性发展的新思路。

04 中美公共图书馆少年儿童服务比较研究 / 王力文 // 中国校外教育 . -- 2015，no.1，690+768 页

文章对中美公共图书馆少年儿童服务的发展历史进行了比较研究，从少年儿童图书馆藏数量、服务设施布局、服务活动举办、服务人员专业性等四个方面分析了中美公共图书馆少年儿童服务差异。文中认为要缩短中美公共图书馆少年儿童服务差距措施，需要从制定相关规范制度、重视少年儿童服务的阶段性、加强基础设施建设、加强对儿童馆员的培训、加强与相关机构的合作等方面着手。中国的公共图书馆少年儿童服务还有很多不足之处，需要不断地进行完善改进。美国公共图书馆在少年儿童服务方面的许多经验值得我们借鉴学习。通过不同的角度进行比较，可以发现中国公共图书馆在的少年儿童服务方面藏书数量少、基础设施和相关制度不完善、服务人员的专业性不强，需要积极采取相应的改进措施，以帮助公共图书馆少年儿童服务事业更好地发展。

蔡小晶

女，1978 年生，山东济南人，1999 年 7 月入馆至今，馆员。

论文

01 谈谈少儿图书馆的读者活动 / 蔡小晶 // 山东图书馆季刊 . -- 2006，no.3，64–65 页

组织少儿活动是少儿图书馆读者服务工作的重要内容。文章介绍了山东省少年儿童图书馆开展的各种读者活动：开展主题读书活动、举办讲座报告会、为少儿读者提供社会实践机会、建立图书流动站、为特殊群体和弱势群体提供服务等。图书馆通过丰富的活动吸引少儿读者参与，提高少儿综合素质，开创读者服务新局面。

02 关于数字信息资源建设工作的几点思考——以山东民俗专题数据库为例 / 蔡小晶 // 山东图书馆学刊：2011 年“图书馆社会责任”专辑 . -- 2011，119–121 页

文章以“山东民俗专题数据库”为例，介绍了山东民俗的概况，阐述了建设山东民俗专题数据库的意义和建设原则，具体探讨了山东民俗专题数据库的建设方式和方法，以及数据库的宣传推广模式，对数字信息资源建设工作中的版权问题和人员专业素质要求进行思考，提出解决途径。

03 浅议公共图书馆数字资源长期保存策略和实施 / 蔡小晶 // 中文信息 . -- 2016，no.7，21–22 页

在大数据环境下，数字资源长期保存越来越受到国内外图书馆界的重视和关注。文章介绍了国内外数字资源长期保存发展的状况，结合公共图书馆数字资源建设和面临的困难，阐述了数字资源长期保存策略与实施情况。

李　超

1977 年生，山东莱西人，1999 年 7 月入馆至今，副研究馆员。

论文

01 **利用地方志史料价值为当地建设事业服务 / 李超 // 书海泛舟——山东图书馆事业建设理论与实践 / 王运堂主编 . -- 海口：南海出版公司，2002. -- 935–941 页**

地方志是图书馆馆藏文献中极富特色的重要组成部分，文章从提供决策情报依据、为经济建设服务、进行乡土教育和爱国主义教育、为科研服务等方面探讨地方史料在当地建设事业服务中的价值。

02 **现代图书馆引入以人为本管理的思考**

参见　王衍良论文 02

03 **区别收费：美国高校学费新走势 / 李超 // 上海教育 . -- 2003，no.19，59–60 页**

文章介绍了美国高校学费的基本情况及新走势，认为美国高校学费收取就像乘坐飞机的时候，乘客经常会遇到这样的情形：周围的乘客为此次旅程所付出的费用是互不相同的。向乘客出售不同折扣的机票使得航空公司的利润最大化。现在美国许多公立高等院校的行政管理人员和董事会也在考虑通过这种方法增加大学的财政收入。

04 **简述中国标准书号及其在中文采访工作中的作用 / 李超 // 网络时代图书馆工作与研究 / 王运堂主编 . -- 海口：南海出版公司，2003. -- 124–127 页**

中国标准书号既具有国际性，同时又兼顾了中国统一书号编制的历史情况。文章简要介绍了中国标准书号，并论述了中国标准书号在中文采访工作中的应用。

05 **结合本馆实际谈图书馆人才流动 / 李超 // 网络时代图书馆工作与研究 / 王运堂主编 . -- 海口：南海出版公司，2003. -- 635–637 页**

文章从收入、福利待遇、图书馆自身人事管理机制等方面分析了图书馆出现人才流失的原因，提出用改革和发展的观点来看待人才流动、积极创造适合人才发展的环境吸引和留住人才、用法律手段来掌控人才流动等措施，以使图书馆人才流动朝健康、正常的方向发展，有利于图书馆事业的发展。

06 **新形势下加强省级图书馆地方文献工作的思考**

参见　王玉梅论文 09

07　试论省级图书馆省情文献资源数据建设 / 李超，孙淑艺 // 图书馆管理与信息服务 / 王运堂主编 . -- 北京：北京图书馆出版社，2004. -- 268–271 页

文章界定了省情文献资源的概念，即记录和反映一省自然和社会发展过程中的文献，分析了省情文献资源的特点，阐述了开发省情文献资源数据库的必要性，并提出从统筹规划、立足新技术等三个方面加强省情文献资源数据库建设。

08　日本侵华战争对中国图书馆事业的摧残 / 李超 // 山东图书馆季刊 . -- 2005，no.2，12–15 页

文章根据翔实的历史资料和有关学者的著述，全面论述了日本帝国主义在侵华战争期间对我国图书馆和文化典籍进行疯狂劫掠和摧残的事实。

09　何思源与山东省立图书馆 / 李超 // 工会论坛 . -- 2007，no.5，179+29 页

何思源是山东教育文化史上影响深远的重要人物，文章记述了何思源在担任民国时期山东教育厅长期间，在经费、人才、藏书建设等诸多方面为山东省立图书馆的全面发展做出的巨大贡献。

10　新时代图书馆党建工作探析——以山东省图书馆为例 / 李超，朱冬梅 // 山东图书馆学刊：2019 年山东省图书馆馆员论坛专刊 . -- 2019，24–26 页

文章结合山东省图书馆党建工作的成效及特点，探讨了图书馆党建工作的意义，分析了党建工作面临的问题并提出对策和建议。

白兴勇

1978 年生，山东高唐人，1999 年 8 月入馆至今，副研究馆员。

著作

01　美国图书馆志愿者研究 / 白兴勇著 . -- 济南：山东大学出版社，2017. -- 234 页；24cm

本书在梳理关于美国图书馆志愿者研究成果的基础上，分析了美国图书馆志愿者发展的历史及社会环境，调查了美国图书馆志愿者的现实状况，对其工作和管理情况进行了分析和总结，并对其将来的发展做出了预测。

02　齐鲁阅读文化探析：以宋元为中心 / 白兴勇著 . -- 济南：山东大学出版社，2019. --195 页；24cm

山东古代阅读史由各时期的阅读文化组成。各时期的阅读文化又受其政治、经济、文化教育等社会环境因素影响而各有不同，主要表现为人们的阅读喜好、读书思想及读书方法异彩纷呈，体现出不同的阅读文化特色。如在作为孔孟之乡的山东，儒学经典在各朝代一直备受读书人重视；宋元时期山东道教对人们的读书方法产生了深刻的影响；明清时期山东通俗文学的盛行改变了人们的阅读倾向；等等。本书的研究内容上始先秦，下至明清，关注的是齐鲁地区的阅读文化，并以宋元时期为重点，包括齐鲁地区阅读的社会背景研究、文化背景研究、读书生活研究、读书思想研究、阅读传统等。其研究的意义在于通过研究各种外部因素对阅读文化的影响以及具体的个案分析，得出古代齐鲁人民的阅读活动情况及特点，时代变迁对阅读的影响，总结优良的阅读传统，开拓地方阅读史研究领域。

论文

01　浅谈绿色环保装修

参见　傅景收论文 01

02　图书馆网络资源建设 / 白兴勇 // 书海泛舟——山东图书馆事业建设理论与实践 / 王运堂主编 . -- 海口：南海出版公司，2002. -- 341-346 页

图书馆所提供的信息资源包括网络信息资源和非网络信息资源。文章介绍了网络信息资源的特点，阐述网络资源建设应遵循的共享性、层次性、特色性原则，通过建立与完善书目数据库、转化印刷型馆藏文献为网络资源、优化馆藏结构、开发利用网络资源建立虚拟馆藏等途径建设图书馆网络资源。

03　人本管理理论在图书馆的应用 / 白兴勇 // 网络时代图书馆工作与研究 / 王运堂主编 . -- 海口：南海出版公司，2003. -- 457-460 页

文章简单介绍了人本管理理论的含义及本质，分析运用人本管理理论进行图书馆管理的必要性，提出工作轮换和工作丰富化、建立全员激励创新机制、实行民主化管理等将人本管理理论应用于图书馆管理的具体措施。

04　试论图书馆的网络信息服务 / 白兴勇 // 图书馆管理与信息服务 / 王运堂主编．-- 北京：北京图书馆出版社，2004. -- 632–636 页

文章分析了图书馆开展信息服务的前提条件，从充分利用互联网开展网络信息服务、开展定题信息服务和专题信息服务、开展网上参考咨询服务、开展信息用户的教育与培训等方面详细论述网络信息服务的主要内容，并提出开展网络信息服务的注意事项：面向市场、精选数据库管理系统、增强实用性等。

05　浅谈文献信息资源的共建共享 / 白兴勇 // 图书馆信息资源建设与利用 / 王运堂主编．-- 北京：中国文联出版社，2005. -- 222–225 页

文章分析了文献信息资源共建共享中存在的问题，介绍了各类型图书馆的基本情况，提出通过树立大资源共享观、加强宏观调控搞好组织协调、充分发挥图书馆学会的影响力与协调作用、拓展文献信息资源共建共享的方式和内容、加强文献信息资源的特色化建设、加强数据库的规范化和标准化建设等途径实现文献信息资源共建共享。

06　图书馆业务流程重组探析 / 白兴勇 // 图书馆管理与自动化建设 / 王运堂主编．-- 北京：中国文联出版社，2006. -- 753–757 页

业务流程重组是指对现有业务流程进行分析、诊断，确定当前业务流程中存在的关键问题。文章分析了网络环境下图书馆发展过程中的问题，从转变管理理念、组织结构、工作流程、人员素质等四个方面详细阐述了图书馆业务流程重组的内容。

07　谈图书馆讲座品牌的兴建——以山东省图书馆讲座为例 / 白兴勇，于晓峰 // 农业图书情报学刊．-- 2007，no.8，126–128 页

山东省图书馆于 2006 年 3 月开始与《齐鲁晚报》联合举办公益讲座，2007 年其建立的品牌——大众讲坛的社会影响力逐渐增强。文章对山东省图书馆讲座的举办情况做总结，详细分析了大众讲坛在内容上以齐鲁传统文化和儒家文化为重点，在宣传方面注重与媒体结合和馆内宣传等，以期能给新建立或拟建立自己品牌讲座的图书馆一点启示。

08　浅议图书馆讲座的宣传——以山东省图书馆公益讲座为例 / 白兴勇 // 情报探索 . -- 2007，no.12，102–104 页

文章以山东省图书馆 2006 年 3 月开始举办的公益系列讲座——大众讲坛为例，详细论述了图书馆讲座的宣传内容、宣传渠道、宣传组织等，同时指出对图书馆讲座的宣传必然会加大对图书馆本身的宣传，对图书馆馆藏资源利用和提高社会影响力有很大帮助。

09　图书馆与城市文化建设

参见　李勇慧论文 12

10　图书馆与社会阅读 / 白兴勇 // 图书馆用户服务研究 / 赵炳武主编 . -- 济南：山东省地图出版社，2007. -- 489–493 页

文章简单介绍了我国的阅读现状，分析了影响国民阅读率的社会因素和心理因素，阐述了图书馆在国民阅读中的地位和作用，建议图书馆通过加强社区图书馆建设、创新读者服务方法、大力开展导读工作、加强儿童读者服务工作等举措推动全民阅读。

11　让名著走进生活——读《名著的阅读》/ 白兴勇 // 山东图书馆季刊 . -- 2008，no.1，89–90+97 页

本文是《名著的阅读》的书评。文中介绍近几年来王余光教授致力于阅读文化研究，先后出版了几部颇具影响力的著作，《名著的阅读》是其研究成果之一。文章认为《名著的阅读》面向普通大众，深入浅出，通俗易懂，易于引发人们的阅读兴趣，同时亦是阅读学研究的入门著作。

12　情绪工作与图书馆管理 / 白兴勇 // 农业图书情报学刊 . -- 2008，no.3，177–180 页

情绪工作研究是当前组织行为学研究的重点，强调的是员工在工作中对自身情绪的管理。文章将情绪工作的研究成果引入图书馆管理工作中，简单介绍了国内图书馆界对情绪问题的研究，对图书馆情绪工作的定义、特点、影响因素等情况进行了探讨，建议通过把情绪工作思想融入管理理念，明确图书馆情绪工作的内容，通过评估、激励、培训等方式影响馆员的情绪工作表现，通过带薪休假和提高发展机会使馆员放松等途径做好图书馆情绪工作。

13　李清照、辛弃疾阅读思想之比较研究 / 白兴勇 // 新世纪图书馆 . -- 2009，no.1，101–104 页

李清照、辛弃疾是宋文化中具有一定代表性的人物。文章采用读书生活及著述分析相结合的研究方法，详细论述了他们阅读思想的异同。李辛二人生活经历大不相同，故二人阅读思想有类似之处、又有诸多不同。两人均博览群书，且注重藏书。不同之处在于读书目的不同，李清照将读书看作生活必不可少的部分，辛弃疾则持学以致用的阅读思想。

14　手机阅读初探 / 白兴勇 // 山东图书馆学刊 . -- 2009，no.2，46–49+54 页

手机阅读是新兴的一种阅读形式，近年来发展迅速。文章介绍了手机阅读的主体、客体，阐述了手机阅读的便携性、片段性、主动性与个性化等特点，从阅读习惯和版权等方面分析了制约手机阅读的因素，以期引起图书馆工作者的关注。

15　齐鲁阅读文化史研究论纲——以宋元时期为例 / 白兴勇 // 图书馆理论与实践 . -- 2009，no.11，104–107 页

文章认为阅读文化是建立在一定的技术形态和物质形态基础上，受社会意识和环境制度制约而形成的阅读价值观念和阅读文化活动。阅读文化具有时代性和地域性的特点。作者强调宋元时期是中国阅读文化史上具有重大意义的由手抄传写转入雕版印刷的过渡时代，人们的阅读内容也发生了相应的变化。这一时期，齐鲁地区人才辈出，留下了堪称宏富的历史文献。这些文献史料为齐鲁阅读文化史研究提供了丰富的素材。文章指出齐鲁地区是我国古代文化发源地之一，其阅读文化史有重要的研究价值，提出齐鲁阅读文化史的主要研究内容包括政治背景、经济基础、相关文化要素、读书生活、阅读传统等。

16　晁公武读书思想探析 / 白兴勇 // 图书馆界 . -- 2010，no.2，26–29 页

读书思想包括读书目的、读书方法等多方面的内容。不同的人有不同的读书思想，但往往离不开其所处的历史时代背景，并通过日常读书生活及其著述表现出来。晁公武（1105—1180），字子止，济州钜野（今山东省菏泽市巨野县）人，南宋著名目录学家、藏书家，一生与书为伴，涉猎广泛。文章介绍了晁公武的读书生活、读书目的，从阅读面的广博、图书的源流考证、与著述结合、图书内容的考证辨伪、家庭藏书量等方面分析其读书方法，以探析其读书思想。

17　公共图书馆群体化服务模式概述 / 白兴勇 // 山东图书馆学刊 . -- 2010，no.6，54–58 页

文章介绍了图书馆群体化发展模式的组成及四种类型，认为图书馆群体化发展模式主要由图书馆群体化服务模式、资源模式、管理模式组成，在强调用户为中心、服务为先导的现代图书馆理念指导下，服务模式占主导地位，资源模式和管理模式都围绕服务模式设计。随着用户群体化趋势越来越明显，公共图书馆的服务模式也有了一些新的变化。根据服务的理念、效果及采用的技术不同，公共图书馆的群体化服务模式可大体分为传统模式、Lib1.0 模式、Lib2.0 模式、Lib3.0 模式四种类型。作者重点围绕公共图书馆群体化服务的基础条件、群体化服务的历史发展以及现阶段公共图书馆的群体化服务模式展开论述。

18　略论明代山东的阅读文化 / 白兴勇 // 中国图书馆学会年会论文集：2010 年卷 / 中国图书馆学会编 . -- 北京：国家图书馆出版社，2010. -- 466–473 页

明代山东人民的阅读活动既是当时政治、经济、文化诸方面的反映，又受其制约，人们的阅读能力和阅读倾向反映了社会文化水平和文化思潮。文章通过研究这一时期阅读文化，反映当时社会的总体状况，特别是社会文化的发展趋势。同时强调，阅读文化的研究涉及藏书史、出版史、经济史等多个领域，借此可以将相关领域串联起来，并揭示其相互关系和影响。

19　清代山东阅读文化述略 / 白兴勇 // 图书馆杂志 . -- 2011，no.10，105–107 页

文章认为清代是中国阅读文化史上的兴盛时期，这一时期的山东虽不如江、浙等地文化繁荣，但也人才济济，留下了丰富的阅读文化史资料。作者重点从政治背景、经济基础、相关文化要素、读书生活四方面对这一时期的山东阅读文化发展历史予以论述。

20　Lib 2.0 群体化服务模式研究 / 白兴勇 // 中国图书馆学会年会论文集：2011 年卷 / 中国图书馆学会编 . -- 北京：国家图书馆出版社，2011. -- 111–115 页

文章对 Lib 2.0 群体化的服务模式进行了分析研究，认为各类型图书馆都有自己的重点服务群体，群体化特征一直隐含于图书馆的发展过程中，指出近年来，图书馆根据用户的信息需求，将用户群体划分得更加细致、精确，并依赖新兴的信息技术，使群体化服务模式逐渐发展并引起了人们的关注。

21　希腊的文化遗产保护 / 白兴勇 // 山东图书馆学刊 . -- 2013，no.2，59-61 页

希腊具有悠久的文化历史，是西方文明的发源地，关于希腊文化遗产的保护一直是希腊文化政策的重点。文章阐述了希腊文化遗产保护特点以及现代技术在文化遗产保护领域的应用。

22　关于公共图书馆读者到馆距离与到馆率关系的调查 / 白兴勇 // 山东图书馆学刊 . -- 2013，no.3，46-50 页

文章通过对山东省公共图书馆，包括省级馆、地市级馆、县级馆等大规模的问卷调查，对影响读者到馆率的因素进行统计分析。其中到馆距离是最重要的客观因素，但在各级图书馆中，到馆距离所起的作用有所区别。对其进行分析研究，有利于提高公共图书馆的读者到馆率。

23　关于图书馆为用户群体服务的理论分析 / 白兴勇 // 图书馆 . -- 2013，no.6，38-40 页

图书馆为用户群体服务是图书馆服务的重要内容，其表现形式为人熟知，如为农民工群体服务、为弱势群体服务等。但是对用户群体服务的理论研究尚不多见。文章对用户群体服务的概念进行解析，认为构建图书馆用户群体服务的理论体系可以以图书馆学理论为核心，以心理学等其他学科理论为补充。

24　关于图书馆志愿者的理论分析 / 白兴勇 // 图书馆杂志 . -- 2015，no.2，37-42 页

志愿者活动在图书馆界日益兴起，其理论研究的重要性也逐渐凸显，但有关图书馆志愿者的理论研究并不系统。文章以学科为视角，认为图书馆志愿者理论体系可以以图书馆学理论为基础，以社会学、管理学、心理学、经济学等相关理论为补充进行构建。

25　美国图书馆志愿者研究述略 / 白兴勇 // 图书馆 . -- 2015，no.5，46-52 页

图书馆志愿者是目前图书馆学研究的热点之一，美国图书馆志愿者活动开展历史悠久，具有较丰富的实践经验和研究成果，值得我国借鉴和学习。美国图书馆志愿者研究主题可大致分为志愿者动机、性别、利弊、管理、青少年志愿者及发展趋势等。在此背景下，作者对美国图书馆志愿者的研究成果从著作、学位论文和期刊论文等方面进行了综合研究。

26 美国“婴儿潮”图书馆志愿者探析 / 白兴勇 // 高校图书馆工作 . -- 2016，v.36，no.6，28–32 页

文章认为对于美国文化传统而言，提倡自由、奉献、牺牲精神一直是其主旋律，志愿活动始终贯穿于美国图书馆历史，并将影响其未来的发展趋势。作者指出美国图书馆志愿者的发展在新的社会环境下有了新的变化：“婴儿潮”志愿者逐渐兴起。美国老年志愿者曾在图书馆中从事巡架、参考咨询、辅导家庭作业等工作，“婴儿潮”志愿者会更多地参与学校图书馆的志愿活动。文章重点分析了“婴儿潮”图书馆志愿者概况、志愿者工作内容以及“婴儿潮”图书馆志愿者发展趋势。

27 浅论周密的读书之道

参见　尹群论文 13

28 美国公共图书馆志愿者现状调查与分析 / 白兴勇，张晓梅 // 图书馆理论与实践 . -- 2017，no.1，85–90 页

对美国公共图书馆志愿者进行调查既有利于相关研究的深入，又能给国内类似活动以启发。文章采用了整群抽样与分层抽样相结合的方法，通过网络渠道调研了美国 232 所公共图书馆的志愿者情况并进行了统计分析。

29 美国图书馆志愿者项目管理探究——以伊利诺伊州图书馆知识素养项目为例 / 白兴勇 // 图书馆 . -- 2017，no.1，72–78 页

美国图书馆志愿者活动丰富多彩，各类志愿项目层出不穷，对其管理的研究一直是美国图书馆界的重点。伊利诺伊州图书馆知识素养项目历史悠久、成果突出。文章对其起源、运作、成效等情况进行探究，有助于理解美国图书馆志愿者项目管理的精髓，对我国图书馆志愿者的管理工作亦有一定的启发意义。

30 试析美国图书馆志愿者的历史分期 / 白兴勇，周余姣 // 国家图书馆学刊 . -- 2017，v.26，no.4，100–107 页

美国图书馆志愿者随着美国图书馆的产生而出现，距今已有近四百年历史。文章参照美国志愿者和图书馆的发展轨迹，并根据美国图书馆志愿者的发展特点，将美国图书馆志愿者的发展历程分为雏形、发展、成熟及现代化管理四个时期，以利于后期的深入研究。

31 美国虚拟图书馆志愿者探析 / 白兴勇 // 图书馆理论与实践 . -- 2017，no.10，1-4 页

虚拟图书馆志愿者是一种新型的图书馆志愿者，目前在美国图书馆开展的活动较多。虚拟图书馆志愿者发展迅速，如何对其进行有效管理逐渐成为业界关注的重点。文章对此类志愿者进行归纳分析，从理论及实践层面对其具体的定义、分类、管理及发展趋势进行了综述，以供国内图书馆进行类似工作时参考。

32 美国伊利诺伊州图书馆法律制度解析 / 白兴勇 // 图书馆 . -- 2018，no.11，9-16 页

美国伊利诺伊州图书馆法历史悠久、体系科学、内容完善，在美国图书馆法中占据重要地位，同时也是伊利诺伊州图书馆事业发展的保障。文章介绍了《州图书馆法》《伊利诺伊州地方图书馆法》《伊利诺伊州图书馆系统法》《服务公众 3.0：伊利诺伊州公共图书馆标准》构成了图书馆法律体系的主体。这些法案或标准具体详细，可操作性强，不断修订，与时俱进，值得国内图书馆界借鉴学习。

33 近十年山东省图书馆职工发表论文统计分析

参见　胡兵论文 14

陈玉强

1978 年生，山东昌邑人，1999 年 8 月入馆至今，副研究馆员。

论文

01 图书馆物业管理的人才综合素质和人才资源战略 / 陈玉强，蔡世强 // 后勤保障与图书馆发展学术研讨会论文集 / 上海市图书馆学会，上海图书馆上海科学技术情报研究所编，2002. -- 114-117 页

文章阐述了我国现在图书馆物业管理人才匮乏的现状，强调实施人才资源战略、加强教育培训、造就新型的图书馆物业管理专门人才的迫切性，同时指出了培养物业管理人才综合素质的举措。

02 **关于图书馆在我国加入 WTO 后的影响和发展战略 / 陈玉强，徐剑 // 图书馆管理与信息服务 / 王运堂主编 . -- 北京：北京图书馆出版社，2004. -- 31–36 页**

文章分析了加入 WTO 后我国图书馆事业面临的地域、市场、需求、信息等环境变化，对加入 WTO 后对我国图书馆事业带来的消极和积极影响进行比较分析，提出 WTO 环境下中国图书馆事业的发展对策。

03 **浅议自助图书馆建设 / 陈玉强 // 科技情报开发与经济 . -- 2014，v.24，no.15，11–13 页**

文章通过对自助图书馆技术的分析，结合山东省图书馆自助图书馆建设历程，分析了自助图书馆项目建设的条件以及项目建设的准备，提出了自助图书馆建成后的日常运营与维护方案。

04 **RFID 技术在图书馆的推行与发展——以山东省图书馆为例 / 陈玉强 // 山东图书馆学刊：2014 年"服务均等化 · 图书馆变革与创新"专辑 . -- 2014，155–157 页**

文章以山东省图书馆 RFID 系统改造为例，分析了 RFID 技术的特点，对比高频及超高频两种 RFID 的特点，通过试点实施，找出全面推行存在的困难，并提出对策及方案。

05 **图书馆实施 RFID 技术探析 / 陈玉强 // 数字资源揭示：海量数据环境下图书馆资源发现之路学术研讨会论文集 /《数字资源揭示：海量数据环境下图书馆资源发现之路学术研讨会论文集》编委会编 . -- 北京：国家图书馆出版社，2015. -- 39–43 页**

文章通过对山东省图书馆 RFID 技术实施的条件、过程、实施后的情况以及高频和超高频技术的分析，为国内其他图书馆实施 RFID 技术做了有益的探索。作者建议国内图书馆尽量采取先建设试点，并优先向流通量大的部门倾斜的方案，提高单位成本的使用效率，强调在高频和超高频的选择方面，各个图书馆应根据自己馆的情况取舍。随着 RFID 技术的不断成熟，以及相应国家标准的制定发布，RFID 技术实施单位成本的下降，RFID 技术必将深入每个图书馆，给每位读者带来更好的阅读体验，同时不断提高各个图书馆的工作效率。

吕俊平

女，1976年生，山东临朐人，1999年8月入馆至今，馆员。

论文

01 **论网络环境下图书馆的业务工作 / 吕俊平 // 书海泛舟——山东图书馆事业建设理论与实践 / 王运堂主编 . -- 海口：南海出版公司，2002. -- 452-459页**

网络环境下信息传递方式的变化对图书馆的工作体系产生影响，文章介绍了网络环境下图书馆的特征，并围绕图书馆的编目工作和服务工作这两个重要业务环节的变化进行论述。

02 **加强继续教育工作　全面提高馆员素质**

参见　王玉梅论文06

03 **古今图书定价浅谈 / 吕俊平 // 图书馆管理与信息服务 / 王运堂主编 . -- 北京：北京图书馆出版社，2004. -- 677-681页**

书价是纸质出版物价值的货币表现形式，文章介绍了古代图书定价的特点及影响因素，分析了当今图书定价偏高的原因，建议通过图书的分地区定价、图书的分类别定价、优化资源配置等措施降低图书定价。

04 **谈谈采访与编目的关系 / 吕俊平 // 信息资源建设中的图书馆采访工作：第二届全国图书采访工作研讨会论文集 / 国家图书馆图书采选编目部编 . -- 北京：北京图书馆出版社，2007. -- 353-355页**

采编工作作为图书馆的基础业务，在图书馆的业务工作中占有重要的地位，采访与编目之间密不可分。文章围绕采编共用数据库、采访对编目的影响及编目数据为采访所利用等方面进行分析，阐述了采访与编目工作的区别与联系，并对采编人员素质提出了新的要求。

05 **利用宏处理ISBN号实现图书数据批查重**

参见　王文刚论文09

06 **“女性阅读”与公共图书馆的阅读推广 / 吕俊平 // 山东图书馆学刊：2012 年“公共文化服务体系建设中的图书馆”专辑 . -- 2012，286-287 页**

文章认为全民阅读大环境下，公共图书馆更应该重视女性读者，关注女性阅读。作者指出女性阅读直接影响到儿童阅读，公共图书馆的阅读推广应专门策划面向女性阅读的活动，通过开展各种阅读活动，吸引更多的女性读者走进图书馆，充分利用图书馆。

07 **社区图书馆如何做好绘本阅读工作 / 吕俊平 // 全国中小型公共图书馆联合会 2014 年研讨会论文集 / 全国中小型公共图书馆联合会，中国知网中国知识资源总库编委会，全国中小型公共图书馆联合会编 . -- 北京：中国民族摄影出版社，2014. -- 357-359 页**

文章论述了绘本阅读在儿童阅读兴趣和阅读习惯的培养中的重要意义，指出社区图书馆作为孩子身边的图书馆，应该从资源配置、家长培训、活动策划组织等方面，吸引家长和孩子的积极参与。

08 **图书馆的家庭阅读服务 / 吕俊平 // 山东图书馆学刊：2014 年“服务均等化 · 图书馆变革与创新”专辑 . -- 2014，236-238 页**

文章认为培养孩子的阅读兴趣，是家庭教育成功的重要标志之一。作者强调公共图书馆要想做好儿童阅读工作，重视家庭阅读服务，充分利用资源优势，采取多种方式，推广家庭阅读，引导家长转变观念，发挥家长在儿童阅读中的主导作用。

09 **图书评奖对大众阅读的促进——以奎虚图书奖为例 / 吕俊平 / 山东图书馆学刊 . -- 2018，no.3，70-74 页**

阅读推广是图书馆读者服务的核心任务。文章介绍了山东省图书馆设立“奎虚图书奖”的创设及评奖情况，指出以图书评奖活动搭建“奎虚图书奖”在作者、出版社、图书馆、读者之间交流的平台，是经典阅读推广的有效方式。文章统计奖项设立前后四年的借阅数据并加以分析，证明奎虚图书奖在引导大众阅读导向、促进大众阅读方面有良好的效果。

10 **公共图书馆未成年人阅读推广中的家长指导 / 吕俊平 // 中文信息 . -- 2018，no.4，62-63 页**

文章认为未成年人阅读是全民阅读的起点，未成年人阅读的特殊性决定了在阅读过程中需要家长的积极参与。作者强调作为未成年人阅读推广的主阵地之一，公共图书馆应该从阅读大环境营造、文献资源信息推荐、举办讲座、组织活动等多方面，为家长提供各种指导。

11 公共图书馆服务之普遍均等原则的探索与实践——以山东省图书馆为例 / 吕俊平 // 人文天下 . -- 2018，no.7，54-58 页

普遍均等是党和政府对公共服务提出的指导思想，文章总结论述山东省图书馆多年来在践行公共文化服务普遍均等原则上的有益尝试：探索从利用经典名著引导未成年人阅读，以知识为力量援手“失足”、劳教这一特殊群体，以细致周到的服务关爱老年群体，实体文献和数字化服务满足进城务工人员及农村人口文化需求等方面，全面落实均等化服务的原则。

12 图书馆编制“改革开放 40 周年专题书目”之我见 / 吕俊平 // 山东图书馆学刊：2019 年“变革创新 开放融通——法治背景下图书馆发展新路”专辑 . -- 2019，305-307 页

专题书目是图书馆开展阅读推广服务的重要方式之一，纪念改革开放 40 周年是 2018 年的重要主题，文章从新版图书的采选、社会各界现成评选书目的选择、馆藏相关文献的揭示三个方面，对 40 年改革开放成果和经验做多主题多角度的呈现。

13 图书借阅分析及采访人员应对策略研究——以山东省图书馆 2008—2017 年中文图书 I 大类为例 / 吕俊平 // 山东图书馆学刊：2018 年山东省图书馆馆员论坛专刊 . -- 2019，77-81 页

文章以山东省图书馆 2008—2017 年十年间中文图书 I 大类借阅数据为例，围绕武侠小说、热点小说、获奖图书、四大名著、影视同名作品、外国名著以及地方版上榜图书、上榜图书所在出版社分布等进行分析，了解掌握读者借阅重点和热点，并在此基础上提出了文献资源采访策略，尽量做到在符合馆藏要求的前提下，最大限度地满足读者的阅读需求。

14 中文图书采访数据中的主题出版重点出版物 / 吕俊平 // 山东图书馆学刊：2019 年山东省图书馆馆员论坛专刊 . -- 2019，59-62 页

自 2003 年国家新闻出版总署启动主题出版工程以来，主题出版经历十六年的发展，越来越受到的各界的重视。“十三五”以来，围绕党和国家的工作大局，各出版社陆续推出一系列主题出版图书，文章通过2016—2019年的图书数据分析“十三五”以来主题出版重点出版物的特点和内容，思考全民阅读环境下图书馆如何更好地利用这类图书，弘扬时代主旋律。

王玲环

女，1976年生，山东即墨人，1999年8月入馆至今，馆员。

论文

01 论图书馆用户信息行为 / 王玲环 // 书海泛舟——山东图书馆事业建设理论与实践 / 王运堂主编 . -- 海口：南海出版公司，2002. -- 217-222页

文章分析了图书馆研究用户信息行为的原因，探讨用户信息行为的理论基础，提出通过定位信息市场、建立竞争及人才评价机制、健全收费机制等措施加强图书馆用户信息行为研究。

02 网络环境下图书馆信息服务发展的对策 / 刘泉凤，王玲环 // 杭州科技 . -- 2003，no.3，40-41页

文章认为进入21世纪，随着现代信息技术的创新发展，特别是网络的普及，读者即信息用户对信息服务的期望值及质量要求都比以往大大提高，强调图书馆在网络环境下的信息服务不能停留在传统的水平上，并提出基于网络咨询服务的新路子：以用户需求为中心，以信息技术为桥梁，以信息人员为主导，提供全程性、全方位的信息服务。

03 如何提高现代化图书馆的服务质量 / 王玲环 // 网络时代图书馆工作与研究 / 王运堂主编 . -- 海口：南海出版公司，2003. -- 259-262页

“全心全意为读者服务”是图书馆的宗旨，如何提高服务质量是永不过时的课题。现代化的图书馆更需要不断提高服务质量，以体现图书馆的存在价值和意义，实现办馆效益。文章从丰富馆藏资源、广泛吸引读者，加强服务管理、促进服务创新，强化内部管理、发挥人才优势三个方面详细论述如何提高服务质量。

04　公共图书馆服务创新的实践与思考——以山东省图书馆为例 / 王玲环 // 山东图书馆学刊：2019 年“变革创新　开放融通——法治背景下图书馆发展新路”专辑 . -- 2019，52–54 页

移动互联网时代，图书馆用户阅读习惯发生重大变化，公共图书馆应在服务模式上不断创新才能适应时代发展的要求。文章通过介绍山东省图书馆的创新服务实践，提出对公共图书馆创新服务的思考，强调公共图书馆可通过健全服务创新机制、优化空间布局、开发特色资源等来实现图书馆的服务创新。

吴金敦

1975 年生，山东高唐人，1999 年 8 月入馆至今，副研究馆员。

著作

01　像名人那样读书 / 吴金敦，刘新勇编著 . -- 济南：山东画报出版社，2013. -- 337 页；24cm

本书精选近代以来如蔡元培、梁启超、胡适等国学大师，鲁迅、茅盾、老舍等文学巨匠，陶行知、叶圣陶、夏丏尊等教育家，茅以升、严济慈等科学家关于读书治学的精彩论述，总计三十八篇。

论文

01　浅谈图书馆管理中的岗位轮换 / 吴金敦 // 山东图书馆季刊 . -- 2003，no.4，66–67 页

所谓图书馆员岗位轮换，是图书馆各业务部门不同岗位上具备一定条件的工作人员，由馆领导统筹安排，在相对稳定的条件下，均有机会在各个不同岗位做一定时期的轮换。文章阐述了图书馆实施岗位轮换的作用、原则以及实施岗位轮换的方法。

02　人本管理在图书馆管理中的应用概述 / 吴金敦 // 网络时代图书馆工作与研究 / 王运堂主编 . -- 海口：南海出版公司，2003. -- 461–464 页

人本管理的本质在于激励人的积极性，发挥人的创造性，引导人们去实现预定的目标。图书馆事业要发展，必须依靠图书馆人，充分调动人的积极性是图书馆管理工作的重要内容。文章简要介绍了图书馆实行人本管理的意义，论述了人本管理在图书馆管理中的运用和实施：在充分认知馆员的基础上，注意建立良好的人员结构，重视人才的培养、管理的制度化和规范化，运用激励机制等。

03 图书馆员继续教育探析 / 吴金敦 // 图书馆管理与信息服务 / 王运堂主编 . -- 北京：北京图书馆出版社，2004. -- 440–443 页

知识经济的发展为图书馆事业发展带来了机遇和挑战，文章简要介绍了图书馆员实施继续教育的必要性，从职业道德和身心素质的培养、图书情报知识和相关学科知识的补充和更新、现代信息技术教育和外语教育的学习、市场开拓能力和社交能力的培养等方面详细论述了图书馆员实施继续教育的具体内容，并提出通过鼓励馆员在职学习、加强内外部交流、承担课题研究、鼓励和引导岗位成才等途径实施图书馆员继续教育。

04 祁承㸁目录学思想探析 / 吴金敦 // 四川图书馆学报 . -- 2008，no.6，65–67 页

祁承㸁（1563—1628），字尔光，号夷度，浙江绍兴人，是我国明代杰出的图书目录学家。其在《庚申整书略例四则》中提出了因、益、通、互的图书分类和著录原则，并在其《澹生堂书目》中加以运用。祁氏的目录学思想对后世有较大影响。文章分析了祁承㸁的分类、著录原则，论述了其在理论及实践等方面的成就及对后世的影响。

05 田士懿金石学著述考略 / 吴金敦 // 山东图书馆学刊 .-- 2014，no.5，87–90 页

田士懿（1870—1929），字德忱，号稚庵，山东高唐人，金石学家，清末民初人。田士懿殚心于金石目录之学，是山东金石学研究的重要人物。文章对田士懿的金石学著述进行了粗略考证，认为其金石学著述多种，虽传印者不多，流布不广，却是金石学研究的重要参考资料。

06 公共图书馆理事会制度刍议 / 吴金敦 // 山东图书馆学刊：2014 年“服务均等化 · 图书馆变革与创新”专辑 . -- 2014，282–284 页

党的十八届三中全会明确提出，要推动公共图书馆等机构组建理事会，文章认为，这表明在公共图书馆实行理事会制度，推行法人治理结构已经提上日程。在图书馆内实行理事会制度已在我国提倡了多年，且也有部分省市在几年前开始试行，取得了一定经验。但图书馆理事会制度如何运作，有什么样的职能，还存在什么问题，需要进一步的探讨。文章重点介绍了国外图书馆理事会制度的成功经验，通过分析国内图书馆理事会制度面临的问题，对图书馆理事会运作机制和职责做了具体论述。

07 “图书馆 + 书院”与未成年人经典阅读组织推广探析 / 吴金敦 // 山东图书馆学刊：2018 年“新时代图书馆的建设与发展”专辑 . -- 2018，148-150 页

文章阐述了“图书馆 + 书院”服务模式在传统文化的继承与弘扬中发挥的重要作用，强调应将未成年人作为传统文化普及与教育的重点服务对象，而依托“图书馆 + 书院”，开展面向未成年人的经典阅读推广，是引导未成年人教育关注并热爱传统文化的有效方式。文章重点介绍了“图书馆 + 书院”在传统经典阅读方面创设的主要活动项目和经典课程，对未成年人的传统经典的阅读推广进行研究和探讨。

08 公共图书馆如何把好意识形态关 / 吴金敦 // 山东图书馆学刊：2019 年山东省图书馆馆员论坛专刊 . -- 2019，6-7+26 页

坚守好意识形态阵地，是坚持中国特色社会主义制度的必然要求。公共图书馆作为公共文化服务的重要窗口，在引领社会思想和人民群众观念方面发挥着重要作用，如何把好意识形态关，是图书馆需要长期重视的一项工作。文章从意识形态应把好的关口、加强意识形态管控措施等方面，论述了图书馆做好意识形态工作的方法和途径。

09 公共图书馆文化创意产品开发问题探析 / 吴金敦 // 山东图书馆学刊：2019 年“变革创新　开放融通——法治背景下图书馆发展新路”专辑 . -- 2019，124-126 页

文章介绍了公共图书馆文化创意产品开发的社会背景：2006 年国务院办公厅转发文化部、国家发展改革委员会、财政部、国家文物局《关于推动文化文物单位文化创品开发的若干意见》，文件下发后，在博物馆、美术馆、图书馆界很大程度上推动了文化创意产品的开发工作，尤其在博物馆和美术馆界的成绩尤为明显。相比较之下，在图书馆界，文化创意产品的开发及运营总体上仍处于探索和试探阶段，在具体工作方面存在着诸多问题和困难。作者重点分析了公共图书馆在文化创意产品的开发及运营方面存在的问题，并提出建议。

于晓燕

女，1977 年生，山东昌邑人，1999 年 8 月入馆至今，馆员。

01　Emule 在图书馆共享工程建设中的应用

参见　冯大庆论文 03

02　浅谈图书馆 2.0 与公共图书馆电子阅览室服务 / 于晓燕 // 中国新技术新产品 . -- 2010，no.6，253 页

图书馆 2.0 作为一种新型的图书馆服务理念，是图书馆界在信息时代的一次自我适应与转型的尝试，图书馆 2.0 对于图书馆的服务提出了新的要求。公共图书馆的电子阅览室有其特殊性。互联网服务模式与信息技术的每一次变革都会对其产生直接的影响，对电子阅览室馆员的素质都会提出新的要求。文章主要讨论的是图书馆 2.0 大环境下公共图书馆电子阅览室服务的转型与变化，提出为适应阅览室 2.0 的服务要求，馆员应当具备的素质。

王文刚

1977 年生，湖北仙桃人，1999 年 9 月入馆至今，副研究馆员。

论文

01　网络环境下我馆文献资源建设初探

参见　王玉梅论文 03

02　试论网络环境我馆书目数据库的构建 / 王文刚 // 书海泛舟——山东图书馆事业建设理论与实践 / 王运堂主编 . -- 海口：南海出版公司，2002. -- 678–684 页

山东省图书馆书目数据库的建设采用套录和自建两种方式。文章介绍了山东省图书馆书目数据库的现状，分析了书目数据库构建的网络模式，阐述了书目数据库构建的原则和发展方向。

03　**山东省图书馆中文图书采访工作探析 / 王文刚 // 网络时代图书馆工作与研究 / 王运堂主编 . -- 海口：南海出版公司，2003. -- 114-119 页**

文章分析了馆藏资源信息化、数字化对文献信息采访工作和采访人员的影响，重点论述了中文图书采访工作目前存在的问题，提出了为适应数字图书馆建设，中文图书采访工作应采取的新措施和对策。

04　**公共图书馆信息资源服务的有效方式：手机短信 / 王文刚 // 图书馆管理与信息服务 / 王运堂主编 . -- 北京：北京图书馆出版社，2004. -- 627-631 页**

文章阐述了手机短信服务在公共图书馆应用的可行性和必要性，提出了实行手机短信服务的硬件要求和其他应具备的条件，指出手机短信服务在公共图书馆实践应用中的好处。

05　**我馆 ILAS 系统应用探析 / 王文刚 // 图书馆信息资源建设与利用 / 王运堂主编 . -- 北京：中国文联出版社，2005. -- 619-624 页**

深圳图书馆研制的图书馆自动化集成系统 ILAS，以其适用性和先进性受到广大用户的好评。文章结合山东省图书馆使用情况对 ILAS 系统中文图书采访、编目、典藏、流通等模块进行了一些探讨，指出应用管理中的问题，并提出了解决办法。

06　**图书采访批量查重探析 / 王文刚，贺轩 // 山东图书馆季刊 . -- 2006，no.4，56-57+63 页**

文章阐述了图书采访查重在图书采访工作中的重要性，重点探讨了批量查重的优点，提出在 ILASII 2.0 系统下可以通过数据转换，利用图书馆自动化系统软件或专业软件，实现图书采访批量查重，同时对批量查重的实际运用和实用性进行了详细的分析。

07　**图书查重的新设备：便携式数据采集器 / 王文刚 // 图书馆管理与自动化建设 / 王运堂主编 . -- 北京：中国文联出版社，2006. -- 770-773 页**

文章论述了便携式数据采集器在图书馆应用的必要性，分析了便携式数据采集器在图书馆应用的可行性和实用性，指出便携式数据采集器的应用有利于采访人员从查重工作中解脱，真正合理地使用图书购置经费，最终满足读者的实际需求。

08 中文图书采访模式的最优化选择 / 王文刚 // 信息资源建设中的图书馆采访工作：第二届全国图书采访工作研讨会论文集 / 国家图书馆图书采选编目部编 . -- 北京：北京图书馆出版社，2007. -- 443 页

文章探讨了当前图书馆形式多样的中文图书采访工作模式，分析了实践过程中出现的新情况、新问题，旨在帮助采访人员改变工作思路，建立起适合本馆馆情的文献资源建设模式。

09 利用宏处理 ISBN 号实现图书数据批查重 / 王文刚，吕俊平，黄小峰 // 山东图书馆学刊 . -- 2010，no.6，100-102 页

文章分析了采访人员处理庞大图书出版目录面临的压力及选择的困难，提出利用自动化系统批查重功能，区分已订购图书和需要订购的图书，整个过程高效、快捷，减少了订单制作时间，缩短了图书到馆周期。文章介绍了新方法：在 EXCEL（2003 版）中创建宏，对成批量不标准的图书标准书号进行转换，使之标准并具备批查重的条件，从而成功应用在 ILAS Ⅱ 2.0 系统下，实现图书采访批量查重，提高图书采访效率。

10 全民阅读环境下专业阅读推广的探索与实践——以公共图书馆为视角

参见　王玉梅论文 15

11 是否可将图书的采购任务全部交给读者？ / 王文刚 // 图书馆报 . -- 2018-10-18，第 A10 版面

“你选书，我买单”是读者决策采购理念的具体实践，是对图书采购模式的优化。目前，“你选书，我买单”活动模式大体有三种：一是馆中店模式，二是店中馆模式，三是馆店合一模式。文章结合山东省图书馆文献资源建设现状，提出“你选书，我买单”的馆藏补充方式，分析选择店中馆模式的原因，总结了这一模式的应用效果。

12 省级公共图书馆地方出版物交存制度施行调研情况 / 王文刚 // 山东图书馆学刊：2018 年山东省图书馆馆员论坛专刊 . -- 2019，51-58 页

交存本制度对于保存文化遗产、完整地收藏本地区的出版物具有积极的作用。《中华人民共和国公共图书馆法》实施后，对地方出版物的交存有了新的要求。文章通过调查省级公共图书馆地方出版物交存实施情况，分析存在的问题，探析山东地方出版物交存工作的对策。

朱　莉

女，1978 年生，山东青州人，1999 年 9 月入馆至今，副研究馆员。

论文

01　知识经济与图书馆 / 朱莉 // 书海泛舟——山东图书馆事业建设理论与实践 / 王运堂主编 . -- 海口：南海出版公司，2002. -- 128–132 页

文章介绍了知识经济的含义和特征，从以下方面详细分析了知识经济时代图书馆面临的挑战和机遇：以高新技术知识为特征的信息技术促使图书馆服务手段发生根本变革、图书馆须提供深层次全方位多样化的服务、图书馆加快资源共享步伐突出个性化服务、提高图书馆工作人员素质等。

02　浅谈图书馆的人本管理 / 朱莉，王颖 // 网络时代图书馆工作与研究 / 王运堂主编 . -- 海口：南海出版公司，2003. -- 446–450 页

文章阐述了图书馆管理思想、管理实践和管理理论研究的发展变化，指出贯穿图书馆管理发展历史的一条主线，就是图书馆管理经历了由“以事为本”到“以人为本”的管理理念的发展与变化。作者强调，实施“以人为本”，加强图书馆员的管理，充分调动人的积极因素，激发人的创造意识，是图书馆可持续发展的根本保证。

03　试论网络环境下图书馆信息服务的创新 / 朱莉，仲海燕 // 图书馆管理与信息服务 / 王运堂主编 . -- 北京：北京图书馆出版社，2004. -- 570–573 页

文章简要介绍了传统图书馆信息服务的现状，概括了网络环境下图书馆信息服务的特点，从网上信息导航服务、设立镜像服务站点、开展参考咨询服务、开展定题信息服务等方面详细论述了网络环境下图书馆开展信息服务的内容。

04　浅谈图书拒借的原因和改善措施 / 朱莉 // 图书馆管理与自动化建设 / 王运堂主编 . -- 北京：中国文联出版社，2006. -- 782–785 页

文章从多个方面介绍了图书拒借产生的原因，针对这些原因提出了降低拒借率的具体措施。作者指出降低图书拒借率是提高文献流通服务质量，更好地满足读者需求的有效方式。

05 山东省图书馆读者服务工作的拓展与创新

参见　孙延清论文 10

06 浅谈国内外公共图书馆为弱势群体服务比较 / 朱莉 // 科技创新与应用 . -- 2012，no.32，320 页

近年来，我国公共图书馆为弱势群体服务取得很大进展，但与国外公共图书馆相比还存在不小的差距，文章从服务依据、服务对象、服务内容和服务人员四个方面对国内外公共图书馆为弱势群体服务进行了比较分析。

07 浅谈现代信息技术在图书馆服务中的应用及影响 / 朱莉 // 信息技术与信息化 . -- 2013，no.6，9–11 页

文章认为现代信息技术的发展为人们提供了处理、存储、传递信息的手段，为图书馆的服务带来了极大的便利，影响并推动了图书馆服务理念、服务内容、服务方式的变革。作者指出现代信息技术在图书馆服务中的应用越来越广泛，直接推动了图书馆服务手段的创新，带动了服务模式的转变。

08 浅析公共图书馆为弱势群体服务存在的问题及应对措施 / 朱莉 // 数字化用户 . -- 2013，no.24，135 页

文章认为我国公共图书馆为弱势群体服务总体上开展比较晚，通过调查各公共图书馆服务的情况，总结出公共图书馆为弱势群体服务存在的问题，强调应从政府、图书馆和弱势群体三方共同努力加以解决。

09 新技术对图书馆弱势群体服务的影响 / 朱莉 // 山东图书馆学刊：2013 年“图书馆的职能拓展与效能提高”专辑 . -- 2013，178–180 页

文章阐述了新技术对图书馆开展弱势群体服务的影响。作者认为新技术在图书馆的应用促进了图书馆弱势群体服务的开展，具体表现在服务理念转变、服务模式创新、信息公平实现、获取信息便捷、投入压力减轻、服务能力提升等方面，分析了新技术产生的影响。

10　知识河流：向特殊群体提供知识援助——以山东省图书馆为特殊群体服务创新项目为例 / 朱莉 // 山东图书馆学刊 .-- 2014，no.4，61–66 页

文章从基本服务、延伸服务、网络服务及举办各种活动等方面对山东省图书馆的特殊群体服务工作进行了总结。作者指出近年来，山东省图书馆着力构建覆盖全社会的公共图书馆服务体系，确立了“普遍均等、惠及全民、特殊群体优先”的原则，从1999年开始有目的、有计划地推出了向特殊群体提供知识援助的服务项目，将少年儿童、老年人、残障人员、进城务工人员以及劳教、服刑人员等特殊群体作为这一项目的主要援助对象，2008年正式将该项目命名为“知识河流——向特殊群体提供知识援助”。通过多年的项目实践，山东省图书馆形成了一套较为完善的特殊群体服务机制，坚持通过基本服务、延伸服务、网络服务以及举办各种阅读活动的“山东省图书馆服务模式”层层递进地落实特殊群体服务工作。

11　浅谈公共图书馆提升为弱势群体服务的对策

参见　仲海燕论文 03

12　互联网 + 环境下图书馆读者服务创新模式分析 / 朱莉 // 数字化用户 . -- 2018，v.24，no.4，139–140 页

文章分析了互联网 + 环境下图书馆面临的诸多创新压力与挑战，重点对互联网 + 环境下图书馆读者服务如何创新模式进行分析，强调以创新模式促进服务提质增效。

谭　怡

女，1979年生，山东济南人，2000年7月入馆至今，馆员。

论文

01　浅谈图书馆的人性化服务 / 谭怡 // 图书馆管理与自动化建设 / 王运堂主编 . -- 北京：中国文联出版社，2006. -- 731–734 页

人性化服务是在以人为本的思想指导下，在研究读者心理和阅读需求基础上，以让读者满意为最高标准。文章阐述了图书馆采取人性化服务的必要性，提出了人性化服务的有效方式。

02　再谈图书馆的核心价值 / 谭怡 // 文献信息的组织、管理和利用 / 赵炳武主编 . -- 济南：山东省地图出版社，2008. -- 15–18 页

文章认为公益性是图书馆的核心价值所在，是图书馆的立身之本、职业之魂。图书馆应该大力弘扬和始终坚持公益性的理念，在营造学习氛围、构建教育支持服务平台、提供交流的最佳场所、创建学习型图书馆等方面，为推进学习型社会进程发挥更大的作用。

03　陶湘致王献唐书札十三通 / 谭怡 // 山东图书馆学刊 . -- 2017，no.6，94–99 页

陶湘（1871—1940），字兰泉，江苏武进人，民国时期著名藏书家、刻书家。近来，作者有幸见到陶湘致王献唐书札十三通二十三帧，二位先生致力于传统文化的传承，交往甚密，这些信札书写于 1932 年至 1936 年间，就传拓山东碑刻、海源阁藏书、刊刻《方舆考证》等事宜进行交流。展读信札，不禁为他们力保中华文脉的精神所感动，并深为景仰。文章整理了山东省图书馆藏民国时期陶湘致王献唐书札十三通，并对相关史实进行考证，为研究二位先生的生平与学术活动提供参考。

04　论中小型图书馆如何开展青少年阅读推广服务

参见　王辰玮论文 04

05　民国时期阅读方式演变研究——以福建报刊为例

参见　谢雨论文 05

06　法治保障在公共图书馆地方文献工作中的作用分析 / 谭怡 // 图书情报 . -- 2019，no.5，78–80 页

文章主要梳理分析了与地方文献工作相关的行政法规立法实施情况，认为各级公共图书馆要做好地方文献工作，必须依靠规范的立法和良好的制度保障。作者对保证公共图书馆文献工作健康、稳定运行所需要制定的政策法规以及实施过程中的监管等工作提出了建议。

杨林玫

女，1978 年生，安徽六安人，2000 年 7 月入馆至今，馆员。

著作

01　古籍修复概述及案例 / 杨林玫著 . -- 北京：中国书籍出版社，2017. -- 280 页；24cm

本书共十章，内容包括：古籍修复的基本原则、古籍修复的流程、古籍装帧形式、古籍修复用纸、古籍装具、古籍修复案例等。

论文

01　产业多元化对图书馆的冲击和影响 / 杨林玫 // 图书馆管理与自动化建设 / 王运堂主编 . -- 北京：中国文联出版社，2006. -- 65–69 页

文章认为高科技的发展促进了文化产业的多元化，文化产业多元化对图书馆产生了诸多影响，主要表现在对图书馆馆藏和藏书组织，读者成分、读者结构和读者读书观念等方面。文章指出了图书馆面对产业多元化受到的冲击与影响，提出了应对的措施。

02　公共图书馆人力资源管理的精细化 / 杨林玫 // 戏剧丛刊 . -- 2007，no.3，70 页

文章论述了图书馆人力资源管理精细化的意义，提出了实施精细化管理的具体举措。作者指出实施图书馆人力资源的精细化管理，应从多个方面入手：创新人事管理；倡导以人为本的管理模式；建立馆员评价和激励机制；激励全馆人员参加继续教育，全面提高馆员思想道德与职业素养；调整部门机构布局和设置；实行定岗、定员、定额；推行岗位责任；简政放权，实行分级管理。

03　浅议建立古籍修复用纸张库存所需纸张的类型及选购 / 杨林玫 // 山东图书馆学刊：首届山左先贤与齐鲁典籍专辑 . -- 2014，150–152 页

文章认为古籍修复工作中配纸工作非常重要，建立古籍纸张库存是配纸工作的一项要求。文章介绍了古籍修复用纸张的主要类型：麻纸、竹纸、皮纸、混料纸、宣纸、加工纸等。作者提出根据纸张分类购买修复用纸，选择常用纸，同时，尽可能兼顾多种类、多层次的纸张类型和规格；根据用途购买用纸。选购纸张前需经过科学检测，在此基础上，符合修复要求的纸张可多地域、多厂家购买。

04　浅谈古籍修复前的准备工作——以修复天津图书馆馆藏明版《大藏经》为例 / 杨林玫 // 融摄与传习——文献保护及修复研究 / 国家古籍保护中心、天津市古籍保护中心编 . -- 中华书局，2015. -- 105–109 页

多数古籍修复工作者容易着眼于古籍的修复技法和工艺流程，而往往忽视古籍修复的准备工作。文章论述了古籍修复准备工作的内容、重要性，围绕工作修复档案的建立、古籍内容调研、分析检测、制订修复方案、修复工具设备材料的准备和选择、风险评估、工作量及进度预估等方面，阐述了古籍修复的具体准备工作。

05　中国古籍保护与修复现状研究 / 杨林玫 // 大观 . -- 2016，no.12，238 页

中国古籍是中华民族历史文化的遗产，是研究、继承和发展中华文化的宝贵财富。中国古籍自传世以来，曾不断遭受自然的侵蚀和人为损坏，年久失修，数量正在日益减少。文章阐述了古籍保护工作的重要性，分析了图书馆古籍保护及修复的现状，针对存在的问题提出了建设性意见，强调培养合格的古籍修复人员是古籍保护工作的当务之急。

06　《诗经今注》献疑 / 杨林玫 // 大众文艺 . -- 2017，no.1，33 页

《诗经今注》是一部高水平学术著作，但白璧微瑕。文章通过通假使用不当、分章不当致韵部割裂、错误引用前人观点三方面，分析了《诗经今注》存在的问题，以供学界参考。

07　浅谈图书馆古籍整理与修复 / 杨林玫 // 卷宗 . -- 2017，no.21，49–50 页

文章阐述了古籍整理与修复对于传承文化遗产、弘扬中华传统文化、增强民族自信心、发扬爱国主义精神的重要意义；从选择底本、影印、校勘、辑佚、标点、注释等方面重点论述了图书馆古籍的整理方法；探讨了图书馆古籍的修复方法——用修补法补洞、用揭裱法解决黏结问题、用去污法去掉油渍墨渍。

08　山东地区图书馆古籍分布与利用现状调查研究 / 杨林玫 // 艺术品鉴 . -- 2017，no.10，439 页

文章在对山东地区图书馆古籍分布与利用情况进行调查分析的基础上，指出山东省古籍储存和修复的独特之处，在古籍管理方面存在的问题。作者建议应善用古籍的开发利用，营造良好的保护氛围，促进古籍的保存和修复。

09　浅谈古籍修复项目运作管理中的重要环节 / 杨林玫 // 山东图书馆学刊：2017 年“技术发展与社会服务——前行中的图书馆”专辑 . -- 2017，204–206 页

古籍修复项目的实施过程中，有一些影响项目运行成败及运行效果的重要环节，只有把握、运行好这些重要环节，才能够更好地达到修复目标。文章结合山东省图书馆在近年的修复项目实践中的经验，对古籍修复项目运作管理中的重要环节进行了总结和梳理。

10　古籍整理存在的问题及其规范化操作策略的研究 / 杨林玫 // 河南图书馆学刊 . -- 2018，v.38，no.7，122–123+135 页

文章结合作者的工作经验和行业标准，从选题规范化、校勘规范化、标点规范化、注释规范化及古籍今译规范化和辑佚规范化五个方面，对古籍整理规范化操作进行了深入分析。

周　宁

1977 年生，山东莱芜人，2000 年 7 月入馆至今，馆员。

论文

01　浅论图书馆数字资源的存储技术 / 周宁 // 图书馆管理与信息服务 / 王运堂主编 . -- 北京：北京图书馆出版社，2004. -- 218–221 页

数字资源的存储问题是数字图书馆发展过程中需要不断研究和解决的问题。文章介绍了现有的三种数字资源存储技术，分析数字图书馆数字资源存储技术应用现状，强调存储技术在图书馆中的应用要根据本馆的实际情况，引进最适合数字图书馆建设的存储系统。

02　数字资源整合在图书馆的应用 / 周宁 // 图书馆信息资源建设与利用 / 王运堂主编 . -- 北京：中国文联出版社，2005. -- 585–588 页

文章论述了图书馆数字资源的现状和图书馆数字资源整合的必要性。作者认为品种繁多的电子图书、电子期刊等数字资源源源不断地涌现，面对如此之多的信息资源，图书馆如何让读者用较少的时间和精力获取自己所需的信息，图书馆如何有效组织、检索、访问和利用各类海量信息服务于社会、服务于读者，就成为数字图书馆面临的一个重要课题。

03　图书馆构建云计算中心探索分析——以山东省图书馆为例 / 周宁，孙慧云 // 信息技术与信息化 . -- 2018，no.5，182-185 页

文章认为当前图书馆信息化建设面临着困境，图书馆应根据现有的实际情况和需求，运用云计算技术构建或改造图书馆数据中心。文章重点分析了图书馆传统数据中心面临的问题，介绍了传统数据中心向云计算中心迁移的步骤，以及迁移至云平台的优势。作者指出云计算中心能整合和管理现有数据中心的软硬件资源，大大提高资源的利用，简化资源的管理，使运营管理更加高效，比传统的数据中心优势明显。

04　山东省图书馆电子文件管理策略研究——基于通达 OA 系统的调查

参见　孙慧云论文 06

王辰玮

女，1980 年生，山东莱芜人，2000 年 9 月入馆至今，馆员。

论文

01　图书馆延伸服务——对社会弱势群体实施知识援助 / 王辰玮 // 文献信息的组织、管理和利用 / 赵炳武主编 . -- 济南：山东省地图出版社，2008. -- 106-110 页

文章论述了图书馆开展延伸服务、对弱势群体实施知识援助的意义。作者指出推进图书馆延伸服务，构建和谐社会，对社会弱势群体实施知识援助，更能体现图书馆以人为本的精神。文章重点解释了弱势群体的概念，提出了公共图书馆向弱势群体提供知识援助的有效措施。

02　老济南的味道 / 王辰玮 // 齐鲁文史 . -- 2012，no.4，47-48+22 页

文章重点讲述了世世代代居住济南的人创造并形成带有地方特色的饮食文化。作者指出有些小店或街头叫卖的风俗小吃，虽不像大饭店的名菜那般精致，但物美价廉，富有地方色彩和特殊风味。老济南人不论贫富，对吃喝玩乐都有一些讲究，并以此作为生活享受，自得其乐。

03　少年儿童图书馆微博使用分析

参见　郎秀丽（少儿部）论文 03

04　论中小型图书馆如何开展青少年阅读推广服务 / 王辰玮，谭怡 // 全国中小型公共图书馆联合会 2015 年研讨会会议论文集（三）/ 全国中小型公共图书馆联合会，中国知网中国知识资源总库编委会，中国西部公共图书馆联合会编 . -- 2015，254–258 页

文章认为图书馆应创新服务方式，通过各种渠道吸引青少年来到图书馆、利用图书馆，引导他们喜欢上阅读，是图书馆阅读推广的职责。文章主要分析了当前青少年阅读环境与现状，阐述了青少年阅读推广服务的重要性，围绕中小型图书馆面向青少年开展特色服务提出了几点建议。

05　浅论图书馆如何开展青少年阅读服务 / 王辰玮 // 山东图书馆学刊：2015 年“融合与超越——图书馆使命与目标”专辑 . -- 2015，248–250 页

文章论述了图书馆开展青少年阅读服务的优势，重点分析了当前青少年阅读环境与现状，阐述了青少年阅读推广服务的重要性，并就图书馆面向青少年开展特色服务提出建议：营造人性化的阅读环境、建立个性化阅读课堂、举办读书会等。

06　浅议公共图书馆儿童绘本阅读推广 / 王辰玮 // 山东图书馆学刊：2018 年“新时代图书馆的建设与发展”专辑 . -- 2018，165–167 页

绘本被公认为是儿童早期教育的最佳读物。文章通过介绍绘本阅读对儿童成长的启蒙意义，分析公共图书馆开展绘本阅读推广活动的优势。从发展绘本服务对象、优化绘本资源配置、组建专业阅读指导团队、加强绘本阅读宣传等四个方面探讨了公共图书馆儿童绘本阅读推广服务的对策。

杨秀英

女，1972 年生，山东夏津人，2000 年至 2004 年在馆，馆员。

论文

01　**敦煌愿文社会交际称谓词研究 / 杨秀英 // 广西社会科学 . -- 2002，no.6，157-159 页**

敦煌愿文作为敦煌俗文学作品之一，与变文一样对汉语史的研究具有不可忽视的价值。敦煌卷子是最可靠的语言资料，原汁原味保留了唐、五代时期的原始状况，能够真实地反映当时的语言时代风貌。敦煌变文的研究已取得了较多成果，但愿文的整理成书较晚，研究者刚刚开始注意到它的价值。1995 年，黄征、吴伟先生的《敦煌愿文集》出版，为不能亲自接触到敦煌原卷的研究者提供了可供参考的通行本。文章以此书为依据，考察愿文中的社会交际称谓词，对大型辞书所缺载的称谓词进行词义的推敲，总结其发展变化的规律，找出其在愿文中发展演变的痕迹，并简论称谓词与传统文化的关系。

02　**《山带阁注楚辞》两副地图纠误 / 杨秀英 // 图书馆杂志 . -- 2002，no.9，78 页**

文章作者偶然查阅《山带阁注楚辞》一书，（蒋骥著，上海古籍出版社 1984 年版），发现卷首的地图《涉江路图》与《渔父怀沙路图》排印错置，与原刊本有误。蒋骥的《山带阁注楚辞》，是清代学者对屈原诗篇注释与研究的一部重要著作，该书以资料翔实著称。卷首有蒋骥考订楚辞地理与屈子两朝迁谪行踪的《楚辞地图》（目录则云《考古地图》），计有《楚辞地图总图》《抽思思美人路图》《哀郢路图》《涉江路图》《渔父怀沙路图》五图。作者指出问题就出在后两件地图上。

03　**略论古籍的保存与现代化利用——兼论图书馆的发展方向 / 杨秀英 //21 世纪中国图书馆建设与发展 / 中国图书馆学会，中国图书馆学报编 . -- 北京：北京图书馆出版社，2002. -- 1448-1449 页**

文章阐述了古籍整理是更好地保存古籍，使古籍更好地为当世所用的前提。作者指出公共图书馆首先应做好古籍书目数据库建设，为进行联机合作编目、共同建立古籍书目数据库创造条件，并提供多种专题数据库，为深入开发馆藏文献打好基础。作者还指出当前对古籍的利用来说，收费门槛也成为一道难以逾越的障碍，需要国家与图书馆共同努力。

04　**阅尽沧桑伴书香——山东省图书馆的藏书印章 / 杨秀英 // 图书馆工作与研究 . -- 2003，no.3，35–36 页**

山东省图书馆成立于 1909 年，向以历史悠久、馆藏宏富而著称。历经岁月沧桑，山东省图书馆古籍藏书逐渐形成了规模，藏书印章的收藏也颇有特色。文章大致介绍了聊城杨氏海源阁藏书印章、李文藻大云山房藏书印章及山东省图书馆藏书印章三个系列。

王　彬

1979 年生，山东郯城人，2001 年 7 月入馆至今，副研究馆员。

论文

01　**山东省地方文献工作之管见**

参见　陶嘉今论文 05

02　**浅谈公共图书馆的特色服务 / 王彬 // 网络时代图书馆工作与研究 / 王运堂主编 . -- 海口：南海出版公司，2003. -- 220–223 页**

构建公共图书馆特色服务发展模式，是当今市场环境与网络环境的必然选择，是对图书馆服务理念的进一步强化。文章介绍了特色服务的概念和特色服务产生的社会背景，并从开展深化服务、注重服务效果、建立特色数据库、树立新世纪读者观等方面对图书馆如何开展特色服务进行了详细论述。

03　**图书馆信息服务的策略 / 王彬，张茜 // 图书馆管理与信息服务 / 王运堂主编 . -- 北京：北京图书馆出版社，2004. -- 565–569 页**

信息服务是图书馆的核心业务，图书馆应该充分利用丰富的信息资源，抓住发展契机，促进图书馆的信息服务工作，以满足社会的信息需求。文章分析了图书馆信息服务的现状与特点，从业务流程重组、积极参与市场、开展特色知识信息服务、提高馆员知识素质等方面，提出新世纪开展信息服务的策略。

04　**以用户需求为导向的信息加工初探 / 王彬，孙进 // 图书馆信息资源建设与利用 / 王运堂主编 . -- 北京：中国文联出版社，2005. -- 509–512 页**

文章介绍了图书馆信息检索系统的现状与对策，阐述了图书馆信息加工的特点、方法与作用，并从文献类型为对象的主题索引、为用户咨询课题特设专题信息汇编、跟踪社会热点为潜在用户设立主题索引系统等三个方面论述了以用户需求为导向的信息服务。

05　新时期公共图书馆研究辅导工作初探 / 王彬，王玮 // 图书馆界 . -- 2006，no.2，40–43 页

业务研究和辅导工作是图书馆工作的重要组成部分，为了适应新时期图书馆事业发展的需要，文章阐明了业务辅导工作的原则，围绕协助政府有关部门制定本地区图书馆事业发展规划、培养图书馆专业人才、做好各系统图书馆协作协调的纽带等方面，详细论述了公共图书馆开展业务辅导工作的新内容、新方式等。

06　国内外联合参考咨询系统分析 / 王彬 // 图书馆管理与自动化建设 / 王运堂主编 . -- 北京：中国文联出版社，2006. -- 410–414 页

联合参考咨询是由两个或更多个团队组成的提供虚拟参考咨询的服务，代表了未来参考咨询的发展方向。文章以目前国内外较为知名的 CDRS、Virtual Reference Desk、24/7 Reference、网上联合知识导航站、全国图书馆信息协作、广东省数字图书馆网上参考咨询服务中心等系统为例，分析国内外联合参考咨询系统的差异，尝试理清国内联合参考咨询系统的发展现状，并针对山东省联合参考咨询系统的发展，提出重视用户教育、建立实用的参考服务质量评估指标体系等建议。

07　浅谈图书馆知识服务新发展 / 邢文，王彬 // 信息时代科技情报研究学术论文集 · 第三辑 / 胡艳苹，韩勇，徐磊主编 . -- 北京：中国科学技术出版社，2008. -- 560–566 页

网络环境下，图书馆知识服务贯穿用户服务的全过程，成为其工作的发展方向。文章阐述了图书馆知识服务的内容和必要性，提出了深入加工馆藏文献信息、提高和完善图书馆的现代化管理手段、加强网络信息资源建设等开展知识服务的具体措施。

08　图书馆学会工作探析 / 王彬 // 文献信息的组织、管理和利用 / 赵炳武主编 . -- 济南：山东省地图出版社，2008. -- 388–391 页

图书馆界应加强学会建设，拓宽图书馆社会影响力。文章论述了图书馆学会建设工作应遵循的原则，提出了健全图书馆学会组织管理应采取的措施，强调应当健全学术职能、增强服务功能、开拓管理职能等图书馆学会的各项职能。

09　数字图书馆网站建设的问题和对策 / 王彬 // 数字图书馆工作论坛 / 赵炳武主编 . -- 济南：山东省地图出版社，2009. -- 89-92 页

数字图书馆建设已经成为各级各类图书馆发展的方向，其中网站是数字图书馆建设的重要内容之一。文章论述了图书馆网站建设的主要内容，分析存在的问题，并对数字图书馆网站建设提出了重点设计网站首页、应用先进网站设计技术、增强互动性、提供个性化服务等对策。

10　馆校携手　共谋发展——谈山东省图书馆与驻济高校图书馆的合作 / 王彬 // 黑龙江科技信息 . -- 2010，no.6，117 页

建立区域图书馆联盟，发挥群体优势，是图书馆事业发展的趋势。文章以山东省图书馆与驻济高校图书馆合作为例，论述了建设公共文化服务体系的过程中，各类型图书馆合作的必要性以及合作模式和合作内容。

11　山东省区域性图书馆联盟建设探析 / 王彬 // 山东图书馆学刊：2010 年“图书馆的定位与发展”专辑 . -- 2010，31-33 页

文章介绍了山东省图书馆与高校图书馆合作的背景，并以山东省图书馆与驻济高校图书馆合作为例，论述了在建设公共文化服务体系的过程中，各类型图书馆合作建立区域图书馆联盟的必要性，阐述了区域图书馆联盟建设的合作模式和建设内容。

12　公共图书馆绩效评估研究 / 王彬 // 山东图书馆学刊：2011 年“图书馆社会责任”专辑 . -- 2011，41-43 页

文章介绍了图书馆绩效评估的定义和目的，论述了公共图书馆绩效评估体系的意义和可行性，对我国公共图书馆绩效评估指标体系提出思考与建议。

13　网络时代的大众阅读 / 龚立军，王彬 // 山东图书馆学刊：2012 年“公共文化服务体系建设中的图书馆”专辑 . -- 2012，187-189 页

网络阅读是一种新型的阅读形式。文章对我国近年来研究“网络阅读”这一主题的文献进行了梳理归纳，汇总了主流观点，对网络阅读的优劣势进行了详细分析，同时阐述了网络阅读对传统阅读的冲击，总结了网络阅读的特点以及发展趋势。

14　山东省公共图书馆读者阅读倾向的实证研究 / 王彬 // 山东图书馆学刊 . -- 2013，no.3，43-45 页

新媒体的出现为图书馆阅读活动注入了新的生命力。文章从图书馆读者传统阅读时间、阅读的认可程度、阅读首选载体形式、阅读信息来源等方面进行具体分析，探讨了图书馆阅读的影响因素，提出了改善图书馆阅读的具体措施。

15　山东省公共图书馆发展十年：2001—2010 年

参见　李西宁论文 09

16　RFID 技术在图书馆中应用的问题与对策 / 王彬 // 山东图书馆学刊：2014 年“服务均等化 · 图书馆变革与创新”专辑 . -- 2014，158-159+162 页

我国 RFID 技术已扩展到图书馆事业的方方面面，但是其技术还不够成熟。文章对图书馆在实际应用 RFID 技术过程中碰到的硬件设备问题、技术缺陷问题、软件系统与安全问题及标签成本问题等进行了研究和思考，并提出相应的解决对策。

17　公共图书馆传统文化阅读推广研究 / 王彬 // 山东图书馆学刊：2015 年“融合与超越——图书馆使命与目标”专辑 . -- 2015，230-232 页

文章论述了图书馆阅读推广与中国传统文化的关系，阐明了图书馆在传承弘扬中华优秀传统文化过程中承担的使命责任，提出了图书馆在引导大众阅读中弘扬传统文化的目标任务。

18　公共图书馆新馆建筑空间规划研究 / 王彬，陶嘉今 // 河南图书馆学刊 . -- 2016，no.8，12-14 页

文章从图书馆业务工作角度出发，梳理、分析图书馆业务活动、读者需求与空间规划的内在联系，力求将新的理念、标准和图书馆发展趋势融入图书馆空间规划过程中，以使公共图书馆的空间规划更加符合图书馆服务功能的需要，满足读者用户的实际需求。

19　山东省“城市书房”的建设与研究

参见　邱芙蓉论文 14

20　**公共图书馆早期阅读推广服务研究**

参见　邱芙蓉论文 13

于晓峰

1980 年生，山东昌邑人，2001 年 7 月入馆至今，副研究馆员。

论文

01　**论新世纪图书馆的创收问题 / 于晓峰 // 网络时代图书馆工作与研究 / 王运堂主编 . -- 海口：南海出版公司，2003. -- 696–698 页**

图书馆的创收是指图书馆有组织、有计划地通过以文补文、多业助文的方式进行有偿服务，以获得必要利润的活动。随着市场经济改革浪潮深入社会生活各个领域，如何利用图书馆产业来进行创收已成为图书馆管理改革的新主题。文章阐述了图书馆产业的概念和内容，围绕深化图书馆开发资源的功能和利用公共图书馆自身优势开展形式多样的创收项目等方面，论述了利用图书馆产业进行创收的诸多方式。

02　**浅谈图书馆与社会阅读 / 于晓峰 // 图书馆管理与自动化建设 / 王运堂主编 . -- 北京：中国文联出版社，2006. -- 684–688 页**

在新的社会环境下，图书馆应承担起时代赋予的使命，为推动全民阅读而发挥其文化教育、社会大学和信息中心的作用。文章分析了网络环境对社会阅读的影响，介绍了社会阅读情况的变化及图书馆的利用情况；从增加全社会的图书馆意识、加强图书馆宣传、创造良好的阅读环境、提高民众利用图书馆的能力、引导社会网络阅读等五个方面，提出促进社会阅读的建议。

03　**谈图书馆讲座品牌的兴建——以山东省图书馆讲座为例**

参见　白兴勇论文 07

04　**翰墨因缘，烟云供养——山东省图书馆国学分馆筹建规划记 / 于晓峰 // 山东图书馆学刊：首届山左先贤与齐鲁典籍专辑 . -- 2014，117–119 页**

山东省图书馆国学分馆位于济南市大明湖公园“遐园”内，主体建筑“奎虚书藏”楼，是古代藏书楼向近代公共图书馆转变的历史见证，是近代山东文献收藏与研究中心，也是山东抗日战争胜利纪念地。第三届“尼山世界文明论坛”的分会场设在山东省图书馆国学分馆，以“尼山论坛”为契机，根据山东省文化厅《“图书馆＋书院”建设与服务标准（试行）》等相关文件精神，在国学分馆建立“四室一堂”的总体布局，传播传统文化，使其焕发更强的生命力。

05 尼山书院与社会团体合作搭建国学传播平台的探索实践 / 于晓峰 // 科技情报开发与经济 . -- 2015，no.20，27–29 页

文章简要介绍了尼山书院的创设情况，指出尼山书院是山东省文化厅主导，由省图书馆牵头实施的优秀传统文化传承传播工程。自 2014 年 5 月开始，在全省范围实施“图书馆＋书院”的公共文化服务模式，以省、市、县三级公共图书馆为平台建设“尼山书院”。文章重点介绍了山东省图书馆尼山书院在建设过程中，将工作重点主要放在经典诵读、国学普及、礼乐教化、道德实践、情趣培养“五个板块”建设方面，围绕讲座、展览、文化、体验、培训等活动内容的开展，与社会上众多传统文化机构、国学爱好者密切合作，进行了一系列的探索实践。

成纪君

曾用名成继军。1978 年生，江苏启东人，2001 年 11 月入馆至今，馆员。

论文

01 混沌理论与图书馆管理学 / 成继军 // 网络时代图书馆工作与研究 / 王运堂主编 . -- 海口：南海出版公司，2003. -- 476–479 页

文章介绍了混沌理论及其与公共图书馆的关联，从重视公共图书馆运作过程、重视公共图书馆的不平衡性、重视组织的学习能力三方面，阐述了混沌理论下的公共图书馆管理理念，提出混沌理论在公共图书馆中的应用原则。

02 “内在激励”在图书馆管理中的思考与应用 / 成继军 // 图书馆管理与信息服务 / 王运堂主编 . -- 北京：北京图书馆出版社，2004. -- 122–126 页

文章从激励理论谈起，通过加薪却导致职工满意度下降这一现象，寻找隐藏在背后的本质，提出不能单纯用物质刺激来激励职工，还要满足图书馆职工获得尊重和自我实现等高层次的需要，强调从分权和授权、工作丰富化、工作生活质量、目标管理、启用宽带薪酬等方面运用内部激励，从而取得最大的激励效果。

张文国

1975 年生，山东济南人，2001 年 11 月入馆至今，助理馆员。

论文

01　浅谈如何加强公共图书馆的消防软件建设

参见　林卫东论文 07

姜　璐

女，1981 年生，山东章丘人，2002 年 3 月入馆至今，馆员。

著作

01　图书馆弱势群体服务研究 / 姜璐著 . -- 芜湖：安徽师范大学出版社，2018. -- 119 页；25cm

和谐社会提倡全体公民平等友爱、融洽相处，弱势群体是社会中的特殊群体，正逐渐受到全社会更多的关注。图书馆作为社会组织，其使命决定了它在建设和谐社会中将承担重要责任，理应在参与建设和谐社会中发挥作用。本书从弱势群体的概念及其教育权利、文化权利入手，分析图书馆的基本职能和社会职能在服务弱势群体方面的具体体现。在汇集了大量国内外图书馆服务弱势群体的实践和理论研究的基础上，作者还专题阐述了图书馆无障碍建设、特殊学校图书馆建设，并对图书馆服务弱势群体的发展趋势进行展望。全书理论架构与具体实践相结合，对图书馆为什么和如何服务弱势群体进行了全景式的描述，对图书馆开展弱势群体服务有一定的参考价值。

02　民族呐喊：山东抗战漫画集

参见　林卫东著作 02

论文

01 未成年人成长的“阳光地带”：浅谈少儿图书馆在未成年人思想道德建设中的作用 / 姜璐，陈霞 // 少儿图书馆工作 . -- 2007，no.3，5-7 页

少年儿童图书馆作为社会文化教育机构，是少年儿童素质教育的一个不可忽视的阵地。文章论述了少儿图书馆在加强未成年人思想道德建设中的作用，提出了开展形式多样的道德实践活动、突出未成年人的主体地位等建议。

02 读者权益刍议 / 姜璐 // 戏剧丛刊 .-- 2008，no.4，77 页

尊重读者，注重服务是图书馆吸引读者的立身之本。图书馆要做到切实维护读者合法权益，须在服务态度、服务水平、创新服务项目等方面多下功夫。文章提出图书馆应从加强网络信息服务、设立咨询处、引进自助设备、开展品牌服务、增进与读者交流等方面切实维护读者权益。

03 少年儿童图书馆开展人性化服务的思考

参见　陈霞论文 04

04 关于加强民族地方文献开发与利用的几点思考 / 姜璐 // 科技情报开发与经济 . -- 2014，v.24，no.11，43-44 页

民族地方文献有其独特性的内在价值。文章在总结分析了目前民族地方文献在开发与利用效果方面存在的问题的基础上，探讨了充分开发民族地方文献的研究价值、文化价值、经济价值，提出了通过科学手段加强民族地方文献管理的方式方法。

05 多元合作与少年儿童阅读推广 / 姜璐 // 传播与版权 . -- 2014，no.8，106+120 页

文章阐述了少年儿童阅读的重要性，重点阐述图书馆开展少儿阅读推广的重要性，提出全方位推进少儿阅读，图书馆应实施多元合作策略，加强与学校、与家庭、与儿童作家、与各媒体、与出版机构、与民间组织等合作。

06 地方文献的开发与利用 / 姜璐 // 农业图书情报学刊 . -- 2014，v.26，no.9，71-73 页

地方文献见证了地方发展的历史，是了解地方历史、了解地方文化的重要参考资料，具有很高的使用价值。另外，地方文献不仅对当地的文化建设有着重要意义，还对当地的经济和政治建设起着促进作用。文章通过对地方文献概念及内容的介绍，分析了开发与利用地方文献的重要意义，通过分析当前图书馆对地方文献的开发与利用状况，提出了几点完善措施。

07 畅游知识海洋，携手设计未来——浅析基于网络背景下的馆际互借与知识产权问题 / 姜璐 // 第四届全国馆际互借与文献传递研讨会论文集 . -- 2014，247-251 页

文章阐述了馆际互借的概念，论述了网络背景下信息资源共享和信息传递网络化的实现以及馆际互借模式的变化。作者重点论述了信息传递网络化条件下文献传递的知识产权问题。

08 关于图书馆人性化服务的几点思考 / 姜璐 // 山东图书馆学刊：2014 年“服务均等化 · 图书馆变革与创新”专辑 . -- 2014，244-246 页

随着社会的不断发展，科学技术不断创新，人们追求知识的愿望日益迫切，对图书馆服务要求也越来越高。图书馆在保持优质的传统服务方式的同时，更要增强创新意识，积极主动地寻求、拓展服务形式、空间和内容。文章论述了通过关注特殊群体与弱势群体、大力发展“便利图书馆”等方式全面拓展及扩大延伸服务领域，并提出大力提倡新媒体阅读、利用微博深化图书馆人性化服务等创新服务手段。

09 面向数字阅读的传统图书馆发展对策研究 / 姜璐 // 情报探索 . -- 2015，no.1，92-95 页

文章简要介绍了数字阅读的含义、优点、现状和存在的问题。从馆藏建设、图书馆业务工作、读者服务方式、图书馆评价体系等方面，论述了数字化给传统图书馆带来的冲击。从改变观念、共享资源，强化服务意识、拓展服务功能，加快数字化进程、规范管理，知识更新、提高馆员素质，建设特色数据库等方面，论述了图书馆应采取的对策。

10 公共图书馆在非物质文化遗产保护中的作用——以山东省非物质文化遗产开放获取文献资源为例 / 姜璐 // 河南图书馆学刊 . -- 2015，v.35，no.3，8-10 页

文章以山东省非物质文化遗产开放获取文献资源为例，对公共图书馆在地方非物质文化遗产保护中的作用及其资源建设进行了探讨。

11　山东省图书馆馆藏民国时期山东地方报纸述略 / 姜璐 // 山东图书馆学刊 . -- 2015，no.3，50–55 页

文章从民国时期山东报业概况、山东省图书馆馆藏民国时期山东地方报纸概况、山东地方报纸特点、山东地方报纸的史料价值四个方面，对山东省图书馆馆藏民国时期山东地方报纸进行了较为系统的分析与研究。

12　泛在知识环境下公共图书馆公众信息素养教育研究

参见　任静论文 15

13　抗战题材宣传画刍议——以木刻版画、漫画、连环画为例 / 姜璐 // 人文天下 . -- 2017，no.5，71–74 页

文章以山东省图书馆为纪念中国人民抗日战争暨世界反法西斯战争胜利 70 周年策划的“特殊的记忆：纪念中国人民抗日战争胜利 70 周年馆藏抗战时期漫画展”为例，介绍了展览展出的500余幅抗战题材的宣传画，论述了图书馆利用这些木刻版画、连环画和漫画等开展历史文献资源展览的意义和作用。

14　图书馆 OA 数字化文献资源建设相关问题分析与对策 / 姜璐 // 图书馆界 . -- 2018，no.3，63–66+71 页

OA 数字化文献资源目前已经成为包括图书馆在内的所有互联网用户重要的数字化文献资源类型。文章对图书馆 OA 数字化文献资源建设中的文献搜索问题、限定条件下载问题、开放获取数字化期刊设定密码限定性下载获取实例，下载过程中的问题，文献存储问题等进行了探讨，并提出了相应对策，为图书馆 OA 数字化文献资源建设提供参考、借鉴和启示。

15　大数据时代图书馆嵌入式知识发现情报分析服务研究 / 姜璐 // 农业图书情报学刊 . -- 2018，v.30，no.8，152–155 页

随着大数据技术的快速发展，图书馆知识发现服务方式发生了较大的变化，嵌入式知识服务方式得到迅速应用和推广。文章对大数据背景下图书馆所推行的嵌入式知识服务相关内容进行了详细介绍，同时对情报分析服务和大数据关系进行分析，集中阐述了图书馆嵌入式知识发现情报分析服务的流程环节，构建了相关服务模型。

16　我是你的眼　带你阅读浩瀚的书海——关于山东省少年儿童图书馆开展视障儿童创新阵地服务的设想 / 姜璐 // 山东图书馆学刊：2018 年山东省图书馆馆员论坛专刊 . -- 2019，138–140 页

山东省少年儿童图书馆隶属于山东省图书馆，作为公共文化服务体系中的少儿图书馆，应广开思路，通过特色服务来推动视障未成年读者的阅读之路，更好地体现图书馆对这一特殊群体的人文关怀。文章从完善馆内软硬件设施、成立视障未成年人阅览室、开展听书设备借阅服务、创新读者活动等方面，对山东省少年儿童图书馆为视障儿童开展服务提出设想。

刘晓倩

女，1981 年出生，山东济南人，2002 年 4 月入馆至今，馆员。

论文

01　新时代网络环境下少年儿童图书馆编目人员应具备的素质 / 刘晓倩 // 黑龙江科技信息 . -- 2010，no.13，103 页

文章从编目规则、工作方式等方面入手，分析了网络环境下少儿图书编目工作的新特点，提出了以提高少儿图书编目员自身素质为中心的应对策略。

02　新加坡图书馆的构建与特色 / 刘晓倩 // 中国新技术新产品 . -- 2010，no.21，254 页

文章介绍了新加坡国家图书馆与其他公立图书馆的概况，阐述了新加坡图书馆人性化服务的理念、环境和方式，为当前我国图书馆的改革与发展提供了可资借鉴的经验。

李晓婷

女，1979 年生，山东临朐人，2002 年 7 月入馆至今，馆员。

论文

01　论公共图书馆学科馆员的制度

参见　张中兰论文 02

02　从图书馆用户需求看专题数据库的建设 / 李晓婷 // 图书馆用户服务研究 / 赵炳武主编 . -- 济南：山东省地图出版社，2007. -- 302–306 页

社会信息需求的多样性、个性化使得综合性文献数据库不能很好地满足某一学科或某一领域的图书馆用户检索文献的需要，开发专题数据库成为当前图书馆的发展方向之一。文章介绍了专题数据库建设的必要性，详细论述了专题数据库建设中的内容选择、收录规范、数据的整合加工、数据库的检索和版权等问题。

03　关于山东省文化共享工程资源建设的思考 / 李晓婷 // 文献信息的组织、管理和利用 / 赵炳武主编 . -- 济南：山东省地图出版社，2008. -- 215–218 页

文化信息资源共享工程是利用先进科学技术传播先进文化的一项创新工程。2008 年 1 月，山东省成为全国第一个文化信息资源共享工程示范省。文章介绍了山东省文化共享工程资源建设的现状，结合本省特点，提出在大力开发整合数字资源的同时，应积极考虑建设网络导航的虚拟资源，避免重复工作，提高工作效率，强调在资源建设过程中需要注意的协调、人力、版权等问题。

04　文旅结合背景下公共图书馆特色数据库建设探析——以山东省图书馆《山东红色之旅》视频数据库为例 / 李晓婷 // 山东图书馆学刊 . -- 2019，no.5，74–79 页

文章以《山东红色之旅》视频数据库建设为例，阐述山东省图书馆在文化与旅游结合背景下，特色数据库建设方面的探索与实践，指出数据库建设中的不足，并分享工作中的经验。

05　人文关怀视角下图书馆文化创新实践 / 李晓婷 // 中文信息 . -- 2019，no.6，65 页

文章基于人文关怀视角下图书馆文化创新实践，阐述了图书馆文化创新过程中需要重视的人的主体地位问题，以及充分利用资源为图书馆营造书香气息、文化氛围问题。

06　加强文旅主题特色数据库建设，助推文旅融合 / 李晓婷 // 人文天下 . -- 2019，no.13，16–20 页

在文化与旅游逐步走向融合的今天，公共图书馆应当积极发展旅游文化资源，探索文化与旅游融合的有效途径。文章从文化与旅游主题特色数据库建设的必要性及特色数据库建设的选题方向两个方面进行论述，提出应注意选题的规划性、实用性、可扩展性等问题，提出应推出更多文化与旅游精品，把更多优质文化资源转为优质旅游资源，使旅游资源里的文化内涵得以传播和继承。

孙 进

1978年生，山东威海人，2002年7月入馆至今，高级经济师。

论文

01 现代图书馆管理创新探讨 / 孙进 // 网络时代图书馆工作与研究 / 王运堂主编 . -- 海口：南海出版公司，2003. -- 426–429 页

文章论述了现代图书馆管理目标以及图书馆管理面临的问题，围绕市场营销思想、现代财务管理思想、现代人才管理思想等方面提出了应对之策。

02 以用户需求为导向的信息加工初探

参见 王彬论文 04

03 公共图书馆网站建设的问题和对策 / 孙进 // 黑龙江科技信息 . -- 2010，no.6，113 页

网站是公共图书馆建设中的重要内容之一。文章通过调查全省公共图书馆网站的内容，分析了目前网站建设和运行中存在的内容单一、服务方式单调、网站维护不及时等相关问题，提出了重点设计网站首页、加强地方文献数据库的建设、提供个性化服务、加强网站管理等改进对策。

04 新所得税法下企业所得税的会计核算 / 孙进 // 现代商业 . -- 2010，no.20，232 页

中华人民共和国新的企业所得税法已于2008年1月1日起正式施行，另根据2006年颁布的《企业会计准则第18号——所得税》要求，企业核算所得税的方法应采用资产负债表债务法。文章简要分析了在新准则和新税法下，企业财务会计对差异的处理方法的新变化，重点阐释了企业会计准则的相关规定与所得税法之间的差异，具体论述了新企业所得税法与会计准则差异的协调。

05 事业单位内部控制建设初探 / 孙进 // 经营管理者 . -- 2011，no.12，61 页

事业单位内部控制是事业单位管理的重要组成部分。文章分析了目前事业单位的内部控制普遍存在的问题，指出建立内部控制体系应当在内部控制组织、货币资金的控制、固定资产控制、采购和付款控制等重要的风险控制环节加强规范。

06 从女性阅读视角谈公共图书馆读者服务创新 / 孙进 // 山东图书馆学刊：2012 年“公共文化服务体系建设中的图书馆”专辑 . -- 2012，274-275 页

随着女性读者的增加，女性阅读服务成为公共图书馆读者服务中亟待重视和研究的问题。文章介绍了现代女性阅读需求的特点，阐述了公共图书馆在女性阅读传播过程中的作用，提出从现代女性阅读需求出发，通过搭建女性阅读平台、多样化服务延伸服务领域、利用多种信息媒介手段等途径，创新女性阅读服务。

07 新会计制度下事业单位国库集中支付的会计核算 / 孙进 // 行政事业资产与财务 . -- 2013，no.17，52-53 页

文章介绍了事业单位国库集中支付改革的背景，论述了国库集中支付制度改革对事业单位会计核算的影响，其主要体现在资金管理方式的变化、会计科目的相关变化、账务处理方面的变化三个方面，提出了应对这些变化的方法和措施。

张冠武

1979 年生，山东莱西人，2002 年 7 月入馆至今，馆员。

论文

01 试论学科馆员制度 / 张冠武 // 图书馆管理与自动化建设 / 王运堂主编 . -- 北京：中国文联出版社，2006. -- 423-427 页

文章介绍了图书馆学科馆员制度和学科馆员制度的源起，从提供定题服务和跟踪服务、评价专业学科电子资源、搜集整理专业学科网络资源等方面，详细阐述了学科馆员的职责以及对馆员的素质要求，提出从建立人才保障机制和建立学科馆员考评体系两个方面建立学科馆员制度的具体措施。

02　论图书馆知识管理的内容与实施策略 / 张冠武 // 图书馆用户服务研究 / 赵炳武主编 . -- 济南：山东省地图出版社，2007. -- 316–319 页

文章阐述了图书馆知识管理的背景条件，从知识组织管理、开发管理、创新管理、传播管理等方面，重点介绍了图书馆知识管理的内容，提出了图书馆知识管理的实施策略。

张　茜

女，1982 年生，山东昌邑人，2002 年 7 月入馆至今，馆员。

论文

01　图书馆信息服务的策略

参见　王彬论文 03

02　浅论免费开放服务模式下的公共图书馆——山东省图书馆免费开放以来的实践及面临的问题 / 张茜 // 山东图书馆学刊：2012 年“公共文化服务体系建设中的图书馆”专辑 . -- 2012，73–74+118 页

图书馆免费开放是必然之路。文章介绍了我国公共图书馆免费开放的情况及意义，详细论述了山东省图书馆开展免费服务的实践经验，在此基础上分析了公共图书馆免费服务开放后出现的问题，并提出建议。

03　智能 RFID 在图书馆中的应用 / 张茜 // 山东图书馆学刊：2013 年“图书馆的职能拓展与效能提高”专辑 . -- 2013，175–177 页

RFID 技术作为新一代智能化管理系统，在不断向图书馆管理领域渗透。文章论述了智能化管理系统在图书馆的应用，分析与传统相比开放式图书馆管理模式的优势，并结合山东省图书馆畅销书屋 RFID 试点的现状，探讨山东省图书馆全面应用 RFID 技术的可行性。

04　浅析我国公共图书馆均等化服务

参见　王立国论文 01

05 浅谈少年儿童读者导读工作 / 张茜，王立国 // 数字化用户 . -- 2014，no.1，129 页

导读是图书馆对读者的阅读内容和阅读方法进行辅导的一种形式。少儿图书馆作为少儿社会教育机构，应针对少儿读者服务中存在的问题，改进自身的导读服务。文章通过阐述少儿图书馆开展导读工作的意义，分析少儿读者的阅读心理特点，探讨如何加强少儿读者的导读工作。

06 公共图书馆党员志愿服务常态化实践与分析——以山东省图书馆为例 / 张茜 // 山东图书馆学刊：2019 年山东省图书馆馆员论坛专刊 . -- 2019，10–13 页

文章介绍了《志愿服务条例》与志愿服务的意义，从志愿活动常态化、制度化，考核监督完善管理制度，行业优势三个方面着重分析了山东省图书馆党员志愿活动的特点，针对现阶段党员志愿服务存在的问题，提出统一组织架构、建立培训机制、拓展服务领域、树立活动品牌等建议。

张铁柱

1978 年生，山东安丘人，2002 年 7 月入馆至今，馆员。

论文

01 论图书馆的品牌服务 / 张铁柱 // 图书馆管理与信息服务 / 王运堂主编 . -- 北京：北京图书馆出版社，2004. -- 519–522 页

图书馆品牌服务是指在图书馆利用自身馆藏资源及其所能获得到的信息资源为读者提供服务的过程中形成的，并长久坚持的、具有特色的服务规范。文章介绍了品牌服务的概念和图书馆创建品牌服务的必要性，提出通过引入竞争机制、树立良好的服务形象、利用媒体提高品牌知名度、注重服务的延续性以及设立正式的投诉渠道等多种措施，创建图书馆品牌服务。

02 现代图书馆建筑设计浅议 / 张铁柱 // 图书馆信息资源建设与利用 / 王运堂主编 . -- 北京：中国文联出版社，2005. -- 58–61 页

在现代高新技术的推动下，图书馆正在发生着一场革命，图书馆的服务理念和服务方式发生了很大转变。这对图书馆整体功能的需求和形态的改变产生了巨大影响，同时也为图书馆的建筑设计带来许多新的问题。文章阐述了高新技术对图书馆管理与服务的影响，尤其是对图书馆建筑的影响，重点论述了现代图书馆建筑设计应遵循的原则，从选址、造型、内部装修、无障碍设计等方面详细阐述了现代图书馆建筑设计的内容。

03　图书馆建筑设计规范的发展与思考 / 张铁柱 // 图书馆管理与自动化建设 / 王运堂主编 . -- 北京：中国文联出版社，2006. -- 346-350 页

文章介绍了《图书馆建筑设计规范》的修订情况，对修订的主要内容、重点章节和条文分别进行了阐述。文章指出，新规范的出台适应了现代化图书馆事业的发展趋势，为现代化图书馆事业发展提供了坚实可靠的物质基础和广阔的发展空间。

04　现代公共图书馆建筑设计浅议 / 张铁柱 // 黑龙江科技信息 . -- 2009，no.34，161+173 页

公共图书馆的建筑形式对图书馆的发展起着重要的作用。文章介绍了现代图书馆建筑设计中应遵循的原则，详细论述了现代公共图书馆建筑设计中应考虑的选址、造型、建筑形式、内部环境、节能措施等内容。

05　公共图书馆现代化服务中若干问题探讨 / 张铁柱 // 中国新技术新产品 . -- 2010，no.6，256 页

文章论述了图书馆服务在构建和谐社会中的重要作用，重点从现代化图书馆的服务理念、公共图书馆服务功能的拓展和延伸、规范周到而细致入微的读者服务、便捷的服务体系、儿童及青少年读者的服务等方面加以探讨。

06　我国少儿图书馆服务现状及发展研究 / 张铁柱 // 喜阅今日，书香未来——2011 年中国图书馆学会未成年人学术研讨会论文集 / 中国图书馆学会未成年人图书馆服务专业委员会主编 . -- 南昌：二十一世纪出版社，2011. -- 17-23 页

文章介绍了当前我国少儿图书馆事业取得的一些成就，分析了少儿图书馆服务中存在的问题和不足，提出了今后我国少儿图书馆服务应加快少儿图书馆服务体系建设、加强专业服务队伍建设、组织馆员积极参与撰写书评、开展家庭作业辅导、加强家庭阅读指导等五项发展建议。

07　美国公共图书馆儿童阅读推广活动研究及启示 / 张铁柱 // 山东图书馆学刊：2018 年“新时代图书馆的建设与发展”专辑 . -- 2018，171–173 页

文章针对美国公共图书馆儿童阅读推广活动，从婴幼儿早期阅读活动、讲故事活动、美国暑期阅读活动、青少年阅读周等四个方面进行了全面分析，据此提出我国公共图书馆应借鉴美国公共图书馆儿童阅读推广活动的成功经验，从重视婴幼儿早期阅读服务、保证少儿阅读活动形式多样、建立少儿自主阅读的引导机制、提高少儿馆员专业素质水平、提供专业书评指导少儿读者阅读等五个方面开展儿童阅读推广工作。

08　公共图书馆读者粘性刍论

参见　罗晨论文 02

张志国

1978 年生，山东济南人，2002 年 7 月入馆至今，馆员。

论文

01　创建学习型图书馆 / 张志国，孟庆春 // 网络时代图书馆工作与研究 / 王运堂主编 . -- 海口：南海出版公司，2003. -- 413–417 页

文章论述了创建学习型图书馆的意义，重点阐述了学习型图书馆的理论基础，提出了学习型图书馆的实施机制。

02　网络环境下图书馆员的信息素质 / 张志国 // 文献信息的组织、管理和利用 / 赵炳武主编 . -- 济南：山东省地图出版社，2008. -- 61–64 页

图书馆要搞好信息服务，最关键的因素在于图书馆员。文章详细论述了网络环境下图书馆员面临的新挑战和新机遇，提出网络环境下图书馆员的信息素质要求以及信息素质能力的培养途径。

03　浅议现代公共图书馆服务工作 / 张志国 // 科技情报开发与经济 . -- 2009，no.27，77–79+91 页

文章以新中国成立初期、改革开放和新世纪的到来为分界点，把我国现代公共图书馆事业的发展分成三个阶段，回顾和分析了新中国成立以来公共图书馆事业在服务方面取得的成就，分析制约公共图书馆服务发展的因素，在此基础上探讨了未来中国公共图书馆事业在服务方面的发展趋势。

赵巧云

女，1978 年生，山东昌邑人，2002 年 7 月入馆至今，馆员。

论文

01　试论学科馆员制度的建立

参见　马兰芳论文 06

02　我国公共图书馆对“新生代农民工”的知识援助 / 赵巧云 // 山东图书馆学刊：2012 年“公共文化服务体系建设中的图书馆”专辑 . -- 2012，219-220+246 页

农民工是我国三大弱势群体之一，图书馆界非常重视对其的知识援助。文章介绍了“新生代农民工”的特点及面临的新问题，详细论述了公共图书馆向其提供知识援助的优势，并从制度保障、服务方式等方面提出具体的援助措施。

03　特色地方文献的编目整理——以“山东省社会科学优秀成果奖”获奖作品为例 / 赵巧云 // 山东图书馆学刊：2019 年“变革创新开放融通——法治背景下图书馆发展新路”专辑 . -- 2019，206-208 页

“山东省社会科学优秀成果奖”自 1983 年开始评选，截至目前共评出 31 届，获奖作品一定程度上体现了改革开放以来山东省社会科学研究方面的水平和发展方向。文章对“山东省社会科学优秀成果奖”获奖作品按文献类型进行分类、按类对其编目的规则进行了详细论述，指出这一规则既有对过去地方文献编目规则的继承，又有专门针对这批文献特点的创新。

王　萌

女，1979 年生，山东烟台人，2002 年 8 月入馆至今，馆员。

论文

01　浅论新形势下图书馆工作的重点 / 王萌 // 网络时代图书馆工作与研究 / 王运堂主编 . -- 海口：南海出版公司，2003. -- 25–27 页

面对信息时代给图书馆带来的冲击和市场经济之下的竞争，图书馆必须加快从传统服务向现代化服务的转变。文章指出图书馆工作的改革要在两方面着手，一手抓资源，一手抓服务。重点论述了构造有效的信息资源体系，建立传统服务与现代服务有机结合的服务模式。

02　浅论新时期图书馆人力资源管理面临的挑战与对策 / 王萌，王军威 // 图书馆管理与信息服务 / 王运堂主编 . -- 北京：北京图书馆出版社，2004. -- 332–335 页

优秀的图书馆员是当代图书馆中最重要的资源和财富。文章论述了新时期图书馆及其服务的发展趋势，介绍了图书馆人力资源管理面临的诸多挑战，提出以人为本、优胜劣汰、评聘分开等人力资源管理创新思想和策略。

03　浅探网络环境下图书馆用户需求与服务 / 王萌 // 图书馆用户服务研究 / 赵炳武主编 . -- 济南：山东省地图出版社，2007. -- 5–8 页

在网络环境下，图书馆必须更切实、更彻底地从“以馆藏为中心”向“以用户需求为中心”的管理服务模式转变，做好用户需求的调查、分析，这样才能知彼知己，百战不殆。文章介绍了网络环境中图书馆用户的需求特点，从优化馆藏资源配置、着力建设特色馆藏数据库、开展个性化的网上参考咨询工作、开展图书馆用户培训四个方面，阐述了图书馆服务满足用户信息需求的主要举措。

04　数字图书馆用户价值研究 / 王萌 // 数字图书馆工作论坛 / 赵炳武主编 . -- 济南：山东省地图出版社，2009. -- 366–370 页

图书馆是以用户为中心为其提供信息服务的场所。随着信息时代的来临，数字图书馆应运而生，要想更好地为用户提供信息服务，图书馆首先需要研究用户价值。文章介绍了数字图书馆用户价值的构成，从效用、价格、人性化程度三方面详细阐述了数字图书馆用户价值的影响因素，提出通过测量用户满意度来测评用户价值。

05　浅议如何发挥图书馆在幼儿阅读兴趣培养中的作用 / 王萌 // 山东图书馆学刊：2019 年“变革创新开放融通——法治背景下图书馆发展新路”专辑 . -- 2019，289–291 页

幼儿是图书馆特殊的阅读群体。图书馆要根据幼儿的生理、心理及行为特点，探寻幼儿使用图书馆的特殊性，研究幼儿读者的阅读规律和需求特点，有针对性、有区别地为幼儿提供专业化的图书馆服务，从而达到激发幼儿阅读兴趣、培养幼儿阅读习惯的目的。文章介绍了国内幼儿阅读的基本概况以及指导幼儿阅读的家长的基本情况，提出从完善硬件建设、创新服务模式、图书内容的选择推介、加强宣传引导等方面，发挥图书馆在幼儿阅读兴趣培养中的作用。

王　磊

1980 年生，山东阳谷人，2002 年 9 月至 2008 年 10 月在馆，助理馆员。

论文

01　论公共图书馆服务模式创新 / 王磊 // 图书馆用户服务研究 / 赵炳武主编 . -- 济南：山东省地图出版社，2007. -- 60–63 页

文章强调了图书馆服务模式变革的重要性，重点围绕加强硬件设施建设、建立科学的管理制度、打造品牌形象、全面开展网上服务、培养新型的图书馆服务人才、引入产业化机制等方面，论述了变革创新服务模式的具体策略。

韩　杰

1979 年生，山东济南人，2002 年 12 月入馆至今，助理馆员。

论文

01　公共图书馆总分馆模式的特点与完善策略 / 韩杰 // 山东图书馆学刊：2017 年“技术发展与社会服务——前行中的图书馆”专辑 . -- 2017，148–150 页

总分馆制实现了集中式服务到分布式服务的转变，标志着图书馆管理服务模式的一场变革。文章通过对公共图书馆总分馆模式中几种典型模式的归类对比，介绍总分馆模式的特点，就我国公共图书馆总分馆模式存在的问题进行了分析，从管理服务体制改进、注重分馆个性的保留和开发等方面提出了针对性举措，力求实现对公共图书馆总分馆模式的扬长避短。

公 瑾

女，1980 年出生，山东蒙阴人，2003 年 7 月入馆至今，馆员。

著作

01 英雄儿女：山东抗战故事集 / 公瑾主编；山东省图书馆编 // 北京：中国文史出版社，2019. -- 268 页；22cm

本书按故事内容分为战地凯歌、英雄儿女、全民武装、鱼水情深四部分，均选自山东地区抗战时期的报纸、期刊所刊登的抗战故事，并按故事刊登的时间顺序排序。每篇作品均著录有作者、出处与发表时间。这些抗战故事，大多出自战斗在抗日一线的军民，很多是真人真事，读者读来如临其境，如见其人。

论文

01 浅谈图书馆的可持续发展 / 公瑾，张鹏 // 图书馆管理与信息服务 / 王运堂主编 . -- 北京：北京图书馆出版社，2004. -- 24-26 页

文章论述了图书馆可持续发展的必要性，提出了通过制定符合我国国情的统一标准和规范、实行量化管理、提高馆员业务能力、重视读者服务、建设有特色的图书馆文献资源等方面，促进图书馆的可持续发展。

02 图书馆在文化共享工程建设中的优势及措施 / 公瑾 // 文献信息的组织、管理和利用 / 赵炳武主编 . -- 济南：山东省地图出版社，2008. -- 256-259 页

文化信息资源共享工程是采用现代化信息技术对文化信息资源进行数字化加工和整合，通过网络最大限度地向社会公众共享的文化工程。文章介绍了图书馆在共享工程中的设施、技术、资源等优势，论述共享工程建设中建立特色数据库的重要性，并从制定本土特色的计划方案、培训专门人才、坚持标准规范、扩大基层服务阵地等方面提出图书馆在共享工程中发挥主体作用的具体措施。

03　**公共图书馆数字参考咨询服务工作的探讨 / 公瑾 // 数字图书馆工作论坛 / 赵炳武主编 . -- 济南：山东省地图出版社，2009. -- 331–334 页**

文章介绍了数字参考咨询的含义及网络环境下数字参考咨询工作的重要性。具体论述了数字参考咨询服务的主要模式和内容以及服务中存在的问题，并从改善图书馆的技术设备条件、开展个性化服务、促进各图书馆之间的合作等方面，对我国图书馆数字参考咨询服务工作提出改进建议。

04　**公共图书馆读者活动的筹划和实施 / 公瑾 // 山东图书馆学刊：2010 年“图书馆的定位与发展”专辑 . -- 2010，90–92 页**

文章简要论述了读者活动策划的意义，认为公共图书馆开展读者活动是人民群众日益增长的精神文化生活的需求。筹划好读者活动，有助于扩大图书馆在读者中的影响力，从而盘活图书馆各类资源，提升图书馆的社会地位。文章重点介绍了读者活动的筹划步骤，阐述了读者活动的组织要求，并从坚持主旋律、走出服务阵地和注重细节服务三个方面对读者活动的实施提出要求。

05　**公共图书馆社区信息服务研究 / 公瑾 // 山东图书馆学刊：2012 年“公共文化服务体系建设中的图书馆”专辑 . -- 2012，27–28 页**

文章阐述了社区信息服务的定义及产生发展，详细论述了我国公共图书馆社区信息服务的内容及其作用与影响，对公共图书馆开展社区信息服务具有一定参考价值。

06　**浅论地方报纸数字化建设——以山东省图书馆为例 / 公瑾 // 数字与缩微影像 . -- 2017，no.4，8–10 页**

文章介绍了山东省图书馆文献缩微工作的发展历程及现状，针对工作中遇到的问题，提出通过缩微技术与数字技术相结合、与国家数字图书馆推广工程联合建设地方报纸数字化项目、建立地方报纸数字资源库等措施，使缩微文献得以更加广泛的传播和利用。

07　**“互联网 +”模式下智慧图书馆研究 / 公瑾 // 河南图书馆学刊 . -- 2018，v.38，no.5，129–131 页**

随着“互联网 + 传统行业”倡导的提出，各行各业都受到了互联网及信息技术的冲击和影响。图书馆作为传统的服务领域，必将在这场“e 浪潮”中迎来翻天覆地的变化。文章介绍了“互联网 +”图书馆的发展模式，分析了图书馆的发展现状及存在的不足，对构建和优化“互联网 +”图书馆模式进行了讨论，提出移动端资源建设、延伸服务范围、加强人才队伍建设等建议。

08 山东省图书馆缩微文献建设研究 / 公瑾 // 数字与缩微影像 . -- 2019，no.2，10–12 页

文章介绍了山东省图书馆缩微工作，通过对馆藏缩微文献体系分类的研究，结合实际工作提出“缩微技术”具有不可替代的保存珍贵文献的作用，指出“传统缩微”与“数字缩微”相结合，做到“缩微”与“数字”技术并行，是目前保护珍贵文献行之有效的方法。

09 论缩微数字存档技术对数字资源的再生性保护 / 公瑾 // 山东图书馆学刊：2019 年山东省图书馆馆员论坛专刊 . -- 2019，90–92 页

文章简要介绍了缩微技术和数字缩微技术，提出在网络环境下，数字资源存在无法长期保存的问题，认为应利用缩微胶片的稳定性优点，通过数字缩微技术——数字存档技术对数字资源重新异质备份，从而达到数字资源长期保存的目的。

刘曜檀

1979 年生，山东临沂人，2003 年 7 月入馆至今，副研究馆员。

论文

01 谈谈图书馆的地方文献工作 / 刘曜檀 // 文献信息的组织、管理和利用 / 赵炳武主编 . -- 济南：山东省地图出版社，2008. -- 201–204 页

地方文献具有很高的历史、科学和情报价值，对促进地方文明建设有着巨大的作用。文章介绍了我国地方文献工作的开展情况，指出了目前地方文献工作中存在的问题，并从加强信息资源收集和加大开发力度两个方面对地方文献工作提出了设想。

02 电子信息牌制作简介 / 徐震，刘曜檀 // 中国新技术新产品 . -- 2010，no.9，26–27 页

LED 大屏幕信息系统由于其特殊的装饰效果和显示信息的灵活多样性而在商业、

金融、农业等领域得到广泛应用。文章通过实际应用示例，阐明了如何用计算机来处理图形和文本，使这些图形和文本能够在LED电子显示屏上显示，还讲解了显示驱动的设计。

03　发展社区图书馆　推进阅读活动 / 刘曜檀 // 山东图书馆学刊：2011 年“图书馆社会责任”专辑 . -- 2011，125–127 页

在党的政策支持和引导下，近几年我国社区图书馆事业蓬勃发展。文章首先论述了社区图书馆对阅读的推动作用，然后从引发阅读兴趣、引导阅读倾向、组织阅读活动、鼓励家庭阅读等几个方面，具体论述社区图书馆在推动阅读方面应采取的措施。

04　档案学基础理论的发展与反思 / 李军，刘曜檀 // 科技视界 . -- 2015，no.34，211+254 页

文章通过对档案学基础理论发展历程的梳理，指出目前档案学存在的问题，提出了加强档案学与其他领域结合、强化研究者原创意识等改进建议，希望以此促进档案学整体水平的提高，为相关领域研究提供参考。

05　不一样的阅读文化 / 刘曜檀 // 河南图书馆学刊 . -- 2016，v.36，no.2，105–107 页

文章阐述了希腊阅读文化的特点，认为希腊的阅读文化有自己的特点，不重读书而重“阅物”。重点分析了希腊阅读的现状以及成因，强调指出读书与“阅物”是一致的，阅读并不仅仅指读书，读宇宙万物也是一种阅读方式。在这方面，希腊别样的阅读风情给我国图书馆的阅读工作很多启示。

06　公共图书馆与实体书店合作模式探析 / 刘曜檀 // 图书馆学刊 . -- 2016，no.10，28–31 页

文章通过大数据趋势图说明实体书店与公共图书馆的合作有着巨大发展前景，提出了以异构系统平台为基础的合作模型，整合了IT领域的若干技术环节，以期将二者的合作模式推广到整个文化行业，将文化事业与经济发展的各个层面紧密联系起来。

07　社区图书馆在阅读推广活动中的角色及发展措施 / 刘曜檀 // 农业图书情报学刊 . -- 2017，v.29，no.6，66–68 页

文章论述了社区图书馆的角色定位，重点介绍了现阶段社区图书馆建设的三种普遍模式，阐述了社区图书馆在推动大众阅读和全民阅读中的作用，从引发阅读兴趣、引导阅读倾向、组织读书活动、鼓励家庭阅读等几个方面，具体论述了社区图书馆在推动阅读方面应采取的具体措施。

08　公共图书馆管理与服务创新研究 / 刘曜檀，王增增，郭丽娜 // 人文天下 . -- 2017，no.14，51–53 页

公共图书馆管理与服务创新是一项十分艰巨的工程。文章介绍了图书馆创新的意义，从理念创新、制度创新、队伍素质建设等方面论述了管理创新举措，从服务方式创新、增强人性化服务意识、探索应用新技术、提供个性化的延伸服务等方面论述了服务创新举措。

马海明

1978 年生，山东寿光人，2003 年 7 月至 2012 年在馆，助理馆员。

论文

01　谈图书馆的知识服务 / 马海明 // 图书馆用户服务研究 / 赵炳武主编 . -- 济南：山东省地图出版社，2007.-- 344–347 页

文章阐述了图书馆知识服务的概念，认为图书馆的知识服务是一个基于读者需求，对知识信息进行全面分析、筛选、集约、升华，并进行创新与利用的过程。重点介绍了参考咨询服务、知识导航服务、个性化信息服务等知识服务的内容。

02　公共图书馆为弱势群体服务之我见 / 马海明 // 文献信息的组织、管理和利用 / 赵炳武主编 . -- 济南：山东省地图出版社，2008. -- 56–60 页

文章认为公共图书馆作为社会公益性的文化机构和社会文化力的核心，应该关注弱势群体的文化需求，积极探索为弱势群体服务的方式和方法。文章重点分析了弱势群体的特征和公共图书馆为弱势群体服务的可行性，提出以社区为知识援助的实施单位、建立弱势群体档案库、加强设施建设、组织各类文化娱乐活动等为弱势群体服务的具体措施。

孙　卿

女，1980 年生，河北丰润人，2003 年 7 月入馆至今，馆员。

论文

01　网络环境下图书馆的文献资源建设 / 孙卿 // 文献信息的组织、管理和利用 / 赵炳武主编 . -- 济南：山东省地图出版社，2008. -- 173–176 页

随着网络环境的形成和网络信息资源的迅猛发展，图书馆从馆藏结构、管理方法到服务模式都发生了变化。文章阐述了文献资源建设工作现状，分析了网络环境下文献资源建设的特点，从合理配置印刷型文献和电子资源、实现馆藏文献特色化、信息资源共享以及开发利用网络资源等方面，论述了网络环境下图书馆文献资源建设的新思路。

02　公共图书馆均等化服务与读者权益保障 / 孙卿 // 山东图书馆学刊：2014 年“服务均等化 · 图书馆变革与创新”专辑 . -- 2014，42–43+46 页

均等化服务是图书馆服务的基本原则与目标追求，体现了“普遍平等”“惠及全民”的公共图书馆精神，最大限度地保障读者权益是图书馆均等化服务的立足点。文章阐述了公共图书馆均等化服务的理念，指出了图书馆均等化服务的目标是保障读者权益，提出从关注弱势群体、加强基层图书馆建设、建立图书馆资源共享服务体系、积极推动图书馆立法进程等方面实现公共图书馆均等化服务的建议。

03　EXCEL VBA 在图书到货统计中的应用 / 孙卿 // 山东图书馆学刊：2018 年山东省图书馆馆员论坛专刊 . -- 2019，124–127 页

图书到货情况是对图书供应商实行绩效考核的重要依据。文章阐述了图书馆考核图书到货的意义，介绍了山东省图书馆对于图书到货规定，以及利用 VBA 开发的图书到货统计程序在采访工作中的具体应用。文章指出，为更方便地掌握图书供应商的配货情况，应根据需求分析，利用 VBA 开发图书到货统计程序，实现订单与到货数据的预处理、对比数据的导入、数据查重比对、到货率与差错率统计等。通过实践应用，该程序实现了智能比对，缩短了统计时间，大大提高了采访环节效率。

王 玮

1979年生，山东东营人，2003年7月入馆至今，馆员。

论文

01 **试论信息时代催生数字图书馆引发信息服务的问题 / 王玮，樊伟 // 图书馆信息资源建设与利用 / 王运堂主编 . -- 北京：中国文联出版社，2005. -- 461–465 页**

文章简要论述了引发信息服务的社会背景，重点阐述了信息服务的内涵和图书馆信息服务的发展变化，针对数字时代图书馆信息服务现状，提出以读者需求为核心，以学科专业为基础，强调信息服务的专业化、个性化三方面的对策。

02 **关于图书馆职业资格认证制度的几点认识 / 王玮，刘满奎 // 图书馆管理与自动化建设 / 王运堂主编 . -- 北京：中国文联出版社，2006. -- 159–163 页**

文章简要介绍了图书馆推行职业资格认证制度的概念和意义，详细阐述了世界各国图书馆的职业资格证书制度，并从法律保障、不同级别的认证以及与继续教育一致性三个方面论述了国外图书馆职业资格认证制度给我们的启示。

03 **新时期公共图书馆研究辅导工作初探**

参见　王彬论文 05

04 **我国图书馆员群体文化建设探析 / 王玮 // 图书馆用户服务研究 / 赵炳武主编 . -- 济南：山东省地图出版社，2007. -- 551–554 页**

文章论述了加强图书馆员群体文化建设的战略意义，指出我国图书馆员群体文化建设存在的问题，包括缺乏一种整体的文化建设眼光、忽视职业信仰的教育、促进和保障文化的社会组织和机构建设薄弱等。针对存在的问题，提出抓好职业信仰教育与培养、加强图书馆员之间的交流以及加强馆风和组织文化建设的对策建议。

05 **浅谈现代社区图书馆服务 / 王玮 // 文献信息的组织、管理和利用 / 赵炳武主编 . -- 济南：山东省地图出版社，2008. -- 352–357 页**

社区图书馆不仅是公共图书馆事业的重要组成部分，还是公共图书馆社区服务的重要主体之一。文章介绍了现代社区图书馆服务的发展理念，提出通过构筑社区居民终身教育的服务平台、现代科技信息资源共享服务平台、先进文化传播服务平台等途径建设现代社区图书馆。

06　试论图书馆管理中的人文关怀 / 王玮 // 文化责任：2009 文化部党建在线“文化建设”征文优秀论文集 / 李洪峰主编 . -- 北京：文化艺术出版社，2009. -- 193-199 页

文章阐述了在图书馆管理中应用人文关怀理论的意义和作用，重点从馆员和读者两个方面指出图书馆管理中的人文关怀的理论问题和现实问题，并为图书馆管理的改革提出了合理的建议。

07　新世纪公共图书馆社会职能的思考 / 王玮 // 山东图书馆学刊：2010 年“图书馆的定位与发展”专辑 . -- 2010，39-41 页

图书馆是社会需要的产物，当社会需求发生变化时，图书馆要相应地调整自身的社会职能，满足社会需要，实现图书馆的社会价值。文章分析了社会需求的新形势与新特点，从公共性、公益性和开放性三个方面详细论述了新的社会环境赋予图书馆的新职能和新定位，强调应强化图书馆的社会咨询功能和娱乐功能。

08　公共图书馆的社会责任探析 / 王玮 // 山东图书馆学刊：2011 年“图书馆社会责任”专辑 . -- 2011，47-49 页

文章阐明了社会责任的含义和作者对图书馆社会责任的认识，从担当构建公共文化服务体系主力军的责任、构建学习型社会的责任、树立以人为本的科学理念、建立和完善图书馆人才机制等方面，详细论述了公共图书馆社会责任的主要内容。

09　公共图书馆服务延伸新举措——兴办“网络展览”/ 王玮，陶嘉今 // 山东图书馆学刊 . -- 2012，no.6，57-62 页

在展览业高速发展的社会大环境下，公共图书馆依靠其自身的优势条件，以兴办公益性展览为基础，兼顾商业性展览，迅速发展成为公共展览的主阵地和推动展览业前进的重要力量之一。文章以山东省图书馆为例，介绍“网络展览”创办的目的和优势，详细论述了山东省图书馆兴办“网络展览”的定位与目标、“网络展览”的设计方式，并从在线推广和线下推广两个方面提出“网络展览”的宣传推广模式。

10 全民阅读与公共图书馆 / 王玮 // 山东图书馆学刊：2012 年“公共文化服务体系建设中的图书馆”专辑 . -- 2012，194–195+232 页

文章以全民阅读兴起的背景和我国民众阅读的现状为切入点，详细分析了公共图书馆开展全民阅读的优势，提出应注重加强阅读环境建设、建立流动分馆、关注弱势群体、举办公益讲座等方面，开展全民阅读。

11 浅谈公共图书馆推荐全民阅读活动的策略 / 王玮 // 山东图书馆学刊：2014 年“服务均等化 · 图书馆变革与创新”专辑 . -- 2014，228–230 页

文章简要论述了公共图书馆在全民阅读推广中的作用，介绍了我国全民阅读活动的发展历程，并对我国全民阅读的现状进行了分析，详细阐述了公共图书馆在全民阅读活动实施过程中遇到的问题，提出制定相应法律与政策、加大宣传力度、创新服务方式、建设便民服务网点等对策，以推动全民阅读活动深入开展。

12 技术浪潮中图书馆人文精神的困境与消解 / 王玮 // 山东图书馆学刊：2015 年“融合与超越——图书馆使命与目标”专辑 . -- 2015，48–50 页

文章阐明了人文精神是图书馆价值体系的重要组成部分，重点介绍了图书馆的人文精神和技术内涵，分析了当代图书馆技术化的人文现状，提出从人文的高度解读现代图书馆技术的本质、理性工具和价值工具之间保持适度的张力、注重图书馆的整体性与完整性、促进技术人文化等方面，消解图书馆人文困境。

13 新媒体对公共图书馆参考咨询服务的影响分析 / 王玮 // 现代信息科技 . -- 2019，no.12，121–123 页

文章简要论述了新媒体对公共图书馆参考咨询服务的意义，重点分析了新媒体技术的应用对于公共图书馆咨询服务产生的影响，阐述了目前公共图书馆咨询服务工作中存在的问题，分析了出现这些问题的原因，提出了全面提供实时图书咨询、各方之间加强协调配合、加强工作人员专业培训力度等举措。

14 省级图书馆学会开展社科普及志愿服务工作之我见——以山东省图书馆学会为例 / 王玮 // 山东图书馆学刊：2019 年“变革创新开放融通——法治背景下图书馆发展新路”专辑 . -- 2019，91–94 页

文章论述了省级图书馆学会开展社科普及志愿服务工作的必要性，分析了该项工作的现状和问题，并结合山东省图书馆学会开展社科普及志愿服务的实践经验，提出建立健全志愿者组织机构、创建实施科学高效的工作机制、丰富志愿者招募形式、拓展志愿服务内涵等提升省级图书馆学会社科普及志愿服务效能的具体措施。

朱冬梅

女，1980 年生，山东德州人，2003 年 7 月入馆至今，馆员。

著作

01 中美近代图书馆发展历程比较研究 / 朱冬梅著 . -- 长春：吉林文史出版社，2019. -- 158 页；21cm

本书从搜集中美两国近代图书馆创建及发展的资料入手，参考前人的研究成果，回顾总结了两国近代的图书馆发展史，比较分析了两国近代图书馆发展的不同特点，指出了产生这些不同特点的背景原因，探讨了影响图书馆事业发展的相关因素，展望了新的历史条件下我国图书馆事业的发展前景，肯定了图书馆在政治、经济、文化建设中的重要地位。该书共分为六个部分：一、引言；二、中国近代图书馆的发展历程；三、美国近代图书馆的发展历程；四、中美近代图书馆发展特点的比较；五、中美近代图书馆发展不同特点的原因及背景；六、观点总结及对我国图书馆发展的启示。

论文

01 与时俱进　提高女馆员素质 / 朱冬梅 // 图书馆管理与信息服务 / 王运堂主编 . -- 北京：北京图书馆出版社，2004. -- 412–416 页

女馆员在图书馆工作人员中占很高比例，努力提高女馆员的素质是我国图书馆工作的重中之重。文章从思想修养、道德修养、文化修养、心理修养四个方面对如何强化女馆员自身修养，做称职的新时代女馆员进行了详细阐述。

02　我馆外文期刊的利用和开发 / 朱冬梅 // 图书馆信息资源建设与利用 / 王运堂主编 . -- 北京：中国文联出版社，2005. -- 662–665 页

期刊汇集了人类大部分知识智慧成果，是所有文献类型中被利用最多、信息价值最高的一种文献。外文期刊以其内容新颖、时效性强、传播速度快等优势受到了人们的青睐。文章论述了外文期刊资源开发的重要意义，分析了外文期刊的主要读者群和外文期刊利用率低的主要原因，提出从定向性开发、时效性开发、连续性开发、知识物化开发等方面，提高外文期刊的开发利用。

03　图书馆用户需求初探 / 朱冬梅 // 图书馆用户服务研究 / 赵炳武主编 . -- 济南：山东省地图出版社，2007. -- 21–24 页

受到知识经济和现代信息环境的挑战，在整个图书馆领域，以现代信息网络为支撑、以用户为中心的新型信息服务模式逐渐形成。这种模式以用户目标为导向，根据具体要求来组织提供信息，它彻底改变了传统图书馆的经营服务模式。文章论述了用户信息需求的现状以及研究用户需求的意义，阐明了用户需求的调查研究方法，提出应根据用户需求信息，从知识信息资源的开发与组织、全程全方位信息保障等方面，建立新的信息服务模式。

04　浅谈和谐社会中的图书馆文化建设 / 朱冬梅 // 山东图书馆学刊：2010 年“图书馆的定位与发展”专辑 . -- 2010，53–54 页

文章简要说明了图书馆文化是一种以继承和传播科学文化知识为核心的文化，主要包括图书馆的行为文化、制度文化和理论文化。重点分析了图书馆文化的客观性、具体性、延续性、时代性和无形性等特征，从树立“以人为本”思想，面向未来、面向社会发挥领导集体垂范作用，服务大众等方面，提出建设图书馆和谐文化的具体措施。

05　中美文化差异对两国图书馆发展的影响 / 朱冬梅 // 山东图书馆学刊：2012 年“公共文化服务体系建设中的图书馆”专辑 . -- 2012，310–311 页

文章认为，图书馆作为一种文化机构，存在于特定的文化土壤。不同的文化背景会孕育出不同的图书馆文化，从而影响图书馆的发展历程。中国近代图书馆和美国近代图书馆发展差别很大，这与他们处于不同的文化土壤关系巨大。文章重点分析了中美两国近代不同的文化背景，论述了影响中国图书馆发展的因素，希望能为我国今后的图书馆发展提供经验。

06　新时期图书馆职能的拓展 / 朱冬梅 // 山东图书馆学刊：2013 年“图书馆的职能拓展与效能提高”专辑 . -- 2013，7-9 页

随着社会的发展与进步，图书馆的职能也在不断地变化和拓展。文章从图书馆对非物质文化遗产的保护、图书馆教育职能的拓展以及图书馆的休闲职能的拓展等三个方面，阐述了图书馆的职能拓展。

07　山东省图书馆真人图书借阅活动实践及探索 / 朱冬梅 // 山东图书馆学刊 . -- 2018，no.5，72-75 页

山东省图书馆真人图书借阅活动自 2013 年开展以来，已经成功举办 30 期，成为山东省图书馆的品牌活动。文章对山东省图书馆真人图书借阅活动进行汇总分析，总结了山东省图书馆真人图书借阅活动的特点，指出目前存在的经费不足、主题局限及权益保护等问题，并提出了解决方案，以期能为提升国内真人图书馆工作提供参考。

08　传教士明义士齐鲁生活考 / 朱冬梅 // 人文天下 . -- 2019，no.2，66-70 页

文章主要通过董林福博士捐赠信函这一第一手资料，研究明义士 1932—1936 年在齐鲁大学任教期间所从事的活动和经历。作者通过对其经历、学术贡献、教育观的分析和研究，指出明义士作为西方基督教传教士，不懈寻找西方文化与中国文化的结合点，肯定了他作为收藏家和考古学家为中国古代甲骨文研究和收藏做出的巨大贡献。文章还明确指出明义士没有忘记他作为传教士的使命，他的所有文化行为均是其为传教工作服务的。

09　山东省公共图书馆文化精准扶贫服务研究 / 朱冬梅 // 山东图书馆学刊：2018 年山东省图书馆馆员论坛专刊 . -- 2019，94-97 页

公共图书馆作为公共文化服务的重要组成部分，在文化精准扶贫工作中起到重要作用。文章阐述了公共图书馆开展文化精准扶贫的意义和必要性，分析了山东省公共图书馆文化扶贫的特点，针对文化扶贫工作中存在的问题，提出解决方案，以期能为以后的文化精准扶贫工作提供帮助和借鉴。

10　新时代图书馆党建工作探析——以山东省图书馆为例

参见　李超论文 10

朱　男

1981 年生，江苏邳县人，2003 年 7 月入馆至今，馆员。

论文

01　网络环境下图书馆参考咨询服务——兼谈山东省图书馆信息参考咨询工作 / 朱男 // 图书馆用户服务研究 / 赵炳武主编 . -- 济南：山东省地图出版社，2007. -- 231-234 页

文章简要论述了参考咨询工作的意义，重点介绍了图书馆参考咨询的概念、服务模式和服务的核心内容，围绕咨询台服务——电话模式、数字参考咨询服务模式、建立知识库服务模式等，详细论述了网络环境下参考咨询服务模式的构建。

02　图书馆参考咨询系统使用体会 / 朱男 // 文献信息的组织、管理和利用 / 赵炳武主编 . -- 济南：山东省地图出版社，2008. -- 98-101 页

文章介绍了图书馆联合参考咨询系统的功能及其使用方法，结合实际工作经验对联合参考咨询系统的读者使用情况和咨询问题类型进行了研究，指出联合参考咨询网在系统稳定性、本地读者数量、管理机制等方面出现的问题，并提供解决方案。

03　中小型图书馆“以用户为本”的全新服务理念刍议

参见　陆健论文 06

04　我国公共图书馆微博服务调查研究 / 朱男 // 山东图书馆学刊：2014 年“服务均等化 · 图书馆变革与创新”专辑 . -- 2014，148-151 页

文章对国内公共图书馆微博应用现状进行调查，从粉丝 / 听众数量、微博数量、微博内容等方面进行分析，并在此基础上提出制定微博管理制度、加强微博安全、丰富微博服务内容等具体措施，扩大微博服务影响力。

05　城市中社区图书馆调查研究——以济南市历下区图书馆为例 / 朱男 // 山东图书馆学刊：2017 年“技术发展与社会服务——前行中的图书馆”专辑 . -- 2017，159–161 页

文章简述了开展社区图书馆调查的背景和意义，并选取济南市历下区图书馆作为调查对象，介绍了历下区图书馆社区馆建设现状，分析其运营中存在的场地、人员、费用、读者等方面的问题，针对存在的问题，提出城市中社区图书馆建设的建议。

06　近十年我国阅读推广研究热点可视化研究

参见　刘阳论文 03

07　近年来“图书馆创新服务”研究热点透视——基于关键词共现分析

参见　刘婷婷论文 03

08　地方文献数字化的探索与实践——以山东文史资料专题数据库为例 / 朱男，刘婷婷 // 山东图书馆学刊 . -- 2019，no.1，48–52 页

地方文献数字化有利于充分满足读者需求，有利于文献保护及发挥文献的价值，还有利于文化信息资源共享。文章以山东文史资料专题数据库建设为例，从地方文献的保护、版权问题、推广工程的有效利用、地方文献利用率以及与社会力量合作等五个方面，详细阐述了山东省图书馆地方文献数字化的建设特色，指出建设中存在的问题，并分享工作经验。

李关勇

1970 年生，山东商河人，2003 年 8 月入馆至今，副研究馆员。

著作

01　续学统

参见　王艳丽著作 01

02　清代历城人物与著述研究 / 李关勇著 . -- 济南：山东大学出版社，2019. -- 307 页；21cm

本书分两大部分。上部名为：诗书传家声。选取历城有代表性且家族人物著述最多的三个家族，即历城朱氏、杨氏、李氏，实际上，历城称上巨族者仅朱氏、杨氏而已。尤其朱氏，自顺治至嘉庆，人才辈出，几乎每人有著述，可惜的是不少著作已经佚失。本部分将家族人物与著述分开研究。下部名为：名士竞风流。选所撰写的历城人物及著述研究十余人，所选人物主要是嘉道年间十分活跃的诗人。其中开风气之先者为历城著名学者周永年弟子尹廷兰，其他诗人均是其弟子辈人物，其中一部分是历城著名诗社"鸥社"的主要参与者。另外如金寿山、王贤仪、乔岳等，亦为这个时代的代表人物。

作者根据所见原书，正本清源，纠正了一些错误，还运用家谱、被研究人物及交游者的著述，参照史志资料，将人物在一定历史背景下的生活、交往等展现出来，可补志乘之不足，并为文化史的撰写提供基本素材。

03　文人 · 官员 · 社会变革——晚清北方文官的个案研究 / 李关勇著 . -- 济南：山东大学出版社，2019. -- 363 页；21cm

柳堂（1843—1929），字纯斋，号勖菴，河南扶沟人，曾履官山东二十年，寓居济南三十年。他的一生是时代的历史缩影，而其构建起来的社会网络则是近代北方文人群体生存及入世的缩影。柳堂的一生既折射了中国传统社会结构的轮回与嬗变，也见证了近代中国在全球化的冲击下而诱发的转型与阵痛。柳堂作为晚清遗老，见证了国家政治的更替，集中反映了一个低级汉族行政官员面对辛亥革命时的种种矛盾心理。这种心理进而通过柳堂构建起来的交游网络得到传播与放大。正是在这种网络中，相互间的信息传递与情绪表达，使柳堂及数以百计的人物清晰地呈现出来，并将他们的性格、思想、家庭、经历、生活方式等诸多鲜为人知的东西，标注在网络之中，反映为时代的历史特点。

论文

01　《周易本义集成》叙录 / 李关勇 // 山东图书馆季刊 . -- 2005，no.4，32 页

《周易本义集成》十二卷，元熊良辅撰，龚焕校正，此本见于国内者仅二部，一部藏于国家图书馆，为元刻明修本；另一部藏于山东省图书馆，为元刻本，缺前五卷，存卷六至卷十二，路大荒先生旧物。

02　柳堂的故事——一个清地方官的生命简史 / 李关勇 //“民间文献与华北社会史”学术研讨会论文集，2008. -- 85–91 页

每一个人物都是在特定时空中完成一生历程。时空的跨度与人物的思想行为内容和变化成正比关系。把握时空的变换为我们展开人物的史学研究提供了细化的途径。《柳堂的故事——一个清地方官的生命简史》就是取景于人物的一生，并取材于人物的著述来研究一个清末士大夫，进而展现清末社会变迁的史学作品。

03　丁菊甦致王献唐信札二通附丁菊甦文字直例一纸 / 李关勇 // 山东图书馆季刊 . -- 2009，no.3，30–31 页

丁菊甦（1910—？），名绍澎，字心佛，号菊甦、悔庵等，生于山东著名的黄县（今山东龙口市）丁氏家族，是民国著名的藏书家，然至今寂然无闻于世。文章通过解读其写给王献唐的书信，对其家世、著述等作一梳理。

04　山左宦游遗迹在　海棠一树欲喷红 / 李关勇 // 齐鲁文史 . -- 2010，no.2，33–35 页

作者研究清末山左名宦——河南进士柳堂，并为其失散后人牵线搭桥。赴扶沟期间，柳氏后人带领作者参观了扶沟的名胜大程书院。大程书院始建于北宋，历经宋、元、明、清四代，多次重修，现存建筑为清光绪十年（1884）知县孟宪璋重修。孟宪璋是山东章丘人，大程书院左侧为其原住地，仍保存完好，作者前往参观时孟宪璋亲手所栽海棠正含苞欲放，扶沟人至今仍感念其惠政。

05　山东省图书馆所藏元刻善本易书提要 / 李关勇 // 周易研究 . -- 2010，no.4，67–69 页

山东省图书馆的“易学专藏”，是一座海内外屈指可数的《易经》文献宝库，包括古今中外对《易经》的注释、论说、考订和图解，以及专著、古易、易纬、易占等类书籍，其特点是数量多、质量精。山东省图书馆所藏易学版本最古者为《周易会通》和《周易本义集成》，文章对这两部元刻本易学进行了考订。

06　柳堂与傅斯年父祖二代交游郄视 / 李关勇 //“傅斯年学术思想的传统与现代”研讨会论文集 / 王志刚，马亮宽主编 . -- 天津：天津人民出版社，2011. -- 19–27 页

一位宦游山东的河南人柳堂，因与傅斯年之父傅旭安为莫逆之交，留下了其与傅斯年家族交往书札等重要资料。文章通过柳堂与傅家二代交游的考察，还原一个较真实的傅旭安，其中涉及傅斯年与其祖父当时的诸多生活信息，对全面研究傅斯年具有重要意义。

07　一个逊清遗老的济南生活掠影 / 李关勇 //“区域、跨区域与文化整合”社会史国际学术研讨会论文集 / 王云，马亮亮主编 . -- 天津：天津人民出版社，2012. -- 492–501 页

文章撷取的人物名曰柳堂（1843—1929），字纯斋，别号勖菴，河南扶沟人。其人曾在山东履官近二十年，是个遗老，又是个寓客，在济南寓居三十余年，见证了济南的动乱与变迁。

08　历城李廷芳著述考 / 李关勇 // 山东图书馆学刊 . -- 2012，no.5，103–107 页

李廷芳是清嘉庆道光年间历城名士，居官日照、江南期间，与当地官员及江南名士诗歌唱和，多有佳句传世。其传世著述多而复杂，既有稿本，又有刻本，文章在详细阅读其著述基础上，理清其各种著述的关系，从而厘正各书目记述上的混乱，并提供研究李廷芳本人的各种信息。

09　黄炎培致王献唐信札五通考释 / 李关勇 // 山东档案 . -- 2013，no.1，65–67 页

山东省图书馆购入一批王献唐后人所藏信札，为王献唐友人致王献唐手札或王献唐亲笔手札，内容十分广泛，是研究近现代史的第一手资料。文章撷取黄炎培致王献唐手札五通，从中可以看到黄王建交、互相帮助、探讨学问及抒发对时事见解等内容，进而可以管窥近现代史上两位著名学者的交游，不少内容为《黄炎培年谱》及《王献唐年谱》所未提及。信中还有有关王献唐载书播迁的重要内容，希望此五通书信的披露，有助于今人的黄炎培与王献唐研究。

10　王献唐与柳堂藏书 / 李关勇 // 齐鲁文史 . -- 2013，no.2，20–24 页

柳堂藏书是王献唐主持山东省图书馆期间所购藏的一大宗。文章以王献唐搜藏乡邦文献为背景资料，通过第一手资料及访谈见闻揭示柳堂藏书的由来与柳堂藏书的归藏山东省图书馆的经过，从而了却山东省图书馆藏书史上的一桩公案。

11　一个被掳者眼中的捻子——以柳堂《蒙难追笔》为视角 / 郭金鹏，李关勇 // 齐鲁学刊 . -- 2013，no.4，51–55 页

柳堂系晚清官吏，曾被捻军掳去，与捻军共同生活八十余天，留下五千余言的

《蒙难追笔》。从《蒙难追笔》中可以窥视捻军的生存环境、生存方式、婚姻状况，以及如何对待被掳者，揭示捻军不同于一般农民起事的另一面，可补相关史实之不足。

12　侨居济南的藏书家柳堂 / 李关勇 // 藏书家 . 第 17 辑 / 宫晓卫主编 . -- 济南：齐鲁书社，2013. -- 14–18 页

柳堂（1843—1929），字纯斋，别号勖菴，河南扶沟人。光绪十六年（1890）庚寅会试举进士，以知县分发山东，其官宦生涯直至清代结束。柳堂在山东期间，开始收藏书籍，积至书万卷。柳堂于 1929 年老死济南，其藏书被其子捐卖给山东省图书馆。文章主要记录了柳堂聚书及散佚的点点滴滴。

13　山东省图书馆藏两种善本印谱考略 / 李关勇 // 历史文献论坛 . -- 2014，no.1，67–70 页

《十钟山房印举》为古玺印谱录，《印文详解》对历朝各代颇具典范的印章进行详尽的阐释。山东省图书馆藏《十钟山房印举》二种，《印文详解》一种，作者借工作之余，将两部印谱略加考订，以就正方家。

14　历城名士李廷芳及李氏家族 / 李关勇 // 济南文化论丛 . -- 2014，no.2，174–183 页

李廷芳是清代乾隆、嘉庆间历城名士，宦游江南，以惠政闻，其家族亦为科举家族，自乾隆至清末，中进士者三人，举人三人，为官可考者十五人，其子李庆翱官至河南巡抚。文章主要对李廷芳其人及其家族做一考述，抛砖引玉。

15　异地文缘　桑梓情深——一个逊清遗老与河洛诸文士的交游郄视 / 李关勇 // 平顶山学院学报 . -- 2014，v.29，no.3，37–43 页

河南扶沟柳堂入仕于山东，历任数县知县，民国以后侨居济南，偶然结识河洛诸文士，书信往来，相交日深。文章通过独有之资料，揭示他们交游之状况，再现其音容笑貌及悲欢离合，展现一个时代文士之风采。

16　历城名士周乐及著述考论 / 李关勇 // 济南文化论丛 . -- 2015，no.3，138–150 页

周乐是清代嘉、道年间历城著名诗人，以道义闻，其著述十分丰富，文章对山东省图书馆所藏周乐著述加以考析，以正讹误。

17　济南泉水文献考 / 李关勇 // 济南史志文萃 . -- 2015，no.9，371-377 页

作者遍览历代记载济南泉水之文献。元于钦曰：济南山水甲齐鲁，泉甲天下。济南泉水为天下之奇观。千百年来，引无数诗人竞折腰，历代诗人吟咏不绝。有致力于乡邦文献者，搜集整理有关济南山水文献，既有诸如《历下水记》《济南名胜古迹辑略》《济南市山水古迹纪略》等专记济南山水之作，又有如《趵突泉志》专记一泉之书。而济南地方史志又是记载济南山水之渊薮，从元代于钦的《齐乘》到民国时期的《历城县乡土调查录》，可以概见济南泉水的历史变迁。文章又将《齐音》系列单列，借以表彰歌咏济南山水的前贤们。

18　简谈章丘李氏藏板 / 李关勇 // 春秋 . -- 2016，no.6，54-56 页

李氏藏板，是指山东省章丘市埠村镇西鹅庄村民李应顺家所藏清代古籍木刻印板，计五千九百六十六张。2000 年 5 月，李应顺将其捐献给章丘市博物馆。章丘李氏藏板的内容以历城马国翰与章丘李廷棨的著述为主，其中马国翰的著述基本为自刻，这两位为藏板的第一代主人。捐献藏板的李应顺是李廷棨的七代孙，李家是藏板的实际收藏者。文中还对李氏藏板的内容，如马国翰《玉函山房辑佚书》、李廷棨《纫香草堂诗集》等著述做了详细介绍。最后，论述了藏板的价值及保存状况。

19　历城名士范坰及著述考 / 李关勇 // 济南文化论丛 . -- 2016，no.4，136-145 页

范坰是清代嘉、道间历城著名诗人，倡创鸥社，此诗社一直延续到清光绪年间。范坰诗存世较多，有《如好色斋稿》十卷，文章仅就此本，对范坰本人及著述进行详细研究。

20　嘉道诗人的济南情怀 / 李关勇 // 古城名泉 . -- 2017，no.3，42-45 页

作者以文学笔法记录了嘉庆、道光年间济南诗坛盛况。文中写道，历下山川灵秀，人文代兴。以都会之区，冠裳云集，文人骚客，辐辏于此。济南的大明湖、七十二名泉等胜景赋予了文人雅客以灵感，而其文字又使湖山生色，远播海内外。嘉庆、道光年间，济南聚集了大批诗人，或本地文士，或游宦显达，他们或联吟高歌，或独处风流，诗坛盛况空前。

21　历城名士花寿山及著述考 / 李关勇 // 济南文化论丛 . -- 2017，no.5，132-137 页

花寿山是清代嘉、道间历城著名文士，以教书闻名，门下士如马国翰、金寿萱等均是名进士。花寿山诗文亦绝佳，然存世不多，文章以其所存诗及文作简略考证，以发掘其人其事。

22　周永年与借书园书目 / 李关勇 // 齐鲁师范学院学报 . -- 2018，v.33，no.3，141–145+156 页

周永年（1730—1791），字书昌，山东历城人，清乾隆时期著名学者，藏书家，为济阳张尔岐以后全国有影响的山东大儒，公共图书馆的思想启蒙者与实践家。文章在前人研究的基础上，对周永年其人其事进行了重新梳理，作了新的历史定位，并对前人没有涉猎的周永年之《借书园书目》进行了初步研究。

23　历城王德容及著述考 / 李关勇 // 山东图书馆学刊 . -- 2018，no.4，95–99 页

王德容，字体涵，号秋桥，世居蓬莱。诗人王德容以教读为生，是嘉道年间历城诗坛的重要人物。文章对王德容著述进行了较为详细的梳理考证，对研究济南历城人物与历史具有重要价值。

24　朗园及主人考略 / 李关勇 // 古城古泉 . -- 2019，no.4，44–45 页

清代著名学者周永年之子周震甲辞官归里后，于嘉庆年间在贤清园旧址建造别墅，因其自号朗谷而称为朗园，贤清泉便在其中，历经三代而渐消亡，通过此文，再现当时的人与事。

25　逝去的济南徐园 / 李关勇 // 古城古泉 . -- 2019，no.4，41–43 页

民国总统徐世昌的弟弟徐世光一直宦游山东，最后升至道员。在济南知府任上曾于府署边修徐园，朋好聚饮其中，颇有名士风流。去职后又在城西东流水修徐园作居室，与朋好畅聚。文章利用稀见资料，既描述徐园之建园过程及园林之美，又叙众人饮聚、诗歌唱和的盛况。

26　一件珍稀档案——朝鲜国王李昖奏折考析 / 李关勇 // 山东档案 . -- 2019，no.4，32–34 页

山东省图书馆所藏朝鲜国王李昖奏折，是一件极其珍稀的档案，文章介绍了这一珍稀档案的背景，重点考析了档案内容。通过这一个案，从中了解到当时朝鲜居民漂流到中国后清政府对此处理的全过程，并通过该事件与相关事件比照，明确了清政府一以贯之处理此等事件的方式及对后世的影响。

27　逊清遗老柳堂的济南生活 / 李关勇 // 春秋 . -- 2019，no.6，42–44 页

河南进士柳堂（1843—1929），曾在山东履官近二十年。他既是清朝遗老，又是寓客，在济南寓居 30 余年，见证了清末民初济南的动乱与变迁。文章以清朝灭亡后，柳堂先生在济南的生活经历为切入点对济南遗老文化进行了研究。

28　山东省图书馆藏清宫珍本考略 / 李关勇 // 国学茶座 . -- 2019，no.24，108–115 页

山东省图书馆藏有两部清天禄琳琅书室珍本——宋刻本《太学新增合璧联珠万卷菁华》和明刻本《吕氏家塾读诗记》。文章对此两部珍品的著者、内容、版本、流布、入藏等作全面考订，以期读者对此有一简略的认识。

王艳丽

女，1979 年生，山东蓬莱人，2003 年 8 月至 2012 年 6 月在馆，馆员。

著作

01　续学统 /（清）张廷琛编撰，夏成吉增补；王艳丽，毕晓乐，杜云虹，李关勇，辛镜之，唐桂艳，崔国光，赖大邃校点 // 成都：四川大学出版社，2010. -- 363 页；25cm

清人熊赐履尝编《学统》，载历代儒学人物传记，收录至明儒而止。张廷琛慨原书之未备，乃补前书之所遗，全书所补除元儒许衡外，其余均为清代儒学大家，故以“续学统”称之。此书始编于光绪庚寅年（1890），竟工于甲辰年（1904），后复由夏成吉增补而成。其书编纂体例仿效熊氏《学统》及唐鉴《国朝学案小识》，按所谓“学术邪正”进退取舍人物。其入选诸家按学术之正与否分为内编、外编，“宗程朱者入内编，讲老、墨、佛、耶、禅学、西学者入外编”。其记载清代儒学人物传记，博采广搜，资料宏富，既可为研究清人学术个案提供资料，也揭示了清代儒学宗派发展的部分线索。《续学统》底本原为民国二十年（1931）山东于陵养正堂刊本，今藏山东省图书馆。然所存非完本，仅有内编，而外编阙如。虽经多方搜寻，终未能备，故仅将此半璧呈于读者。

论文

01　论中国特色社会主义核心价值观的内涵 / 王艳丽，周国栋 // 山东社会科学 . -- 2007，no.12，134–136 页

中国特色社会主义的核心价值观是社会主义核心价值体系的精髓和灵魂。富强、民主、文明、和谐是社会主义的本质属性和基本特征，是中国特色社会主义的核心价值观，是从经济、政治、文化、社会四个方面对社会主义核心价值体系的集中概括。文章从富强、民主、文明、和谐四个方面展开详细论述。

02　馆藏包世臣《安吴四种》校改本的版本价值初探 / 王艳丽 // 山东图书馆季刊 . -- 2008，no.4，42–44 页

包世臣（1775—1855），清代学者、文学家、书法家、书学理论家。在 2008 年的古籍普查工作中，作者偶然从馆藏海源阁书库中发现包世臣《安吴四种》校改本一部。将《安吴四种》的版本源流进行梳理，发现此校改本具有较高的版本价值。此书的发现，确定了它在版本源流中的特殊地位，更重要的是，它保留了许多不见于其他版本的资料，反映了包世臣在不同时期思想、认识上的变化，有助于对《安吴四种》的进一步研究。

03　董作宾致王献唐信札五通 / 王艳丽 // 山东图书馆学刊 . -- 2009，no.3，18–20 页

董作宾（1895—1963），原名作仁，字彦堂，又作雁堂，号平庐，甲骨学家、古史学家，“甲骨四堂”之一。文章据董作宾致王献唐信札五通，主要记述了山东古迹研究会对山东古遗址的考察情况，对研究山东地区的考古活动有一定的参考价值。

04　赵录绰致王献唐信札二通 / 王艳丽 // 文献 . -- 2010，no.1，95–103 页

赵录绰（生卒年不详），字孝孟，山东安丘人，民国时史学家、版本目录学家。文章介绍了赵录绰致王献唐信札二通十三帧，信中除述及自己的生活工作情况外，还讲述了许多山东地方文献当时的流传情形，发表了自己对山东地方文献的看法，对研究赵录绰、许瀚以及山东地方文献的编辑流传有一定的价值。

蔡　郁

女，1981 年生，安徽宿州人，2003 年 10 月入馆至今，助理馆员。

论文

01　面向基层的图书馆建设 / 蔡郁 // 山东图书馆学刊：2010 年“图书馆的定位与发展”专辑 . -- 2010，63–65 页

文章剖析了基层图书馆建设的紧迫性及必要性，从基层的人才建设、科学发展观指导下的读者服务工作、电子信息时代基层图书馆建设等三个方面进行了论述，并提出一些相应的对策，对基层图书馆的建设发展进行探讨。

02　图书馆信息服务无障碍建设 / 蔡郁 // 山东图书馆学刊：2011 年“图书馆社会责任”专辑 . -- 2011，86–88 页

文章介绍了当代图书馆信息无障碍服务的特征，从物理无障碍到虚拟无障碍、图书馆走近读者、阵地服务与网络服务相结合等方面详细论述了当代图书馆信息无障碍服务，提出了图书馆信息无障碍体系构建的途径，指出建设中存在的问题。

03　传统图书馆与数字图书馆 / 蔡郁 // 山东图书馆学刊：2015 年“融合与超越——图书馆使命与目标”专辑 . -- 2015，104–106 页

文章分析了传统图书馆与数字图书馆的联系与区别，通过对两者的优劣比较，阐述了数字图书馆对传统图书馆的影响，最后得出数字图书馆和传统图书馆共同发展、共同依存的结论。

04　印刷出版物和数字出版物的选择 / 蔡郁 // 中文信息 . -- 2017，no.5，75+35 页

数字出版是当前世界出版业发展的潮流，虽然说在以后相当长的时间里印刷出版会和数字出版共生存，但是印刷出版业的数字化转型已经不可逆转。文章阐述了数字出版的范围及发展趋势，分析了数字出版物的现状及存在的问题，提出了解决问题的对策，同时对印刷出版物与数字出版物的优劣进行了比较分析，指出数字出版物和印刷出版物将会取长补短、互相促进、长期共存。

05　图书馆阅读推广创新与未成年人服务 / 蔡郁，张莎莎 // 山东图书馆学刊：2017 年“技术发展与社会服务——前行中的图书馆”专辑 . -- 2017，54–56 页

未成年人阅读习惯的养成，决定着未来人格发展的导向，决定着对世界和人生的认知。指导未成年人阅读是当下图书馆人的重要职责。文章简要介绍了我国未成年人的阅读现状，分析了图书馆开展未成年人阅读推广的必要性，从创建图书物流模式、创造良好的阅读环境、举办形式多样的阅读活动、为特殊群体服务等方面提出了图书馆阅读推广创新的策略。

06　图书馆文化创意产品研发思路与原则 / 蔡郁 // 中文信息 . -- 2019，no.9，14+58 页

近年来，我国对文创产品的开发工作非常重视，但是有关图书馆文创产品开发方面的理论与实践目前还处于探索阶段，同时面临种种困难。文章阐述了图书馆文创产品的概念及产生背景，从特色馆藏入手、鼓励社会力量参与、结合现代科技等三方面论述了图书馆文创产品研发的思路，并提出图书馆文创产品研发过程中应该坚持实用性和产权保护的原则。

李　磊

1982 年出生，山东济南人，2003 年 10 月入馆至今，馆员。

论文

01　数字阅读与图书馆服务创新 / 李磊 // 山东图书馆学刊：2013 年“图书馆的职能拓展与效能提高”专辑 . -- 2013，161–163 页

文章阐述了数字阅读的概念和发展现状，分析了数字阅读对图书馆服务的要求，从拓展服务时空、关注弱势群体、开展移动阅读服务、开展触摸体验系统服务、开展图书馆微博服务等方面，提出数字阅读浪潮下图书馆服务的创新举措。

02　山东以筹办“十艺节”带动全省公共文化服务体系建设经验研究

参见　周浩论文 04

03　中小型图书馆“以用户为本”的全新服务理念刍议

参见　陆健论文 06

04　图书馆为老年读者开展人性化服务的思考 / 李磊，陆健 // 山东图书馆学刊：2014 年“服务均等化 · 图书馆变革与创新”专辑 . -- 2014，277–278+290 页

文章介绍了图书馆老年读者的阅读特点，从普通借阅服务、网络服务、馆外服务、举办丰富多彩的读者活动等方面提出为老年读者提供人性化服务的方式。

05　基于“互联网 +”理念的图书馆网借服务初探 / 李磊，罗晨 // 山东图书馆学刊：2019 年山东省图书馆馆员论坛专刊 . -- 2019，63–66+92 页

随着我国“互联网 +”战略的深入推进，网借服务近几年在图书馆行业蓬勃发展，推动公共图书馆的服务向网络化、智能化、个性化融合发展。文章通过检索数据库、搜索引擎查询相关文献、查找图书馆网站与微信公众号等多种途径进行调查研究，了解掌握国内图书馆网借服务的现状，分析网借服务的优点以及在国内图书馆的应用模式，并以山东省图书馆“松鼠智佳”为例，对网借服务的方式和优势进行了论述，对于现阶段网借服务亟待改进的诸多问题，如规模有限、宣传力度不够、收费争议、便捷性不够彻底等做了全面分析，以期推动网借服务在图书馆的进一步发展。

张丽鸥

女，1980 年生，山东济南人，2003 年 12 月入馆至今，助理馆员。

论文

01　谈改进图书馆读者服务工作 / 张丽鸥 // 图书馆管理与自动化建设 / 王运堂主编 . -- 北京：中国文联出版社，2006. -- 649–653 页

文章分析了现阶段图书馆读者服务工作存在的问题，阐述了新形势下对读者服务工作提出的要求，提出改变观念、加强基础设施建设、推出特色服务等方法改进图书馆读者服务工作。

02　**发展乡镇图书馆　服务新农村建设 / 张丽鸥 // 文献信息的组织、管理和利用 / 赵炳武主编 . -- 济南：山东省地图出版社，2008. -- 295-298 页**

乡镇图书馆是县（市）图书馆向农村基层的延伸，是公益性的文化教育机构。乡镇图书馆建设管理程度检验着一个乡镇整体发展的水平。文章分析了乡镇图书馆的现状及存在的诸多问题，如经费不足、人员编制不足且专业素质不高、读者活动少等，从领导重视、独立编制、经费落实、资源共享等方面对乡镇图书馆建设的发展提出建议。

张友勇

1956 年生，山东济南人，2003 年 12 月至 2016 年 10 月在馆，馆员。

论文

01　**论图书馆服务的发展趋势和创新策略 / 张友勇 // 图书馆用户服务研究 / 赵炳武主编 . -- 济南：山东省地图出版社，2007. -- 56-59 页**

服务是图书馆永恒的主题，是图书馆生存的基础。文章论述了信息时代图书馆服务网络化、个性化、品牌化和合作化的发展趋势，提出了服务观念创新、服务资源创新和建立新型的以参考咨询为主的创新服务体系。

陈　霞

女，1981 年生，山东济南人，2004 年 9 月入馆至今，馆员。

论文

01　**未成年人成长的“阳光地带”：浅谈少儿图书馆在未成年人思想道德建设中的作用**

参见　姜璐论文 01

02　**公共图书馆文献资源建设的思考 / 陈霞 // 文献信息的组织、管理和利用 / 赵炳武主编 . -- 济南：山东省地图出版社，2008. -- 148-151 页**

文献资源建设是图书馆赖以生存和发展的物质基础，是发挥图书馆多种功能的前提。文章阐述了文献资源建设工作的重要性，论述了馆藏建设中质与量的关系，提出重视数字馆藏建设、提高采选人员素质、建立读者信息反馈系统等措施，提高文献资源建设水平，构建完备科学的馆藏文献资源体系。

03 多方位构建图书馆社区服务模式 / 陈霞 // 图书馆学刊 . -- 2012，no.2，85–87 页

文章介绍了公共图书馆开展社区服务的必要性，提出从总馆分馆制、与开发商合作、与社区物业共建模式、与社区热心人士合作建馆模式等四个角度，构建图书馆的社区服务模式。

04 少年儿童图书馆开展人性化服务的思考 / 陈霞，姜璐 // 山东图书馆学刊：2012 年"公共文化服务体系建设中的图书馆"专辑 . -- 2012，211–212+320 页

开展人性化服务是少儿图书馆提高服务质量和服务效益的重要方式。文章围绕人性化的服务环境和人性化的少儿图书馆读者服务两方面展开论述，提出要从空间、色彩、桌椅布置等，全面体现服务的人性化。

05 浅谈少儿图书馆馆员职业素养的提高 / 陈霞 // 山东图书馆学刊：2013 年"图书馆的职能拓展与效能提高"专辑 . -- 2013，68–70 页

文章阐述了儿童图书馆馆员应该具备基本的职业素养，包括了解并掌握不同年龄段儿童的生理和心理特点，具备爱心、耐心、细心和亲和力等素质。作者重点围绕儿童阅读指导，从富有爱心、专业教育、在职培训、工作实践中等四个方面阐述儿童图书馆馆员提高自身的职业素养的途径。

06 美国公共图书馆少儿服务概述 / 陈霞 // 山东图书馆学刊：2014 年"服务均等化 · 图书馆变革与创新"专辑 . -- 2014，274–276 页

经过一百多年的探索与发展，美国公共图书馆少儿服务已步入成熟、稳定、创新的发展时期。文章从政策支持、少儿部门设置、阵地服务、延伸服务四个方面对美国公共图书馆的少儿服务工作做了系统的介绍。

07 公共图书馆读者粘性刍论

参见　罗晨论文 02

黄小峰

1982 年生，山东烟台人，2004 年 9 月入馆至今，馆员。

论文

01　浅论以用户为中心的个性化服务 / 黄小峰 // 图书馆用户服务研究 / 赵炳武主编 . -- 济南：山东省地图出版社，2007. -- 98–101 页

在网络经济时代，图书馆的信息服务也逐步进入以用户为中心的个性化服务阶段。文章介绍了用户信息需求的变化，提出借助信息技术、人文精神与技术结合、用户关系管理等途径实现个性化服务。

02　利用宏处理 ISBN 号实现图书数据批查重

参见　王文刚论文 09

03　免费开放环境下的公共图书馆读者服务关键成功因素 / 黄小峰 // 山东图书馆学刊：2012 年“公共文化服务体系建设中的图书馆”专辑 . -- 2012，75–77 页

文章阐述了关键成功因素分析的概念及方法，采用问卷调查的数据，利用“德尔菲”法分析读者服务中的成功关键因素，并得出基本结论：做好读者服务的根本在于图书馆内部，在于图书馆同仁的努力。

04　“奎虚图书奖”公众号的创新策略 / 黄小峰 // 山东图书馆学刊：2018 年山东省图书馆馆员论坛专刊 . -- 2019，114–118 页

微信公众平台在公共图书馆已经得到广泛应用，主要用于信息推送等方面，而没有纯粹用于图书馆奖评选或推广的服务工作。文章简要介绍了“奎虚图书奖”公众号的创设过程，分析了其独创性。文章指出山东省图书馆 2016 年创造性地开通“奎虚图书奖”微信公众号，用于山东本地出版物的阅读推广和普及宣传，其独特的服务内容、服务模式和进一步的创新改进值得深入研究。经过 3 年的发展，“奎虚图书奖”公众号已经成为信息发布、宣传推广和用户服务的重要平台。作者重点调查分析了国内目前微信公众号建设和研究情况，并结合“奎虚图书奖”实际，提出平台创新、活动创新、品牌创新等策略，使其成为扎根本土、引领阅读的公众号品牌。

江　寰

女，1979 年生，山东济南人，2004 年 9 月入馆至今，馆员。

论文

01　图书馆的发展模式与用户需求 / 江寰 // 图书馆用户服务研究 / 赵炳武主编 .-- 济南：山东省地图出版社，2007. -- 18–20 页

读者需求决定图书馆的发展，图书馆的技术水平决定服务水平。现阶段，用户对图书馆的需求决定图书馆的发展模式为传统图书馆与数字化图书馆相互融合发展的模式。文章介绍了传统图书馆的用户需求，从精品化、个性化、多层次化、及时性、系统性等方面详细阐述了数字图书馆用户需求的表现。

02　浅谈山东省图书馆免费开放 / 江寰 // 山东图书馆学刊：2012 年“公共文化服务体系建设中的图书馆”专辑 . -- 2012，78–79+283 页

山东省图书馆抓住免费开放带来的机遇，用“以人为本”的服务宗旨应对图书馆面临的新挑战，强化图书馆员爱岗敬业的职业理念和精神，做好新形势下的图书馆读者服务工作。文章简要介绍了国家图书馆免费开放和山东省图书馆的免费服务情况，对免费开放后的管理模式问题、经费问题、图书馆服务问题以及免费后的收费问题等进行了深入探讨。

03　谈公共图书馆馆藏资源建设与读者服务 / 江寰 // 山东图书馆学刊：2014 年“服务均等化 · 图书馆变革与创新”专辑 . -- 2014，74–75+80 页

馆藏资源建设和读者服务是公共图书馆长远发展的两个基础前提，合理规划公共图书馆的馆藏资源，为读者提供优质高效的服务是图书馆工作的宗旨和目标。文章介绍了公共图书馆馆藏资源建设规划，从确定采购原则、制定采购计划、强化采访调研工作、锁定核心出版社等方面，详细论述了公共图书馆馆藏资源建设的原则，并提出根据读者需求调整服务模式，提高馆员素质，为读者提供优质服务。

04　公共图书馆文创产品开发问题初探 / 江寰 // 山东图书馆学刊：2019 年“变革创新开放融通——法治背景下图书馆发展新路”专辑 . -- 2019，127-129 页

当前文化创意产业发展迅速，公共图书馆积极进行文创产品的研创开发。文章介绍了公共图书馆文创产品的设计特点，分析文创产品开发面临的产品单一、专业设计团队缺乏、缺少营销团队助力、缺乏知识产权保护体系等困难，建议采取多样性文创服务模式、鼓励专业设计人才参与研发、打造特色明星产品、搭建线上线下同步营销平台等应对措施。

赖大邃

1980 年生，山东邹城人，2004 年 9 月入馆至今，馆员。

著作

01　续学统

参见　王艳丽著作 01

02　景行录

参见　杜云虹著作 02

论文

01　挑战与机遇——图书馆数字化之路 / 赖大邃 // 图书馆管理与自动化建设 / 王运堂主编 . -- 北京：中国文联出版社，2006. -- 468-470 页

图书馆数字化是不可抗拒的趋势，文章介绍了数字图书馆自身需要完善的部分，论述了数字图书馆将与传统图书馆共存的问题，最后指出数字图书馆最终的形态将会是个性化和共享。

02　泰山刻石 / 赖大邃 // 山东商报 . -- 2007-05-14，第 B7 版面

《秦泰山刻石》又称《封泰山碑》，刻于秦始皇二十八年（前 219）。秦始皇东巡登泰山，群臣为颂秦之功德，请立刻石于泰山顶。刻石共计 222 字，字径 6 厘米左右。前 12 行为始皇刻辞，后 10 行为秦二世诏书。相传皆丞相李斯篆书，故又称“李斯小篆碑”。《秦泰山刻石》作为中国现存的最早石刻之一，历经两千年风雨变幻，弥足珍贵。

03　琅琊刻石 / 赖大邃 // 山东商报 . -- 2007-05-28，第 B7 版面

秦始皇东巡至琅琊，群臣请立石刻铭以颂秦之功德，乃立琅琊刻石。公元前 210 年，胡亥即位称二世。二世出巡途径琅琊，加刻了从臣姓名及诏书。秦始皇颂辞在宋代已经湮灭，今所存者为二世加刻的诏书部分。秦代小篆被奉为学篆之根本，后世研习篆书者，莫不以秦篆为宗。但由于时间久远，存世者唯有泰山刻石和琅琊刻石两件。泰山刻石仅剩残字 10 个，而琅琊台二世诏书刻石却保存相对完整，因此倍受篆书爱好者的推崇。

04　禳盗刻石 / 赖大邃 // 山东商报 . -- 2007-06-11，第 B7 版面

《禳盗刻石》，1980 年出土于山东金乡县鱼山村，为一汉墓的门楣石。现存的两块残刻，共计 59 字又约 10 个残字，为今所存西汉刻石之最。《禳盗刻石》用笔朴实、径直，极少有迴挑动作和明显的提按写法。笔画古拙质朴，刚劲有力。结体无成法，或纵或横，或险或平，极具天真烂漫之趣。

05　鲁《王陵刻石》刻字 / 赖大邃 // 山东商报 . -- 2007-06-25，第 B7 版面

曲阜是西汉鲁国都城，《王陵刻石》出土于曲阜城南十余公里的九龙山崖墓中。题字为篆书，笔画方折，笔势劲直雄健，结体长方舒展。较之同时期的书作，例如嘉峪关汉简、五凤刻石等，保留着更多的古意。

06　麃孝禹碑 / 赖大邃 // 山东商报 . -- 2007-07-09，第 B7 版面

《麃孝禹碑》立于西汉成帝河平三年（前 26）。碑身面窄体厚，顶为圆形，自下而上逐渐收分，额与碑身无明显分界。碑身刻竖线界格，为早期石碑的特点之一。古代石碑的形制经历了长时间的演变，从《麃孝禹碑》开始，逐渐固定下来。它是中国石碑两千年发展历史的开端。

07　莱子侯刻石 / 赖大邃 // 山东商报 . -- 2007-08-06，第 B7 版面

《莱子侯刻石》刻于新莽天凤三年。此石原在山东邹县南峰山之西南卧虎山前，清乾隆五十七年（1792）为王仲磊发现，清嘉庆二十二年（1817）移入孟庙。此刻石文字出篆入隶，用笔方折挺劲，通篇气势宏大，古朴苍劲。与《禳盗刻石》相较，二者书体、制式都极相类，但《莱子侯刻石》在隶书的变化上要更进一步。

08　史晨碑 / 赖大邃 // 山东商报 . -- 2007-10-22，第 B7 版面

《史晨碑》阴阳两面均刻有文字，简称《史晨前碑》和《史晨后碑》。《史晨碑》与同立于孔庙中的《礼器碑》《乙瑛碑》一样，其书法属于工整的庙堂体一类。碑字结体方整，端庄典雅。笔势中敛，左右开张，波挑分明，疏密有致，结构严谨而气韵灵动。作为汉隶成熟时期方整平正一路书法的典型，《史晨碑》自古便是临习汉隶的最佳范本之一，对后世有深远的影响。

09　四神刻石 / 赖大邃 // 山东商报 . -- 2007-12-03，第 B6 版面

《四神刻石》有明确纪年——东汉熹平二年，解放前出土。此刻石对四神画像石作了明确的诠释，因此具有极高的史料价值。刻石字体为隶书，用笔自然简洁，笔画朴拙敦厚，无波挑，富有楷意，结体无成法，是典型的民间作品。

10　鲁峻碑 / 赖大邃 // 山东商报 . -- 2007-12-31，第 B6 版面

《鲁峻碑》全称《汉故司隶校尉忠惠父鲁君碑》。碑额为隶书，碑文共 544 字，碑阴下部漫漶。鲁峻碑书法严正遒劲，为汉隶中的精品。其笔画厚重丰腴，字体大小有别，布局活泼，不拘一格。明郭宗昌《金石史》、清杨守敬《评碑记》等均有著录。

11　新泰羊氏墓地及墓志 / 赖大邃 // 诗书画 . -- 2019，no.30，78-83 页

东汉至魏晋南北朝时期，新泰有一个显赫的家族——羊氏家族。据有关资料判断，新泰羊氏墓地至少有三处：一是新泰市羊流镇北；二是新泰市天宝镇颜庄村东；三是新泰市张孙庄。文章介绍了出土的羊祉墓志、羊祉夫人崔神妃墓志、羊深夫人崔元容墓志、羊烈墓志及羊烈夫人长孙敬颜墓志。

刘菲菲

女，1980 年生，河北武强人，2004 年 9 月入馆至今，馆员。

论文

01　关于少儿图书馆的几点思考 / 刘菲菲 // 山东青年 . -- 2015，no.9，57-58+60 页

少儿图书馆作为服务少年儿童学习的公益性、普惠性事业单位，是引导少年儿童弘扬中华优秀传统文化，推进以文化人、文化育人的主阵地。文章介绍了少儿图书馆的地位、作用和基本特征，从坚持正确的办馆方向、组织喜闻乐见的活动、认真搞好少儿导读等方面提出切实可行的建议。

02　老年人读书之我见 / 刘菲菲 // 老年教育 . -- 2015，no.32，19–20 页

文章从建设学习型社会、应对人口老龄化、文化养老等角度，阐述了老年人读书的重要性。强调老年人读书，应坚持循序渐进、知行统一、实事求是的基本原则；采取比较读书法、精华提升法、多维品评法；在阅读中发扬见缝插针的钉子精神、广取博收的蜜蜂精神和持之以恒的老黄牛精神。

03　关于“新常态”环境下图书馆发展与转型的几点思考 / 刘菲菲 // 山东图书馆学刊：2016 年“扩展与演变——面向未来的图书馆”专辑 . -- 2016，7–9 页

我国经济发展的新常态对包括图书馆在内的各行各业产生了巨大的影响。面对新常态的冲击和挑战，图书馆应适应新常态的环境，通过转型发展和创新性发展，更好地满足读者在数字时代多元化和个性化的信息需求。文章从转变观念入手，详细论述了图书馆馆舍布局的转型、馆藏结构的转型、工作流程的转型和服务方式的转型，并提出通过改进服务方法、创新服务品牌、推进跨界合作等开辟新的发展途径，实现发展与转型的超越。

邱芙蓉

女，1981 年生，河北大城人，2004 年 9 月入馆至今，馆员。

论文

01　谈网络环境下的参考咨询服务体系 / 邱芙蓉 // 图书馆管理与自动化建设 / 王运堂主编 . -- 北京：中国文联出版社，2006. -- 402–405 页

文章介绍了网络环境下图书馆的参考咨询服务和加强参考咨询服务的必要性，从建立网络咨询综合服务体系、开展网络信息导航服务、建立网上信息门户、加强个性化咨询服务及提高咨询馆员素质等方面，详细论述了参考咨询服务的新拓展，以期引导图书馆提供更优质的参考咨询服务。

02　图书馆建筑中人文精神探析 / 邱芙蓉 // 图书馆用户服务研究 / 赵炳武主编 . -- 济南：山东省地图出版社，2007. -- 563–566 页

在新技术广泛应用的信息时代，现代图书馆建筑应继承和发扬人文精神，以读者的要求为中心，同时兼顾馆员的工作条件，为信息的传递提供保障并营造一种人性化的环境。文章阐述了古代藏书楼的人文精神、近现代图书馆的建筑特点和当代图书馆建筑的人文关怀，并从建筑理念、建筑造型、内部空间处理、建筑功能等方面对未来图书馆建筑提出设想。

03　图书馆特色服务研究 / 邱芙蓉 // 文献信息的组织、管理和利用 / 赵炳武主编 . -- 济南：山东省地图出版社，2008. -- 52–55 页

图书馆特色服务是指以特殊馆藏、特殊服务内容和方式，对特定人群提供的服务。文章介绍了图书馆特色服务内容、形式及主要特点，并从服务对象、服务方式、馆藏资源建设三个方面提出图书馆特色服务的新举措。

04　家庭阅读国际研究 / 邱芙蓉编译 // 山东图书馆季刊 . -- 2008，no.3，44–46 页

文章主要阐述了家庭阅读领域的国际研究成果，主题不仅涉及家庭成员读写能力的发展，还涉及他们分享阅读的过程。作者阐释了与“家庭阅读”相关的名词，介绍了家庭阅读领域研究所采用的研究方法，提出研究的重点应放在父母身上；文章最后还分析了家庭阅读的障碍，提出了提高家庭阅读质量的建议。

05　浅谈数字图书馆个性化服务 / 邱芙蓉 // 数字图书馆工作论坛 / 赵炳武主编 . -- 济南：山东省地图出版社，2009. -- 346–349 页

数字图书馆个性化服务是基于信息用户的信息使用行为、习惯、偏好、特点及用户特定的需求，向用户提供满足其个性化需求的信息内容和系统功能的服务。文章介绍了数字图书馆个性化服务的含义和服务的用户，详细分析了数字图书馆个性化服务的方式以及存在的问题，提出从加强整体规划与协作、培养用户信息素质、建设特色数据库、正确处理信息安全与网络知识产权、采用网络信息营销策略等方面入手，加强数字图书馆个性化服务。

06　2002 年—2009 年文化共享工程研究综述 / 邱芙蓉 // 山东图书馆学刊：2011 年“图书馆社会责任”专辑 . -- 2011，157–159 页

自 2003 年起，国内各种专业期刊上开始出现介绍文化共享工程的文章，许多学者十分关注这一专题的研究。作者利用国内“维普期刊数据库”和“中国期刊全文数据库”，使用“共享工程”“文化共享工程”“文化信息资源共享工程”作为检索词做普查性检索，对已有研究的地域分布和主题分布进行分析，对文化共享工程研究做出总体评价。

07　公共图书馆弱势群体信息服务研究综述 / 邱芙蓉 // 山东图书馆学刊：2012 年“公共文化服务体系建设中的图书馆”专辑 . -- 2012，261–262+292 页

“弱势群体”作为一个社会特殊群体进入图书馆学研究视野是在 2000 年，之后逐渐成为学界的一个研究热点。文章以知网数据库和维普数据库为数据源，以“弱势群体”“信息弱势群体”等为关键词进行检索，归纳、分析了 2001—2011 年我国公共图书馆弱势群体信息服务的研究热点，总结为以下几个方面：一是理论研究主要涉及弱势群体概念的界定、类型、特点及为弱势群体提供信息服务的意义；二是信息 / 知识援助的具体措施与建议；三是信息咨询服务；四是国外图书馆为弱势群体信息服务的经验介绍等。同时，作者通过相关文献的分析，指出这一领域的研究存在着概念界定不够清晰、论文数量偏少、措施可行性有待验证等不足。

08　公共图书馆服务均等化研究 / 邱芙蓉 // 山东图书馆学刊：2014 年“服务均等化 · 图书馆变革与创新”专辑 . -- 2014，1–3 页

公共图书馆是公益文化事业的重要组成部分，保障公民平等、自由地获取知识和信息的权利是现代公共图书馆的重要职能。文章通过对国内外公共图书馆服务均等化现状的对比研究，分析了我国公共图书馆在均等化服务方面存在的不足，针对我国的具体国情提出逐步推进公共图书馆总分馆制、建立文献资源共建共享协作网、推进图书馆地方立法及建设高素质公共图书馆人才队伍等建议，以促进我国公共图书馆均等化服务的完善。

09　公共图书馆志愿者服务探析 / 邱芙蓉 // 山东图书馆学刊：2015 年“融合与超越——图书馆使命与目标”专辑 . -- 2015，159–161 页

目前我国公共图书馆志愿者服务工作还处于探索阶段。文章从公共图书馆开展志愿者服务工作的积极意义着手，分析了现阶段志愿者服务工作中存在的问题，并提出了在制度建设、人员招募、考核与评估、激励机制等方面的改善对策，以期促进我国公共图书馆志愿者服务工作的健康发展。

10　**数字阅读环境下图书馆延伸服务发展对策 / 邱芙蓉 // 山东图书馆学刊：2016 年“扩展与演变——面向未来的图书馆”专辑 . -- 2016，54–56 页**

文章介绍了数字阅读的内涵、特点与发展趋势，阐述了数字阅读给图书馆服务带来的挑战，提出图书馆应该从资源建设、阅读推广和知识服务三个方面做好数字时代的图书馆服务工作。

11　**公共图书馆早期阅读推广服务研究 / 邱芙蓉，王彬 // 大学图书情报学刊 . -- 2019，v.37，no.5，70–72 页**

文章分析了公共图书馆在早期阅读推广中存在的问题，并针对这些问题从制度保障建设、扩大合作范围、强化专业人才培育与引进、重视服务过程评估等方面提出相应的改进措施。

12　**公共图书馆服务体系中文献资源建设探讨 / 邱芙蓉 // 卷宗 . -- 2019，v.9，no.12，86 页**

文章分析了公共图书馆服务体系建设给文献资源建设带来的变革，提出了通过免费开放加大文献资源使用效率、加大文献合作采集力度、积极推进自建资源的开放等建设策略和相关措施，希望以此提高公共图书馆服务质量，加强文献资源的建设。

13　**“微时代”下公共图书馆读者服务策略研究 / 邱芙蓉 // 河南图书馆学刊 . -- 2019，v.39，no.9，17–18 页**

在以“互联、移动”为主要特征的“微时代”环境下，读者的阅读形式和阅读习惯发生了巨大的变化，公共图书馆的读者服务工作亟须进行调整和革新，以满足读者的阅读需求。文章在当前公共图书馆读者服务实践的基础上，阐述了“微时代”的特征，分析了公共图书馆在“微时代”面临的挑战与困境，并提出了提升“微时代”服务理念、加强服务宣传、开拓个性化服务等策略以提升读者服务水平和质量。

14　**山东省“城市书房”的建设与研究 / 邱芙蓉，王彬 // 山东图书馆学刊：2019 年“变革创新开放融通——法治背景下图书馆发展新路”专辑 . -- 2019，29-31 页**

随着山东省第一家城市书房对居民开放，这类公共文化服务空间在全省迅猛发展。文章简要介绍了山东省“城市书房”的实施背景和发展概况，从选址、环境、功能、智能化、服务效能等方面，详细分析了山东省“城市书房”的特点，并对城市书房可持续健康发展进行了探讨。

孙　鹏

1980 年生，山东济南人，2004 年 9 月入馆至今，馆员。

论文

01　**图书馆信息资源共建共享的现状和发展动态 / 孙鹏 // 图书馆信息资源建设与利用 / 王运堂主编 . -- 北京：中国文联出版社，2005. -- 282-285 页**

文章简要概述了信息资源共建共享的重要意义，重点介绍了我国信息资源共享的现状，针对存在的问题，提出建立特色馆藏体系、实施全国网上联合编目、合作开发数字化资源、充分利用网络开展服务、加强馆际互借等建议。

02　**图书馆数字化建设现状及拓展延伸**

参见　翟晓乐论文 01

03　**现代数字图书馆的信息服务个性化形式浅论 / 孙鹏 // 学问 . -- 2009，no.6，291 页**

个性化的用户信息需求引导数字图书馆信息服务向个性化转变，个性化信息服务是时代发展的需要，是数字图书馆的发展方向。文章分析了数字图书馆个性化信息服务的必要性，提出了个性化信息服务的实现形式。

杨　洁

女，1980 年生，山东济南人，2004 年 9 月入馆至今，馆员。

论文

01　浅议知识经济下公共图书馆期刊服务工作 / 杨洁 // 图书馆用户服务研究 / 赵炳武主编 . -- 济南：山东省地图出版社，2007. -- 442–445 页

知识服务型期刊工作摒弃了简单层面上的初级形态的文献信息提供，是新时期期刊服务工作的发展方向和目标，也是缓解用户对知识信息的迫切需求的有效措施。文章介绍了用户类型及需求新特点，从提高期刊信息开放性、加强期刊信息资源的深度开发、创新知识信息的传播方式等方面提出了知识服务型期刊工作的实施措施。

02　浅谈公共图书馆如何加强阅读文化建设 / 杨洁 // 山东图书馆学刊：2011 年“图书馆社会责任”专辑 . -- 2011，128–130 页

文章介绍了当下社会阅读现状及阅读特点，分析了公共图书馆在阅读文化建设中存在的馆藏未充分利用、导读工作简单化等不足，提出通过细分读者群，针对阅读特点开展服务和活动，通过开发潜在儿童读者群、争取中青年读者、服务老年读者等途径促进图书馆阅读文化建设。

03　浅议 4G 时代的图书馆服务工作

参见　宋林论文 01

04　刍议民国文献的保护与修复 / 杨洁 // 山东图书馆学刊：首届山左先贤与齐鲁典籍专辑 . -- 2014，201–203 页

民国文献作为文献的重要组成部分，其保存价值及其修复意义正在凸显。文章分析总结了民国文献主要存在的破损问题及原因，指出当前民国文献的修复是其保护工作中的难点和弱点，从修复原则及修复方法两方面论述了如何对民国文献进行修复。

05　谈精装本西文古籍的修复模式及方法——以《The Ziegler polar expedition 1903–1905 scientific results obtained》为例 / 杨洁 // 山东图书馆学刊：2017 年“技术发展与社会服务——前行中的图书馆”专辑 . -- 2017，201–203 页

西文古籍的修复是古籍修复工作中重要的一部分。西文古籍由于其本身结构和装帧形式的特点，其破损情况也有很多的规律和特点。文章以一本珍贵西文古籍的修复为例，首先分析其破损情况，之后重点论述了精装本西文古籍的修复流程及采取的主要处理方法。

06　谈试修本制度在珍贵古籍修复项目中的应用——以《文选》、新疆珍贵民文文献修复项目为例 / 杨洁 //2016 年古籍保护与修复国际学术研讨会论文海报集 / 程焕文，林明，邱蔚晴主编 . -- 桂林：广西师范大学出版社，2018. -- 403-411 页

文章针对传统修复模式在修复珍贵古籍项目中存在的不足与风险，分析并总结了试修本制度在《文选》修复项目及新疆珍贵民文文献修复项目中的诸多经验成果，提出了古籍修复试修本制度的定义，阐述其包含的内容及具体实施的过程。另外，论述了试修本制度的优点及对珍贵古籍修复工作的意义和必要性。

07　古籍修复与古籍普查的创新性融合——以山东省图书馆为例 / 杨洁 // 山东图书馆学刊：2018 年山东省图书馆馆员论坛专刊 . -- 2019，59-62 页

古籍普查是古籍保护工作中的一项十分重要的基础工作。多年来，古籍普查重视对古籍版本方面的整理记录，却往往忽视对古籍现存状态及破损情况方面的普查登记，古籍修复工作更是滞后。在 2018 年“中华古籍普查文化志愿服务——山东行”活动中，古籍修复首次融入到了古籍普查工作中。这一措施拓宽了古籍普查的广度和深度，摸清了馆藏古籍的破损状态，破损古籍的修复效果显著。文章以此为例，分析了古籍普查现存的问题，在此基础上论述了古籍修复与古籍普查融合的必要性，并提出古籍修复融入普查工作的解决方法。

张芳娜

女，1981 年生，山东济南人，2004 年 9 月至 2012 年 7 月在馆，助理馆员。

论文

01　浅谈图书馆员素质的提高 / 张芳娜 // 图书馆管理与自动化建设 / 王运堂主编 . -- 北京：中国文联出版社，2006. -- 260-262 页

图书馆得以生存与发展的根本就是为读者服务。提高图书馆员的素质，对于发挥图书馆的阵地作用、促进精神文明建设具有重要意义。文章介绍了提高图书馆员素质的必要性，提出从更新观念提高内在素质、自主学习提高业务素质、加强沟通提高交际能力三个方面提高馆员素质。

张秋菊

女，1978 年生，内蒙古赤峰人，2004 年 9 月入馆至今，副研究馆员。

论文

01 论中国早期无政府主义家庭观 / 李平生，张秋菊 // 东岳论丛 . -- 2008，no.6，148–153 页

中国早期无政府主义揭起“三无两各”大旗（无政府、无宗教、无家庭，各尽所能、各取所需），否定专制权威，反对宗教迷信，鼓吹绝对自由，倡导平等博爱，批判夫权父权，主张毁家废家，寻求妇女解放，宣传道德革命，对传统家庭制度进行颠覆性的批判与反思。一方面，他们把家庭革命和社会革命结合起来，充当了晚清社会转型时期家庭观念变化的激进承担者，推动了“女界革命”的历史进程，对辛亥革命和后来的先进人物都产生过重要影响；另一方面，他们立足于极端个人主义世界观，理论上摇摆不定而迷恋空想，观点上自相矛盾且天真过激，在一系列理性与非理性纠缠难解的政治诉求中，既推动了对封建专制主义的批判，又暴露了自身无法求解的理论缺陷。不过，他们当年提出的许多问题，在工业化和后工业化的今天，仍然值得我们思考。

02 发挥信息支持作用　服务领导科学决策——山东省图书馆决策咨询服务的实践与效果 / 张秋菊 // 山东图书馆学刊 . -- 2014，no.2，74–76 页

文章在介绍山东省图书馆近年来决策咨询服务工作开展情况基础上，详细阐述了山东省图书馆决策咨询服务的特点以及效果，以期推动图书馆决策咨询服务工作的进一步发展。

03 公共图书馆社交媒体服务调研分析 / 张秋菊 // 山东图书馆学刊 . -- 2016，no.5，85–89 页

近年来，网络社交媒体迅猛发展，已成为全民阅读的新阵地，但公共图书馆网络社交媒体服务的现状却不能迎合这一趋势。文章利用《全国公共图书馆微博微信检测月报》的统计数据，对公共图书馆两个社交媒体平台的服务数据进行汇总分析，根据存在的问题，提出公共图书馆需要从技术、资源、服务、工作队伍建设等方面进行优化提升，以凸显图书馆的资源优势和服务优势，从而发挥公共图书馆引领大众阅读的主体作用。

04　泛在信息环境下图书馆的社交媒体服务 / 张秋菊 // 山东图书馆学刊：2017 年“技术发展与社会服务——前行中的图书馆”专辑 . -- 2017，45–46 页

泛在信息环境下，知识信息的存在及传播方式发生了改变，图书馆传统知识信息集散中心的地位被削弱。图书馆利用新兴的社交媒体开展泛在化服务，是图书馆应对泛在信息环境挑战的一个新抓手。文章介绍了泛在信息对图书馆的挑战，分析了泛在信息下社交媒体的发展状况，从加强服务规范化制度化、落实社交媒体资金保障、开发整合服务资源、开展个性化信息服务、做好大数据采集分析等方面对改进策略进行探讨。

毕晓乐

女，1979 年生，山东济南人，2005 年 10 月入馆至今，馆员。

著作

01　齐文化新探 / 王克奇，范玉峰，毕晓乐编著 . -- 济南：山东人民出版社，2006；21cm

该书为《山东当代文化丛书》之一，内容包括四部分：让古文明之树绽放世代、推陈出新的学术研究、惊动中外的考古发现、丰富多彩的人文旅游资源。

02　续学统

参见　王艳丽著作 01

论文

01　齐文化与阴阳五行思想的起源 / 毕晓乐 // 东岳论丛 . -- 2005，v.26，no.3，102–104 页

阴阳五行思想肇始于齐文化。齐地的八神崇拜为我们提供了关于阴阳五行思想起源的重要线索。阴阳说和五行说的原始质素在八神崇拜中已有所体现，这为后来阴阳五行思想在齐地的发展奠定了基础。

02　战国时期齐国科学思想述论 / 毕晓乐 // 山东省农业管理干部学院学报 . -- 2005，v.21，no.3，113–114 页

方术文化是中国古代神秘文化的代表。战国时期齐地方术之学在天文、钟律、形法、神仙、医经等方面都有所发展，其中阴阳五行思想发挥了重要作用，体现出其“前科学”或“准科学”性质。这与齐地的巫术传统和原始宗教信仰有着密切关系。

03　丁锡田致王献唐信札十通 / 毕晓乐，刘斌 // 山东图书馆季刊 . -- 2009，no.3，42–43 页

丁锡田（1893—1941），字倬千，号稼民，潍县（今山东潍坊）人，古籍收藏家。二十世纪三四十年代丁锡田与王献唐就有关学术问题进行了频繁的书信往来，这批信札对于研究丁锡田的生平及学术活动具有重要的参考价值。

04　赚得人间尚左名——清代书画家高凤翰 / 毕晓乐 // 春秋 . -- 2011，no.2，49–50 页

高凤翰（1683—1749），山东胶县（今山东胶州）人，清代书画家。他的诗、书、画、印被人称为四绝。文章简要介绍了清代书画家高凤翰的经历与诗文书画创作。

05　山东省图书馆藏善本古泉著作两种叙录 / 毕晓乐 // 江苏钱币 . -- 2013，no.1，43–44 页

翁氏《古泉汇考》、刘氏《古泉苑》和李氏《古泉汇》并称为泉学巨制。文章简要介绍了山东省图书馆所藏善本《古泉汇考》和《古泉汇》，以飨泉友。

06　路大荒与蒲学研究 / 毕晓乐 // 春秋 . -- 2013，no.3，23–26 页

路大荒（1895—1972），山东省淄川县人。他 77 年的人生旅程始终和蒲松龄研究事业联系在一起，他是我国全面、系统整理研究蒲松龄生平和著作的第一人。文章从其早年经历、撰写论文、出版著作、修复故居等方面，介绍了路大荒毕生进行蒲学研究的经历。

07　刘喜海批校本《古泉汇考》简述 / 毕晓乐 // 中国钱币 . -- 2013，no.5，13–20 页

古泉，又称古钱，从五千年前的贝币到清末方孔钱都在古泉的范畴之内。刘喜海乃清道、咸间著名古泉学家，其所补编《古泉汇考》为当时古泉学集大成之巨著。文章对刘喜海批校本《古泉汇考》进行了介绍和考证，并对其考证进行了客观评价。

08 **山东省图书馆藏民国图书珍本提要 / 毕晓乐 // 山东图书馆学刊 . -- 2013，no.5，78–82+84 页**

初版本、毛边本、土纸本、伪装本以及著名书籍装帧艺术家的书衣设计本等都属民国图书珍本。文章选择山东省图书馆藏民国图书中的 24 种珍本写成提要，以唤起业界对民国文献的关注。

09 **慕湘藏书题跋六则考释 / 毕晓乐 // 文献 . -- 2013，no.6，121–125 页**

慕湘（1916—1988），原名慕显松，又名慕松君、渤霖、白琳、白松，山东蓬莱人，藏书家。文章对慕湘所藏《碧天霞传奇》《邯郸梦》《长命缕》《古今奏雅》《月露音》《风月争奇》六书题跋进行了整理考释。

10 **孔广林抄本《周官经》述略 / 毕晓乐 // 山东图书馆学刊：首届山左先贤与齐鲁典籍专辑 . -- 2014，63–65 页**

山东省图书馆藏有一部《周官经》，为孔广林抄本，字体隽秀工整，有袁克文、姚鹏图、王寿彭、周钟英等人观款题跋，琳琅满目，精雅别致。此书入选第二批《国家珍贵古籍名录》。文章对此书作了介绍。

11 **韵海遗珠　泽存后世——记新泰市博物馆新发现的清铜活字印本《音学五书》/ 毕晓乐，曲传刚，穆红梅 // 人文天下 . -- 2017，no.5，67–70 页**

顾炎武所著《音学五书》是古代音韵学代表作，亦为清代古音学的开山之作。文章对新泰市博物馆在第一次全国可移动文物普查中新发现的清代铜活字本《音学五书》的内容、价值、版本进行了简要介绍。

郭丽娜

女，1982 年生，河南汝州人，2005 年 10 月入馆至今，馆员。

论文

01 **公共图书馆开展文化义工管理及对策 / 郭丽娜 // 山东图书馆学刊：2013 年“图书馆的职能拓展与效能提高”专辑 . -- 2013，256–258 页**

文化义工进入公共图书馆，不仅有利于为广大市民提供实现自我价值的平台，也有利于缓解公共文化服务体系建设中人力资源短缺的矛盾。文章通过对我国公共图书馆文化义工的现状分析，总结了文化义工在管理、招募机制、激励机制等方面存在的问题，从加大资金投入、完善义工管理机构建设等方面提出了文化义工管理的对策。

02　公共图书馆管理与服务创新研究

参见　刘曜檀论文 08

03　“掌上鲁图”移动图书馆平台分析与设计 / 郭丽娜 // 信息技术与信息化 . -- 2018，no.1，72–75 页

文章分析了山东省图书馆“掌上鲁图”移动图书馆平台的功能设计，指出“掌上鲁图”移动图书馆服务平台是基于 Web2.0 开发的服务平台，其平台设计以读者为核心，重视资源的集成与发现，通过对各种载体资源进行整合，满足读者通过移动终端随时随地进行阅读的需求，使读者享受便捷的一站式检索并快速获取资源。

04　新媒体时代移动图书馆关键技术探析 / 郭丽娜 // 数字化用户 . -- 2019，no.23，202 页

文章介绍了移动图书馆开展的意义及现状，对移动图书馆系统的云图书馆技术、信息资源整合技术进行了分析与设计。通过技术的应用实现移动图书馆系统与其他应用系统的无缝对接，从而使读者对移动图书馆的应用、对资源的查找、检索变得更加便捷。

05　对公共图书馆公共关系活动策略的研究 / 郭丽娜 // 卷宗 . -- 2019，no.29，144 页

文章阐述了图书馆开展公共关系活动的意义，结合山东省图书馆的公共关系活动的开展情况，分析了公共关系给图书馆带来的树立形象、提升扩大社会影响力等方面的积极作用，提出了加强图书馆公共关系的具体做法和建设策略。

黄　莹

女，1982 年生，山东济南人，2005 年 10 月入馆至今，馆员。

论文

01 **图书馆文献资源建设的策略 / 黄莹 // 文献信息的组织、管理和利用 / 赵炳武主编 . -- 济南：山东省地图出版社，2008. -- 152–156 页**

文章从加强文献资源建设、提高馆藏质量入手，阐述了不同类型信息资源的选择原则，提出通过完善文献信息资源建设工作的评估体系和整合图书馆各类型文献信息资源等途径，做好图书馆文献资源建设。

02 **浅析新时期图书馆服务品牌的创建 / 黄莹 // 山东图书馆学刊：2010 年“图书馆的定位与发展”专辑 . -- 2010，96–99 页**

创建图书馆服务品牌，是图书馆应对挑战、不断增强自身竞争力与生存能力的最具可行性的选择。文章介绍了创建图书馆品牌的意义，提出从树立“服务也是品牌”的经营意识、建立教育培训监督制约双轨制、合理布局信息资源、良好的服务形象及服务差别化等方面，打造图书馆服务品牌的具体措施。

03 **新型数字媒体对图书馆传统阅读方式的影响 / 黄莹 // 山东图书馆学刊：2011 年“图书馆社会责任”专辑 . -- 2011，212–214 页**

网络阅读是以信息数字化技术为支撑的阅读活动，有着不同于一般传统阅读的诸多特征。文章阐述了网络阅读的概念、特点，分析了网络阅读对传统阅读的影响，对图书馆在网络数字时代如何做好服务提出建议。

04 **关于图书馆精神的几点思考 / 黄莹 // 山东图书馆学刊：2012 年“公共文化服务体系建设中的图书馆”专辑 . -- 2012，323–325 页**

图书馆精神是图书馆全体成员自觉养成的特殊意志和信念。文章详细阐述了图书馆精神的内容及功能，提出把弘扬传统图书馆精神和培育新时代图书馆精神有机结合起来，以塑造图书馆良好形象，提升图书馆职业精神和服务质量。

05 **公共图书馆开展文化义工服务的思考 / 黄莹 // 山东图书馆学刊：2013 年“图书馆的职能拓展与效能提高”专辑 . -- 2013，250–252 页**

文章介绍了公共图书馆开展文化义工服务的意义，从为读者提供向导、协助图书馆管理员的日常工作、开展多样化的服务等方面，详细阐述了义工服务的主要内容，并对图书馆文化义工服务工作提出规范招募程序、加强培训、合理安排岗位、完善管理机制等建议。

06 均等化服务背景下公共图书馆服务弱势群体的思考 / 黄莹 // 山东图书馆学刊：2014 年“服务均等化 · 图书馆变革与创新”专辑 . -- 2014，251–253 页

对弱势群体进行知识援助和信息援助是公共图书馆义不容辞的责任和义务。文章对弱势群体这一概念进行了界定，论述了图书馆对弱势群体服务的重要意义，分析了图书馆服务弱势群体的现状，并提出用免费政策打通弱势群体服务瓶颈、打造服务弱势群体的主流行动和文化、从法律制度上保障服务的稳定性、从实际操作上保证服务的有效性等对策。

07 媒介融合背景下的“全民阅读” / 黄莹 // 山东图书馆学刊：2015 年“融合与超越——图书馆使命与目标”专辑 . -- 2015，215–218 页

传统的纸质媒介与互联网、手机等新的传播媒体融合，构成了一个全新的知识、信息及其他交流内容的平台，呈现出了一种与时代发展有密切联系的媒介融合状态。文章介绍了在媒介融合趋势的影响下，阅读活动的环境发生的显著变化，详细阐述了相应的受众阅读方式、思维模式、价值评判等方面的变化。

08 浅议现代图书馆发展的未来走向——兼论“复合图书馆” / 黄莹 // 山东图书馆学刊：2016 年“扩展与演变——面向未来的图书馆”专辑 . -- 2016，115–118 页

文章介绍了电子图书馆、虚拟图书馆、数字图书馆等现代图书馆形态理论，阐述了复合图书馆是数字化图书馆与传统图书馆二者有机融合、相互支撑和不断变化的发展模式和发展形态，对未来图书馆发展趋势提出展望。

09 浅谈省级公共图书馆地方文献的资源建设——以山东省图书馆为例 / 黄莹 // 山东图书馆学刊：2017 年“技术发展与社会服务——前行中的图书馆”专辑 . -- 2017，26–27 页

文章简要介绍了山东省地方文献基本情况和地方文献收藏原则，提出从建立地方文献目录、发展数字资源馆藏、照片及影音文献资料数字化、加强资源宣传、加强与非物质文化遗产资源的联合开发等方面开展资源建设。

10　**立足齐鲁乡邦文献　推广阅读研究策略——以山东省图书馆为例 / 黄莹 // 山东图书馆学刊：2019 年“变革创新开放融通——法治背景下图书馆发展新路”专辑 . -- 2019，197–199 页**

乡邦文献对于省级图书馆而言是珍贵的文化遗产。文章介绍了齐鲁乡邦文献的内容和范围，分析了齐鲁乡邦文献在推广阅读研究中发挥的作用，指出乡邦文献推广工作还存在开发力度不够、宣传普及深度不足、数字化建设发展滞后和专业人才匮乏等方面的问题，提出通过搜集、整理、挖掘、数字化等措施扩大乡邦文献的受众群体，进而提升有关齐鲁乡邦文献的阅读研究效益，为图书馆深入开展地方文献工作提供一条可供借鉴的路径。

鹿　贺

1982 年生，山东微山人，2005 年 10 月入馆，馆员。

论文

01　**图书馆核心价值的再认识 / 鹿贺，王孟媛 // 文献信息的组织、管理和利用 / 赵炳武主编 . -- 济南：山东省地图出版社，2008. -- 6–9 页**

图书馆核心价值是图书馆界对于自身的责任和使命的一种系统说明，表达的是图书馆人的基本理念。文章介绍了研究图书馆核心价值的意义，从紧紧围绕社会主义核心价值体系、保障公民自由平等地使用图书馆和获取信息的权利等方面，详细论述了我国图书馆核心价值的定位。

02　**数字图书馆建设与知识产权保护 / 鹿贺，张镜靓 // 数字图书馆工作论坛 / 赵炳武主编 . -- 济南：山东省地图出版社，2009. -- 128–131 页**

文章介绍了我国数字图书馆建设与知识产权保护的现状，分析了在信息资源采集、数据库开发、网络传播服务等过程中涉及的知识产权问题，针对加强数字图书馆版权保护提出建立健全相关法律法规、提高图书馆员管理版权素质、通过多种方式解决作品授权问题等对策，并建议采取必要的技术措施来支持知识产权保护。

03　文化共享工程与基层数字图书馆建设 / 鹿贺，王孟媛 // 山东图书馆学刊：2010 年“图书馆的定位与发展”专辑 . -- 2010，120-121 页

文化信息资源共享工程是我国的一项公益性文化创新工程。文章介绍了山东省文化信息资源共享工程的现状，阐述了文化信息资源共享工程在基层数字图书馆建设中的作用，提出通过加大政府投入、充分整合现有网络系统、加强基层图书馆员培训、加快分中心馆藏虚拟资源的整合开发等途径，促进基层图书馆数字化建设。

04　浅议移动互联网时代图书馆的延伸服务 / 鹿贺 // 山东图书馆学刊：2014 年“服务均等化 · 图书馆变革与创新”专辑 . -- 2014，137-138+141 页

移动互联网是当下科技领域最热门的词语。文章介绍了移动互联网时代图书馆面临的发展机遇，并结合 RFID 技术、特色 APP、QR 二维码等热门技术在图书馆服务工作中的应用，从加强现代设施建设、加强电子文献资源建设、建设素质优良的合作团队等方面，提出图书馆开展延伸服务的对策，以达到更好地为读者服务的目的。

05　新时代图书馆标识导向系统应用探析——以山东省为例 / 鹿贺 // 山东图书馆学刊 2018 年“新时代图书馆的建设与发展”专辑 . -- 2018，307-309 页

标识导向系统是现代图书馆建设中的重要组成部分。文章简要介绍了标识导向系统在图书馆的应用，结合山东省图书馆标识导向系统更新的实际情况阐述了图书馆标识导向系统设计原则和内容，并对图书馆标识导向系统发展趋势进行预测。

06　公共图书馆“逾期费”管理探析 / 鹿贺 // 山东图书馆学刊：2018 年山东省图书馆馆员论坛专刊 . -- 2019，102-104 页

近年来，随着国家对公共文化事业的支持力度不断提升，公共图书馆事业得到了快速发展。特别是 2011 年公共文化设施免费开放后，越来越多的人走进图书馆、利用图书馆，这也使得读者更容易出现文献超期未还的现象，以致产生违约金。虽然金额不大、次数不多，但经常会在图书馆与读者之间产生一些争议。文章从“免费开放”“逾期费”的含义入手，探讨逾期费收取过程中的相关政策，分析目前部分省级公共图书馆逾期费收取情况，提出公开收费标准、建立规范制度、完善收取程序等措施。

07　基于用户服务的公共图书馆转型研究 / 鹿贺 // 山东图书馆学刊：2019 年山东省图书馆馆员论坛专刊 . -- 2019，45–47 页

随着互联网技术的快速发展，传统图书馆转型成为业内关注的焦点。文章介绍了公共图书馆的转型背景，从认识的升级、服务的方向、读者体验场景的升级、基于用户需求的资源建设、加强读者流量的管理和导入等方面详细论述了公共图书馆的转型方向，以期为新时代图书馆转型和发展提供借鉴。

任　蒙

1981 年生，山东沂源人，2005 年 10 月入馆至今，馆员。

著作

01　礼射 / 任蒙著 . -- 济南：济南出版社，2016. -- 149 页；23cm

"新六艺"是山东大学和山东省图书馆尼山书院倾力打造的针对少年儿童新六艺的文化教育品牌，该系列课程通过提供琴、棋、书、画、健、读等内容的系统学习，使学生全面提升道德修养、文化水平、智慧才能、审美情趣，为其全面健康成长打下坚实的基础。"新六艺"课程普及活动受到广大学生和家长的热烈欢迎和认可，"新六艺"课程被纳入了全国文化信息资源共享工程。全套丛书共六册，分别讲述礼射、诵读、国画、书法、国乐、围棋，具体体现了"新六艺"继承传统、创新发展的理念。《礼射》一书从什么是礼射、礼射的发展、礼射的教化意义、礼射的用具以及方法、礼射的射法解说等方面，全面诠释了礼射的文化内涵、礼射用具、射法和开展礼射教育的意义。

论文

01　中国书院藏书事业考略 / 任蒙 // 图书馆学刊 . -- 2018，v.40，no.5，112–116 页

文章对我国书院事业做了简要的梳理考释。书院藏书是我国四大藏书体系之一，自唐代书院产生起就有了藏书活动。至清代末期，书院藏书已经形成了以用为本、教研并重、来源广泛的特点，且逐渐具备了书籍征集、编目、保管、流通的管理制度。书院藏书作为书院基本职能之一，在中国藏书史、教育史上产生了极其重要的影响，同时也为中国近代图书馆的产生开了先河，无论在藏书史、教育史、图书馆理论研究方面，书院藏书都带给我们诸多的启示。

02　程端礼《程氏家塾读书分年日程》及其读书思想刍议 / 任蒙 // 山东图书馆学刊 . -- 2019，no.4，118 页

文章通过对程端礼《程氏程氏家塾读书分年日程》的解读，阐述了该书的成书背景，分析了程端礼的读书方法以及该书对后世的影响。文章认为，宋末元初是儒学思想激荡、学派各立、学人辈出的时期，除内忧外患的政治原因外，儒学的自生性发展已经到了一个新的阶段，在旧有原始儒学思想及同时代陆九渊心学思潮的裹挟下，以朱熹为代表的理学思想蓬勃而出，顺应了时代的要求。这一时期，一大批新生理学思想家大力提倡朱学，推崇朱熹的为学之法，程端礼正是其中颇具代表性的一员。他集理学之成的读书方法和流布极广的《程氏家塾读书分年日程》影响了其后几百年的学风，开创了儒家教育的新范本。

任维旭

1981 年生，山东莱芜人，2005 年 10 月入馆至今，助理馆员。

论文

01　图书馆与读者文学素养关系考量 / 任维旭 // 时代文学 . -- 2009，no.3，196-197 页

文章运用传播学、社会学等方法，对图书馆读者和社会大众的文学阅读行为进行了实证研究，并从免费开放、加强数字图书馆建设、开展流动图书馆服务等方面，论述了图书馆对读者文学素养的积极塑造作用。

02　浅议第五版《中图法》的得与失 / 任维旭 // 山东文学 . -- 2010，no.12，72 页

《中国图书馆分类法》（简称《中图法》）作为国内使用最为广泛的综合性图书分类法，以十年左右更新一代的速度，现已推出第五版。第五版《中图法》根据社会的发展而进行最新修订和完善，体现了与时俱进的先进性和时代性，得以胜任新时期的图书分类编目工作。文章详细介绍了第五版修订重点及特色，指出了个别类目存在的不足之处。

03　试论公共图书馆在传承和弘扬优秀传统文化中的比较优势——以山东省图书馆为例 / 任维旭 // 图书情报通讯 . -- 2018，no.2，52-54 页

文章介绍了公共图书馆在传承和弘扬优秀传统文化中的优势，结合山东省图书馆的工作现状，分析存在的不足，提出积极争取读者、将弘扬传统文化变成一项日常工作、传承内容要贴合实际贴合趋势、充分运用数字化等具体措施。

申志文

女，1983 年生，山东滕州人，2005 年 10 月入馆至今，馆员。

论文

01　图书馆服务质量提升之我见 / 申志文 // 山东图书馆学刊：2014 年“服务均等化 · 图书馆变革与创新”专辑 . -- 2014，86-87 页

为读者服务是图书馆开展工作的根本出发点和最终意义。文章阐述了对图书馆服务质量的再认识和提升图书馆服务质量的意义，分析了图书馆服务的及现状，提出了应从馆藏资源的优化与更新、加强图书排架的管理和优化、构建以读者为中心的服务模式、提供特色服务等方面提升图书馆服务质量。

02　关于图书馆纸本图书复本量的思考 / 申志文 // 山东图书馆学刊：2018 年“新时代图书馆的建设与发展”专辑 . -- 2018，300-302 页

关于图书馆馆藏纸本图书复本，至今仍有许多值得我们思考的问题。文章对复本的含义、标准等存在混乱与困惑的内容逐一说明，并对我国图书馆实行的多复本政策下，与复本选择相关的几个因素进行讨论，试图探讨较为科学可行的图书馆的复本量实施方案。

王　轩

女，1980 年生，山东历城人，2005 年 10 月入馆至今，馆员。

论文

01　浅析临清曲艺中的运河文化元素 / 王轩 // 戏剧丛刊 . -- 2014，no.6，89-90 页

京杭大运河全长 1700 多公里，流经今北京、天津、河北、山东、江苏、上海、浙江七省市，连接海河、黄河、淮河、长江、钱塘江五大水系，是世界最宏伟的四大古代工程之一。自北向南，大运河像一条丝带一样，串联起燕赵文化圈、齐鲁文化圈和吴越文化圈，将其融汇成一条韵味独特的运河文化带。运河沿岸产生了众多名噪一时的古城名镇，山东临清便是它们的代表。数百年，滔滔运河水，流淌出鲁西临清盛极一时的繁荣。文章介绍了临清的概况和临清的曲艺，详细论述了临清曲艺与运河文化的关系。

02　泛在知识环境下公共图书馆公众信息素养教育研究

参见　任静论文 15

03　基于微信的公共图书馆传统文化阅读推广影响因素研究——以尼山书院微信公众平台为例

参见　雷辉论文 04

04　基于智库理念的公共图书馆参考咨询服务模式浅析 / 王轩 // 人文天下 . -- 2018，no.6，73–77 页

中国特色新型智库是党和政府科学决策的重要支撑，是国家治理体系和治理能力现代化的重要内容。文章论述了智库的内涵和社会功能，分析了基于智库理念的公共图书馆参考咨询服务模式的基本要素，提出了基于智库理念的公共图书馆参考咨询服务模式的构建。

05　公共图书馆政务新媒体舆情信息服务研究——以文化领域为例 / 王轩 // 山东图书馆学刊：2018 年山东省图书馆馆员论坛专刊 . -- 2019，90–93 页

舆情信息工作是畅通社情民意、引导舆论健康发展的有效途径。文章阐述了政务新媒体舆情信息服务的背景和必要性，分析了公共图书馆政务新媒体舆情信息服务的现状，详细论述了公共图书馆利用自身的优势对文化领域中政务新媒体舆情信息进行监测分析的路径，并针对当前公共图书馆开展新媒体舆情服务的瓶颈提出解决方案。

翟晓乐

女，1981 年生，山东济南人，2005 年 10 月入馆至今，馆员。

论文

01　**图书馆数字化建设现状及拓展延伸 / 翟晓乐，孙鹏 // 数字图书馆工作论坛 / 赵炳武主编 . -- 济南：山东省地图出版社，2009. -- 74–78 页**

文章分析探讨了数字图书馆在资源数字化、数字化管理和数字化服务方面的发展现状，对数字图书馆的发展提出了一些构想，从资源的数字化转换更新与海量存储、数字信息服务方式的改善、实现数字化资源共享三方面进行了论述。

张莎莎

女，1985 年生，山东德州人，2005 年 10 月入馆至今，助理馆员。

论文

01　**图书馆阅读推广创新与未成年人服务**

参见　蔡郁论文 05

02　**让“智慧”融入公共图书馆创新服务 / 张莎莎 // 山东图书馆学刊：2019 年“变革创新开放融通——法治背景下图书馆发展新路”专辑 . -- 2019，158–160 页**

要完善公共文化服务体系，公共图书馆作为公共文化服务的重要组成部分，理应通过智慧图书馆的软件建设、设施建设、人员建设，实现创新服务，提高服务水平，满足人民群众日益增长的文化需求，服务当前经济发展水平。文章介绍了智慧图书馆的定义，论述了智慧图书馆建设的必要性，分析了当前智慧图书馆建设中存在的问题，详细论述了智慧图书馆软件建设和智慧图书馆的配套设施建设。

周　浩

1982 年生，山东济南人，2005 年 10 月入馆至今，馆员。

著作

01　**公共数字文化建设 / 周浩著 . -- 沈阳：辽海出版社，2018. -- 133 页；23cm**

公共数字文化建设是现代公共文化服务体系建设的基础性工作。公共数字文化建设是一个庞大的系统工程，并非某一个机构一朝一夕就可以独立建成的。本书从公共数字文化服务概述入手，对体系运行机制研究、实施文化共享工程的背景分析、文化共享工程可持续发展战略设计等进行了讲解。其中笔者重点阐述了数字图书馆的建设意义及现状、数字图书馆服务方式分析、数字图书馆的读者推广与利用。最后分析了我国公共电子阅览室的发展状况及发展中面临的困惑。

论文

01　关于山东省文化共享工程建设的思考 / 周浩 // 文献信息的组织、管理和利用 / 赵炳武主编 . -- 济南：山东省地图出版社，2008. -- 246–248 页

山东省的文化信息共享工程走在了全国前列。文章分析了山东省文化共享工程的现状，总结了文化共享工程的网络体系、资源传输、共建共享、管理模式以及队伍建设等方面存在的问题，并从提高群众的认可度、多渠道传输、正确把握资源的导向性等角度，对下一步建设提出建议。

02　山东省数字图书馆建设的新平台——文化共享工程进万家

参见　叶蕊论文 04

03　文化微尘：诠释爱心的文化符号 / 周浩 // 文化共享十年路：共创、共建、共享 . 优秀服务案例选编 / 于群，李宏，张彦博主编 . -- 北京：国家图书馆出版社，2012. -- 377–378 页

“全国文化信息资源共享工程”是公共文化服务体系的国家级创新工程。文章记录了文化共享工程山东东平县沙河站镇前河涯村基层服务点管理员吴岳通过文化共享工程无私服务、无私奉献的事迹。

04　山东以筹办“十艺节”带动全省公共文化服务体系建设经验研究 / 高德文，周浩，李磊 // 西北五省（区）图书馆第十二次科学讨论会论文集 . -- 2014，106–110 页

文章从公共文化服务体系发展成就、采取的工作措施等方面入手，利用数据对比、实例分析等方法，结合作者的思考和下一步工作思路，力求直观展现山东以筹办“十艺节”为契机，在推动全省公共文化服务体系建设方面取得的成绩和行之有效的工作措施，以达到总结经验、交流学习的目的。

05 **现代公共文化服务体系环境下公共图书馆微博服务模式探析 / 周浩 // 山东图书馆学刊：2014 年“服务均等化 · 图书馆变革与创新”专辑 . -- 2014，145–147 页**

文章阐述了微博服务对图书馆服务的积极意义，重点介绍了微博的特征和功能，详细论述了微博服务模式在公共图书馆的馆际服务和读者服务等方面的应用，并提出吸收读者参与管理、注册实名制等建议，以便更好地做好公共图书馆微博账号服务。

06 **全国文化信息资源共享工程——山东省分中心**

参见　周玉山论文 12

07 **基于 MySQL 的玉米病害检索诊断系统数据库设计 / 杨菲，周浩，齐世军，贾曦，刘治先，孙浩洋，丁照华，穆春华，方志军 // 山东农业科学 . -- 2015，no.8，111–115 页**

玉米病害检索诊断系统的构建包括数据获取采集、数据整理加工、数据挖掘、数据库设计、检索算法设计、诊断算法设计、用户界面 UI 设计、管理界面 UI 设计等工作。文章从数据库设计切入，重点介绍了数据库 E–R 图的构建、基于 MySQL 的数据库物理设计及数据库表的设计与规范。

08 **基于多叉树遍历算法的玉米病害检索诊断系统 / 杨菲，周浩，贾曦，齐世军，刘治先，孙浩洋，孙琦，张成华 // 山东农业科学 . -- 2015，no.11，130–133+151 页**

作者在搜集整理大量玉米病害资料和实际调查的基础上，利用 MySQL 系统数据库和 PHP 语言编程设计了集玉米病害信息管理、信息检索、病害诊断等功能于一体的玉米病害检索诊断系统。该系统以面向对象的设计思路，基于多叉树遍历算法进行玉米病害推理诊断，极大地降低了用户的输入负担，提高了病害推理诊断速度，降低出错概率。系统突出强调算法的优化处理，分析并优化了数据库的“时—空”效率，提高数据处理速度并且降低数据占用空间，同时注重在线数据的安全性。

09 **山东省公共电子阅览室发展研究初探 / 钱茜，周浩 // 科技情报开发与经济 . -- 2015，no.14，144–147 页**

文章对山东省公共电子阅览室的建设情况、服务效能、取得成效和存在问题进行了全面调查和统计分析，并从经费、人员、宣传、资源等方面提出了公共电子阅览室的发展对策。

10　基于现代公共文化服务体系的山东省公共电子阅览室研究 / 周浩 // 中国图书馆学会年会论文集 . 2015 年卷 / 中国图书馆学会编 . -- 北京：国家图书馆出版社，2015. -- 209–216 页

公共电子阅览室是在公共数字文化建设发展到的新阶段，为保障基层广大群众的基本文化权益而推出的一种创新服务模式。文章研究了公共文化服务体系中的公共电子阅览室建设，详细阐述了山东省公共电子阅览室的服务效能及服务评价的影响因素，分析公共电子阅览室在观念、经费、设备、人员等方面存在的问题，并提出相应对策，为各级公共电子阅览室管理部门提供绩效考评参考，进一步增强数字文化服务能力，活跃基层群众的文化生活，推进全社会的信息化进程。

11　现代公共文化服务体系环境下山东省公共电子阅览室服务效能研究 / 周浩 // 办公室业务 . -- 2017，no.17，30–31 页

文章通过调查、统计现代公共文化服务体系环境下山东省各级公共电子阅览室的建设情况，分析其取得的服务效能及存在的问题，针对人员问题、环境问题、设备问题、资源问题等提出相应对策。

12　开放科学与开放数字环境下的图书馆范式创新 / 周浩 // 文化创新比较研究 . -- 2019，no.21，141–142 页

如今，科技信息迅速走向开放获取，开放信息成为新一代科技知识基础资源，开放科学为知识服务机构用户驱动服务创新提供了巨大机遇。文章介绍了开放创新带来的新模式和服务创新机制，提出扩展服务创新支持机制，以图书馆作为开放知识服务支持平台，大力推进科技信息开放获取，支持开放获取资源转换，建立支持用户开放知识服务创新的战略目标。

13　基于文旅融合环境的图书馆“线上 + 线下”阅读推广创新 / 周浩 // 山东图书馆学刊：2019 年山东省图书馆馆员论坛专刊 . -- 2019，70–72 页

文章介绍了图书馆阅读推广现状，从服务半径、服务群体、科学性、规范体系四个方面详细分析了图书馆线下阅读推广的“瓶颈”，结合山东省图书馆公共数字文化工程与传统阅读推广的实践，提出加强组织领导、强化政策保障、严把意识形态安全和网络安全关等“线上 + 线下”的阅读推广保障措施，以及统筹管理、统筹平台与服务界面、统筹资源与服务推广、引导社会力量参与阅读推广等创新策略。

左凤艳

女，1982 年生，山东莘县人，2005 年 10 月入馆至今，馆员。

论文

01　基于加权累积差分的运动目标检测与跟踪 / 左凤艳，高胜法，韩建宇 // 计算机工程 . -- 2009，no.22，159-161 页

文章针对视频序列中缓变运动目标检测与跟踪的问题，改进加权累积差分方法，设计一种快速检测缓变运动目标的权值分配算法。在检测出的运动目标区域中提取特征点，利用最大距离原则确定特征点的匹配范围，根据视差一致性原则，提出非回溯的误匹配检测方法。实验结果表明，该方法能有效提高跟踪的效率和精度。

02　基于帧差特征点的视频对象提取跟踪的研究 / 韩建宇，高胜法，左凤艳 // 计算机工程与设计 . -- 2009，no.24，5676-5680 页

为了降低对象跟踪算法中特征点匹配的复杂度和无用特征点的数量，提高对象提取的精度以及跟踪的速度，本文提出了一种新的基于帧差特征点和边界点的对象提取、跟踪算法。首先结合形状信息以及自动阈值技术来减少特征点的堆积并提高特征点的利用率，其次从一个新的角度利用帧差技术，不仅有效地将大量的无关特点从跟踪系统中剔除，同时使跟踪范围缩小到一个更加合理高效的区域内。为了让物体的跟踪过程更加精确，通过添加边缘特征点来提高跟踪的鲁棒性。实验结果表明，该算法具有运算量小、精度高的特点，可以处理对象遮挡跟踪问题，并具有较强的跟踪鲁棒性的特点。

03　古籍拓片数字化处理的研究及应用 / 左凤艳 // 中国图书馆学会年会论文集 . 2016 年卷 / 中国图书馆学会编 . -- 北京：国家图书馆出版社，2016. -- 275-280 页

拓片是用墨和宣纸把石刻和古器物上的文字及花纹拓印出来的纸质载体。除金石外，拓片还包括铁、玉、木、竹、砖、瓦、甲骨等，其中以石刻为最多。拓片的独特优点就是它能够在纸质载体上以实际比例复制器物的原貌，是一种科学的史料记录方法。在原器物佚存的情况下，其在很大程度上起到替代原器物的作用。拓片是记录中华民族传统文化的一种重要载体，极具版本价值、文献价值及艺术价值，为碑帖学和史学的研究提供了珍贵的文献史料。文章提出一整套古籍拓片数字化处理方法。笔者指出经过预处理和进阶处理两个步骤，逐级对拓片图像进行数字化和细节修复，并且通过实验证明已取得良好的处理效果。针对处理过程中遇到的噪声点多、细节模糊等问题，文章提出的膨胀和腐蚀运算能有效地还原拓片的真实原貌，且计算量小、运算时间短，在实际应用中为拓片数字化系统的建置提供了一个可行性实施方案。文章还着重论述了古籍拓法数字化的意义，认为古籍拓片的数字化，使拓片文献的整理编目和信息管理更加标准化、规范化，加速了拓片数据库的网络化建设，更好地实现国内、国际的拓片资源共享。同时，数字拓片更有利于读者方便快捷地检索拓片文献资源，为读者充分利用馆藏拓片从事科学研究提供了条件，既能保护古籍善本，又达到了文献传递的目的。数字化拓片的恢复与共享，对于人类古代文明的传承与研究有直接的帮助，本身具有深远的意义。但古籍拓片由于历史原因存在很多有价值的图案或文字缺损的情况，如何识别这些未知的元素，并按照边界拓展使其形成闭合曲线，补全这些人类文明的珍贵符号，是今后课题研究的重点问题。

04 “把馆藏带回家”——图书馆文创产品开发与营销研究 / 左凤艳 // 山东图书馆学刊：2018 年山东省图书馆馆员论坛专刊 . -- 2019，17-20 页

随着文化创意产业的兴起，图书馆文创也逐步受到关注。文章探讨了目前我国公共图书馆文创产品发展的现状，详细论述了图书馆文创产品开发的内容和形式，针对供给侧改革形势提出了文创产品的营销策略，强调要坚持知识产权保护原则，为图书馆文创产业的发展保驾护航。

05 “文化 +”模式下的公共图书馆文旅融合服务探析 / 左凤艳 // 山东图书馆学刊：2019 年山东省图书馆馆员论坛专刊 . -- 2019，38-41 页

随着文化和旅游部的组建，文化与旅游融合发展日渐成为值得深入探索的课题。文章论述了图书馆文旅融合的背景和理论研究，总结了文旅融合的实践经验，提出了“转变新思想，做好理念融合”“建立新机制，做好制度融合”“探索新路径，做好深度融合”的发展建议。

陆　健

女，1982年生，山东肥城人，2005年12月入馆至今，馆员。

论文

01　浅析网络环境下图书馆工作人员素质 / 王素凌，陆健 // 科技资讯 . -- 2010，no.14，256 页

图书馆的网络信息化对工作人员带来了全新的挑战。文章从工作观念、人员结构配备等方面分析了当前图书馆工作人员的现状，进而提出了提高人员素质和服务水平的对策。

02　浅析图书馆古籍的保护与利用 / 陆健，李洪波 // 科技资讯 . -- 2010，no.17，255 页

文章探讨了图书馆古籍保护工作面临的问题，进而从图书馆人员素质、古籍的"藏"与"用"和再生性保护等方面提出了相应的策略，并对如何充分利用图书馆古籍进行了探讨，提出开展二次文献服务、建立馆藏古籍文献数据库、扩大馆藏古籍文献的宣传、利用古籍文献为经济建设服务等建议。

03　图书馆古籍数字化资源建设研究 / 陆健，李洪波 // 中国科教创新导刊 . -- 2010，no.26，251 页

文章分析了我国图书馆古籍数字化工作概况及建设的意义，介绍了当前古籍数字化的方式，并提出古籍数字化前期处理工作应该遵循的重要原则：统筹规划，"三个结合"；突出重点，先急后缓；确保质量，追求效率；规范古籍书目数据的格式。

04　民国时期文献保护工作概述——以山东省图书馆为例 / 陆健 // 山东图书馆学刊：首届山左先贤与齐鲁典籍专辑 . -- 2014，114-116 页

国家民国时期文献保护计划启动以来，山东省图书馆积极响应，有条不紊地开展着民国时期文献保护工作。文章从多个角度对山东省图书馆的民国时期文献情况进行了剖析与研究，以期民国时期文献保护工作日趋完善。

05　图书馆为老年读者开展人性化服务的思考

参见　李磊论文 04

06　中小型图书馆“以用户为本”的全新服务理念刍议 / 陆健，李磊，朱男 // 注重服务提升效能：中小型公共图书馆工作的实践与探索 . -- 北京：中国民族摄影艺术出版社，2014. -- 64–66 页

图书馆的服务模式随着时代的发展在不断变革，其“以用户为本”的服务理念也应顺应时代要求而发展。文章从中小型图书馆“以用户为本”全新服务理念的内涵出发，介绍了“以用户为本”全新理念下的基础服务和深层次服务，内容包括人员管理与再教育、馆舍环境改善、加强地方文献建设以及新媒介服务等。

07　大数据时代图书馆移动数字资源建设模式研究 / 陆健 // 图书馆学刊 . -- 2018，no.5，48–51 页

文章介绍了大数据时代图书馆服务的新变化，即注重移动数字资源采购、引入先进技术工具、创新移动服务模式等。阐述了图书馆在移动数字资源建设方面，要遵循常规与特色资源结合、移动设备与数字资源结合以及共建共享的原则。阐明了大数据时代图书馆移动数字资源的建设模式，提出要构建图书馆移动数字资源共享平台。

王孟媛

女，1982 年生，山东栖霞人，2005 年 12 月入馆至今，馆员。

论文

01　图书馆核心价值的再认识

参见　鹿贺论文 01

02　数据仓库技术在数字图书馆中的应用 / 王孟媛 // 数字图书馆工作论坛 / 赵炳武主编 . -- 济南：山东省地图出版社，2009. -- 97–100 页

文章对数据仓库技术应用于数字图书馆的可行性进行了分析，介绍了数据仓库应用的关键技术，展望了数据仓库技术在图书馆决策管理和业务工作中的应用前景。

03　文化共享工程与基层数字图书馆建设

参见　鹿贺论文 03

04　浅谈家庭阅读对孩子的影响 / 王孟媛 // 科技创新与应用 . -- 2012，no.23，208 页

文章从环境、人员等方面着手，分析了家庭阅读对孩子阅读的影响。家庭是人们赖以生存的环境，家庭是孩子们接受教育的摇篮，一位教育生态学研究者表示，如果把学校和邻居这些环境对孩子的影响全部加起来，还不及家庭对孩子影响的一半。所以家庭环境对孩子的影响可以说是根深蒂固的，从小养成好的阅读习惯，孩子会受益终身。一般说来，在富有文学修养的家庭环境里成长起来的孩子，由于父母长辈在孩子成长过程中重视阅读氛围的营造，往往比缺乏文学修养的家庭更能培养出爱读书的孩子。

05　山东连续性内部资料出版物收藏工作之我见 / 王孟媛 // 山东图书馆学刊：2014 年“服务均等化・图书馆变革与创新”专辑 . -- 2014，81–83 页

地方连续性内部资料出版物是一个图书馆的馆藏特色内容。文章从连续性内部资料出版物的界定、特点、收藏意义、收藏策略、工作体会等几个方面，阐述了收藏地方连续性内部资料出版物的重要性和必要性。

06　绘本阅读推广与少儿图书馆资源建设 / 王孟媛 // 山东图书馆学刊：2019 年山东省图书馆馆员论坛专刊 . -- 2019，34–37 页

绘本在婴幼儿早期阅读中具有重要作用，是公共图书馆开展亲子阅读活动的重要媒介。文章介绍了山东省少年儿童图书馆已经开展的系列绘本阅读推广服务，结合工作实践，从图书馆资源建设方面进行分析、研究，提出应在绘本资源建设与利用、绘本阅读活动规划、社会化合作、创立绘本奖项等方面加以完善，使绘本在公共图书馆亲子阅读活动中发挥更大的作用。

07　阅读推广与少儿图书馆英文资源建设 / 王孟媛 // 山东图书馆学刊：2018 年山东省图书馆馆员论坛专刊 . -- 2019，128–133 页

图书馆具有社会教育的职能，有责任有义务为少儿搭建阅读平台，为广大少年儿童提供优质服务，提高社会效益。文章介绍了山东省少年儿童图书馆已经开展的系列英文阅读推广服务，详细论述了少儿英文阅读推广的理论依据，并根据馆藏现状结合工作实践，提出了编目增加字段、集中开设英文阅读区、与美国明德图书馆基金会合作等建议，以期更好地为少年儿童服务。

蔡廷建

1985 年生，山东青州人，2007 年 12 月入馆至今，馆员。

论文

01 无纸化教学试点背景下图书馆的未来 / 蔡廷建 // 山东图书馆学刊：2016 年“扩展与演变——面向未来的图书馆”专辑 . -- 2016，79-81 页

随着信息存储新材料新技术的发展，“无纸化”成为图书发展的一大趋势。文章阐述了电子书包的产生、无纸化教学试点的现状，论述了电子文献阅读率高速增长督促图书馆服务转型，并提出未来图书馆的设想。

02 省级公共图书馆编目业务外包工作探析——以山东省图书馆为例 / 蔡廷建 // 山东图书馆学刊 . -- 2017，no.6，56-60 页

文章通过对山东省图书馆开展编目业务外包近 4 年来所产生的实际问题加以总结，并从事前预防、事中控制、事后处理三个层面论述了这些问题在实践中的解决方案，对有意进行编目业务外包或已实行却有相似问题的公共图书馆有十分现实的借鉴意义。

03 新阅读形势下“浅阅读”现象解析 / 蔡廷建 // 山东图书馆学刊：2017 年“技术发展与社会服务——前行中的图书馆”专辑 . -- 2017，178-180 页

文章介绍了浅阅读的概念和特征，论述了浅阅读产生的背景及原因，分析了浅阅读的利与弊，指出浅阅读是一种社会发展的产物，成为一个社会规律，它要求人们必须以这种方式来掌握信息。

吕晓吾

1976 年生，山东淄博人，2007 年 12 月入馆至今，馆员。

论文

01　一种应用于 Mobile IPv6 中切换算法的分析与改进 / 吕晓吾，蒋祥刚，栾新 // 计算机工程 . -- 2005，v.31，no.21，107–109 页

Mobile IPv6 为全球的移动数据通信提供了一个平台。当一个通信主机在不同的子网间移动时，我们希望在进行切换的时间段内仍能保持通信的连贯和通信的性能。文章介绍了一个切换算法，分析了它的不足，并提出了自己的改进算法。

02　针对社会不同群体的数字化信息服务——山东文化共享工程的群体化服务实践 / 吕晓吾 // 山东图书馆学刊 . -- 2010，no.6，59–61+70 页

文化共享工程在山东省的群体化服务实践，其目的是为了满足不同社会群体的多样化信息需求，以农村群体为重点，利用现代信息技术，整合资源，创新传输手段和服务模式，实现文化信息资源在社会最大范围内的共享，为不同群体提供差别化的细分服务，为山东公共文化服务体系提供了重要的技术支持。文章分析了农村群体信息资源需求的现状，介绍了文化信息资源针对农村群体特点的组织整合、农村群体化信息服务的技术整合模式以及对农村以外群体进行信息服务的实例，对山东省图书馆群体化信息服务的效益进行了分析。

03　构建全媒体图书馆 / 吕晓吾 // 新世纪图书馆 . -- 2011，no.7，45–48 页

技术的发展造就了全媒体环境，但全媒体环境给公共图书馆带来机遇的同时，也迫使公共图书馆做出相应地改变来适应环境变化。文章阐述了公共图书馆所面临的服务困境和技术环境，围绕全媒体图书馆的概念，重点论述了全媒体图书馆的服务特色。

04　关于形成数字图书馆核心竞争力的几点思考 / 吕晓吾 // 数字图书馆建设与服务推广研讨会论文集，2012. -- 41–46 页

数字图书馆的核心竞争力首先要从明确的自我定位开始。文章围绕数字图书馆的自我定位，分析服务资源的范围和服务途径，最后指出数字图书馆的服务特色为全面性和专家型。

05　新型盲人数字化服务模式打造研究——以山东省图书馆“光明之家”视障人士文化服务品牌为例

参见　周玉山论文 13

王　珂

1981 年生，山东枣庄人，2007 年 12 月入馆至今，馆员。

论文

01　从双行精舍书跋看王献唐先生对版本规律的总结 / 王珂 // 山东图书馆学刊 . -- 2009，no.3，11–12 页

王献唐先生是著名的版本学家，经眼典籍，随手题记。双行精舍书跋中不仅注重单个图书的版本考辨，而且注重版本规律的总结。文章就王献唐先生对于南北传本的异同、尾题、写刻本、磁活字印本等版本规律的见解进行总结例证。

02　山东省图书馆藏明稿抄本三种述要 / 王珂 // 山东图书馆学刊：首届山左先贤与齐鲁典籍专辑 . -- 2014，49–50 页

山东省图书馆古籍收藏宏富，居于国内前列，其中有稿本 300 余种，抄本 1000 种以上，具有很高的学术价值。文章介绍了未刊明代稿本《松涛诗稿》、校刻底本《文饭小品》、校刻底本《黄发翁集》二卷《黄发翁戏笔》一卷这三种入选《国家珍贵古籍名录》的明代稿抄本，并作述要以供读者参考。

03　新见海源阁旧藏黄丕烈题跋《墨子》/ 王珂 // 历史文献研究 . -- 2015，no.1，311–317 页

黄丕烈是清代藏书名家，精于鉴赏，古书一经其品题，便身价倍增。时至今日，未经收录的黄氏题跋已凤毛麟角。作者在山东省图书馆新见海源阁旧藏黄丕烈题跋并过录惠士奇批校《墨子》一种，故撰此文。文章详细考察该书的真伪、递藏源流，过录黄丕烈题跋，分类揭示惠士奇批校，以为墨学研究之一助。

04 省级古籍保护工作模式研究——以山东省为例 / 王珂 // 人文天下 . -- 2015，no.10，80–82 页

省级古籍保护工作是“中华古籍保护计划”的重要组成部分，是承上启下的重要一环，对于保护珍贵典籍、弘扬传统文化具有重要作用。工作模式的成功与否，直接决定了一个省古籍保护工作的格局。自 2007 年以来，山东省扎实工作，大胆探索，勇于创新，走出了一条具有山东特色的“五位一体”古籍保护工作模式。文章从三个方面进行了总结：一是建立机制，抓住核心三要素，打造纵横联动的工作体系；二是大胆创新，力求实效，探索丰富多样的工作方法；三是深挖内涵，整体推进，构建“五位一体”工作模式。

05 山东省古籍督导工作的实践与思考 / 王珂 // 人文天下 . -- 2015，no.18，107–109 页

在山东省文化厅的高度重视下，“十二五”中期，山东省古籍保护中心开展了“山东省古籍重点保护单位”督导工作。此次督导旨在检阅“中华古籍保护计划”实施以来，各单位古籍保护工作开展情况，达到促进收藏单位改善古籍保护条件、加快古籍普查进度、提升保护工作科学化与规范化水平目的。文章通过对督导工作的总结回顾，提出五点提升建议：一是督导工作应走向常态化、制度化；二是督导标准应切合实际，具有可操作性；三是督导检查应建立通报反馈机制；四是古籍重点保护单位应建立问责退出机制；五是积极争取财政支持，加大对古籍重点保护单位的投入力度。

06 如何让书写在古籍里的文字活起来——以山东省图书馆为样本 / 王珂 // 人文天下 . -- 2015，no.22，86–87 页

2013 年 12 月 30 日，习近平总书记在中共中央政治局第十二次集体学习时指出，“要系统梳理传统文化资源，让收藏在禁宫里的文物、陈列在广阔大地上的遗产、书写在古籍里的文字都活起来”。文章以山东省图书馆为样本，总结了古籍工作对弘扬传承优秀齐鲁传统文化的积极贡献。山东省图书馆作为全省古籍收藏单位的龙头和全省古籍保护工作的组织者、引领者，积极响应，大胆探索，搭建三个平台、打造三个品牌、抓住三种机遇，走出了一条别具特色的古籍宣传展示路子。

07　山东省珍贵古籍名录及重点保护单位评审情况综述（2007—2016）/ 王珂 // 人文天下 . -- 2016，no.14，71–73 页

自 2007 年中华古籍保护计划正式实施以来，山东省高度重视古籍名录及重点保护单位的申报和评审工作，充分利用这一古籍保护工作的有力抓手，吸引社会各界关注，培养古籍鉴定与保护人才，营造浓厚的工作氛围，带动全省古籍普查保护工作全面、深入开展。文章介绍了山东省建立起国家、省级、市级三级古籍名录保护体系的评审情况，总结了五点经验：一是立足高起点，成立高级别的专家委员会；二是注重专业性，延请专家审专书；三是注重科学化，用制度办法约束评审；四是评审流程化，提高工作的规范性；五是坚持创新性，不断开创评审新模式。

08　从稿本《师石山房书目》论姚振宗的版本学造诣 / 王珂，王承略 // 山东图书馆学刊 . -- 2017，no.1，76–81 页

姚振宗向来以目录学家著称，同时他还是一位出色的版本学者。他在《师石山房书目》中运用娴熟的版本鉴定方法和技巧，对于很多版本问题做了深刻地揭示，表现出极高的版本学造诣。文章从细微之处入手，深入总结姚振宗的版本学成就，以利于对姚振宗的学术贡献做出全面的再评价。

09　论姚振宗版本学知识的授受源流及个人造诣 / 王珂 // 澳门文献信息学刊 . -- 2017，no.1，26–33 页

姚振宗是众所周知的目录学家，然而鲜有人知道他还是一位出色的版本学者。对此，作者与导师王承略先生曾撰有《从姚振宗稿本〈师石山房书目〉论其在版本学上的成就与贡献》一文，论述了姚振宗所做的版本工作及其版本鉴定方法。然而囿于篇幅限制，笔者未能对其版本学造诣展开全面论述。文章立足《师石山房书目》，从其版本知识来源、总结版本规律、善本观三个方面再次深入论述。

10　从《福次咸诗草》新证圆明园初次被烧时间 / 王珂 // 历史档案 . -- 2017，no.4，118–122 页

作者在大英图书馆查阅资料，发现《福次咸诗草》一种，内容为圆明园当值人员福次咸在圆明园被攻破后，逃难归来，根据回忆所做的纪事绝句十七首。诗草涉及初次火烧圆明园的时间，因系当事人亲历，具有较高的史料价值。兹全文录出并略作考证，以为研究清史之一助。

11 明代嘉善钱氏信札考释 / 王珂 // 历史文献研究 . -- 2018，no.1，240–246 页

钱氏是明末清初的嘉善望族，先后多人中进士，在明末政坛和抗清斗争中发挥了重要作用。文章对山东省图书馆藏有的钱氏信札进行考释，信札内容涵盖家国之事，为诸人文集之佚文，具有一定的史料价值。

12 大英图书馆藏中文稿抄本书志十种 / 王珂 // 汉籍与汉学 . -- 2018，no.2，173–179 页

文章从大英图书馆藏 600 余种中文稿抄本中精选 10 种撰写书志，作为第一批影印本的解题，从书名、卷数、作者、版本、版式、题跋、内容提要、作者简介、文献价值、藏书印等方面，对书的价值进行揭示。

13 姚振宗藏书考 / 王珂 // 山东图书馆学刊 . -- 2018，no.2，89–94 页

清末姚振宗不仅是一位著名的目录学家，还是一位藏书家。他通过继承、购买、获赠、抄录等方式汇聚了快阁师石山房丰厚的藏书。文章对姚振宗的藏书进行考证，这些藏书呈现出鲜明的学者藏书特色，学科门类齐全，其中丛书占据重要地位，且异本众多。姚振宗身后，藏书为其子姚福厚继承，民国间散出，现存南京图书馆、台湾汉学研究中心等地。

14 大英图书馆藏《湘云友朋信札》考论 / 王珂 // 东岳论丛 . -- 2018，no.5，117–123 页

《湘云友朋信札》是大英图书馆馆藏文献，迄今为止未见前人著录。该信札收录了清乾隆至道光年，以袁枚为代表的一些名人书信，这些书信大都未见公开刊行的书籍收录。经考证，信札收藏者为孙宗朴，他长期游幕山东，与吴友松、吴履、尤维熊等人交情深厚。《湘云友朋信札》主要内容有词作交流和询问馆事两方面，对具体研究清代山东地方政治、黄河水患、幕僚来源以及孙宗朴的词学造诣等政治、经济、文化方面的状况，具有参考价值。

15 论姚振宗的交游与目录学家的养成 / 王珂 // 人文天下 . -- 2018，no.24，110–114 页

作为清末著名目录学家的姚振宗，生前无甚大名气，不为学界所知。在一般的印象里，他似乎整日埋头书斋，用心簿录，不事交游。然而作者在细读《师石山房书目》的过程中，发现他虽然不似同乡李慈铭那样名满天下，遍地朋友，却也与一众书友往来，以书会友，以友辅学，在很大程度上成就了他丰厚的藏书与煌煌目录学伟业。文章细细考察这些交游，对于研究姚振宗的生平经历、藏书来源、学术源流都具有重要意义。

徐 洋

1983年生，河北唐山人，2007年12月至2014年7月在馆，助理馆员。

论文

01 公共图书馆移动服务中的用户体验 / 徐洋 // 山东图书馆学刊：2014年“服务均等化 · 图书馆变革与创新”专辑 . -- 2014，134–136页

移动服务是公共图书馆新兴的服务手段和服务方式，是符合当前社会文化流行发展趋势的必然创新。文章通过分析用户体验在图书馆移动服务设计中产生的影响和发挥的作用，提出公共图书馆提高移动服务用户体验的关键要素，从功能、界面交互、视觉外观和内容上，均要以读者需求为第一考量。同时指出，基于用户体验的图书馆移动服务要注意以下事项：一是积极开展用户体验的需求调研；二是从各种智能终端上获取各种需求数据；三是要确立用户需求优先级。

贾 闯

1985年生，山东任城人，2008年8月入馆至今，馆员。

论文

01 新技术应用与图书馆服务创新 / 贾闯 // 经济技术协作信息 . -- 2013，no.34，24页

随着新技术的发展和应用，图书馆的服务内容和服务方式在不断创新。文章以图书馆服务中的新技术为出发点，从馆藏文献数字化、自助图书馆和手机图书馆三个方面分析新技术在图书馆的应用。

02 浅谈图书馆服务模式的发展

参见　尚红梅论文01

03　浅谈如何提升数字化图书馆的服务质量 / 贾闯 // 数码设计 . -- 2015，no.9，42 页

文章论述了数字化图书馆服务质量包括硬件质量和软件质量两方面，强调着力提升服务的硬件质量和软件质量是数字化图书馆服务质量提升的两个基本点。

李　金

女，1985 年生，山东济南人，2008 年 8 月入馆至今，助理馆员。

论文

01　CALIS 西文三级编目员资格认证考试分析 / 郭小光，李金，吴素舫 // 河北科技图苑 . -- 2016，v.29，no.4，34–37 页

文章介绍了 CALIS 西文三级编目员资格认证考试的背景及发展过程，总结了编目员资格认证考试的意义，重点从考试所需工具介绍、考试试题类型分析及合理答题方式三个方面，分析了西文三级编目员资格认证考试的应试方法和技巧，以期对要参加考试的同人提供帮助。

02　浅析我国图书馆信息化管理的困境及优化路径 / 李金 // 文化创新比较研究 . -- 2017，no.28，108–109 页

文章论述了我国图书馆信息化管理面临的信息化管理理念落后、信息化人才不足、信息化安全问题等困境，分析了图书馆信息化管理的业务模式和服务模式的发展趋势，提出革新信息化管理理念、开拓复合型图书馆平台的优化路径。

03　媒介情境理论的图书馆空间及角色转变分析 / 李金，吴素舫 // 数字通信世界 . -- 2018，no.4，244+252 页

图书馆是知识传递的重要场所，在传播媒介发展环节中，图书馆也要改革。文章结合媒介情境理论，分析了图书馆空间重构和图书馆理念定位的转变，围绕图书馆角色定位转变、图书馆员角色转变、读者角色转变提出建议。

04　浅析基于云计算的图书馆信息化建设工作 / 李金 // 科技风 . -- 2018，no.11，52 页

作为一种建立在互联网基础上的超级计算模式，云计算有着庞大的数据体系，是一种新型的数据资源计算和服务模式，在数字化时代来临的背景下得到了越来越广泛的应用，同时也成为现代图书馆发展的必然趋势。文章介绍了基于云计算的图书馆体系结构，论述了云计算技术在图书馆信息化建设中的应用、云计算技术在图书馆信息化建设中面临的用户隐私的安全保障以及对图书管理员的更高要求。

05　图书馆党支部标准化建设初探 / 李金 // 山东图书馆学刊：2019 年山东省图书馆馆员论坛专刊 . -- 2019，21–23 页

十九大以后中央提出“党的一切工作到支部”的号召，为此进一步强化图书馆党支部标准化建设成为图书馆党建工作的新课题。文章探讨了党支部标准化建设对图书馆事业发展的意义，浅析目前行业内面临的党建问题，以山东省图书馆为例，初步提出从政治建设、作风建设、组织建设、党员队伍建设、考核标准五个方面对标准化建设内容进行研究，以期达到促进党建工作进一步深化的目标。

王立国

1984 年生，山东临沂人，2008 年 8 月入馆至今，馆员。

论文

01　浅析我国公共图书馆均等化服务 / 王立国，张茜 // 数字化用户 . -- 2013，no.27，131 页

文章阐述了公共图书馆均等化服务的含义和发展现状，分析了我国公共图书馆均等化服务存在的问题，提出了实现均等化服务的思路和建议，包括财政支持、科学合理地规划和布局、服务体系建设、法制保障、服务资源建设与共享等。

02　浅谈公共图书馆文化义工服务 / 王立国 // 山东图书馆学刊：2013 年“图书馆的职能拓展与效能提高”专辑 . -- 2013，247–249 页

文章讨论了文化义工的由来与发展，阐述了文化义工服务对于公共图书馆的作用，阐明了公共图书馆文化义工的工作内容，探讨了公共图书馆文化义工的招募与管理措施。

03　浅谈少年儿童读者导读工作

参见　张茜论文 05

马　杰

女，1980年生，山东济南人，2008年12月入馆至今，馆员。

论文

01　公共图书馆社会教育培训服务的思考 / 马杰 // 山东图书馆学刊：2013年“图书馆的职能拓展与效能提高”专辑 . -- 2013，28–30页

社会教育培训是公共图书馆的一项延伸服务，是充分发挥图书馆社会教育职能的重要方式。文章论述了社会教育培训服务的特征和自身优势及其对图书馆事业发展的积极作用和社会意义，并对如何搞好社会教育培训工作提出了建议，如提高对培训工作的重视程度、树立积极主动的服务理念、拓宽服务领域、打造服务品牌、争取社会支持等。

02　浅谈公共图书馆服务的公益性与社会化 / 马杰 // 山东图书馆学刊：2014年“服务均等化·图书馆变革与创新”专辑 . -- 2014，9–11页

公益性是公共图书馆的立馆之本，提供公益性服务是图书馆的基本原则；服务社会化是图书馆适应社会发展的必然趋势，是提高服务质量与水平的重要途径。文章对公共图书馆服务的公益性与社会化两者之间的关系进行了分析，提出了强化公益性服务理念、加大政府资金投入、加快立法步伐、借助社会力量、加强合作实现资源共享等建议，以期实现图书馆服务社会化。

03　公共图书馆提升服务效能的途径 / 马杰 // 魅力中国 . -- 2017，no.22，54页

公共图书馆服务的目的在于服务大众、满足人民群众业余生活需要。为了更好地体现公共图书馆的服务价值，提升其服务效能是非常必要的。文章分析了公共图书馆服务效能的现状，在此基础上提出了完善公共图书馆管理法律法规建设、提升公共图书馆服务体系完善性、对图书馆进行专业规划、提升公共图书馆的管理水平等提升服务效能的方法和对策。

04　《公共图书馆法》中法人治理结构的规范与思考 / 马杰 // 中文信息 . -- 2019，no.10，38页

文章对如何落实公共图书馆法关于法人治理结构之规定，进行了阐述和思考，分析了在新时期进行公共图书馆管理方式、结构变革的路径，提出了明确理事会性质与相关方职责、加强党建工作规范管理运行、落实配套措施强化法人自主权等建议。

05　关于《山东省公共图书馆管理办法》的几点修订建议 / 马杰 // 山东图书馆学刊：2019 年山东省图书馆馆员论坛专刊．-- 2019，48–53 页

文章介绍了《山东省公共图书馆管理办法》（简称《办法》）的修订背景和理论基础，对《办法》出台后我国文化领域政策法规的相关变化进行了分析和评述，并对《办法》的修订提出了若干建议，目的在于使《办法》更加完善，在规范和促进山东省内公共图书馆的发展方面发挥更大的作用。

张海梅

女，1978 年生，山东诸城人，2008 年 12 月入馆至今，馆员。

论文

01　阅读新趋势——手机阅读 / 张海梅 // 山东图书馆学刊：2011 年“图书馆社会责任”专辑．-- 2011，209–211 页

手机阅读近年来发展迅速，已成为阅读的新趋势。文章对手机阅读的要素、特征等进行概括分析，认为用户的阅读习惯和电子著作的版权问题是阻碍手机阅读发展的因素，指出探索图书馆与手机阅读合作的多元化发展是亟待解决的问题。

02　山东农家书屋的建设与发展 / 张海梅 // 山东图书馆学刊：2012 年“公共文化服务体系建设中的图书馆”专辑．-- 2012，52–53 页

山东省专门成立了全省乡村阅读工程及农家书屋建设协调小组具体负责实施农家书屋建设，农家书屋发展迅速。文章详细阐述了山东省农家书屋的政策导向、资金来源、建设模式，指出制约农家书屋发展的机制问题和管理问题。

03　我国公共图书馆战略规划的实践与思考 / 何颖芳，张文亮，陆晓红，张海梅 // 情报资料工作．-- 2013，no.1，16–20 页

文章对我国公共图书馆战略规划的现状进行了评述，总结了当前公共图书馆战略规划实践的现状和特点，指出了存在的突出问题，对今后我国公共图书馆的战略规划提出强化战略规划意识、把战略规划作为日常工作、汲取理论成果为实践所用等建议。

04　我国公共图书馆立法历程述略 / 李京胤，张海梅，白庆珉 // 图书情报研究 . -- 2019，no.1，24–32 页

文章按照时间脉络对《公共图书馆法》立法历程进行梳理，对立法从无到有进行系统化总结，从五个阶段对其进行阐述：一是酝酿准备阶段、二是研究起草阶段、三是调研修改阶段、四是公开征求意见阶段、五是审议通过阶段。笔者列举并分析立法过程中的标志性事件，串联出整个立法进程。

05　公共图书馆事业管理的“三驾马车”——政策法律、发展规划与评估定级 / 柯平，张海梅，张蓝 // 图书情报研究 . -- 2019，no.8，32–38+69 页

改革开放 40 年来，我国公共图书馆事业取得了令人可喜的成就，图书馆事业管理发挥了重要作用。政府是公共图书馆事业的建设主体，承担着管理公共图书馆事业的责任。国家和地方加强对公共图书馆事业的建设与管理，逐渐形成了政策法律、发展规划与评估定级“三驾马车”并驾齐驱的中国特色管理模式。

06　山东旅游中的文学书写 / 王松毅，张海梅 // 人文天下 . -- 2019，no.24，49–53 页

旅游与文学历来息息相关，许多优秀的文学作品成就了今天的旅游景点。山东历史悠久，优秀的文学作家众多，作品十分丰富，如何充分利用和开发这些文学资源是今天旅游开发者面对的新的课题。文章试图对山东文学的发展历程做一个简单的梳理，找出其对当今人们生活的影响和意义，并根据这种影响来探讨其应用价值，为现在的旅游开发中如何将传统文化与现代文化相结合提供思路，更好地进行旅游体验文化开发和服务，从而满足游客对于旅游文化体验的需求。

07　构建人类命运共同体的文化底蕴 / 张海梅 // 山东图书馆学刊：2019 年山东省图书馆馆员论坛专刊 . -- 2019，8–9 页

党的十八大以来，习近平首次提出了“构建人类命运共同体”这一高瞻远瞩的新理念。文章从“天下大同”思想是构建人类命运共同体的文化底蕴、构建人类命运共同体是“天下大同”思想的升级版、人类走向终极文明离不开中华文化的“天下大同”思想这三个方面对这一理念进行了阐述，并最终得出结论：中华文明必将担当起标定人类文明终极走向的历史责任，中国也必将肩负起引领世界走向“和合”的国际责任。

王 妮

女，1982年生，山东莱州人，2009年9月入馆至今，馆员。

论文

01 是“巡铺”而非“巡捕”/王妮//辞书研究.--2009，no.6，141–144页

作为宋代科举考试执事人员的“巡铺官”，在《中国历代官称辞典》和《宋代官制辞典》等专业辞典和《汉语大词典》等常用辞典与“巡捕官”释意混淆。文章从例证入手，辨证其因，例证所引，版本抄录或刊刻时字形相近导致讹误，其应为“巡铺官”而非“巡捕官”。

02 《宋史》列传辨误/王妮//古典文献研究.--2009，585–589页

中华书局标点本《宋史》虽经点校，但《宋史》卷帙浩繁，成书仓促，故而在二十四史中最为繁芜杂乱，错误在所难免。文章选取列传中十条错误加以辩证，提醒学者读书时需稍加注意。

03 《通鉴纪事本末》版本考述/王妮//山东图书馆学刊.--2012，no.1，106–112+114页

《通鉴纪事本末》是汉民族第一部纪事本末体史书，为南宋袁枢所撰，书成后受到广泛欢迎，宋、明、清翻刻刷印不绝。文章对其诸多版本进行了梳理。

04 冯溥与《佳山堂书目》/王妮//山东图书馆学刊.--2014，no.1，95–101页

临朐冯氏家族为明清之际山东著名的文学与科举世家，冯溥为其家族的杰出代表人，而关于其家族藏书至今未有人研究。冯溥有《佳山堂书目》一卷流传于世，以书名简目形式记载冯溥藏书。文章试图通过相关文献探讨其家族藏书、刻书情况，同时介绍《佳山堂书目》版本及内容特点。

05　**图书馆阅读推广方式探讨 / 王妮 // 图书馆报 . -- 2014-11-21，第 A27-31 版面**

探讨图书馆的阅读推广方式，即是研究图书馆如何让其丰富的馆藏资源更好地服务于读者。图书馆以其拥有的丰富、系统的阅读资源区别于其他阅读推广力量，为保持其独立地位，图书馆一直致力于探讨如何将其丰富的馆藏资源更好地服务于全体民众。文章简要介绍了书评、特色馆藏等图书馆阅读推广方式。

06　**丁丙明翻宋本概念辨析 / 王妮 // 山东图书馆学刊 . -- 2016，no.5，117-122 页**

丁丙在《善本书室藏书志》一书中著录了明仿宋刊本、明依宋刊本、明刊宋本、明覆宋本及明翻宋本五种明翻宋本类型。文章通过分析其解题所载版本判断依据，得知这五种称谓并没有本质区别，并在此基础上判断丁丙明翻宋本的版本概念。

王喜玲

女，1983 年生，山东菏泽人，2009 年 9 月入馆至今，助理馆员。

论文

01　**自然的向往文明的隐忧——论迟子建小说的自然观 / 王喜玲 // 学园 . -- 2011，no.19，32-33 页**

在中国当代文坛，迟子建犹如一缕沁人心脾的清风，她以故乡“北极村”为生发地，始终不渝地坚守着对自然的书写和对故土的讴歌，在不断求变求新的文学潮流中，始终坚持自己的文学品格。透过迟子建的自然观，我们发现，这其中饱含了她对人类中心主义的痛心和对人类文明进程的隐忧，显示出其强烈的现代文明批判意识。

02　**公共图书馆服务公益性与社会化之探究 / 王喜玲 // 数字化用户 . -- 2014，no.17，168-169 页**

强调公益性与推广服务社会化，是公共图书馆发展的必然选择。基于此，文章阐述了公共图书馆公益性与社会化服务的内涵，探究了推行公益性与社会化服务的缘由，强调要强化“以人为本、服务全民”的服务理念，提出用立法保障财政投入、加强宣传力度、改进服务手段等举措，保证其公益性，促进其社会化。

03　试论均等化环境下公共图书馆服务质量的提升 / 王喜玲 // 山东图书馆学刊：2014 年“服务均等化 · 图书馆变革与创新”专辑 . -- 2014，105–107 页

在我国公共服务均等化原则的倡导下，作为公共文化服务体系重要组成部分的公共图书馆，其服务质量的提升对于建设和谐文明社会、促进社会公平正义具有重要的积极意义。文章简要阐述了基本公共服务均等化提出的背景与内涵，讨论了服务均等化环境下图书馆服务发展所遭遇的突出问题，针对问题提出建立“一主多元”的公共服务供给模式、发展公共文化数字化建设与图书馆联盟服务、建立读者需求的快速反应机制、加强图书馆员队伍培养建设等建议。

04　中小型公共图书馆服务均等化探究 / 王喜玲 // 注重服务　提升效能：中小型公共图书馆工作的实践与探索 . -- 北京：中国民族摄影艺术出版社，2014. -- 262–265 页

服务均等化是公共图书馆事业不断追求的目标与发展方向，其核心是保障全体公民享有平等的基本文化权益，以促进社会的公平与正义。文章针对中小型公共图书馆均等化服务面临的困境进行分析探讨，提出科学规划图书馆建设与布局、积极加大经费投入、有效实现总分馆制管理、加快推进立法建设等建议。

05　图书馆服务模式多元化探究 / 王喜玲 // 山东图书馆学刊：2015 年“融合与超越——图书馆使命与目标”专辑 . -- 2015，175–177 页

计算机网络环境下，图书馆服务面临信息载体多样化、用户需求个性化、行业竞争激烈化等特征，图书馆只有不断创新多元服务模式，才能适应时代发展的要求。文章论述了图书馆推行服务模式多元化的重要性，提出积极开展网络服务、自助服务、个性服务、共享服务等建议。

06　新常态下图书馆发展与转型 / 王喜玲 // 山东图书馆学刊：2016 年“扩展与演变——面向未来的图书馆”专辑 . -- 2016，1–3 页

信息化网络化环境下，图书馆发展不仅面临政府财政经费的缩减，同时也遭遇新技术层出不穷、管理与服务不断革新的新挑战。文章介绍了“新常态”提出的时代背景和“新常态”对图书馆事业的影响，详细论述了图书馆要通过积极转变发展观念，不断创新服务方式，寻求与社会力量的开放式合作等途径，积极应对新常态，顺利促进图书馆事业从量到质的转变。

07　数字人文研究与图书馆建设 / 王喜玲 // 赤子 . -- 2018，no.25，159 页

如今，人们不再追求简单的信息查询，而是如何获取更加全面的服务，这也推动着图书馆事业的改革与发展。数字人文的目标是在数字化的基础上，以人为本，真正从人的需求出发，构建一个和谐、健康、愉悦的阅读环境。文章从人文建设在图书馆建设中的重要性以及如何提高数字人文在图书馆建设中的作用这两方面进行了详细的阐述，提出创设良好的人文环境、建立健全各项规章制度、不断进行资源的优化升级等具体措施。

08　法制环境下公共图书馆服务效能的提升——以山东省图书馆为例 / 王喜玲 // 山东图书馆学刊：2019 年“变革创新开放融通——法治背景下图书馆发展新路”专辑 . -- 2019，1–3 页

《中华人民共和国公共图书馆法》的颁布实施，以法的名义为公共图书馆事业提供了发展依据。在此时代背景下，文章探讨了公共图书馆服务效能提升的必要性，提出坚持人本化的服务理念、创建人性化的设施环境、实行多元化的资源供给、给予多方面的培训激励等措施，以期助力公共图书馆事业的发展，更好地丰富人们的精神文化生活。

09　公共图书馆免押金办证实践探索及可行性研究 / 王喜玲 // 山东图书馆学刊：2019 年山东省图书馆馆员论坛专刊 . -- 2019，73–76 页

文章探讨了我国目前公共图书馆免押金办证的时代背景，分析了国内外公共图书馆免押金办证的社会实践，并结合山东省图书馆近年来的办证现状，提出完善图书馆用户信用管理体系、鼓励社会力量参与、培育用户信用意识等保障免押金服务机制推行的建议。

10　新时代中小型图书馆公众参与机制探讨 / 王喜玲 // 中小型公共图书馆的服务与创新 / 郭斌主编 . -- 合肥：合肥工业大学出版社，2019. -- 725–729 页

公众参与作为中小型图书馆服务供给主体的组成部分，是公民行使文化权利的重要体现，也是图书馆适应社会发展的内在需要。文章介绍了公众参与的实现途径主要有捐资捐物建馆、独立建馆办馆以及志愿服务助馆等。强调要保障公众参与机制的长期性与系统性，强化法律支持和政策指引，完善配套评估和激励机制，同时确保参与的公益性和读者权益。

王学昊

1986年生，山东泰安人，2009年9月入馆至今，助理馆员。

论文

01 数字图书馆发展推动区域信息服务均等化 / 王学昊 // 山东图书馆学刊：2014年“服务均等化·图书馆变革与创新”专辑 . -- 2014，63–65页

文章通过对比数字图书馆与传统图书馆在推动区域信息服务均等化方面的优势，分析讨论了数字图书馆在服务形式与内容方面的创新和发展方向，并结合现在信息技术形势下的新技术，尤其是Web2.0技术给数字图书馆带来的影响，指出在发展和实施过程可能遇到的问题和挑战。

02 老龄化社会背景下公共图书馆的阅读推广探究 / 王学昊 // 丝路视野 . -- 2019，no.3，99–100页

我国人口老龄化速度逐步加快，老年读者正逐渐成为公共图书馆阅读推广活动中的重要对象。文章分析了目前老年读者的阅读现状，提出公共图书馆老年阅读推广活动的策略，进一步提出了老龄化社会背景下阅读推广的长远规划。

03 公共图书馆志愿服务的实践与启示——以山东省图书馆为例 / 王学昊 // 卷宗 . -- 2019，no.9，148–149页

志愿服务是公共图书馆事业发展的重要力量。文章以山东省图书馆为例，梳理其志愿服务实践的开展情况，提出了建立健全考核评估制度、丰富志愿服务形式、完善人才管理体系和培训模式、加强宣传力度和社会合作等优化志愿服务的措施。

04 浅谈公共图书馆的智慧服务模式与实现 / 王学昊 // 数字化用户 . -- 2019，no.17，173–174+185页

智慧图书馆为公共图书馆的发展和转型提供了新的方向，而基于智慧图书馆的智慧服务也为其服务模式的创新提供了新的思路。文章阐释了智慧图书馆的定义和发展现状以及智慧服务的意义，提出基于技术、资源和用户的智慧服务模式，探讨公共图书馆智慧服务的实现途径。

05　**论公共图书馆员的情绪劳动管理 / 王学昊，陈可生 // 山东图书馆学刊：2019 年“变革创新开放融通——法治背景下图书馆发展新路”专辑 . -- 2019，299-301 页**

公共图书馆是公益性的、面向社会大众的文化服务机构，图书馆员是典型的情绪劳动工作者，情绪劳动管理能力是他们不可或缺的必备技能。文章阐释了情绪劳动的概念，分析了图书馆员的情绪劳动管理的意义和影响因素，提出做好馆员培训和管理、建立激励机制和保护机制、注重馆员心理疏导、优化窗口管理等情绪管理举措。

张逸洁

女，1979 年生，山东日照人，2009 年 9 月入馆至今，馆员。

论文

01　**历代成都知府考论 / 张逸洁 // 成都大学学报（社会科学版）. -- 2007，no.3，76-78 页**

文章研究了从秦至清代的成都知府，包括历任知府数量、官名以及籍贯、科举出身、政绩等问题。在官名上，随时代发展有守、太守、知府等的变化；在籍贯上，以宋为界，前后两个时期人员在南方几省中的分布特征明显；在科举出身上，明代知府中进士人数比清代多；在政绩方面，多数知府任职期间能发展经济，严格执法，勤政爱民。

02　**明清成都府县志的编纂群体 / 张逸洁 // 成都大学学报（社会科学版）. -- 2014，no.1，15-18 页**

文章简要介绍了成都地方志发展历程，提出自魏晋南北朝至清，成都地方志的发展经历了地记、图经到方志的演变过程。宋代成都的修志活动日趋频繁，六修成都志。及至明清，成都府县志保存下来的有四部：天启《新修成都府志》、康熙《四川成都府志》、嘉庆《成都县志》和同治《重修成都县志》。文章重点利用四部成都方志所载“纂修姓名”对明清成都府县志修志人员的职责和分工及其修志经费来源进行了分析考证。

03　**汇流稷下　百家争鸣——“山左先贤与齐鲁典籍研讨会暨中国历史文献研究会第35届年会”综述 / 张逸洁 // 历史文献研究 . -- 2015，no.35，345-350 页**

中国历史文献研究会第35届年会会议主题为“山左先贤与齐鲁典籍”，在为期两天的时间里，与会学者共同研讨了中国历史文献整理中关于山东古代先哲、齐鲁传统典籍以及古典文献理论与实践及未来发展方向等学术问题。文章根据学者提交的论文内容，将其分为“山左先贤”“齐鲁典籍综合研究”“理论研究”“山左文献之外的多视角研究”四个部分，进行了梳理总结。

王增增

1986年生，山东枣庄人，2009年12月入馆至今，馆员。

论文

01　**新技术应用与图书馆服务创新 / 王增增 // 山东图书馆学刊：2013年“图书馆的职能拓展与效能提高”专辑 . -- 2013，164-165 页**

新技术的应用是创新，服务方式的改变也是创新，图书馆较之于传统服务的变革都是创新。各种新兴技术的应用，为图书馆的创新服务提供了技术支持，从而使创新服务能更好地开展，能更好地为读者服务。文章论述了图书馆服务创新的内涵和创新服务方式，提出手机图书馆和数字音乐图书馆的服务模式。

02　**基于 MOOC 理念的图书馆参考咨询服务研究 / 王增增，姚允东 // 戏剧丛刊 . -- 2014，no.5，109-111 页**

MOOC（Massive Open Online Courses）即大型开放式网络课程，诞生于高等教育界，如今为图书情报界所认识。MOOC的拓展冲击了以课堂教学和图书馆阅读为主的教学体制，使知识信息来源又多了一个全新的途径，这给现阶段的图书馆服务，特别是参考咨询服务施加了不小的压力。文章论述了MOOC对高等教育和图书馆信息服务的影响，对图书馆参考咨询服务的挑战，以及面对MOOC图书馆参考咨询服务的创新途径。

03　**乡村图书馆发展研究 / 王增增 // 新校园（中旬刊）. -- 2014，no.11，268-269 页**

文章根据乡村图书馆在我国的发展现状，分析了导致乡村图书馆在提供公共文化服务方面存在巨大差异的原因和加快乡村图书馆发展的重要意义，提出了提高各级政府重视程度、加强图书馆立法进程、强化图书馆综合管理、实行城乡共建、发挥藏书作用等发展对策。

04 公共图书馆管理与服务创新研究

参见 刘曜檀论文 08

05 公共图书馆的规划设计理念研究 / 李军，王增增 // 人文天下 . -- 2018，no.15，35–38 页

文章论述了公共图书馆的规划原则和设计理念，从平面布局、结构分区、功能策略三方面分析了公共图书馆的建筑结构布局。笔者认为，公共图书馆的规划设计理念主要基于功能独立高效、空间共享统一的设计策略，通过对城市要素的解析，对建筑功能的解析、归类、整合与再生成，形成逻辑性的功能组合模式，在确保各建筑物功能相对独立的同时，强调空间形态的科学组织和有机共享，这样才能设计独具匠心的建筑形象，为市民创造宽松的文化和休闲体验场所，为城市打造出一座独具魅力的文化地标。

06 医院图书馆服务创新的新思考 / 刘伟，王增增 // 人文天下 . -- 2019，no.16，77–79 页

文章基于当下医院图书馆服务现状，分析了医疗机构图书馆无法满足用户需求的主因，结合医院实际提出了医院图书馆服务新模式，并结合新的服务模式提出了加强信息共享、创建网络服务平台、加强馆藏信息数字化建设及服务、提升图书馆服务的社会效应等服务革新的途径。

07 加强党组织建设 增加职工归属感和荣誉感 / 王增增 // 山东图书馆学刊：2018 年山东省图书馆馆员论坛专刊 . -- 2019，14–16 页

文章简要论述了增强职工归属感和荣誉感的意义和必要性，重点分析了基层党组织建设现状和存在的问题，针对性地提出通过以标准化党支部建设为抓手、以维护职工根本利益为落脚点、以探索建立党建文化为突破口等措施，进一步加强基层党组织建设，进而增强干部职工的归属感和荣誉感。

韩　雷

1984 年生，山东日照人，2010 年 8 月入馆至今，助理馆员。

论文

01　图书馆档案管理工作现状与策略 / 韩雷，张朋超 // 图书情报 . -- 2017，no.7，53–54 页

图书馆档案是一个图书馆发展历史的真实写照，也是制订图书馆发展目标和做出决策的重要依据。基于此，文章对图书馆档案管理的趋势问题和图书馆档案管理工作现状进行分析，提出了更新档案管理理念、建立档案管理制度、加强专业队伍建设和人员培训等措施建议。

02　面向青少年的公共图书馆宣讲在阅读推广中的定位

参见　孟姗姗论文 01

03　公共图书馆微信公众号菜单栏建设实证分析

参见　孟姗姗论文 02

罗　晨

女，1983 年生，山东茌平人，2010 年 8 月入馆至今，馆员。

论文

01　基于点击数据的图书馆个性化服务提升 / 罗晨 // 山东图书馆学刊：2014 年“服务均等化 · 图书馆变革与创新”专辑 . -- 2014，163–164 页

点击流，顾名思义就是访问者在网上持续的访问轨迹。文章分析了点击流信息的内涵、数据获取方法以及数据预处理流程。在数字图书馆中，点击流数据揭示了读者在一段时间内的网上阅读行为，显示出各类读者在不同背景、不同时间下的阅读喜好。点击流数据分析也有利于进行数据挖掘，可以发现读者阅读行为的未来倾向，改善数字图书馆个性化服务，提供决策支持或根据挖掘结果采取相应措施弥补管理漏洞。

02　公共图书馆读者粘性刍论 / 罗晨，陈霞，张铁柱 // 山东图书馆学刊：2018 年山东省图书馆馆员论坛专刊 . -- 2019，134-137 页

文章提出了公共图书馆读者粘性的概念，介绍了读者粘性在读者行为上的表现形式，从馆舍建设、馆藏资源、服务与活动等方面归纳了公共图书馆读者粘性的影响因素，并提出提供精准服务、探索跨界融合发展、打造品牌活动吸引读者参与度、增强读者认同感和归属感等提升读者粘性的措施和建议。

03　基于“互联网 +”理念的图书馆网借服务初探

参见　李磊论文 05

张晓梅

女，1984 年生，山东平度人，2010 年 8 月入馆至今，馆员。

论文

01　免费开放时代的新思考 / 张晓梅 // 山东图书馆学刊：2012 年“公共文化服务体系建设中的图书馆”专辑 . -- 2012，80-82 页

文章从理论、意义和实践三个方面分析了公共图书馆实行免费开放的必然性，指出了公共图书馆免费开放中存在的问题，如供需矛盾突出，读者不文明现象、失信行为增多等，提出了问题解决的方法：通过延伸服务空间来缓解供需矛盾；通过创新服务方式，最大限度地满足读者的需求；通过加强读者培训工作，做好读者诚信管理。

02　从山东到南澳 / 张晓梅，柴赟 //INCITE 澳大利亚图书与情报协会双月刊通讯 . -- 2016，v.37，no.7/8，28-29 页（FROM SHANDONG TO SOUTH AUSTRALIA/ ZHANG XIAOMEI，CHAI YUN//INCITE. -- 2016，VOLUME 37，ISSUE 7/8，28-29）

文章首先介绍了山东省图书馆与南澳州立图书馆之间合作关系的确立，然后回顾了作者在南澳州立图书馆交流学习的内容，最后就地方文献保护、展览工作、少儿教育、图书馆与大学合作开课这四个方面阐述学习心得和收获。

03　**美国公共图书馆志愿者现状调查与分析**

参见　白兴勇论文 28

任　静

女，1981 年生，河北承德人，2010 年 9 月入馆至今，馆员。

著作

01　**山东报刊发展史略 / 任静著 . -- 济南：山东大学出版社，2019. -- 239 页；21cm**

本书以不同阶段的具有代表性的报刊为研究重点，结合社会政治、经济、文化的发展规律，将山东报刊从清朝末年至今的产生、发展概况进行全面总结，给出了山东报刊产生、发展的清晰脉络。本书依次列举了各个不同历史阶段创办的部分山东报刊，按出版时间顺序进行排列和介绍，共分七章。笔者除对每一种报刊的思想内容和编辑特色进行著录外，还注重对编印者、刊期、载体形态、出版地、主要负责人、主要编辑人员和撰稿人，以及创刊、停刊、复刊、终刊、改名、改版时间等具体事项进行完整介绍。本书对山东报刊进行系统整理和内容揭示，既展示了山东报刊在社会发展中的巨大作用，也为读者了解山东社会发展概况提供了重要参考资料。

论文

01　**构建中小型高校图书馆合理化虚拟参考咨询模型 / 马冬冬，周秀会，徐方，任静，胡广霞 // 图书馆杂志 . -- 2007，no.2，37–40 页**

文章作者通过调查指出，目前中小型高校图书馆虚拟参考咨询服务中存在缺陷，因而提出构建合理化参考咨询的模型，并针对模型的重点部分进行了论述，指出图书馆的虚拟参考咨询建设要以本馆实际情况为基础、以实用为根本。

02　**试论大学图书馆信息共享空间的建设 / 任静，周凤飞，杨丰全，马新蕾 // 情报资料工作 . -- 2007，no.2，86–89 页**

文章在论述信息共享空间（IC）理念构架的基础上，分别从空间、资源和服务三个方面，详述大学图书馆 IC 建设过程中馆舍空间、硬件设施、软件设施、信息资源、计算机网络设备资源、人员与培训、服务等方面的布置，强调了空间资源和服务在组织管理层面和技术层面的整合问题，最后提出 IC 能够有效运行的保障机制。

03 **大学图书馆业务流程重组模式研究 / 任静，周凤飞，杨丰全，马新蕾 // 深图通讯 . -- 2007，no.3，28–31 页**

文章介绍了图书馆的 IC 服务理念和图书馆 2.0 服务理念，分析了不同服务理念阶段下的业务流程重组模式，给出了相应的业务流程下不同的组织机构设置模型，即 IC 理念下业务流程重组机构设置模型、局部业务流程重组机构设置模型和全局业务流程重组机构设置模型。

04 **SCI 数据库在论文写作及投稿中的应用 / 杨丰全，任静 // 深图通讯 . -- 2007，no.4，48–51 页**

SCI 已成为全球公认的科学生产率最权威的统计工具。为了帮助科研人员提高论文被 SCI 的收录率，文章依据 SCI 所收录期刊和论文的规律，阐述了论文撰写和投递的基本格式和步骤，并就向 SCI 源刊投稿需要注意的问题与技巧提出了建议。

05 **“Second Life”中的图书馆 2.0 / 杨丰全，周凤飞，任静 // 图书与情报 . -- 2007，no.6，13–15+139 页**

文章简要介绍了 Second life 的应用情况，主要对在 Second life 中建立和延伸图书馆服务的意义以及其在国外的应用发展状况进行了阐述。

06 **图书馆核心价值在图书馆 2.0 中的诠释 / 杨丰全，周凤飞，任静，马新蕾 // 情报科学 . -- 2007，v.25，no.11，1627–1630 页**

文章论述了图书馆核心价值的演变，结合图书馆 2.0 特点，提出“草根时代”下图书馆核心价值在于提供参与式服务，并从图书馆 2.0 的原则和服务模式两个方面论述图书馆 2.0 中所蕴含的核心价值。

07 **高校图书馆 CI 战略设想 / 杨丰全，周凤飞，任静 // 情报科学 . -- 2007，v.25，no.12，1790–1793+1906 页**

文章通过讨论 CI 的概念和高校图书馆引入 CI 的必要性，提出了图书馆构建 CI 的三个层次，分别为图书馆理念识别、图书馆行为识别和图书馆视觉识别。具体阐述了图书馆导入 CI 的战略步骤，包括前期准备、中期设计和后期监督，以及实施中各阶段的具体内容。

08 馆员—教师协同教学模式：信息素养教育的发展方向 / 马新蕾，周凤飞，杨志刚，任静 // 图书馆论坛 . -- 2008，v.28，no.1，53-56 页

协同教学模式能够集中团队成员的智慧，因而在西方日渐盛行。馆员—教师协同教学模式是实施信息素养教育的有效方式，并与文献检索课程、在线信息素养教育交相辉映。文章探讨了馆员—教师协同教学模式的运行方式、馆员和教师的角色划分，从行政管理方面和教师与馆员的协同合作方面分析了该模式面临的问题。

09 国内外文献检索课教材的分析与思考 / 任静，周凤飞，杨丰全，马新蕾 // 图书情报知识 . -- 2008，no.1，63-67 页

文章首先分析了文献检索课教材的现状，包括印刷型和电子型教材（主要是网络教材、多媒体课件和教学网站），之后分析了国外文献检索课教材的主要特点，然后指出国内文献检索课教材存在的主要问题，最后从印刷型和电子型两方面提出国内文献检索课教材建设的建议。

10 论高职院校图书馆开展信息素养教育 / 任静 // 英才高职论坛 . -- 2009，no.2，7-10 页

文章论述高职院校图书馆对培养学生信息素养的作用，分析目前高职院校信息素养教育现状，并就如何提高高职院校学生信息素养教育水平的问题提出了措施与途径。

11 大学生信息素养教育教材调研分析 / 任静 // 英才高职论坛 . -- 2009，no.3，29-32 页

文章根据信息素养教育教材现阶段的特点，指出教材中存在的主要问题，依据信息素养教育的标准，从信息选择能力、信息检索能力和信息整理能力三个方面对我国的信息素养教育教材改革提出建议。

12 基于 3G 技术的泛在图书馆移动信息服务研究 / 任静 // 情报资料工作 . -- 2009，no.5，97-100 页

泛在图书馆是全新的图书馆理念，代表图书馆新的发展方向。3G 是新一代移动通信技术，文章通过介绍泛在图书馆和 3G 技术基本理念，探讨了泛在图书馆的移动信息服务在 3G 技术下发展的可行性，阐明了泛在图书馆移动信息服务的工作重点。

13　图书馆联盟在线信息素养教育的共建共享 / 任静 // 山东英才学院学报 . -- 2010，no.2，62-64 页

文章介绍了国内外图书馆联盟在线信息素养教育的现状，分析了我国图书馆联盟进行在线信息素养教育的规划，重点论述了如何利用 Blackboard 教育平台开展图书馆联盟在线信息素养教育。

14　图书馆用户不当行为事件对其他用户感知服务质量的影响研究 / 任静 // 图书馆界 . -- 2015，no.6，6-8 页

把现场用户作为服务环境的一部分是研究图书馆感知服务质量一种新的视角，这种服务环境中的用户不当行为会严重影响其他用户的服务感受。文章基于新视角理念，归纳出其他用户图书馆感知服务质量在用户不当行为事件中变化的三个阶段：补救过程、处理结果以及最终总结。分析了三个阶段中现场其他用户感知服务质量的不同变化，并提出图书馆应该从前期预防和过程控制两个角度来制定管理措施，降低不当行为事件带来的影响。

15　泛在知识环境下公共图书馆公众信息素养教育研究 / 任静，夏福莉，姜璐，王轩 // 农业图书情报学刊 . -- 2015，v.27，no.12，109-112 页

文章介绍了泛在知识环境的特点，阐述了泛在知识环境下构建公共图书馆信息素养教育的基本要件，包括公众需求研究、资源整合、技术支撑和人才支撑。最后提出了构建公共图书馆信息素养教育的多种模式，即信息素养基础教育、在线信息素养教育平台、公共图书馆共享空间和全媒体服务模式。

16　毛泽东诗词在解放区根据地的最早传抄 / 任静 // 齐鲁文史 . -- 2017，no.2，21-23 页

文章完整介绍了 1947 年 9 月山东渤海军区政治部前锋报社编的《前锋文艺》第 18 期刊登的毛泽东诗词两首《七律・长征》、《清平乐・六盘山》和 1947 年 10 月第 19 期刊登的诗词《沁园春・雪》。此次发现的毛泽东诗词公开发表比《诗刊》整整早了十年，笔者指出这是毛泽东诗词在解放区根据地刊物上的最早传播。

17 《山东省政府公报》及其史料价值 / 任静 // 山东图书馆学刊 . -- 2018，no.2，105–110 页

《山东省政府公报》是研究民国山东史不可或缺的珍贵地方档案史料，其编纂者分属于国民党政权和日伪政权两个不同的政权系统。文章主要对山东省图书馆馆藏《山东省政府公报》进行了系统而细致的梳理，并对其刊载内容进行了介绍，分析其所具有的不容忽视的史料价值。

18 PPP 模式下公共图书馆公益讲座的品牌建设研究 / 任静 // 人文天下 . -- 2018，no.5，58–61 页

公共图书馆开展公益讲座服务至今已有 10 多年时间，较好地发挥了公共图书馆的社会教育和文化传播功能。但对于公益性的公共图书馆来说，仅靠政府拨款来扩建和运营公益讲座显然无法满足群众的需要。当前，我国正在探索通过 PPP（Public-Private-Partnership）模式——政府与民间资本合作模式购买公共服务。文章对公共图书馆公益讲座引入 PPP 模式进行探讨，分析了 PPP 模式下公共图书馆公益讲座的优势，提出了 PPP 模式下公共图书馆公益讲座的架构并指出该模式下应注意的问题，对公共图书馆公益讲座的建设和发展提供一种新的思路。

19 政府购买环境中的公共图书馆品牌建设研究 / 任静 // 河南图书馆学刊 . -- 2018，no.12，11–13 页

文章从政府购买环境的研究现状及问题、可行性分析、基本理论框架等方面进行分析，将购买服务和品牌建设相结合，在此基础上创建了政府购买环境中公共图书馆品牌建设的理论框架、实施建构内容和流程，并提出了具体的建设策略和图书馆进行品牌建设应注意的问题。

20 山东革命根据地红色期刊史料价值综述 / 任静 // 山东图书馆学刊：2019 年山东省图书馆馆员论坛专刊 . -- 2019，54–55+62 页

山东革命根据地红色期刊是弥足珍贵的党史研究资料。文章从红色期刊的出版年代、发行特点和文献内容进行分析，从五个方面阐述了红色期刊在山东革命根据地巩固发展壮大中的重要史料价值。

孙 茜

女，1980 年生，山东枣庄人，2010 年 9 月入馆至今，馆员。

著作

01 **枣庄历史人物志 / 孙桂俭主编；孙茜 [等] 撰稿 . -- 上海：上海三联书店，2006. -- 800 页；24cm**

枣庄素以历史悠久、文化灿烂著称于华夏。考古发现，至少在一万五千年以前，我们的先人就曾在这块土地上繁衍生息。北辛文化、大汶口文化、龙山文化遗址，诠释着这一地带文化发展的历程。先人们在这里世代相继，继承发扬了中华文化，并用汗水和智慧创造了风格多元、流光溢彩的地域文化，且独具风姿，卓尔不群。在这绵亘千古的历史长廊中，一串响亮的名字如一条清流在历史的峡谷中流淌，成为枣庄文化乃至祖国文化最美的组成部分，成为传承枣庄文化的血脉和纽带。本志记述了从远古时期至西汉时期枣庄地区的著名人物。

刘 阳

1985 年生，山东临沂人，2011 年 8 月入馆至今，馆员。

论文

01 **山东软科学资源共享模式优化研究 / 方涛，刘阳，李海波 // 科技促进发展 . -- 2013，no.1，84-88 页**

文章总结了山东省软科学资源共享的现状和存在的问题，通过现状调研，总结了山东省软科学资源共享的主要模式。之后基于知识创新理论框架，对现有模式提出优化建议，提出了基于软科学资源共享平台和资源共享联盟的政府主导、多方参与的资源共享模式。

02 **基于微信的公共图书馆传统文化阅读推广影响因素研究——以尼山书院微信公众平台为例**

参见　雷辉论文 04

03　国内公共图书馆数字阅读研究述评

参见　谢雨论文 02

04　基于期刊论文和专利的国内搜索引擎研究热点可视化分析 / 刘阳 // 中国索引：“第七次国际索引联盟峰会”特刊 . -- 2018，no.5，177–191 页

文章将专利文献和期刊论文进行了有机整合，对其中的关键词字段进行基于共词分析的可视化分析。经过因子分析、聚类分析和多维尺度分析，笔者得知搜索引擎的核心技术和搜索结果相关研究是该领域的核心研究主题；垂直搜索引擎和元搜索引擎仍然是最重要的两个分支，但是研究呈现下降趋势；新兴的搜索引擎分类有多媒体搜索引擎、语义搜索引擎和智能搜索引擎；本体、语义、机器学习、大数据等技术都与搜索引擎产生了有机结合，对于提高搜索引擎的检索准确度有重要意义；用户兴趣和行为模型的研究是新兴且具有极大潜力的研究主题。

05　近十年我国阅读推广研究热点可视化研究 / 刘阳，朱男 // 图书情报导刊 . -- 2018，no.12，63–69 页

文章选取近十年我国阅读推广领域的高频关键词，运用关键词共现分析法构建了词篇矩阵和共现矩阵，使用 SPSS 和 NetDraw 软件绘制了系统聚类图谱、多维尺度分析图谱和概念关系网络图谱，借此对该领域的知识结构和研究热点进行统计分析。结果表明，我国阅读推广领域以高校图书馆、公共图书馆为研究核心，重点是对图书馆的阅读推广经验、策略的研究，其中未成年人阅读推广、经典阅读、阅读推广人、阅读立法是本领域的研究热点。

06　山东省县区级图书馆微信阅读推广现状及对策研究 / 刘阳 // 山东图书馆学刊：2018 年山东省图书馆馆员论坛专刊 . -- 2019，27–32 页

文章对山东省全部区县级公共图书馆官方微信公众平台中与阅读推广有关的菜单设置和推送消息等数据进行了调研与统计分析，据此从微信的菜单功能和推送消息影响力、传播力等方面对山东省区县级图书馆开展微信阅读推广服务现状和存在的问题进行了描述。最后针对问题，提出了加强微信公众号宣传、完善菜单功能建设、加强微信推送文章质量控制等建议，以促进山东省基层图书馆服务能力的提升。

07　**基于期刊论文和专利的国内搜索引擎研究知识图谱分析 / 刘阳 // 图书情报导刊 . --2019，v.4，no.1，56-64 页**

为了研究近十年我国搜索引擎领域的研究进展和发展现状，文章探析我国搜索引擎领域的研究热点，将专利文献和期刊论文进行了有机整合，对其中的关键词字段进行了基于共词分析的可视化分析，经过因子分析、聚类分析和多维尺度分析，得出了相关结论。

于　博

1982 年生，山东东阿人，2011 年 8 月入馆至今，工程师。

论文

01　**浅析大型绿色公共建筑星级评价体系下的建筑电气设计 / 于博 // 山东工业技术 . --2017，no.11，97 页**

当前在经济社会高速发展的前提下，节能减排已经成为全社会的共识，也成为解决经济发展和环境治理之间矛盾的重要保障。绿色建筑公共星级评价体系在建筑电气设计施工中的应用可以极大地提升绿色发展理念的执行力度，对于缓解能源危机、促进经济社会的可持续发展具有深远的意义。文章基于现实的角度系统介绍了绿色建筑星级评价体系下建筑电气设计的基本原则，并重点从照明设计、供配电节能设计、改进灯具控制方式等几个方面分析了其在建筑电气设计中的应用，对我国建筑行业和节能减排工作的开展具有一定的指导意义。

02　**浅析当前大型并网风电场、光伏电站与直流系统交互影响 / 于博 // 科技展望 . --2017，no.16，79 页**

作者利用有效相对增益的方法，对电器距离、光伏处理的大小进行了分析，从而探讨了风电场、光伏电站以及直流系统之间的交互作用。在文章中，首先对有效相对增益算法进行了介绍，并将风电场、光伏电站进行等值，并搭建了仿真模型，对三者之间的有效相对增益矩阵进行了计算。结果表明，风电场、光伏电站以及直流系统之间的电气距离越小就会产生越大的交互影响，在地区处理一定时，减小电源处理也会增大三个系统之间的交互影响。

李　鑫

1988 年生，山东潍坊人，2011 年 9 月入馆至今，助理馆员。

论文

01　册府苦学多志士，梅花香自苦寒来——以屈万里先生为例看图书馆员自我造就 / 李鑫 // 新教育时代电子杂志 . -- 学生版 . -- 2018，no.7，234 页

屈万里先生是从山东省图书馆中走出的学者，他从一介青年图书馆员做起，成长为一代国学大师。文章通过对屈先生自我学习提升历程的研究，提出其主观方面的刻苦精神、做人做事准则和客观方面的图书环境、良师益友一起构成了一个图书馆员自我成长提升的必要条件。

02　我国图书馆联盟的发展渊源及特点 / 李鑫 // 新教育时代电子杂志 . -- 学生版 . -- 2018，no.11，205 页

图书馆联盟是图书馆事业发展到网络环境时代的必然产物，是扩大图书馆服务范围和功能的最好方法，是完成社会资源共享、功能互补的图书馆联合体。图书馆联盟在发展过程中，虽然有各种困难，但保持其长期有效地发展，是发挥图书馆功能的重要保障。文章回顾了我国图书馆联盟发展的渊源，并对其特点进行了分析。

03　我国公共图书馆利用新媒体开展阅读推广研究综述 / 李鑫 // 数字化用户 . -- 2018，no.30，193+203 页

文章以发表于核心期刊上的关于我国公共图书馆利用新媒体开展阅读推广的相关论文为对象，分析了文献的时间分布、来源期刊、基金资助情况，并对文献内容进行了分析论述。

04　ISO 9001：2015 标准变化分析及对图书馆的影响探究

参见　纪超论文 04

王建萍

女，1967 年生，山东利津人，2012 年 6 月入馆至今，研究馆员。

论文

01 坚持问题导向推进全民阅读 / 王建萍 // 人文天下 . -- 2016，no.16，51–53 页

全民阅读近年来受到政府与社会的广泛关注，“开展全民阅读活动”已列入党的十八大报告和政府工作报告。我国推进全民阅读主要以公共图书馆为主力，现阶段公共图书馆的全民阅读推广活动仍处于起步阶段，存在一些明显问题亟待解决。文章分析了公共图书馆推广全民阅读存在的问题，提出完善体制机制保障、探索设立区域阅读中心、打造特色活动品牌、提高民众阅读意愿、加强数字阅读推广等改进措施。

02 “图书馆 + 书院”创新模式的实践与思考 / 王建萍 // 国家图书馆学刊 . -- 2017，no.2，57–62 页

文章对山东省创新推进的“图书馆 + 书院”模式，从提出的背景、价值意义、运行机制、实践成效等方面进行了系统分析，着眼于实现创造性转化和创新性发展，提出坚持正确方向、健全政策保障机制、构建共建共享格局、贴近群众实际、运用新兴媒体及扩大对外合作交流等进一步深化和完善这一模式的思路与措施。

03 新时期社会主义文化强国建设的行动指南——学习《习近平总书记系列重要讲话读本（2016 版）》有感 / 王建萍 // 人文天下 . -- 2017，no.6，75–76 页

《习近平总书记系列重要讲话读本（2016 版）》与 2014 年 6 月出版的版本相比，在内容、定位、结构上发生了新变化。该读本通过对习近平总书记关于文化强国的系列讲话进行系统阐述，形成一个系统完整的科学理论体系，这一体系是由“一个宏伟目标”和“五大理论实践”构成的逻辑严密的有机整体。文章从深化文化建设的根本要求、提升文化建设的地位、提出一系列新的方针原则、部署文化建设的战略任务、回答若干重大理论和实践问题等多个方面介绍了作者的学习体会。

04　图书馆大跃进：历史述评（1958-1960）（上）——图书馆何为：对图书馆大跃进价值的寻思和追问 / 王建萍，韩淑举 // 图书馆理论与实践 . -- 2017，no.7，105-112 页

图书馆大跃进是中国现代图书馆史上不容忽视的重大事件，在图书馆理论与实践层面体现出那个年代的明显特征。利弊交织，评价殊为困难。文章以历史唯物主义为参照系，试图客观评述其对图书馆事业发展的正向价值和负面影响，其“为工农兵服务”的图书馆精神，开门办馆、勤俭办馆的图书馆实践，图书馆人苦干实干加巧干的顽强意志，在图书馆史上留下了难以磨灭的印记，值得我们追寻、铭记，并在新的历史条件下使其“全心全意为读者服务”的基本精神得以传承和发扬。

05　社会力量参与国学讲堂之探析——以山东省“图书馆 + 书院”为例 / 王建萍 // 图书馆 . -- 2017，no.8，97-103 页

社会力量参与国学讲堂，推动中华优秀传统文化的传承发展，成为近年来引人瞩目的社会现象。文章阐述了社会力量参与国学讲堂的政策法律依据和意义作用，分析了目前的局限性和主要困境，从图书馆合作以及图书馆角色的承担、提高组织化程度、营造良好社会环境等方面提出了对策措施，并对社会力量参与国学讲堂的未来趋势作了展望。

06　民间公益国学讲堂开展经典诵读的实践与思考 / 王建萍 // 图书馆研究与工作 . -- 2017，no.9，77-79 页

文章介绍了泰福国学讲堂开展经典诵读的背景、实践情况和初步成效，引发了两方面的思考：一是弘扬传统文化，要充分调动全社会参与的积极性；二是弘扬传统文化，要坚持创造性转化和创新性发展。强调开展经典诵读，大力弘扬中华优秀传统文化，为实施中华优秀传统文化传承发展工程提供了有益启示。

07　全民阅读背景下公共图书馆均等化服务探析 / 王建萍 // 山东图书馆学刊：2017 年“技术发展与社会服务——前行中的图书馆”专辑 . -- 2017，171-174 页

在全民阅读背景下，公共图书馆的公益性质与服务职能以及其承载的文化传承使命，决定其在营造学习型社会、实现公民文化权利方面承担着重要职责，并在此基础上有效保障全民阅读在无差别均等化服务下顺利开展。文章阐述了公共图书馆的职能，深入分析了公共图书馆均等化服务当中存在的问题，从优化公共图书馆服务职能和引导职能两个方面详细论述了全民阅读视域下均等化服务的实现途径。

季　玲

女，1984 年生，山东临沂人，2012 年 9 月入馆至今，馆员。

论文

01　青年馆员发展困境及对策 / 季玲 // 图书情报导刊 . -- 2015，v.25，no.21，9-11 页

青年馆员是图书馆人力资源储备的中坚力量。文章阐述了现阶段青年馆员发展所面临的一些困境及其具体表征，分析了这些问题背后的深层次原因，以此为基础，提出了增强职业美誉度、畅通晋升渠道、建立有效的学习与培训机制等帮助青年馆员更好发展的若干措施。

02　新时期公共图书馆服务管理创新工作的策略分析 / 季玲 // 科学大众（科学教育）. -- 2018，no.6，183 页

在构建学习型社会中，公共图书馆起着重大作用。公共图书馆是知识学习的重要地方，公共图书馆服务水平在一定程度上反映了一个国家和一个地区经济发展水平和社会文化进步程度。因此，提高公共图书馆服务管理水平尤为重要。文章阐述了新时期公共图书馆服务管理创新工作的必要性，提出服务管理观念的创新、提高图书馆员服务素质、优化公共图书馆环境、加快图书馆信息化建设等服务管理创新建议。

03　民国时期阅读方式演变研究——以福建报刊为例

参见　谢雨论文 05

杨　娜

女，1989 年生，山东郓城人，2012 年 9 月入馆至今，助理馆员。

论文

01　探讨图书馆服务的公益性与社会化 / 杨娜 // 山东图书馆学刊：2014 年“服务均等化 · 图书馆变革与创新”专辑 . -- 2014，12–13 页

文章认为推进公共图书馆的快速发展是促进和谐社会建设的重要措施，重点论述了公共图书馆在我国社会中的角色定位，提出了提高公共图书馆公益性和社会性的措施，以期为公共图书馆的发展提供参考。

02　面向数字图书馆的公共图书馆评估 / 张雅琪，杨娜，李诣斐，柯平 // 数字图书馆论坛 . -- 2017，no.5，14–17 页

文章依据六次全国公共图书馆评估中的数字图书馆相关指标，梳理和展现历次评估指标的变化情况，分析数字图书馆评估的主要影响因素，以期为数字图书馆评估标准制定和评估工作开展提供参考建议。

03　国外图书馆文献资源建设现状与趋势综述 / 杨娜 // 知识文库 . -- 2017，no.15，18 页

图书馆是向社会公众提供信息资源的重要途径，图书馆的文献资源建设是公共文化建设的重要组成部分，受到各国政府的高度重视。文章总结了世界各地图书馆文献资源建设的现状与特点，希望以此为我国图书馆的文献资源建设工作提供借鉴经验，促进我国图书馆事业的发展。

04　信息化背景下公共图书馆期刊导读工作研究 / 杨娜 // 江苏科技信息 . -- 2019，no.5，14–17 页

随着计算机和网络技术的快速发展，公共图书馆的期刊导读工作模式也在发生着重大的变化。传统的期刊导读工作需要工作人员进行大量的记忆和训练，这使得工作人员的压力较大。不同的文章在期刊的目次通报以及品牌特点等方面进行展现，传统的期刊导读主要是通过这些内容帮助读者快速准确地寻找需要的期刊。在信息环境下，期刊的导读工作模式逐渐向着信息化方向发展。公共图书馆的期刊导读工作逐渐将信息技术融入期刊借阅和期刊阅读推广等工作中，大大节省了期刊借阅工作人员的时间。文章在分析信息化背景下公共图书馆期刊导读工作与传统期刊导读工作不同的基础上，提出了期刊导读工作改进的对策，包括将期刊目次通报工作的形式更加多样化、使专题期刊导读工作品牌化、提高期刊导读工作在社会上的认可度、针对未成年人开展更有针对性的期刊导读工作等。

05 公共图书馆在文旅融合时代的使命与创新 / 杨娜 // 人文天下 . -- 2019，no.11，65–68 页

公共图书馆在文化与旅游融合时代参与文化旅游和旅游文化建设的前景极为广阔。文章就公共图书馆参与文化建设进行深入了思考，并结合山东省图书馆在文化与旅游融合方面进行的诸多实践活动，分析了公共图书馆在文化与旅游融合的时代背景下的使命与创新，力图为塑造公共图书馆新形象提出有益的建议。

06 移动阅读环境下图书馆角色扮演 / 杨娜 // 山东图书馆学刊：2018 年山东省图书馆馆员论坛专刊 . -- 2019，82–85 页

图书馆是大众获取知识以及了解新事物的重要途径。但是随着互联网技术的发展，传统图书馆在社会发展中的角色和作用发生了巨大改变，移动阅读日益成为大众阅读的新方式。文章在分析移动阅读环境下图书馆的发展优势的基础上，深入剖析了图书馆在移动阅读环境下所扮演的宣传者、服务者、继承者、组织者、创新者等五类角色，并据此提出借助移动阅读引导大众在线学习、打造移动图书馆联盟平台、强化与第三方合作开发等创新服务措施。

07 以党员志愿服务推进图书馆基层党建的探索 / 杨娜 // 山东图书馆学刊：2019 年山东省图书馆馆员论坛专刊 . -- 2019，27–29 页

党员志愿者是志愿者群体中的一个特殊存在，发展党员志愿服务对图书馆党建工作和业务工作都具有十分重要的意义。党员志愿服务群众认可度不高、保障力度不足、培训和激励机制不健全等反映了当前基层党建中党员志愿服务面临的困境。文章针对党员志愿服务存在的主要问题，提出相应的措施，以期通过党员志愿服务推进图书馆服务型基层党组织建设。笔者以山东省图书馆党员志愿服务活动为例，探索了通过党员志愿服务推进图书馆基层党建的途径，以便党员志愿服务实现常态化发展，促进图书馆各项工作更好地开展。

李翠翠

女，1988 年生，山东东营人，2012 年 10 月入馆至今，助理馆员。

论文

01 浅谈图书馆服务与文化民生 / 李翠翠 // 山东图书馆学刊：2014 年“服务均等化 · 图书馆变革与创新”专辑 . -- 2014，23–25 页

图书馆是推动文化民生建设的重要载体。文章从保护人民群众的文化权利出发，探讨图书馆对文化民生建设的重要作用，分析我国图书馆服务现状，据此提出增加政府投入、重视人才教育、提高创新能力、转变发展模式等措施，以期完善图书馆服务，促进文化民生建设。

02 图书馆增强社会责任意识的研究 / 李翠翠 // 江苏科技信息 . -- 2018，no.30，21–23 页

文章论述了经济和科技背景快速发展下图书馆的社会责任，对图书馆如何增强社会责任意识提出以下建议：拓展服务功能；加大信息资源投入力度；加强馆员培训学习；推进信息资源整合；加强宣传推广；加强与社会各界合作。

03 “图书馆 +”环境下未成年人阅读推广策略研究 / 李翠翠 // 内蒙古科技与经济 . -- 2019，no.8，135–136+138 页

文章简要梳理了“图书馆 +”的概念，在分析图书馆未成年人阅读服务现状及存在问题的基础上，提出了“图书馆 +”环境下公共图书馆开展未成年人阅读服务的具体举措，以期为公共图书馆未成年人阅读推广提供参考。

金晓东

1978 年生，山东济南人，2012 年 11 月入馆至今，副研究馆员。

著作

01 **群碧楼善本书录 · 寒瘦山房鬻存善本书目 / 邓邦述撰；金晓东整理 . -- 上海：上海古籍出版社，2014. -- 563，31 页；21cm**

本书包含《群碧楼善本书录》和《寒瘦山房鬻存善本书录》。《群碧楼善本书录》六卷，为民国十六年（1927）邓邦述向中央研究院历史语言研究所让售藏书时所编。《寒瘦山房鬻存善本书录》七卷，为邓邦述鬻书后，根据寓中遗存之书编成。

02 **礼记 /（元）陈澔注；金晓东校点 . -- 上海：上海古籍出版社，2016. -- 705 页；21cm**

《礼记》，又称《小戴礼记》《小戴记》《小戴礼》，凡四十九篇，是一部先秦至秦汉时期的礼学文献选编。该书最初为西汉时期的戴圣编纂。自古研究《礼记》之专著，有 780 种，版本千余，在汗牛充栋的著作之中，元代学者陈澔所著《礼记集说》，始终在经学史上占据一席之地，此书在明清四百年间，发挥着独特的历史作用，被政府定为科举用书。本次点校，以清武英殿十卷本为底本，以清乾隆初怡府刻《礼记集说》巾箱本、元天历元年（1328）郑明德宅刻十六卷本为参考本，可以说是目前《礼记集说》整理质量最好的本子。

03 **国语正义 /（清）董增龄著；金晓东校点 . -- 北京：北京大学出版社，2018. -- 137 页；26cm**

《国语正义》二十一卷，清董增龄撰。《国语》是第一部国别体史学著作，记录周朝及鲁、齐、晋、郑、楚、吴、越等诸侯国历史。注释《国语》之作，以三国吴韦昭注保存最为完整。《国语正义》是董增龄采用传统注疏体形式研究《国语》韦注之著作。清光绪元年（1875）张之洞撰《书目答问》时，仅知《国语》韦注新疏有三家：洪亮吉《〈国语〉韦昭注疏》、龚丽正《〈国语〉韦昭注疏》、董斯垣《国语正义》，此三书均有目无书，未见传本。光绪六年（1880），董增龄《国语正义》方刊世，应是清代第一部刊世之《国语》韦注新疏。董氏《正义》之编纂，曾受到同时代学者王引之的关注。王氏论《国语正义》云：“引援该备，自先儒传注及近世通人之说。”本书是第一次整理点校本。

04　经学通论 / (清) 皮锡瑞著；金晓东校点 . -- 北京：北京大学出版社，2018. -- 483 页；26cm

皮锡瑞(1850—1908)是晚清今文经学大师。《经学通论》成于光绪三十三年(1907)。《经学通论》分为《易经通论》《书经通论》《诗经通论》《三礼通论》《春秋通论》五卷，分别做专题研究。首言群经之名数，次言群经之要旨，次述解经诸传记，次考群经之述作，及其传授之源流，终论治经之方术，务期端绪昭然，本末毕具，各经重点，均有涉及。皮氏解析问题扪其枢机，正本清源，至诸所称引，远稽陈说，近采通人，博综群言，研核经旨，判其异同，求其条贯，故多能后出而转精。本次校点，依照《儒藏(精华编)编纂条例》，选择善化皮氏《师伏堂丛书》本为工作底本。本书是首次以正规方法标点、校勘之本。

05　衍芬草堂友朋书札及藏书研究 / 金晓东著 . -- 济南：山东大学出版社，2019. -- 262 页；21cm

《清代海宁蒋氏友朋书札及藏书研究》系作者在复旦大学古籍研究所攻读古典文献学博士时期的学位论文。本书以清代著名藏书家蒋光焴衍芬草堂藏书、刻书、交游为研究对象，借助蒋氏后人蒋通教授家藏珍贵文献，以《西涧草堂书目》《故交遗翰节存》《名人尺牍节录》《邵位西先生书信》为基础史料，结合作者在国家图书馆、上海图书馆、浙江图书馆、海宁市图书馆和复旦大学、浙江大学、华东师范大学、山东大学等高校图书馆的调查成果，运用文献学研究方法，细致释读，认真爬梳，力图还原蒋氏藏书活动。于衍芬草堂相关史料，有见必录，搜罗几尽，于清代名人信札释读、衍芬藏书寻踪、史料钩稽、蒋氏护书始末等均取得可喜进展，为清代藏书研究佳作。

论文

01　《皇朝续文献通考》编纂始末与学术价值 / 金晓东 // 兰州学刊 . -- 2009，no.1，109–112 页

清光绪中，吴兴刘锦藻以其丰富的藏书、雄厚的财力、过人的毅力，私人撰成《皇朝续文献通考》一书，上续清续修“三通”“清三通”，加之《通志》《通典》《文献通考》，将上古至清末的各种典章制度基本上包罗在内，被学林合称为“十通”。《清朝续文献通考》的编纂过程以及其自身包含的多方面史料，值得进一步深入研究。

02　浙江海宁蒋氏家族藏书源流考 / 陈心蓉，金晓东 // 图书情报工作 . -- 2010，no.2，142–146 页

浙江海宁私家藏书活跃，藏书名家、名楼蜚声东南，享誉华夏，其中海宁蒋氏藏书家族甚为典型。蒋氏家族藏书名家辈出，藏书名楼不乏宋椠元刻，收藏甚丰。蒋氏来青阁、别下斋、衍芬草堂及西涧草堂藏书世代相承，衍芬草堂藏书更是历经六世递藏，绵延二百余年，诸多善本精品悉数捐与国家，可谓流传有序，泽被当今。

03　刘师培《左传》义例研究 / 金晓东 // 求索 . -- 2012，no.6，80–82+56 页

刘师培是清末民初著名学者，他天赋异禀，却未完成三世家传的经学巨著《春秋左氏传旧注疏证》。刘师培对《左传》义例之学颇为用力，成果累累却未得到学术界充分重视，学者对其多有误读。文章在精研文献基础上，对刘师培重视义例的原因、义例研究成绩、学术界常见误读等作进一步分析，对刘师培的义例研究做出客观评价。

04　蒋光焴与衍芬草堂藏书新探 / 金晓东 // 图书馆杂志 . -- 2012，no.10，85–90 页

蒋光焴是晚清浙江海宁藏书家，其衍芬草堂藏书楼多旧钞佳椠。学术界关于蒋光焴及衍芬草堂藏书的研究，一直因面世文献有限而难以深入。文章在利用海宁蒋氏家传未刊文献基础上，结合前人成果，对蒋光焴藏书内容、藏书来源、交游与藏书、护书史实、藏书结局等五点做新的探究，进而获得对蒋光焴及其藏书的进一步认识并总结研究经验。

05　浙江海宁蒋氏家族群体藏书研究刍论 / 金晓东 // 兰州学刊 . -- 2012，no.10，108–111 页

浙江海宁是嘉兴私家藏书最为活跃的地区之一，著名的藏书家、藏书楼不断涌现。蒋氏家族的藏书具有较为显著的地位，如蒋氏衍芬草堂藏书垂六世，绵延近二百年，完好保存到解放，最终悉数捐献给了国家。目前海宁蒋氏家族藏书研究仍可进一步在源流、聚散、版本、交游等多方面继续深入研究。

06　蒋光焴千里护书 / 金晓东 // 藏书家 . 第 17 辑 / 宫晓卫主编 . -- 济南：齐鲁书社，2013. -- 7–13 页

蒋光焴（1825—1892），字绳武，号寅昉，海宁人，晚清浙江重要藏书家。清咸丰七年（1857），太平军兵临江南，公私藏书遭到严重破坏，蒋光焴先将藏书转移至深山墓庐，后又护送藏书溯江而上，经上海至武昌，大量书籍幸免于兵燹，其千里往返的路程与保存藏书的数量，在清代私人藏书家中首屈一指。同治三年（1864），蒋光焴返回浙江，万卷藏书安然无恙，其后人又延续保存三代，新中国成立后悉数归公，为保存祖国典籍做出巨大贡献。

07　蒋光焴与邵懿辰交游考述 / 金晓东 // 传统中国研究集刊 . -- 2014，no.1，249–258 页

浙江著名私人藏书家蒋光焙与学者邵懿辰在咸丰年间存在过一段交游历史，对江南藏书史、刻书史、目录版本学史均产生重要影响。文章利用新发现文献，在爬梳分析基础上，结合相关学术研究成果，以考述交游为形式，选取蒋光焴与邵懿辰结识、藏书、刻书、治学、影响等方面进行考述，为清代道咸年间江南藏书史研究提供史料与新学术视角。

08　曲阜尼山书院沿革研究

参见　李勇慧论文 25

09　山东省图书馆藏小学类善本古籍概况及举隅 / 金晓东 // 山东图书馆学刊：首届山左先贤与齐鲁典籍专辑增刊 . -- 2014，80–82 页

清代以来，江南地区乃公认人文学术之渊薮，然吴、皖、扬、浙而外，山左学术亦是一颗璀璨的明星。清代“说文四大家”，山东就有桂馥、王筠，此外刘喜海、王懿荣、许瀚、吴式芬、陈介祺、丁惟汾、王献唐等在传统小学研究领域亦各领风骚，不让前贤。山东省图书馆肩负文化传承之使命，守先而待后，使凝聚前人心血的大量善本古籍找到了最好的归宿。山东省图书馆收藏传统小学善本类古籍共 325 部，部类齐全、版本稀见，文章介绍其概况并介绍突出者如《说文解字》十五卷、《说文解字系传》四十卷、《方言释义》十三卷等，以飨读者。

10　**清代稿本《朱照杂记》探微 / 金晓东 // 海岱学刊 . -- 2015，no.16，268 页**

朱照是清代嘉道间济南著名诗人，出身历城望族朱氏，其诗文与笔记对于古代济南千佛山、五龙潭、关公祠、李清照故居、唐代历城望族后裔等乡邦文献记载颇详，足补正史之阙，贡献突出，是研究古代济南乡邦文化的主要来源。朱照虽然在济南清代乡邦文化、明清望族研究中占有重要地位，然资料不足征，其著作均未刊世、下落不明，而致使学术界鲜有研究者。《朱照杂记》是收藏于山东省图书馆的一部朱照手稿，湮没多年不为人知，此书除保存有大量济南乡邦文献之外，还与著名的《锦秋老屋笔记》存在密切关系。文章立足于文献实证主义，考查《朱照杂记》文本、著录、钤印、编辑、收藏者等情况，爬梳传世文献，考辨《朱照杂记》与业已失传之朱照《锦秋老屋笔记》的关系，并进一步挖掘《朱照杂记》对古代历城望族、清代济南乡邦文化研究的潜在价值。

11　**清代浙江衍芬草堂《故交遗翰节存》述要 / 金晓东 // 神州 . -- 2016，no.4，9 页**

浙江海宁硖石镇衍芬草堂后人保存有清代藏书家蒋光焴故交遗翰抄本，已历三代百年之久。蒋氏故交遗翰从未刊行面世。其内容精彩，为研究清代咸同时期藏书、刻书、战史及文人交游提供了大量珍贵史料，文献价值丰富。

12　**《洄溪医案》初刻考 / 金晓东 // 大众文艺 . -- 2016，no.11，42 页**

清代名医徐大椿的《洄溪医案》，在其生前未曾刊行。咸丰五年（1855）名医王孟英得到抄稿本，与浙江海宁藏书家蒋光焴合作刊印。文章重点考订了《洄溪医案》的刊刻缘起、刊刻过程等，为中医古籍出版史提供新材料。

13　**论清代学者吴大澄之学术特色与贡献 / 金晓东 // 长江丛刊 . -- 2016，no.15，48 页**

清代考据学吴大澄（澂）突破乾嘉学者所拘守《说文解字》的苑囿，大胆探索，从系统的金石文献、古文字学研究中，来探求古籍文献的字形、字义，取得了较高成就，为研究金石文献和古文字学贡献宝贵经验。

14　**清代著名藏书家蒋光焴与学者钱泰吉交游考述 / 金晓东 // 藏书家 . 第 21 辑 / 咎亮主编 . -- 济南：齐鲁书社，2016. -- 135-141 页**

蒋光焴是清代咸同间浙江海宁著名藏书家，其衍芬草堂藏书丰富，多善本佳刻，商务印书馆《百衲本二十四史》即选蒋氏藏宋刻《晋书》为底本影印。钱泰吉

（1791—1864），字辅宜，号警石，浙江嘉兴人，版本家，精校勘，其代表作为《甘泉乡人稿》《史记校勘记》。二人交游情况，至今少有学者论及。对清代藏书史与版本学史均有不可忽视的价值。文章选二人结识、藏书、治学等方面进行考述。

15　浙江海宁蒋氏家族藏书活动考述 / 金晓东 // 水仙阁精选集 / 王丽霞，子午源主编 . -- 上海：上海书店出版社，2017. -- 101 页

浙江海宁是嘉兴私家藏书最为活跃的地区之一，著名的藏书家、藏书楼不断涌现。蒋氏家族的藏书具有较为显著的地位，如蒋氏衍芬草堂藏书垂六世，绵延近二百年，完好保存到解放，最终悉数捐献给了国家。目前海宁蒋氏家族藏书研究仍可进一步在源流、聚散、版本、交游等多方面继续深入研究。

16　春明日记稿本解题 /（清）许庚身撰；金晓东 // 上海图书馆藏稿抄日记丛刊提要 . -- 北京：国家图书馆出版社，2018. -- 58-59 页

《春明日记》不分卷，手稿，清许庚身（1825—1893）撰，藏上海图书馆。许庚身，字星叔，浙江仁和人（今杭州人）。咸丰初，由举人考取内阁中书。尝代同官夜直，一夕，票二百签，署名牍背。日记包罗朝见、会客、读书、交游、考试、问医等诸多事宜，丰富细致，颇有助于考史之资，如曾记录光绪帝于十一年十一月廿八日赴太和殿、十二月初九至大高殿祈雪等祭祀活动细节；另如野史常云许氏喜贿，观其日记，每日拜访者络绎不绝。日记正文罕见胸臆之言，或因许氏身居要职，言行谨慎而使之然。

17　理堂日记稿本解题 /（清）焦循撰；金晓东 // 上海图书馆藏稿抄日记丛刊提要 . -- 北京：国家图书馆出版社，2018. -- 15-16 页

焦循（1763—1820），字理堂，江苏江都（今扬州）人。出生于经学世家，自幼研易，颇有心得。经史之外，于诗词、音韵、医学、戏曲无所不通。性嗜藏书，乡邦文献，故友遗书，孜孜以求。其贮书处名雕菰楼，焦氏因母病，谢绝应试，深居简出，侍母至孝，遂以雕菰明志。著有《易通释》二十卷、《易图略》八卷、《易章句》十二卷、《六经补疏》二十卷、《孟子正义》三十卷、《雕菰楼文集》二十四卷等。《理堂日记》现存抄本两部，一为姚氏咫进斋抄本，现藏国家图书馆；一为佚名抄本，现藏上海图书馆。上图本楷书抄写，佚名眉批，避“宁”、“淳”二字，据此推测其抄写年代不会早于同治年间，记载了嘉庆元年（1796）七月初四日至十二月初二日近半年间事迹，以浙江童生考试出题阅卷为主线，兼及学术交往、逸闻轶事等，言简意赅，娓娓道来。

杜庆俊

女，1975 年生，山东临沂人，2013 年 1 月入馆至今，馆员。

论文

01 浅谈公共图书馆服务体系的本质特征及其构建意义 / 杜庆俊 // 戏剧丛刊 . -- 2014，no.2，85–86 页

公共图书馆服务体系是社会公共文化服务体系的重要组成部分，是指一个国家或地区的公共图书馆独立或通过合作方式提供的图书馆服务的总和。从基础设施架构的角度看，公共图书馆服务体系包括所有实体图书馆、流动图书馆以及它们建立的馆外服务点、图书馆联盟、总分馆系统、区域性服务网络等服务平台。文章介绍了公共图书馆服务体系公益性的本质特征，从有助于促进公共图书馆事业的发展、有助于构建公共文化服务体系、有助于提高地区文化软实力等方面阐述公共图书馆服务体系的构建意义。

02 公共图书馆外文信息服务现状分析 / 杜庆俊 // 山东图书馆学刊：2015 年“融合与超越——图书馆使命与目标”专辑 . -- 2015，197–199 页

文章通过对公共图书馆外文信息服务现状的分析，探讨了进一步深化公共图书馆外文信息服务的方法和途径，提出提高资源建设质量、重视网上资源开发利用、加强馆际合作、建设高素质的服务队伍等措施。

03 浅谈图书馆馆藏古籍文献的保护和利用 / 杜庆俊 // 人文天下 . -- 2016，no.14，74–75 页

古籍文献是中华民族珍贵的文化遗产，古籍文献属于不可再生之文化资源，为此必须在科学保护与合理利用这一对矛盾中权衡利弊，既要有效地保护古籍的绝对安全，使之永久流传，又要让其珍贵的学术价值为学界所用，为大众所享。文章探讨了加强古籍文献保护的措施，主要有健全制度、加强宣传、加大投入、创新研究等；总结了古籍文献借阅的技巧方法，包括合理选择古籍文献版本、复印成册利用率高的古籍文献、尽可能提供新印出版的古籍文献、充分利用当代古籍文献研究成果。

04　以图书馆总分馆制建设为契机　重构农家书屋可持续发展长效机制 / 杜庆俊 // 山东图书馆学刊：2017 年“技术发展与社会服务——前行中的图书馆”专辑 . -- 2017，154–156 页

农家书屋是 2007 年由原国家新闻出版总署组织实施的一项文化惠民工程，对于推动基层农村文化建设发挥了有益作用。2016 年 12 月底文化部部署实施的《关于推进县级文化馆图书馆总分馆制建设的意见》，为探索建立新的农家书屋长效机制、盘活提升农家书屋资源提供了难得契机。文章介绍了农家书屋工程的发起，指出了农家书屋存在图书总量较少、内容更新缓慢、群众使用较少等问题，提出建立集中购买机制、共享流动机制、实现专业化管理等构建农家书屋可持续发展的长效机制。

05　公共图书馆服务营销策略探析 / 杜庆俊 // 河南图书馆学刊 . -- 2018，v.38，no.8，21–23 页

文章探讨了公共图书馆服务营销的必要性以及新媒体对图书馆服务营销的重要性，分析了公共图书馆服务营销实践及存在的具体问题，提出了注重服务营销团队的打造、注重服务营销内容的挖掘与加工、重视各类新媒体的应用、注重服务品牌建设等若干改进举措，以期打造服务品牌，提升公共图书馆的价值。

06　山东构建公共文化服务体系路径研究 / 杜庆俊 // 人文天下 . -- 2019，no.12，106–108 页

公共文化服务建设是一项复杂的系统工程。近年来，山东公共文化建设投入稳步增长，全省基本形成了文化设施完备、文化队伍齐备、文化品牌突出、文化活动丰富、网络体系遍布全省的公共文化服务体系。文章从发展、供给、动力及与科技融合四个角度，阐述山东在构建公共文化服务体系中探索出来的行之有效的好做法、好经验。

柴　赟

1988 年生，山东寿光人，2013 年 9 月入馆至今，助理馆员。

论文

01　世界图书之都——仁川市的阅读推广活动实践探析 / 柴赟 // 山东图书馆学刊 . -- 2015，no.5，86–89 页

城市图书馆的阅读推广是一个经久不衰的话题，因为阅读推广这项事业不仅有利于促进市民的终身学习和提高城市的文化品位，而且更有助于民族和国家文化的传承和创新。文章介绍了仁川市实体图书馆和电子图书馆建设情况以及仁川图书馆在阅读活动的策划、阅读内容的指导、阅读形式的创新等一系列的阅读推广活动。

02　从山东到南澳

参见　张晓梅论文 02

03　南澳大利亚图书馆理事会制度 / 柴赟 // 山东图书馆学刊 . -- 2017，no.2，83–87+117 页

南澳大利亚图书馆理事会起源于 1856 年，1939 年由州议会以法律条文的形式正式宣布成立，是澳大利亚建立的第一个图书馆理事会。根据 1982 年南澳大利亚的《图书馆法案》，它是建立在州立图书馆层面的决策和监督机构。文章重点介绍了南澳图书馆理事会的创立、组织和主要功能等，以期为我国公共图书馆的法人治理提供借鉴。

04　省级公共图书馆评估标准解读 / 柯平，刘旭青，柴赟 // 图书馆 . -- 2017，no.6，1–7+13 页

第六次县级以上公共图书馆评估明确了各级公共图书馆的功能定位。文章基于省级公共图书馆功能定位的特点，主要从资源保障、业务引领和协作协调三个方面，对省级公共图书馆的评估标准做出了解读。

05　国内外公共图书馆外文书刊资源建设发展与服务概述 / 柴赟 // 河南图书馆学刊 . -- 2019，no.4，13–15 页

外文书刊是欧美国家公共图书馆重要的馆藏资源，外文书刊资源建设与国际大环境及欧美国家的移民政策密切相关，我国的外文书刊资源建设也深受历史进程和国内外大环境的影响。文章对国内外公共图书馆外文书刊资源建设的发展与服务分别进行了概述，并进行对比分析，指出：移民国家的公共图书馆在外文资源与服务方面主要根据少数族裔社区人口分布情况，为移民与少数族裔提供母语资源服务，且尊重移民风俗习惯；我国公共图书馆的外文资源与服务主要是满足经济与科技发展的需求，同时兼顾民众进行外语学习和休闲阅读的需要。

06　**全国省级公共图书馆外文资源保障与服务调查研究 / 柴赟 // 山东图书馆学刊：2018 年山东省图书馆馆员论坛专刊 . -- 2019，33-39 页**

省级公共图书馆是向社会公众提供图书阅读和知识咨询服务的学术性机构，也是全省（自治区、市）的藏书、图书目录、协作和协调及业务研究、交流的中心，其功能定位决定了其在外文书刊资源保障上面的重要地位。文章通过网站和公开信息的调查，总结研究了全国 30 所省级公共图书馆外文资源建设和服务情况，发现整理省级公共图书馆在外文书刊保障和服务方面存在的问题，并以上述研究为基础，为改善公共图书馆外文书刊保障与服务，提出完善外文资源建设标准、加强经费保障、创新服务模式等可操作的具体措施。

丁晶莹

女，1991 年生，山东沾化人，2013 年 9 月入馆至今，助理馆员。

论文

01　**关于我国区域图书馆联盟的社会服务模式研究 / 丁晶莹 // 丝路视野 . -- 2019，no.3，83+85 页**

区域图书馆联盟已经成为区域信息资源共建共享的理想模式，对于区域图书馆联盟的研究论文逐渐增多，但研究重点多集中在联盟的组织模式及协调管理方面，关于联盟的社会服务模式的研究则不多。文章针对区域性图书馆联盟的社会服务模式进行研究，以珠江三角洲数字图书馆联盟和华盛顿研究图书馆联盟为代表的区域性图书馆联盟为研究重点，分析他们的主要服务项目，提出联盟要加强特色资源建设，突出区域属性。

02　**公共图书馆固定流通站管理与服务的探索和思考——以山东图书馆为例 / 丁晶莹 // 数字化用户．-- 2019，no.19，72 页**

建设以总馆为中心、多个建设主体的总分馆制公共图书馆服务体系，一直是公共图书馆服务的理想模式。固定流通站作为公共图书馆服务的一部分，极大缓解了总馆的服务压力。文章概述了山东省图书馆固定流通站的管理和服务模式，浅谈了固定流通站的优势和不足，分析了流通站建设的现实意义。

胡文萍

女，1990 年生，山东郯城人，2013 年 9 月入馆至今，助理馆员。

论文

01　**供给侧结构性改革视阈下创新阅读推广服务体系的路径 / 胡文萍 // 丝路视野．-- 2019，no.5，92 页**

面对供给侧结构改革的发展形势，公共图书馆必须要抓住改革机遇，从实际出发，着力解决资源、主客体等多个方面供给侧问题。文章在供给侧结构性改革的视域下，简单分析了公共图书馆创新阅读推广服务问题，主要讨论了公共图书馆创新阅读服务体系的建设与路径，以供参考。

02　**公共图书馆阅读推广工作新进展及趋势研究 / 胡文萍 // 数字化用户．-- 2019，no.26，222 页**

公共图书馆是现代化文化发展与传承的主要载体，也是人类有效获取文化知识服务的重要途径。随着我国社会经济的不断发展以及人民生活水平的不断提高，我国公民整体性阅读意识也在不断提升。文章探讨了公共图书馆阅读推广工作新进展与发展趋势，提出了思考与建议，旨在促进我国此项工作的进一步开展。

03　**数字服务环境下公共图书馆全民阅读推广实践探析——以山东省图书馆为例 / 胡文萍 // 山东图书馆学刊：2019 年“变革创新开放融通——法治背景下图书馆发展新路”专辑．-- 2019，69-71 页**

文章分析了数字服务环境下公共图书馆进行全民阅读推广的优势与弊端，介绍了山东省图书馆依托数字服务环境开展全民阅读推广的成功实践，总结出创新阅读推广服务策略、促进弱势群体数字阅读推广、活动内容个性化创新和提高馆员数字素养等实践经验。

秦鑫鑫

女，1990 年生，山东肥城人，2013 年 9 月入馆至今，助理馆员。

论文

01 **浅谈公共图书馆读者活动档案作用与管理——以山东省读书朗诵大赛为例 / 秦鑫鑫 // 山东图书馆学刊：2017 年“技术发展与社会服务——前行中的图书馆”专辑 . -- 2017，207–209 页**

文章以“山东省全省读书朗诵大赛”为例，论述了读者活动档案的作用和意义以及读者活动档案收集与管理方法，分析了当前读者活动档案管理存在的问题，如没有健全的制度条款、没有专门的档案管理员以及后续总结利用不重视等，强调应该加强读者活动档案的收集与利用。

02 **微信平台阅读推广活动的探索——以山东省图书馆“共读一本书”为例 / 秦鑫鑫 // 山东图书馆学刊：2019 年山东省图书馆馆员论坛专刊 . -- 2019，84–86 页**

随着互联网的发展和自媒体的兴起，微信已成为人们生活、工作的重要工具，也成为公共图书馆重要的读者服务方式之一。文章以山东省图书馆“共读一本书”活动为例，简要分析目前活动中存在的问题，提出微信平台阅读形式多样化、提升馆员阅读推广服务能力、打造品牌化活动等建议。

孙慧云

女，1988 年生，山东阳谷人，2013 年 9 月入馆至今，助理馆员。

论文

01 **国家级贫困县基本公共文化服务均等化发展策略研究——基于图书馆和文化馆评估结果的分析 / 王毅，柯平，孙慧云，刘子慧 // 国家图书馆学刊 . -- 2017，no.5，19–31 页**

文章通过对比和综合分析 592 个国家级贫困县第五次公共图书馆评估定级和第四

次文化馆评估定级结果，将贫困县划分为五个类别：双一级、良好型、发展中、不平衡、双未定，并选取有代表性的贫困县进行基本公共文化服务发展案例分析，最终提出以下建议：一是强化地方政府职能，促进基本公共文化服务发展的平衡性与均等化；二是积极申请中央转移支付，借助发达地区、各级部门和社会力量的经济援助；三是提升服务效能，开展富有针对性、实用性和乡土气息的群众信息服务与文化活动；四是深入挖掘地区特色文化资源，促进地区文化的传承与推广；五是依据评估过程与结果，促进贫困地区基本公共文化服务精准化与持续化发展；六是注重贫困县地区公共数字文化服务的实施、跟进与推广。

02　改革开放以来我国情报学发展脉络——基于情报学论文的分析研究 / 孙慧云 // 图书情报导刊 . -- 2017，no.9，47–55 页

文章运用文献计量法、内容分析法、对比分析法，分析了近 40 年来 CNKI 中情报学主题的论文，梳理了改革开放以来我国情报学的发展脉络并总结其发展特点，以期为我国情报学健康快速发展提供参考。

03　“互联网 + 图书馆”服务平台设计与实践模式 / 孙慧云 // 人文天下 . -- 2017，no.17，56–60 页

在“互联网 +”时代，图书馆需要积极拥抱互联网，通过“互联网 + 图书馆”服务平台，利用先进的大数据、云计算等技术，加强对用户的研究，为用户提供个性化服务。文章论述了“互联网 + 图书馆”的内涵、平台搭建和支撑技术，提出图书馆之间联合、图书馆与书商联合、图书馆与数字出版商联合的实践模式。

04　基于专利分析的古籍数字化技术演进研究 / 孙慧云 // 山东图书馆学刊 . -- 2018，no.1，49–53 页

要解决古籍藏与用的问题，古籍数字化是必经之路，古籍数字化程度依赖于技术的强弱。文章使用 IPTECH 专利分析平台，导出我国古籍数字化技术专利文献，对其进行定量分析和内容分析，找出图书馆开展古籍数字化工作可以参考和引用的专利技术，以期对同行有所启发。

05　图书馆构建云计算中心探索分析——以山东省图书馆为例

参见　周宁论文 03

06　山东省图书馆电子文件管理策略研究——基于通达 OA 系统的调查 / 孙慧云，周宁，贾延坤 // 新教育时代电子杂志（学生版）. -- 2018，no.7，235-237 页

文章调研了山东省图书馆所采用的通达 OA 系统使用情况，描述了 OA 系统中的电子文件产生、运转机制和管理策略，分析了电子文件管理中存在的问题，并就 OA 系统增加档案管理功能模块、电子文件归档、数据安全等方面，提出了提升本馆电子文件管理的对策。

07　山东省图书馆微信平台服务分析 / 孙慧云 // 山东图书馆学刊：2018 年“新时代图书馆的建设与发展”专辑 . -- 2018，7-10 页

山东省图书馆资讯平台是山东省经认证的订阅号微信平台。文章以山东省图书馆资讯平台为例，介绍了平台概况，分析了平台特点和平台运营的问题，提出了内容为王、菜单科学分类、从用户需求出发、丰富宣传渠道、加大人员投入等提升平台服务的对策。

08《公共图书馆法》专家解读综述 / 裘爽，奚悦，孙慧云 // 图书情报研究 . -- 2019，no.1，15-23 页

《公共图书馆法》是党的十九大后出台的第一部文化立法，也是公共文化领域继《公共文化服务保障法》后的又一部非常重要的法律。这一法律颁布后，图书馆界专家学者从各个不同角度对《公共图书馆法》进行了解读，文章对《公共图书馆法》专家解读的现状予以综述，梳理出在《公共图书馆法》立法和解读中做出重要贡献的专家，分主题对他们的观点进行综述。《公共图书馆法》专家解读可划分为以下主题：《公共图书馆法》产生的过程和意义；《公共图书馆法》与《公共文化服务保障法》的关系；《公共图书馆法》的基本理念、主要内容、主要特点；如何宣传、贯彻实施《公共图书馆法》。

09　智慧图书馆功能探析 / 孙慧云，孙振东 // 山东图书馆学刊：2018 年山东省图书馆馆员论坛专刊 . -- 2019，119-123 页

在图书馆转型与智慧城市建设的背景之下，智慧图书馆建设已是大势所趋。智慧图书馆建设还处于探讨阶段。文章介绍了智慧图书馆的概念以及业内相关研究，详细论述了智慧图书馆在“资源管理—服务提供—辅助决策”三方面应发挥的功能，并探讨了智慧图书馆的实现路径，对于智慧图书馆付诸实施有一定的参考价值。

王 振

1988年生，山东新泰人，2013年9月入馆至今，助理馆员。

论文

01 **迎接新挑战 践行新使命——新常态下图书馆员的素质提升 / 王振 // 图书情报通讯 . -- 2018，no.1，22-24 页**

文章阐述了新常态下提升图书馆员素质的必要性和图书馆员应具备的三大基本素质，并从氛围营造、馆员管理制度及强化馆员心理健康教育等方面详细论述了提升图书馆员素质的途径。

02 **浅析公共图书馆阅读推广工作的问题与对策 / 王振 // 中文信息 . -- 2018，no.8，33 页**

公共图书馆是社会文化服务的重要场所，是发展全民阅读建设的中流砥柱。文章分析了公共图书馆在阅读推广方面的重要性以及存在的问题，提出三方面的解决对策：一是构建阅读推广发展的长远蓝图；二是紧抓青年读者的阅读需求；三是让社会各界意识到阅读的意义。

03 **我国图书馆业务外包研究 / 王振 // 传播与版权 . -- 2018，no.11，126-129 页**

图书馆工作方式发生巨大的变化，尤其是在业务外包方面，颠覆了传统的图书馆工作方式。业务外包已成为一个无法阻挡的趋势，引发众多学者的关注和研究。文章分析了图书馆业务外包的具体项目，对2003—2017年国内图书馆业务外包研究论文分布情况进行统计，总结分析出国内图书馆业务外包的研究热点问题，将其归纳为：编目业务外包研究、业务外包风险控制研究、业务外包的问题及对策研究、业务外包的方式方法研究、业务外包的案例研究、业务外包的其他方面研究。

04 **浅析乡村振兴战略下的基层图书馆建设 / 王振 // 丝路视野 . -- 2019，no.2，97+99 页**

党的十九大报告中，党中央首次提出了实施乡村振兴重大战略。基层图书馆作为乡村文化振兴的主阵地之一，承担着繁重而艰巨的任务。文章论述了基层图书馆建设对乡村文化振兴的重要作用，分析了基层图书馆建设中存在的问题，提出加强基层图书馆建设的建议：一是多方筹措经费，完善基础设施，拓展服务功能；二是制定科学的采访制度和管理规范，提升服务能力；三是转变观念，与时俱进。

05 **公共文化供给侧结构性改革下的公共图书馆均等化服务策略研究 / 王振 // 河南图书馆学刊 . -- 2019，no.9，19–21 页**

公共文化供给侧结构性改革致力于增加优质文化供给，满足公众日益增长的精神文化需求，引导文化市场的健康发展。公共图书馆推进均等化服务是响应公共文化供给侧结构性改革的应有之义。文章探讨了公共图书馆实施均等化服务的时代必然性，剖析了公共图书馆实施均等化服务的三种典型模式，即中心馆—分馆模式、图书馆联盟模式、“市—区—社区”三级图书馆模式，并在此基础上提出了公共图书馆实施均等化服务的具体策略，以期提升公共文化服务质量，充分满足公众的需求。

06 **新常态背景下公共图书馆低成本阅读推广策略 / 王振 // 山东图书馆学刊：2018 年山东省图书馆馆员论坛专刊 . -- 2019，141–143 页**

文章分析了经济新常态背景对公共图书馆，尤其是公共图书馆阅读推广的影响，指出了国内公共图书馆阅读推广成本的现状，在此基础上，提出了大力开发利用志愿者资源、利用自有网站等新媒体、重复循环利用阅读推广资源等降低阅读推广成本的策略。

谢　雨

1986 年生，安徽宿州人，2013 年 9 月入馆至今，馆员。

论文

01 **图书馆信息服务模式研究可视化分析 / 李静丽，谢雨，甄天民，谷景亮，赵芳，韩志琰，宋奎勐 // 中华医学图书情报杂志 . -- 2015，no.4，27–31 页**

文章以 CNKI 数据库收录的图书馆信息服务模式研究文献为数据基础，对我国现阶段图书馆信息服务模式研究从作者、发文机构、关键词的角度进行分析，发现国内图书馆信息服务模式研究拥有一批高水平的高产作者，但合作研究少；高校图书馆积极开展相关研究，公共图书馆参与较少；相关研究关注信息技术的应用和用户的个性化需求。

02　国内公共图书馆数字阅读研究述评 / 谢雨，王雪峰，刘阳 // 河南图书馆学刊 . -- 2018，no.3，27–29 页

文章对有关公共图书馆和数字阅读的文献进行了统计和分析，在此基础上分析了我国公共图书馆数字阅读的现状，并就实践中产生的同质化、参与度低的现状提出了一些改进意见：一是应用新技术丰富数字阅读；二是行业合作推介数字阅读；三是扩展数字阅读群体。

03　基于众筹模式 SWOT 分析的图书馆文化创意产品开发策略研究 / 谢雨，李静丽，程训敏 // 图书馆工作与研究 . -- 2019，no.1，5–13 页

国家大力鼓励公共文化服务机构开展文化创意产品开发，国内图书馆纷纷开展了相关尝试，但创意度不足和同质化突出成为现阶段图书馆文化创意产品开发的主要问题。文章介绍了国内外图书馆文化创意产品的开发现状，引入众筹模式，结合 SWOT 模型，分析了图书馆开展文化创意产品开发活动中面临的优势、劣势以及潜在的机遇和挑战，从众筹在图书馆文创开发应用中的阶段选择、众筹平台和众筹方式的多样化选择、图书馆文创开发众筹激励形式多样化这三个方面提出具体的建议。

04　城市公共阅读空间建设探析——以合肥市为例 / 程训敏，谢雨 // 图书馆理论与实践 . -- 2019，no.2，95–99 页

城市公共阅读空间因其新颖别致、功能多样、更具人性化的特征而更容易受到读者的青睐。文章基于合肥市城市公共阅读空间建设现状和特点的剖析，结合其他地区城市公共阅读空间建设的有益经验，提出探索更多类型城市公共阅读空间建设、深化政府与企业合作、开展丰富多彩的阅读推广活动、让城市公共阅读空间成为文化传承地等举措，以此勾勒出合肥市城市公共阅读空间建设的发展方向。

05　民国时期阅读方式演变研究——以福建报刊为例 / 谢雨，谭怡，季玲 // 山东图书馆学刊：2018 年山东省图书馆馆员论坛专刊 . -- 2019，63–69 页

民国时期，福建出版了各类报刊。这些报刊既拓宽了福建人民的视野，增强了福建与外界的交流，还影响了人们的阅读方式。反之，阅读方式的变化对福建报刊提出新的要求，导致报刊的内容、文体、版式、字体等发生重大的变革。文章介绍了福建民国时期报纸的类型和特点，详细论述了报刊的变化对人们阅读的影响、阅读方式的转变对当时报刊的影响以及阅读方式的转变对社会发展的积极影响。

张灵慧

女，1990 年生，山东临沂人，2013 年 9 月入馆至今，助理馆员。

论文

01 图书馆文化创意产品开发问题及策略 / 张灵慧 // 山东图书馆学刊：2018 年山东省图书馆馆员论坛专刊 . -- 2019，86–89 页

文章从文化创意产品的含义入手，阐述了图书馆文化创意产品的类型和特点，介绍了国外图书馆文化创意产品开发的成功案例，分析我国图书馆文化创意产品开发面临的困境，提出增强图书馆文化资源的整合力度、推进跨界合作等适合图书馆文化创意产品开发的策略。

02 我国台湾地区智慧图书馆服务实践研究 / 张灵慧 // 山东图书馆学刊：2019 年山东省图书馆馆员论坛专刊 . -- 2019，42–44 页

文章通过分析我国台湾地区智慧图书馆服务案例，指出我国智慧服务应从个性化智慧服务、专业化知识服务、智慧化决策服务等方面提升服务能力和服务水平。

03 智慧社会背景下构建智慧图书馆 / 张灵慧 // 山东图书馆学刊：2019 年“变革创新开放融通——法治背景下图书馆发展新路”专辑 . -- 2019，176–178 页

文章阐述了智慧社会的概念，基于对智慧图书馆的含义、智慧社会与智慧图书馆的关系的论述，从借助新技术、实现泛在化服务、智慧图书馆员转型等方面探讨图书馆向智慧图书馆转型的策略。

赵晓菊

女，1988 年生，山东寿光人，2013 年 9 月到 2018 年 2 月在馆，助理馆员。

论文

01　图书馆开展内部顾客管理的对策与思考

参见　纪超论文 03

李继海

1975 年生，山东泰安人，2013 年 10 月入馆至今，馆员。

论文

01　高效液相色谱法测定食用白糖中柠檬酸的含量 / 刘智勇，李继海，李玉伟，张宏元 // 海峡预防医学杂志 . -- 2005，v.11，no.5，54 页

测定白糖中的柠檬酸含量。用高效液相色谱法，氨基色谱柱测定。本方法干扰信号少，进样 5 分钟可完成 1 份样品测定，柠檬酸的最低检出浓度为 0.05 mg/kg。该方法操作简便，结果准确。

02　氟乙酰胺食物中毒样品的检测与确证 / 刘智勇，李继海 // 中国热带医学 . -- 2005，v.5，no.7，1569+1578 页

氟乙酰胺是一种具有内吸作用的高效有机氟杀虫剂，主要用于果树与森林虫害的防治和灭鼠，近年来因氟乙酰胺引起的食物中毒事件屡有发生。目前国内的氟乙酰胺标准检验方法尚未建立，有关方面的文献与报道也较少。文章介绍了利用高效液相氨基色谱柱对氟乙酰胺样品进行检测的方法。实验证明，应用氨基色谱柱结合一般配置的高效液相色谱仪，在室温下以纯溶剂为流动相，能够对氟乙酰胺进行快速检测，本实验适合于氟乙酰胺食物中毒的确证。

03　核事故碘预防措施有关问题的讨论 / 孙军，周爽，李继海 // 辐射防护 . -- 2007，v.27，no.4，251–254 页

碘预防是核事故后公众防护的主要干预措施之一。由于碘的副作用、禁忌证、人群的敏感性、碘缺乏地区与非缺乏地区的差异等原因，各国在碘预防的计划和实施上存在很大的差异。作者结合国内外有关经验，对碘预防的干预水平、稳定性碘服用的剂量与时机、稳定性碘的储存和发放、碘预防的费用等问题进行了探讨，提出了干预水平范围结合专家决策、稳定性碘费用分摊等建议。

04　泰山区农村地区居民尿碘含量分析 / 徐晓红，李继海 // 社区医学杂志 . -- 2010，v.8，no.14，61–62 页

随着碘盐的大力推广和应用，人群碘缺乏状况得到了明显改善，但是近年来部分观点认为碘盐补充方式和剂量不合理。为此，泰安市泰山区疾病预防控制中心于 2009 年对泰山区农村地区尿碘含量及食用碘盐 54 情况进行了调查分析，并对 480 户居民食用碘盐情况进行了监测。

05　泰安市部分在校大学生结核病健康干预活动效果评价 / 刘予东，严秀丽，李继海 // 预防医学论坛 . -- 2011，v.17，no.10，927–929 页

文章探索了符合驻泰高校大学生结核病防治知识健康促进方法。采用整群随机抽样方法，选择驻泰 3 所高校 1481 名大一新生，分别开展知识竞赛，专题教育课，发放宣传单、张贴宣传画 3 种不同形式，开展结核病防治知识健康促进活动，并在健康促进前、后分别进行问卷调查。健康促进干预前调查 1472 人，总知晓率为 52.06%，健康促进干预后共调查 1468 人，知晓率为 73.67%（$P < 0.01$）；农业大学、科技大学、职业技术学院干预前知晓率分别为 51.91%、52.06%、52.22%，干预后知晓率分别为 94.94%、82.84%、70.78%，干预前后差异均有统计学意义（$P < 0.01$），干预前各学校间知晓率差异无统计学意义（$P > 0.05$），不同干预措施差异有统计学意义（$P < 0.01$）。结果表明，知识竞赛、专题教育课、发放宣传单等是高校结核病健康促进活动目的重要手段，可以有效提高该人群结核病防治知识知晓率，其中知识竞赛效果最为明显。

06　2010～2011 年泰安市建筑民工结核病防治知识干预效果评价 / 严秀丽，李继海 // 预防医学论坛 . -- 2012，v.18，no.7，507–509 页

2010 年 7 月至 2011 年 8 月，笔者采用整群随机抽样方法，选择泰安市 4 处大型建筑工地民工共 378 人。随机分为对照组和健康教育干预组（以下简称健康教育组），健康教育组开展张贴宣传画、发放宣传单和健康工具包等不同形式的结核病防治知识健康教育活动，并在健康教育后进行问卷调查，对照组不进行结核病防治知识健康教育活动，直接进行问卷调查。结果显示，泰安市建筑民工结核病防治知识知晓率低，为 50.02%；非政府组织进行健康教育干预后，知晓率明显高于对照组，为 77.72%。健康教育组和对照组结核病防治知识知晓率差异有统计学意义（$P < 0.01$）。非政府组织参与建筑民工结核病防治知识健康教育效果良好，可有效提高该人群结核病防治知识知晓率。

07　对泰安市部分高校学生采用不同结核病健康教育方法效果评价 / 严秀丽，李继海 // 中国预防医学杂志 . -- 2012，v.13，no.8，572–575 页

文章探索了符合高校大学生易于接受和提高的结核病防治知识健康教育方法。采用整群抽样方法，选择泰安市 3 所高校 1481 名大一新生，分别开展知识竞赛，专题教育课，发放宣传单、张贴宣传画等 3 种不同形式的结核病防治知识健康教育活动，并在健康教育前、后分别进行问卷调查，用 EpiData 3.0 建立数据库进行双录入，用 SPSS 13.0 统计软件进行统计分析率的比较采用 χ^2 检验，$P < 0.05$ 为差异有统计学意义。健康教育干预前共调查 1472 人，总知晓率 52.07%；健康教育干预后共调查 1468 人，总知晓率为 83.11%，知晓率明显提高（χ^2=1994.21，$P < 0.01$）；知识竞赛组、健康教育组和资料宣传组总知晓率干预前分别为 51.91%、52.06%和 52.22%，采取不同的干预措施后，知晓率分别为 95.14%、83.01%和 71.07%，干预前后差异均有统计学意义（χ^2=705.14，321.01，110.44，P 均＜ 0.01），各组间知晓率差异有统计学意义（χ^2=492.61，311.91，224.95，P 均＜ 0.01）。知识竞赛、专题教育课、发放宣传单等是高校结核病健康教育活动的重要手段，可以有效地提高该人群结核病防治知识知晓率，知识竞赛效果最为明显。

08　非政府组织对大一学生开展结核病防治知识健康教育效果评价 / 严秀丽，李继海 // 中国健康教育 . -- 2013，no.4，309–311+325 页

文章目的在于探索非政府组织参与、大学生易于接受并能提高结核病防治知识知晓率的健康教育方法。方法采用整群随机抽样方法，连续 2 年对 3 所驻泰安高校共计 2090 名大一新生，分别开展知识竞赛、专题教育、资料宣传等 3 种不同形式的结核病防治知识健康教育活动，并在健康教育前、后分别进行问卷调查，用 EpiData 3.0 建立数据库，用 SPSS 13.0 软件进行统计分析。结果健康教育前大一新生结核病防治知识总知晓率低（55.93%），干预前各组间差异无统计学意义；健康教育后总知晓率明显提高（83.12%，$P < 0.01$）；知识竞赛组、专题教育组、资料宣传组健康教育前知晓率分别为 55.43%、56.13% 和 56.23%，采取不同的教育措施后，知晓率分别为 94.99%、82.38% 和 71.98%，健康教育前后差异均有统计学意义（χ^2 分别为 2289.69、892.73 和 294.47，$P < 0.01$），不同健康教育措施差异有统计学意义（χ^2=1029.00，P=0.00）。结论：

政府主导，非政府组织参与，对高校学生开展知识竞赛、专题教育、发放宣传单等是学校结核病健康教育活动的重要手段，可有效提高大学生结核病防治知识知晓率，其中知识竞赛效果最为明显。

09 浅谈 Web2.0 环境下政府数字信息资源组织研究 / 李继海 // 数字化用户 . -- 2014，no.10，183 页

文章介绍了我国 Web2.0 环境下政府数字信息资源建设现状，针对存在的问题，提出了强化政务数字信息发布、树立用户中心意识、提高整合服务能力等对策。

10 “互联网 +”时代公共图书馆事业发展思考 / 李继海 // 山东图书馆学刊：2016 年“扩展与演变——面向未来的图书馆”专辑 . -- 2016，13-14 页

“互联网 +”是创新 2.0 下的互联网发展新形态、新业态，是知识社会创新 2.0 推动下的互联网形态演进。“互联网 +”催生了公共图书馆的新业态，公共图书馆需提升理念，转变模式，创新服务，才能实现新业态的构建。文章介绍了大数据的含义和“互联网 +”的概念，对图书馆发展形态进行了探讨，并从图书馆业务建设标准化、加快数字图书馆一体化网络建设、图书馆业务服务内容多元化、图书馆服务形式创新化等四个方面详细论述了“互联网 +”背景下的公共图书馆发展新业态。

11 阅读推广品牌化建设服务模式研究——以山东全省读书朗诵大赛为例 / 李继海 // 人文天下 . -- 2019，no.14，39-44 页

在“世界读书日”期间举办全省读书朗诵大赛是山东省文化和旅游厅大力支持的文化惠民活动之一，截至 2018 年山东省图书馆已连续举办十三届。经过十多年的经营推广，目前读书朗诵大赛已成为山东省知名阅读品牌活动。文章详细总结了山东省图书馆读书朗诵大赛品牌推广的实践经验：一是政府主导，全面配合；二是精心策划，周密部署；三是部门协作，组织联动；四是周密部署，全程调度；五是科学分组，合理规划；六是社会动员，全民参与；七是采用立体式交互式宣传；八是探索开展朗诵大赛延伸服务。

12 提高公共图书馆公益讲座上座率的方法探讨——以“大众讲坛”为例 / 李继海 // 人文天下 . -- 2019，no.18，40-44 页

近十几年来，随着国家对公共文化服务活动的大力支持与倡导，公益讲座如雨后春笋般涌现出来。然而部分讲座上座率不高，造成了公共资源的浪费。2018 年 1 月 1 日起实施的《中华人民共和国公共图书馆法》，已经将“公益性讲座、阅读推广、培训、展览”列为公共图书馆应当免费向社会公众提供的服务之一。因此，探讨提高公共图书馆公益讲座上座率是有积极意义的。文章以山东省图书馆“大众讲坛”为例，略谈如何从供需两侧发力，吸引更多读者参与到公益讲座中来，让公益文化服务活动惠及更多人群，真正把图书馆打造成为滋养民族心灵、培育文化自信的重要场所，实现文化惠民。

13 **新时代理想信念教育初探 / 李继海 // 山东图书馆学刊：2018 年山东省图书馆馆员论坛专刊 . -- 2019，10–13 页**

文章简要论述了开展理想信念教育的时代背景和现实意义。从民主主义革命时期中国共产党的理想信念教育谈起，重点围绕新时代基层党组织如何加强党员理想信念教育问题，从理论学习、开展批评和自我批评、典型教育、现场教育等方面进行了探讨。

孙晓明

女，1982 年生，山东青岛人，2014 年 3 月年入馆至今，馆员。

论文

01 **《工人之路》特号所刊革命歌曲之考察 / 孙晓明 // 山东图书馆学刊：首届山左先贤与齐鲁典籍专辑 . -- 2014，58–62 页**

1925 年 6 月 19 日，为支持“五卅”运动，省港工人在中国共产党的领导下，举行了世界闻名的省港大罢工运动。省港大罢工期间，罢工委员会机关刊物——《工人之路》特号刊载了大量的革命歌曲，这些革命歌曲在内容上紧扣“打倒列强，除军阀”的时代主题，在曲调运用上多采取粤讴、南音、龙舟、班本等为广大省港工人所熟悉的广东地方民间曲调，具有通俗性、鼓动性以及浓郁的地方性等特色。《工人之路》特号所刊革命歌曲对于鼓舞省港工人“反帝反封建”的革命士气，激励省港工人坚持罢工，起到了重要的历史作用。

王雪峰

1981 年生，山东济南人，2014 年 7 月入馆至今，馆员。

论文

01　国内公共图书馆数字阅读研究述评

参见　谢雨论文 02

02　图书馆文化创意产品开发实践探析 / 王雪峰 // 晋图学刊 . -- 2018，no.2，36–39 页

在我国经济发展新常态的背景下，国家出台政策鼓励图书馆等文化文物单位开展文创产品开发工作。文章介绍了文创产品开发的现状，论述了图书馆文创产品开发在延伸图书馆职能、增加馆务基金、提高图书馆形象等方面的意义。

孟姗姗

女，1989 年生，山东枣庄人，2014 年 9 月入馆至今，馆员。

论文

01　面向青少年的公共图书馆宣讲在阅读推广中的定位 / 孟姗姗，韩雷 // 图书情报 . -- 2018，no.2，71–72+75 页

公共图书馆宣讲工作是激发公众阅读兴趣、引导阅读的重要手段，是公共图书馆社会教育职能的具体体现。特别是针对广大青少年，因其处于阅读习惯养成、人文素养塑造的关键期，创新开展好宣讲工作对于青少年阅读兴趣培养、全民阅读推广具有积极意义。文章论述了公共图书馆宣讲的含义及作用，从传统宣讲方式和创新宣讲方式两方面阐述如何完善宣讲形式，最后指出应注意的事项。

02　公共图书馆微信公众号菜单栏建设实证分析 / 孟姗姗，韩雷 // 山东图书馆学刊：2018 年“新时代图书馆的建设与发展”专辑 . -- 2018，14–17 页

公共图书馆通过微信公众号为读者提供线上服务已成为普遍趋势，菜单栏的合理设置及使用是微信公众号实现读者服务功能的重要途径。文章以山东省图书馆微信公众号为例，通过实证数据分析，阐明公共图书馆微信公众号菜单栏建设的特点和意义，提出了定期进行数据分析、加强线上线下推广、加强实时互动等菜单栏建设提升策略。

尚红梅

女，1991 年生，山东东营人，2014 年 10 月入馆至今，助理馆员。

论文

01 **浅谈图书馆服务模式的发展 / 尚红梅，贾闯 // 山东图书馆学刊：2015 年“融合与超越——图书馆使命与目标”专辑 . -- 2015，178–180 页**

文章通过剖析传统图书馆服务模式的特点及读者对于资源的需求变化，分析图书馆服务模式变革的必要性，并针对服务模式的发展提出转变服务理念、整合信息资源、创新服务模式等新思路。

02 **移动阅读环境下的公共图书馆角色研究 / 尚红梅 // 卷宗 . -- 2019，v.9，no.21，204 页**

随着我国城市化进程的不断发展以及我国公共图书馆法的颁布和施行，尤其在面临着移动互联网技术不断进步、移动阅读日渐流行的挑战下，公共图书馆的地位和角色都出现了明显的变化。文章立足于移动阅读环境现状，首先介绍了移动阅读的定义与发展趋势，然后分析了移动阅读环境下图书馆的角色定位情况，最后结合上述内容对移动阅读环境下图书馆的未来角色进行了分析，希望能够为图书馆整体服务水平的全面提升创设条件。

王小溪

女，1991 年生，山东茌平人，2014 年 10 月入馆至今，助理馆员。

论文

01 **网红时代下的阅读推广 / 王小溪 // 山东图书馆学刊：2018 年山东省图书馆馆员论坛专刊 . -- 2019，144–146 页**

网红时代下，网红的影响力不可小觑，图书馆可以利用这一社会现象，扩展阅读群体，达到阅读推广的优秀效果。文章主要介绍了网红组织、网红个人和网红图书的范例，详细论述了如何打造网红，并分析了网红阅读推广的优缺点和发展方向。

02 线下图书馆的生门——“人情味”服务 / 王小溪 // 山东图书馆学刊：2019 年山东省图书馆馆员论坛专刊 . -- 2019，87-89 页

人际交流体验在数字环境下更加珍贵。线下图书馆应把握住这一特点，提升服务品质，注重馆内“人情味”培养，让读者爱上传统线下图书馆，爱上线下互动。文章阐述了图书馆“人情味”服务的体现形式，提出从倾听读者需求、听取一线员工反馈、抛弃传统死板定式、布置温暖便利的图书馆环境、打造主题第三空间、设置专门导读员、以读者为本举办活动等方面展现“人情味”服务的建议。

许天骄

女，1992 年生，山东邹平人，2014 年 10 月入馆，助理馆员。

论文

01 数字资源在图书馆读者活动中的应用探析——以文化共享工程数字资源产品及品牌项目为例 / 许天骄 // 新教育时代 . -- 2019，no.10，170 页

文化部全国公共文化发展中心启动的“文化共享 · 美好生活”项目，对全国图书馆实现资源共享、提供均等化服务起到重要作用。文章通过对“文化共享 · 美好生活”数字文化资源服务推广的征集项目、品牌活动进行提炼，结合图书馆实际，提出了数字资源在图书馆读者活动中的具体应用及活动开展方案。

02 公共图书馆总分馆制建设探析——以山东省为例 / 许天骄 // 人文天下 . -- 2019，no.16，82-85 页

现代公共图书馆以免费、平等、均等化的服务理念，秉持着“普遍均等”的服务原则，始终将每位读者都可方便快捷地获取资源作为发展创新的追求，总分馆体系就是公共图书馆在不断探索实践中得出的实现“普遍均等”服务原则的最优模式。文章以山东省县级图书馆总分馆制建设情况为例，介绍了总分馆制的探索与发展情况，分析了目前面临的问题，对总分馆制建设提出了配置专业工作人员、创新服务方式、打造特色分馆等建议。

03　利用新媒体加强社会主义核心价值观教育研究 / 许天骄 // 山东图书馆学刊：2018年山东省图书馆馆员论坛专刊 . -- 2019，4–6 页

利用新媒体加强社会主义核心价值观教育是紧跟时代发展的步伐，积极探索、转变思想政治教育工作的新模式。文章详细分析了新媒体的新特性、运用新媒体对公职人员进行社会主义核心价值观教育的必要性、新媒体对社会主义核心价值观教育的积极影响，指出在实践过程中可能会遇到的问题。在此基础上，提出了包括人员设置、把握受众特点、灵活多样的教育形式、推送内容、结合单位特点等五方面的改进措施。

勇睿牵

1987 年生，山东乳山人，2014 年 10 月入馆至今，助理馆员。

论文

01　经济法的价值理念和基本原则 / 勇睿牵 // 卷宗 . -- 2015，no.10，452 页

当前学者们对于经济法理念、价值和基本原则的讨论，除了在语言表述上的区别外，在内涵上也有着极大的差异。文章认为经济法的价值是离不开公平、秩序和自由这三者的法律价值范畴的，不过也必须有其自身独特的揭示，而经济法的基本原则就应该体现出法律价值解释的意义。文章力求理清经济法价值理念和基本原则二者间的关系，同时将经济法的基本原则表达成：国家适度干预原则、公共利益原则、合理竞争原则、弱者保护原则。

冯庆东

1972 年生，山东诸城人，山东省文化和旅游厅市场推广处处长，2014 年 12 月至 2018 年 3 月在馆，研究馆员，曾任中共山东省图书馆党委书记、馆长。

论文

01　略论屈万里先生的学术渊源和师友往来 / 冯庆东 // 山东图书馆学刊 . -- 2009，no.3，102–103 页

屈万里先生是山东文化史上的重要人物，也是一位具有国际影响的著名汉学者，但大陆学者对他研究甚少。文章仔细梳理了屈先生的学术渊源与师友往来，确认了屈先生学术思想和治学方法的师承，对于我们进一步加深对屈万里先生的认识、激发对国学研究的热情、加强海峡两岸学术和文化交流有一定意义。

02　美国公共文化服务体系建设与管理的主要特点及启示 / 冯庆东 // 人文天下 . -- 2015，no.8，18-21 页

文章从行业管理、社会参与、法律扶持等方面介绍了美国公共文化服务体系建设与管理的主要特点。作者根据赴美学习而获得的启发，对我国公共文化服务体系建设中的标准化、均等化进程提出以下工作建议：一是进一步深化文化体制改革，特别是公共文化单位内部改革；二是积极探索有我国特色的公共文化机构理事会制度建设；三是加大扶持社会办公共文化的力度；四是积极打造公共文化群众需求和评价平台，加快文化建设法制化进程。

03　威海市图书馆海疆公共文化服务探索 / 冯庆东，付敏君，王茉瑶 // 图书馆论坛 . -- 2016，no.1，22-25 页

近年来，威海市图书馆积极进行海疆公共文化服务探索。文章从服务海疆地区居民、服务海疆地区武警与部队两个方面分析该馆海疆公共文化服务内容和方式，总结该馆海疆公共文化服务经验，包括发挥市级图书馆的核心作用、图书馆联盟的价值和边防派出所的作用、移动数字阅读服务、按个性化需求配送文化信息资源、以“集约化建点”模式提升服务效能等。

纪　超

1983 年生，山东济南人，2015 年 11 月入馆至今，助理馆员。

论文

01　图书馆也应有“内部顾客”意识 / 纪超 // 新华书目报 . -- 2017-05-12，第 2 版面

图书馆管理者和全体员工，都应该根据自己的岗位职责，识别各自的内部顾客，确定内部顾客的需求，切实履行好自己的工作职责，为自己的“下一道工序”提供高质量的服务。内部顾客满意是外部顾客满意的基础。只有牢固树立内部顾客意识，实现外部顾客和内部顾客的全面满意，才能最终提升图书馆的管理效益，让图书馆的广大“上帝”们感到满意。

02　馆员培训中应注意几个问题 / 纪超 // 新华书目报 . -- 2017-12-29，第 2 版面

教育培训是图书馆管理体系所必需的关键过程，加强和完善员工培训，不仅是图书馆向读者提供优质服务的前提，也是当代图书馆发展的必由之路。ISO 9001 质量管理体系标准在有关员工培训的条款中提到，应在培训完成之后“评价所采取措施的有效性”。在具体实践中，评价的方式可以有笔试、问答、观察、问卷、讨论、实际操作等，进行有效性评价是员工培训工作中不可忽视的重要环节。

03　图书馆开展内部顾客管理的对策与思考 / 纪超，展姗姗，赵晓菊 // 山东图书馆学刊 . -- 2018，no.4，29-33 页

内部顾客满意是外部顾客满意的前提和基础。文章从现代管理视角出发，引进广义顾客的概念，对图书馆应用内部顾客管理的可行性、意义及具体措施进行分析和梳理。同时，借鉴企业中的内部顾客管理经验，为持续改进图书馆的内部管理水平、不断提高读者满意度提出可行性建议。

04　ISO 9001：2015 标准变化分析及对图书馆的影响探究 / 纪超，展姗姗，李鑫 // 图书馆工作与研究 . -- 2018，no.S1，17-22 页

为适应日益变化的政治经济环境，满足可持续发展的客观要求，国际标准化组织（ISO）发布了 2015 版 ISO 9001 质量管理体系标准。新版标准引入了 ISO/TC 176 近年来有关质量管理的新思维、新方法、新技术，对已经取得 ISO 9001 认证的各类型图书馆带来了机遇和挑战。文章以新版标准的变化为切入点，重点分析和梳理了标准换版对图书馆管理的变化和影响；同时结合工作实际，探讨了图书馆导入新版标准的注意事项，并为持续改进图书馆的内部管理、不断提高读者满意度提出了可行性建议。

05　再议图书馆“内部顾客”意识 / 纪超 // 新华书目报 . -- 2019-03-15，第 2 版面

图书馆应转换思路，变单纯加强窗口管控为加强图书馆的全部门、全过程、全人员控制。从牢固树立内部顾客理念入手，深入开展内部顾客管理，培养团队精神，加强员工协作，不断提升图书馆内部的管理效率，有效增强馆内凝聚力。全馆上下应当将窗口部门视为自己的内部顾客，像对待读者一样，努力向他们提供必要的帮助、支持和服务，实现本馆内部顾客的满意。只有图书馆的内部顾客满意了，读者才有可能享受到满意的文化服务。

06　三议图书馆的“内部顾客”意识 / 纪超 // 图书馆报 . -- 2019-05-10，第 2 版面

所谓图书馆的“内部顾客”意识，就是在图书馆工作中必须具备的一种服务意识，一种团队精神，一种大局观。它强调员工要在做好自己分内工作的同时，要像对待图书馆的顾客（即读者）一样，积极主动地向相关部门和同事提供力所能及的关怀和服务，目的是减少内部管理阻力，降低管理成本。

07　谈阅读推广改进模型的构建——以 8D 为例 / 纪超 // 图书馆理论与实践 . -- 2019，no.7，33-37 页

当前，有关阅读推广改进的研究较少，也缺乏典型的实践案例，阅读推广尚未在提升服务效能方面发挥应有的作用。文章基于现代企业管理思维，将质量改进的理念引入阅读推广活动中，以 8D 为基本框架，尝试构建阅读推广改进模型。该模型从 8 个层面入手，兼顾定量与定性分析，给出了较为系统和科学的改进体系，将在充分满足读者需求、改进活动质量、丰富活动形式、降低经济成本、提高服务效能等方面有所助益。

08　图书馆服务：细微之处见真章 / 纪超 // 图书馆报 . -- 2019-11-01，第 2 版面

“以读者为关注焦点”“以读者为根本”已经成为业内共识。而要把口号变成现实，就要求图书馆服务人员时时能够想到这些小细节，想到之后要做到，做到之后要做好，做好之后还要能持续改进。需要注意的是，服务读者是全馆上下共同的职责，并非只有一线馆员所独享。很多细节管理已经超出了一线部门的职责范围（如设备维护、安全保卫、系统调试、网络等），这就必须要二线部门予以协同、配合和帮助。全馆上下必须统一认识、形成合力，细节管理才能落在实处。

09　基于 ISO 9001：2015 标准的图书馆供应商质量控制 / 纪超 // 山东图书馆学刊：2018 年山东省图书馆馆员论坛专刊 . -- 2019，46-50 页

作为一种来源于企业外包的管理模式，图书馆业务外包在近年来得到了广泛的应用。想要业务外包持续、健康发展，真正降低图书馆的管理成本，突出图书馆的核心业务，就必须加强供应商质量控制。文章以馆配商为例，将企业中的供应商质量控制的理念导入到图书馆的外包管理中，提出了图书馆供应商质量控制体系。该体系基于 ISO

9001：2005 质量管理体系标准，以“预防为主”为指导思想，在事前、事中、事后三个维度对图书馆的供应商进行全面而科学的控制，能够有效提升供应商的服务水平，可在改善读者满意度、降低图书馆成本和风险、提升图书馆的服务效能等方面有所助益。

10　山东省图书馆学术研究管理创新及路径 / 纪超 // 山东图书馆学刊：2019 年山东省图书馆馆员论坛专刊 . -- 2019，77–79 页

为提升整体管理水平、服务效能和学术研究水平，山东省图书馆于 2018 年制定并实施了《学术提升计划》，并成功举办了首届“馆员论坛”。一年来，我馆的学术研究氛围日渐浓厚，涌现出了一批优秀的学术成果，但也存在一些亟待改进之处。文章以馆员视角，利用七何分析法（5W2H 分析法），从我馆馆员在学术研究中的难点和痛点入手，分析和思考学术研究的创新。

陈可生

1991 年生，山东泰安人，2016 年 10 月入馆至今，助理馆员。

论文

01　论公共图书馆员的情绪劳动管理

参见　王学昊论文 05

胡培培

女，1988 年生，山东滕州人，2016 年 10 月入馆至今，助理馆员。

论文

01　中国唐代及以前斋戒素食的发展 / 胡培培 // 怀化学院学报 . -- 2015，v.34，no.9，1–4 页

在中国古代，斋戒的类型不止一种，仅从大的方面来说就包括国家斋戒、佛教斋戒和道教斋戒。它们之间最初的饮食规定并不相同，在演变过程中却有一个相似的趋向，即素食的逐渐适用和广泛。在某一程度上来说，中国古代素食的发展就是伴随着斋戒的变化逐渐普及的，并在唐代达到一个高峰。文章介绍了早期斋戒与素食的关系、斋戒素食发展的几个重要阶段，论述了唐代斋戒素食普及的影响。

02 **吕祖谦《左氏博议》的文本研究——以明正德安正堂刻本为中心 / 胡培培 // 温州大学学报（社会科学版）. -- 2019，no.6，78–83 页**

宋吕祖谦《左氏博议》流传甚广，版本众多，一般认为其主要有增注本和句解本两个文本系统，但在检阅现存的正德安正堂刻本时，却可发现此书文本是不同于增注本和句解本的第三种文本形式，其是前两种文本系统的结合，较为复杂。安正堂本是现存《左氏博议》文本中唯一一个结合形式的版本，其内容完备，形式稀见，具有重要的价值。

司玉芹

女，1982 年生，山东阳谷人，2016 年 10 月入馆至今，助理馆员。

论文

01 **公共图书馆政府信息公开服务工作的现状与思考——以山东省图书馆政府信息公开服务为例 / 司玉芹 // 山东图书馆学刊：2019 年山东省图书馆馆员论坛专刊 . -- 2019，56–58+89 页**

文章以山东省图书馆政府信息公开服务工作实践为例，介绍了山东省图书馆政务信息公开服务工作的现状，分析了该项工作中的问题和原因，论述了政务信息服务工作面临的新挑战，指出公共图书馆应该顺势而为，重新定位自身角色，开展有深度、有特色的政务信息服务。

马清源

1986 年生，山东昌邑人，2017 年 5 月入馆至今，馆员。

著作

01 **礼书通故 /（清）黄以周撰；王文锦，乔秀岩，马清源点校 . -- 北京：北京大学出版社，2016. -- 2308 页；26cm**

《礼书通故》，清黄以周撰。黄以周系清代同光时期著名学者，一生专力治经，深究三礼。该书系黄氏历时十九年撰成之作，全书仿《石渠奏议》《五经异义》体例，探讨的范围相当广泛，举凡经注史说、诸子杂家，上自秦汉经师，下逮当代学者经说，义有分歧，率皆甄录，然后明辨是非，加以折衷。几乎涵盖礼学的所有重要问题，将两千年来的古代礼制论说，做了出色总结，并有自己的体系性，体现了清代礼学的高水准。此书不仅是三礼学者和古制研究者不可不读的著作，对考古工作者来说也有较大的参考价值。该整理本以中华书局本为基础，由原点校者王文锦先生的弟子乔秀岩先生主持修订，改正错讹，更臻完善。

论文

01 《汉书》宋人校语之原貌与转变——以宋祁、三刘校语为主 / 马清源 // 文史 . -- 2014，no.1，75–89 页

以宋祁校语、三刘校语为代表的《汉书》宋人校语，自清代始即有学者怀疑其真伪。事实上，庆元本等《汉书》刻本所附宋人校语，已经编辑整理，与原貌有别，故引后人真伪之辩。文章以其中占据主体部分之宋祁校语、三刘校语为考察对象，除庆元本之外，参考蔡琪本、汪文盛本以及“景祐本”批校，对照分析其中宋人校语之差异，探讨宋祁、三刘校语之原貌及其附入版刻《汉书》时发生之转变，推论宋人校语层累形成的过程，提出对宋人校语演变情况比较合理的解释。

02 《汉书》版本之再认识 / 马清源 // 版本目录学研究 . -- 2014，no.5，363–406 页

《汉书》版本复杂，历代多有争论。文章立足于近年来古籍版本学之进步，在目验众多版本的基础上，跳出单纯分析异文的传统方法，客观审视古籍的递修与补版、剜改等情况，尤其注重《汉书》从抄本到刻本的转变及宋人校语对其各版文本演变的影响。全文论“景祐本之递嬗”——即景祐本与所谓福唐郡庠本、正统本一脉相承之关系；论定坊刻庆元本一系所附宋人校语对“景祐本”等官刻文章本的影响；历史上官刻本与坊刻本“身份”之转换；根据版刻特殊情况推论汲古阁本之直接来源；等等。由此得出有异前人的关于《汉书》版本的新认识。

03 “跻僖公”三传阐释考 / 马清源 // 北大史学 . -- 2015，no.19，13–23 页

关于“跻僖公”的讨论，是经学史上一个有趣的范例。事实上，这一看似简单的问题，由于“臣子一例”解释体系的确立，使得经学的讨论偏离了核心而横生枝蔓。关于“臣子一例”原则的确认及对其的否定，构成了讨论这个问题的核心线索，而由

"臣子一例"与否所引发出的兄弟昭穆异同问题，使得问题的解释更趋复杂。在由经及传再及注疏的阐释过程中，存在后世的引申和发挥。文章即以"经—传—注—疏"为考察对象，阐述在"跻僖公"问题上所展示之各经学家的解经逻辑。

04 《春秋》"鲁郊"考 / 马清源 // 朱熹礼学基本问题研究 . -- 2015，182–197 页

鲁是春秋时代一较为特殊的诸侯国，作为"制礼作乐"周公之后代封国，保存了较多的礼乐文明。此外，周公在经典中的特殊地位也造就了鲁在经典解释体系中的特殊地位；又因经典中天子礼之残缺，后世又不得不以"周礼尽在鲁"为前提来讨论理想中的天子礼制、以鲁礼构拟天子礼，这也造成了鲁礼与天子礼在经典解释体系中的混杂。《春秋》所书，诸侯僭天子，陪臣僭诸侯，以礼乐自诩的鲁国，亦不能免。鲁之所僭天子礼制，其大者，首在郊天。但是，鲁毕竟是一诸侯国，礼制上拟天子，孔子即有"周公其衰"之叹。文章以鲁国礼制中之郊天——"鲁郊"为考察对象，讨论自汉代起诸儒对此的一系列争论及作者基于这些争论的若干思考。

05 构造禘祫——论郑玄之推论依据及特点 / 马清源 // 原道 . -- 2016，no.1，186–200 页

禘祫理论自古争论颇多，而郑玄更是其中无法回避的关键人物。其在经学史上首先构造起一套完整、系统的禘祫理论，较为完美地解决了经典中的不同记载。文章首先构拟郑玄推论禘祫问题核心——禘祫年之疏数的具体过程，向读者展示不同于先前认识的郑玄的推论依据及其推论特点。其次选取郑玄禘祫理论中禘祫分合、禘祫时神主排列等问题，对比郑玄与其之前及大致同时学者的不同观点，讨论双方差异的根源——对材料的取舍标准差异以及对相同材料存在不同解读。笔者认为郑玄对禘祫理论的构建，兼据《公羊》之义例、《左传》之事实、《周礼》学之理论，尤其是《公羊》学背景对郑玄的深刻影响不容忽视。

06 基于前提讨论的经学史研究——由《左传》杜注若干问题引发的思考 / 马清源 // 中国经学 . -- 2018，no.22，183–192 页

杜预之前如贾逵、服虔等人注《左传》，从根本上而言仍未脱离《公羊传》《谷梁传》的解经方式（尤其是《公羊》以条例解经方式）的影响，在具体问题的阐释上，也将某些《公羊》理论作为解释的前提。至杜预开始，在解释《左传》的方式上有了较大的转变。杜预一方面否定了作为先儒解经前提而存在的"条例"，另一方面将复杂解释简单化。但是，杜预否定了前提，在无其他来源的情况下，很多解释只是依据“情理”而已，与真正的事实亦有本质的区别。可以说，在经学理论的讨论过程中，某些时候，越是简单的结论、越是符合常理的批注可能越没有依据，只不过是注解家依据自己的想象构造出的“合乎情理”的解释而已，后人所谓解经“平实”的评论，很多情况下可以和“没有理论基础的简单判断”相挂钩。总之，贾服注与杜注，代表了两种不同的解经方式：“依据前提的解释”与“符合情理的解释”，今日我们研究经学史，不当忽视各家的不同前提。

07 **何休《春秋公羊经传解诂》礼制调整说 / 马清源 // 泰山学院学报 . -- 2019，v.41，no.4，75-81 页**

何休《春秋公羊经传解诂》，既是对汉代《公羊》旧说的整理与承袭，同时又对部分《公羊》学旧说尤其是礼制相关学说有所调整与“改造”。通过对何注中“王鲁”“丧期”“天子亲迎否”“臣子一例”等问题进行考察，辨析其内在矛盾及其与经传原文矛盾，可知何注的调整，一方面使部分“非常异义可怪之论”流于“随文为解”，另一方面，受《公羊》旧有解经方式“条例”的束缚，何注有部分“背经反传”的现象。此外，何注也受到汉代业已变化的实际礼制的影响。

刘　斐

1981 年生，山东汶上人，2017 年 10 月入馆至今，助理馆员。

论文

01 **公共图书馆文创产品设计开发探索 / 刘斐，王仕岚 // 山东图书馆学刊：2019 年山东省图书馆馆员论坛专刊 . -- 2019，80-83 页**

传统文化在近些年逐渐被人们追捧，作为宣传传统文化的重要形式，文化创意产品也备受政府和社会各界的关注。公共图书馆是文化资源的重要聚集地，可以借助丰富的馆藏资源，进行文创产品的开发，在宣传传统文化的同时打造公共图书馆品牌。文章以山东省图书馆首届文创设计大赛为例，分析了公共图书馆文创产品开发的现状和特点，并根据现存的一些缺点提出突出地域特色、紧跟消费者需求的建议。

刘婷婷

女，1988 年生，山东济南人，2017 年 10 月入馆至今，助理馆员。

论文

01　近三年我国全民阅读研究热点分析与建言 / 刘婷婷 // 发现 . -- 教育版 . -- 2017，no.1，149–150 页

文章通过对近三年全民阅读研究文献进行统计分析，得出该领域的研究热点，并据此提出研究建言：关注政府、图书馆、出版界之间的合作研究；关注民间力量的推动作用；关注特殊群体的阅读。

02　图书馆空间再造与国内创客空间建设研究综述

参见　李西宁论文 12

03　近年来“图书馆创新服务”研究热点透视——基于关键词共现分析 / 刘婷婷，朱男 // 山东图书馆学刊：2018 年山东省图书馆馆员论坛专刊 . -- 2019，21–26 页

文章通过知网和万方两个文献检索平台，对“图书馆创新服务”领域近年来的期刊论文进行对比分析，并利用关键词共现分析方法，得出该领域的研究热点，即创新服务模式研究、创新主体研究、创新服务理念研究、大数据环境下创新服务研究、信息服务和知识管理创新研究、移动图书馆研究等，希望能够为相关研究提供借鉴和帮助。

04　地方文献数字化的探索与实践——以山东文史资料专题数据库为例

参见　朱男论文 08

田东方

1988 年生，山东诸城人，2017 年 10 月入馆至今，助理馆员。

论文

01　**加强党建工作对优化图书馆管理工作的意义探究 / 田东方，林卫东 // 山东图书馆学刊：2018 年山东省图书馆馆员论坛专刊．-- 2019，1-3 页**

随着我国文化事业开始进入高速发展期，图书馆党建工作的意义和作用日益凸显。加强党建工作不仅是促进图书馆成为学习型场馆的基本前提，也是促进图书馆成为服务型场馆的重要保证，同时还是促进图书馆成为创新型场馆的必然要求。文章分析了图书馆目前党建工作存在的问题，并从培养党员干部的创新思维和创新意识、充分开展不同形式的党组织活动、不断完善党建工作体制机构制等方面，对加强党建工作优化图书馆管理工作提出建议。

02　**小论党建工作和业务工作"脱节"困境 / 田东方 // 山东图书馆学刊：2019 年山东省图书馆馆员论坛专刊．-- 2019，17-18+33 页**

党建工作应围绕中心、服务大局，与业务工作相辅相成。但是在实际工作中，党建的地位与作用弱化，单位和部门多集中精力抓业务而轻党建，导致二者脱节的现象普遍存在。文章分析了党建工作与业务工作脱节的原因，提出二者融合的建议，从而促进党建和业务工作的有机结合。

王仕岚

女，1986 年生，山东淄博人，2017 年 10 月入馆至今，助理馆员。

论文

01　**公共图书馆文创产品设计开发探索**

参见　刘斐论文 01

刘显世

1967 年生，山东即墨人，2018 年 3 月入馆至今，中共山东省图书馆党委书记、馆长（副厅级），山东省图书馆学会理事长、中国图书馆学会理事，山东大学 MPA 校外硕士研究生导师、山东师范大学图书馆学硕士研究生导师；曾任山东省文化厅办公室副主任、文化产业处处长、公共文化处处长。

著作

01　文苑漫笔 / 刘显世著 . -- 北京：中国国际广播出版社，2006. -- 188 页；21cm

本书分为校园文化篇、文化研究篇、文化现象篇，收录了作者的部分文学作品，真实地记录了作者的心路历程。文章内容为真实经历，对一些问题的见解都是有感而发，而且大都与当时的工作有联系，是对当时存在的文化现象和作者所思所想的记录。

02　山东会展业发展的文化探究 / 刘显世著 . -- 济南：山东大学出版社，2019. -- 188 页；21cm

作为 21 世纪的朝阳产业，会展是国际公认的“触摸世界的窗口”和“城市的面包”，是城市通往世界的大舞台、参与世界竞争的桥梁，品牌性的会展更是促进一个国家或地区经济发展的“助推器”。本书主要从山东省会展经济要素培育到产业形成与成长的生命周期角度，分析和研究会展业的基本规律和发展趋势。通过对山东省会展业的形成、成长及典型案例的考察，分析各阶段会展业的市场环境和演化成长特征，从纵向考察和横向比较进行多维度研究。同时从产业经济的角度讨论会展业的内在发展规律和逻辑，注重对会展案例的具体分析，理论与实践相结合，对全面发展山东省会展业具有较强的指导意义。

论文

01　搞好依法行政工作促进文化市场健康发展 / 刘显世 // 戏剧丛刊 . -- 2000，no.3，57–58 页

文化市场的依法行政工作是依法治国方针在文化领域的具体体现和运用，是市场经济条件下文化市场发展与管理的必然要求。搞好依法行政工作，促进文化市场健康发展，是文化市场工作中重要而又艰巨的任务。文章介绍了文化市场依法行政的内涵及意义，详细阐述了山东省文化市场依法行政工作的基本情况，对加强文化市场依法行政工作提出加强立法立规工作、加强队伍建设、搞好人才培训、理顺音像市场管理体制等建议。

02 加入世贸组织：文化面临的挑战和机遇 / 刘显世 // 戏剧丛刊 . -- 2001，no.3，63-64 页

文章论述了中国加入世贸组织这一事件对民族文化产业、现行的文化管理体制构成的挑战，但从长远来看，其也为文化事业的发展提供了千载难逢的发展机遇：有利于促进人们的观念更新和思想的解放；有利于吸收外国文化有益成果，弘扬民族文化，抵制不良文化，全面提高全社会的文化生活质量；有利于文化产业政策的调整；有利于推进文化法制建设的进程。

03 文化产业发展浅议 / 刘显世 // 戏剧丛刊 . -- 2003，no.4，7+9 页

文化产业发展程度已成为衡量经济发展水平的重要标志与综合国力的重要体现。文章介绍了山东省开拓文化市场、发展文化产业的尝试和探索，从中归纳经验和剖析存在的问题，并指出进一步促进文化产业发展必须要解决好社会效益与经济效益的关系、政府与市场的关系等问题。

04 文化产业管理存在的突出问题分析 / 刘显世 // 戏剧丛刊 . -- 2004，no.6，46-47 页

我国文化产业发展还很不充分，还远没有像发达国家那样成为国民经济的支柱产业，而且在文化产业管理上还存在着很多阻碍文化产业发展的矛盾和问题。文章分析了文化产业管理中存在的突出问题，主要有：一是在行政管理体制上，文化产业相关部委各成系统，条块分割、各自为政，形不成集合优势；二是过于依靠行政手段进行管理，未能充分发挥市场对文化资源配置的基础性作用；三是市场取向的文化体制改革滞后，成为文化产业发展的障碍；四是如何保护和利用好我国的文化资源，发展壮大民族文化产业，是加入 WTO 后我国政府部门面临的一个重要课题；五是在文化市场管理中，同时存在市场失灵和政府失灵现象，给文化产业发展造成秩序上的混乱；六是文化产业的政策法规体系尚不完善；七是文化产业人力资源严重不足。

05 可持续发展视角下的文化遗产开发 / 刘显世，唐月民 // 东岳论坛 . -- 2012，v.33，no.12，139-142 页

在“文化强国”的总体目标下，从可持续发展角度探讨文化遗产开发问题现实而迫切。文化遗产的产业开发必须建立在对其价值分析基础之上，而在现实中，文化遗产开发遭遇到文化价值和经济价值的冲突。文化遗产的保护和开发不能分割，在产业化背景下，走整合与创新之路将是文化遗产可持续发展的必然选择。

06 **从庙会到会展：我国非物质文化遗产的公共性运作 / 刘显世，唐月民 // 东岳论坛 . -- 2016，v.37，no.5，40–48 页**

人类非物质文化遗产作为一种文化表现形式，本身存在于民众的生活之中，具有公共性特征。庙会和非遗会展都属于非物质文化遗产展示和交易平台，对非物质文化遗产保护和发展都起到了积极作用。从形成时间上讲，许多庙会有着上百年甚至上千年的历史，而有关非遗的会展是 2000 年以后新出现的事物，历史较短。从形成方式上讲，庙会是民间自发形成，会展是政府主导形成。尽管两者存在不同，在运作方式上有较大的差异，但目标是一致的，即推动非物质文化遗产的传承和发展。需要注意的是，现代庙会和会展在展示和交易非物质文化遗产产品时，要立足于传统，但又不能完全囿于传统，必须结合时代的新要求，让创意和传统结合，使非物质文化遗产焕发勃然生机。

07 **山东省文化志愿服务探析 / 刘显世 // 山东图书馆学刊 . -- 2018，no.6，20–24 页**

近年来，随着国家及社会对文化志愿者群体关注度的不断提高，志愿服务的实践能力和理论水平较以往有了较大发展。文章介绍了山东省文化志愿服务概况，总结梳理了山东省文化志愿服务近几年进行的一些成功探索，如在提高服务水平、加强基础设施建设、注重品牌引领、提升人才队伍素质方面效果突出。

08 **山东省“海疆数字文化长廊”暨“海疆书香”工程建设探索 / 刘显世 // 山东图书馆学刊 . -- 2019，no.3，43–48 页**

文化部从 2012 年开始组织实施“边疆万里数字文化长廊”工程，山东省被列为示范建设省份，启动了山东省“海疆数字文化长廊”暨“海疆书香”工程。文章分析总结了山东省“海疆数字文化长廊”暨“海疆书香”工程建设的模式、特点与成效。

鲁巍伟

1989 年生，山东安丘人，2018 年 9 月入馆至今，助理馆员。

论文

01 **M · 杜威对中国近代图书馆发展的影响 / 鲁巍伟 // 黑河学刊 . -- 2017，no.4，179–180+182 页**

文章探讨了杜威对中国近代图书馆发展的影响，包括杜威《十进分类法》对中国近代图书分类法形成的作用、杜威对中国最早的公共图书馆的影响、杜威与中国第一批图书馆专业人才和中华图书馆协会的关系。笔者认为，杜威对中国近代图书馆的发展有着重要而深远的影响。

田昕承

1991 年生，山东桓台人，2018 年 9 月年入馆至今，助理馆员。

论文

01 **基于心理契约的公共图书馆服务模式探析 / 田昕承 // 山东图书馆学刊：2019 年山东省图书馆馆员论坛专刊 . -- 2019，67–69 页**

公共图书馆作为国家公共文化服务的主要阵地之一，承担着传播知识、启迪民智、提供公共文化服务等职能，其馆员为读者提供服务的过程是一种特殊的人际互动过程。在当前信息化时代，公共图书馆构建以馆员与读者之间心理契约为基础的新型服务模式势在必行。文章首先探讨了心理契约理论在公共图书馆服务中的适用性，然后明确心理契约概念在公共图书馆服务中的界定，最后就如何以心理契约理论为基础构建新型公共图书馆服务模式提出了若干可行的措施，以期更好地促进公共图书馆的读者服务工作创新发展。

题名索引

A

B

C

E

F

G

H

J

K

L

M

N

P

Q

R

S

T

W

X

Y

Z

著者索引

J

L

M

N

P

Q

R

S

Y

Z